우주정신과 예수 친자 확인 소송

우리책

우주정신과 예수 친자 확인 소송

초판인쇄 · 2011년 11월 10일
초판 1쇄 · 2011년 11월 10일

지은이 · 한승연
대 표 · 김남석
펴낸이 · 김정옥

발행처 · 우리책

주 소 · 135-231 서울시 강남구 일원동 640-2
전 화 · 02-2236-5982
전 송 · 02-2232-5982
등록번호 · 제2~36119호

값 1,3000원

ⓒ 2011, 한승연

ISBN 978-89-90392-24-4 03200

우주정신과 예수 친자
확인 소송

한승연 지음

인류와 민족혼의 진작, 정체성 탐구

이 저서는 인문사회과학의 기본이 되는 학문인 문·사·철(文·史·哲)이 가장 잘 정리된 논리적 사상서이다.

성자 예수 친자 확인 소송을 통하여 과연 예수는 서양 신학자들이 주장하는 이스라엘 민족신 여호와 하나님과 동격인 인자인가?

예수는 본자연하신 여호와 이전의 하나님이신가를 우리들에게 쉽게 풀어 잠들어 있는 인류와 우리 민족혼을 일깨워 주는 이 저서를 한승연님의 노고로 상재하게 된 것을 축하한다.

저자는 2008년 '고조선 역사문화재단'에서 수여하는 '제5회 단군문학상'을 수상한 민족작가이다. 그는 '내가 새벽을 깨우리로다'라는 사명자적인 인격을 가지고 그 동안 장편소설, 사상서, 시집, 수필집 등 수많은 저서를 통하여 민족혼을 불러일으키는 데 이바지해 왔다.

이 저서는 세계 인류역사상 7대 성현들 예수, 석가, 마호메트, 소크라테스, 공자, 노자, 장자의 사상과 행적을 이 시대 우리들에게 알기 쉽게 탐구한 탁월한 사상서이다. 많은 성경 구절을 제시하면서 '예수 그리스도가 이 땅에 온 목적이 무엇이고, 그는 누구인가?'라는 중요한 메시지를 전하고 있다. 또한 예수 출생의 신비와 공생활 3년을 제외한 지상에 머무신 33년의 세월 속에서 13세에서 29세까지 16년을 동양에 즉, 인도에 머물면서 진리를 깨달아 결코 환영받지 못하는 이스라엘로 돌아가 십자가에 달리신 예수의 큰 뜻도 전하고 있다.

저자는 본자연하신 예수, 대자연하신 석가, 자연하신 마호메트, 소크라테스, 공자, 노자, 장자 등은 시대의 사명감에 따라 지상에 온 자들이라는 주장이다.

세계 7대 성현들을 요한 계시록 속에 인봉하라는 하나님의 일곱 령에 맞추고 그들의 근본 뿌리는 같은 진리 체 성자들이었음을 논리적으로 주장하는 저자는 성부·성자·성령의 성삼위 일체론을 우리 동양사상의 삼태극 원리로 비유 분석하고, 우리 민족 고유의 삼산사상과 비교하여 일원화시킨 인류문화의 새 지평을 열어갈 수 있고, 세기적 변혁을 가져올 수 있는 역서이다.

우리 민족의 발생지이며 요하문명의 태동지 내몽골 지방의 적봉에서 홍산문화는 인류 시원의 문명과 맥을 같이 할 수 있는 것을, 세계 4대 문명보다도 2000년 이상 앞선 것을 고조선 유적 답사를 통하여 확인한 바 있는 본인으로서는 우리 민족이 동방의 밝은 빛 인류의 빛이 될 천손민족임을 확인할 수 있었다.

저자는 우리 민족만이 가지고 있는 <<천부경>>을 간단하게 언급함으로써 우리 민족은 천손민족으로 형이상학적으로 해석하고 있다. 천부경과 삼일신고는 앞으로 많은 연구와 해석이 요구되고 있다.

이 세상의 모든 사상이나 종교는 인류의 보편적 가치인 자유·평등·박애·자비의 구현일진대, 이 역저가 인류와 우리 민족의 정체성을 일깨우는데 크게 공헌하게 될 것으로 믿는다.

2011년 10월

松山 이선영(고조선 역사문화재단 총재)

예수 친자 확인 소송을 위한 변명의 서(序)

동서고금(東西古今)의 역사를 배운다는 것은 인류 시원에서부터 오늘에 이르기까지 인간 삶의 숨결이 끊임없이 생환하여 역사의 수레바퀴를 돌리며 보다 문명 된 미래(未來)를 준비하고 지향해 나간다는 것 때문이다.

오늘날 지구촌에 '진실의 서'라고 전파되고 있는 구약과 신약성서 속에는 인류 변천사의 흐름 속에 진보 발전되어 나온 시대 변화의 역사를 진솔하게 담아 밝혀 주고 있다.

인류 시원에서 발가벗고 다녀도 수치를 몰랐다는 원시 인간들이었고, 점차적으로 이성의 눈이 떠지면서 구석기·신석기·청동기 시대를 거쳐 진화 발전되어 나온 현생 인류다.

21세기를 살아가고 있는 지구촌 현대문명은 우주과학 시대를 열어가고 있다. 현대인의 지적(知的) 의식 성장은 과거 구약시대 그처럼 하늘과 땅을 자유롭게 오르내리며 4차원의 지적 설계로 물질인간 토우(土偶)를 만들어 냈다는 창조신들의 수준에 도달해 있다고 해도 과언은 아니다.

세계적인 생물학자들의 연구가 바로 그것이다. 미세한 인간 세포 정자 하나로 시험관 아이를 만들어 놓고 여호와의 물질인간 창조역사에서 보여 주는 것이나 마찬가지로 감시 관찰하면서 여러 형태의 모양으로 시험을 거듭하고 있다. 생물학자들의 그러한 연구 모습은 여호와의 물질인간 창조 행사에서 보여 주는 것이나 다를 것이 없다.

유대민족 창조신 여호와는 그 뿌리 세움의 시작에서 원시인간 무지(無知)에 인간 만드심을 한탄했다고 했다. 그것이 오늘 지구촌 과학문명을 열어가고 있는 서양 문화권에서 들어온 구약속의 기록이다. 그러나 현생인류가 그와 같은 창조신들의 역사에 의해 원시 시대를 거쳐 씨족과 부족 사회를 이루고 발전되어 국가 형태를 이루어 나오기까지의 시대적인 분위기를 바로 이해하기란 결코 쉽지 않은 일이다.

오늘 우리에게 유대민족의 뿌리 역사 시원을 담고 있는 구약은 지구촌 인류역사와 시대 변천사를 유추해 볼 수 있게 해 주는 데 도움을 주고 있다.

그 기록은 유대민족의 조상 아담의 계보로부터 그 자손들이 어떻게 출발하여 씨족과 부족을 이루어 나왔으며, '이스라엘'이라는 거대한 왕국이 세워지기까지 4000년 동안 그 주변 이방민족들과 사이에 있어 왔던 크고 작은 마찰의 수난역사를 낱낱이 밝혀 두고 있기 때문이다.

유대민족의 뿌리 역사를 담고 있는 구약은 지구촌 인류가 현대문명을 이루어 나오기까지의 전개 과정을 그처럼 이해시켜 주는 데 공헌을 해 주고 있는 것이 사실이다.

<창세기 2장>에서부터 성호(聖號)를 붙이고 지구에 모습을 나타낸 여호와는 그의 영광을 삼기 위해 흙으로 남자 아담부터 만들고 그를 돕는 배필이 필요함으로 남자의 갈비뼈 하나를 취해서 여자 이브를 창조했다고 했다. 그리고 그들에게 짐승 가죽으로 직접 옷을 만들어 입혔다는 기록이다.

오늘날 문명된 현대인들로서는 쉽게 믿어질 수 없는 마치 설화(說話) 같은 이야기다. 하지만 지구촌에 피부색을 달리하고 산재해 있는 타민족들 역시도 그와 크게 다르지 않은 민족뿌리 역사를 나름대로 간직하고 있다.

그들 뿌리 세움의 조상신이 있고, 성호(聖號)를 붙이고 등장하는 보좌 신명들로부터 세상을 살아가는 여러 가지 삶의 방식을 배워 왔다는 이야기는 다분히 신화적이다. 하지만 그러한 조상신의 가르침이 각 민족 뿌리에서부터 생활 터전의 문화를 일구어 나오게 한 그 초석이 되게 해 준 것임을 구약에서 유추해 볼 수 있게 해 주고 있다는 사실이다.

구약의 내용이 그러하듯이 각 민족마다 그 특성을 달리하는 전통문화는 조상뿌리 창조신과 그 보좌 신명들로부터 가르침을 받고 전래되면서 중세 때의 문명 교류에서 근대문명의 교류에 이르기까지 추가되어 오늘 21세기 지구촌은 조화를 이루는 다문화 시대를 열어가고 있다.

그러나 오늘까지 지구촌 화합을 이루지 못하고 있는 충돌이 바로 그 대립적인 사상 이념으로, 전쟁의 불씨를 잠재우지 못하고 있다. 그 문제가 바로 21세기를 살아가고 있는 오늘 우리가 기필코 풀어 내야 할 숙제일 것이다.

그 문제를 풀어 내기 위해서는 먼저 민족 간에 마찰의 대립을 빚게 하는 사상(思想)이란 언제 어떠한 형태로 형성된 것인지, 고유문명에 대한 발굴과 함께 세계 속에 ‘진실의 서’라고 믿게 하고 있는 서양 유대민족의 뿌리 역사 구약을 재조명해 볼 필요가 있다.

구약은 서구 신학자들의 성서 해석과는 달리 지구촌에 산재해 있는 전체 인류가 유대민족 뿌리에서 비롯된 아담 계보의 혈족이 아님을 내용상으로 분명히 입증시켜 주고 있기 때문이다.

유대민족과 이웃하고 있었다는 것이 이방민족이다. 구약은 그들과의 사이에 있었던 맞대결의 전쟁사를 기록하고 있다. 우리는 먼저 그 문제부터 짚고 넘어가야만이 그 숙제를 풀어 낼 수 있을 것이다.

오늘 서구 신학자들의 논리대로 지구촌 전체 인류가 아담의 혈통 계보의 자손들이라면 여호와는 그 충돌의 전쟁을 성자 예수께서 하신 말씀처럼 “네 이웃을 네 몸과 같이 서로 사랑하라.” 하신 그 가르침으로 전쟁을 막았어야 그 앞뒤 논리가 이치적으로 맞는다. 예수께서는 분명히 ‘내 아버지 하나님은 사랑이시라.’고 했기 때문이다.

여호와는 분명히 그 백성들을 향해 “나는 질투하는 하나님이라.”고 했으며, “나는 이스라엘의 하나님 여호와로다.” 하고 지엽적인 민족 수호신임을 밝히고 있다.

여호와의 그와 같은 선포는 우주 전체를 섭리하시는 하나님이 아니라 그 일부를 주관하고 있는 수호신의 신분임을 밝히는 이분법(二分法)으로, '너와 나'의 경계의 선을 분명히 긋고 있다.

그 행사(行事)에서 보여 주는 것도 마찬가지다. 이방민족과 능력 대결의 전쟁을 진두지휘하고 승전고를 울리게 하여 유대민족의 용기를 더욱 북돋아 주곤 했다. 그러한 여호와의 행사(行事) 모습은 예수께서 지칭한 대우주적인 사랑의 하나님 인상과는 너무나 거리가 먼 것이 사실이다.

지구촌은 그 피부색을 달리하는 오색인종(五色人種)으로 그 유전인자 색소를 달리하고 있다. 그것은 유대민족 창조 수호신 여호와의 창조물이 아닌 또 다른 창조신이 지구에 내려와 각기 그 종자씨 밭을 일구고 가꾸어 나왔음을 입증시켜 주고 있는 증거라고 할 수가 있다.

구약의 내용 속에서 유대민족과 이웃하고 있었다는 것이 이방민족이다. 그들 역시도 유대민족이나 마찬가지로 주신(主神)의 가르침을 받고 의식진화를 하고 있었던 것으로, 각 민족 수호신들은 자기의 영광이 된다는 자국(自國)의 백성들에게 민족 주체성을 일깨워 주기 위한 방책으로, 민족 간의 대립적인 맞수 대결의 전쟁을 연속적으로 벌여 왔음을 보여 주고 있다.

그것이 지구촌 최초의 전쟁사로, 각 민족의 성장 과정에서 그 시대 국민정신을 엿볼 수 있게 해 주고 있을 뿐만 아니라, 민족마다 그들의 숭배 대상의 주신(主神)을 달리하고 있는 그 민족 수호신의 지휘 아래 정복하고 또 정복당하는 지구촌 비극의 역사를 구약 속에 담아 두고 있다.

바로 그것이다. 각 민족마다 가지고 있는 국가관과 그 민족정체성을 나타내 주고 있는 사상(思想)은, 그 민족 창조 수호신의 정기(精氣)에 의해서 비롯되어진 것임을 말해 주고 있다.

여호와는 그의 영광을 위해 창조했다는 백성들에게 세상을 살아가는 여러 가지 방법뿐만이 아니라, 이웃하고 있는 이방민족을 산골짜기에 유혹하여 전몰시키는 전략 전술까지도 세밀하게 가르쳐 주고 있다. 그 기록이 '진실의

서'로 지구촌에 전파되고 있다.

　오늘 세계 속에 뛰어난 서양 문화권의 전략기술의 특성은 그처럼 여호와의 정기(精氣)에 의해 심어진 것으로, 흙으로 아담을 만들고 그 코에 '호흡'을 불어넣어 생령이 되게 했다는 것부터가 그것이다.

　여호와는 아담의 계보로부터 번성되어지는 자국(自國)의 백성들에게 먼저는 인간이 동물과 변별(辨別)되게 살아가는 육신의 도리(道理)를 깨닫게 하는 십계명(十誡命) 율법(律法)을 여호와 호흡의 지상 명령으로 세워 놓고 순종과 불순종에 따르는 이분법적(二分法的)인 복(福)과 저주로 엄히 다스렸다. 뿐만 아니라 이웃 민족과의 전쟁에서 그들을 정복하는 전략 전술까지도 세밀하게 가르쳐 유대민족 우월감의 정신 사상을 심어주는 데 충실해 왔음을 보여 주고 있다.

　여호와의 정기(精氣)가 그렇게 심어지고 태동된 유대민족 우월감의 정복 문화 사상은 그 후손들에게 전래되면서, 마침내 여호와를 대우주적인 절대자 하나님의 신위(神位)에 올려 놓고 설파하기에 이르렀다.

　그들의 논리 주장을 오늘 우리가 여과 없이 받아드린다면 지구촌에 산재해 있는 각 민족의 뿌리 역사는 실재성이 없는 허구의 신화로, 폐기되어야 한다. 그들의 조상 뿌리 아담의 후예로 묶어 접목시키고 있기 때문이다.

　그러나 오늘 지구촌 현생 인류는 과거와는 달리 그러한 서구 신학자들 성서 해석 논리의 모순에 의문과 함께 반론을 제시하기에 이르렀다. 그들이 오직 유일신(唯一神) 하나님으로 믿게 하고 있는 여호와의 행사 모습은 기독교 스승 <그리스도의 세계>라는 신약복음에서 성자 예수가 지칭하고 있는 대우주적인 영적(靈的) 존재계의 성부(聖父) 하나님의 위상이 아니기 때문이다.

　태초의 근원(根源)을 담고 있는 <창세기 1장>을 열고 들어가면 우주와 만물을 빛의 말씀(LOGOS)으로 창조하셨다는 천지부모(天地父母) 조화주 하나님을 만나게 된다. 본자연(本自然)이며, 태초의 '우주씨'라는 태극(太極)의 원리로 만생명의 근원(根源) 자리다.

그 창조 역사는 영적(靈的) 세계관이기 때문에 성호(聖號)를 붙이지 않고 다만 '하나님의 신'과 '수면'으로 표기해 두고 있다. 그 묘사는 어떤 능력자의 힘에 의해서가 아니라, 스스로 존재하신 무형체(無形體)로서 성부(聖父)와 성모(聖母) 하나님의 상징성을 나타내 주는 표징이라고 할 수 있다.

현대 과학에서 밝혀 낸 태초의 우주 원소(元素) 에너지가 그 원리다. 쌍립적(雙立的) 음양(陰陽)대별로 양전자(陽電子)와 음전자(陰電子)가 마찰을 일으켰을 때에 중성자(中性子)라는 빛이 튕겨져 나온다는 것이 빅뱅론으로, 그 빛이 물질을 만들어 내는 원동력(原動力)의 원소(元素)라고 밝히고 있다.

그 원리를 담아두고 있는 <창세기 1장>에서 하나님의 능력이 바로 그 태초의 빛이시기 때문에 성호를 붙이지 않은 것이며, 그러한 본 자연의 원리에 의해 태초 빛의 말씀(logos)이 육신이 되어 세상에 출현했다는 성자 예수께서 "나는 영이니, 나를 믿는 자는 죽어도 살겠고……." 하신 것이다.

하지만 <창세기 2장>은 그 본질부터가 엄연히 다른 세계관이다. 성호를 붙인 여호와가 홀로 지구에 등장하여 지엽적임을 나타내는 에덴동산을 창설하고 물질 개념의 토우(土偶), 원시 인간 아담을 만들었다는 기록이다.

지구에 내려와 그처럼 물질 인간을 창조할 수 있었던 능력의 여호와는 대우주적인 영계의 성부 하나님이 아닌 신계(神界)로서 그 존재 근원을 <창세기 1장>에서 밝혀 주고 있다.

태초 영계의 성령체(聖靈體) 하나님은 유일신(唯一神)이 아닌 복수형(卜數形)으로 우주와 만물을 다 이루시고 난 끝날, "우리의 형상을 따라 우리가 사람을 만들자." 하시고 태초 빛의 말씀(logos)으로 사람을 창조했다고 했다.

이렇게 태초 하나님 말씀으로 만들었다는 '사람'은 그처럼 무지(無知)했다는 원시 인간이 아니라, 지적(知的) 능력이 부여된 지성체(知性體)로써 그들에게 창조와 동시에 부여해 준 것이 '번성하여 그 지으신 모든 것을 다스리라.'는 공중 권세였으며, 또 '땅을 정복하라.'는 축복이었다.

　그들이 바로 대자연을 관장하고 다스리는 성부 하나님의 종복(從僕)으로, 그와 같이 공중 권세자임을 나타내는 성호(聖號)를 붙이고 하늘과 땅을 오르 내린 신계(神界)들이다.

　그렇기 때문에 여호와의 물질 인간 창조에서 보여 주는 능력은 태초의 '빛'이라는 조물주 하나님의 능력이 아님을 분명히 밝혀 볼 수 있게 해 주고 있다.

　그처럼 세계관이 엄연히 다른 창조역사를 서구 신학자들은 오늘까지도 영계(靈界)의 우주만물 창조역사와 신계(神界)의 물질 인간 창조역사를 하나의 세계관으로 묶어 성부(聖父) 하나님의 빛의 아들 성자 예수를 신계에 속한 여호와의 아들로 묶어 성자의 신위(神位)를 낮추어 추락시키는 커다란 과오를 저지르고 있다.

　예수께서는 그처럼 천기(天氣)를 구별할 줄 모르는 이스라엘 백성들을 향해 "하늘을 아는 것이 지식의 근본이다." 하시고, "너희가 시대 구별을 하라." 거듭 당부하고 떠나신 지 2000년이라는 시간대가 흘렀다.

　그런데도 오늘까지 서구 신학은 영계(靈界)의 성부 하나님이 아닌 신계(神界)에 속한 여호와를 천지와 만물을 태초 빛의 말씀으로 창조했다는 성부 하나님 신위(神位)에 올려 놓고 설파하고 있다.

　무지(無知)가 유죄(有罪)가 된다고 했다. 어떤 의도에서든지 하나님의 실상을 바로보지 못하게 왜곡시키고 있는 서구 신학자들의 성서 해석의 오류는 <그리스도의 세계>라는 신약성서에서 묵시적으로 기록해 두고 있는 그 '사단의 회'를 떠올려 보게 한다.

　예수께서는 그 시대 이스라엘 백성들을 향해 "새 술은 새 부대에 담아야 둘 다 보존될 수 있느니라." 하시었다. 바로 그것이다.

　구약은 하나님의 종복(從僕)으로 신계(神界)에 속한 여호와가 지구에 내려와 인간 종자씨를 뿌리고 인간 육신의 도리를 깨닫게 하기 위해 율법(律法) 십계명(十誡命)으로 그 백성들을 엄히 다스렸다.

　그러나 신약복음은 성부 하나님의 아들 진리의 성자 시대로, 그 가르침의 차원이 엄격히 다른 세계관이다. 구약 시대 성부 하나님의 종복(從僕) 여호와는 스스로가 본질상 하나님이 아님을 나타내는 주종(主從)의 관계를 인식시키기 위한 이분법(二分法)으로, 신과 인간은 어디까지나 주종의 관계였다.

그러나 신약은 하늘나라 '새 계명'이라는 천법(天法)으로 '네 이웃을 네 몸과 같이 서로 사랑하라.'는 것이었으며, 그 말씀을 믿고 행(行)하는 자는 예수가 성부 하나님의 아들인 것과 같이 그 믿음이 의(義)가 됨으로써 하나님을 '아버지'라고 부를 수 있는 자격을 얻게 된다는 그 일체론(一體論)이다.

'그리스도'는 '구원'이라는 뜻이다. <그리스도의 세계> 신약복음은 새롭게 펼쳐지는 하늘나라 복된 소식이라는 의미로 성자 예수가 영생하는 하나님의 아들인 것과 같이 태초의 말씀으로 영생하는 하나님의 아들로 재창조시켜 주시겠다는 것이다.

그것이 하늘나라 진리의 성자 예수께서 하신 말씀으로 "너희가 거듭나지 않고서는 결단코 천국에 들어갈 수 없느니라." 하시고, "새 계명을 주노니 서로 사랑하라."고 하신 말씀이다.

예수께서 하신 말씀은 이처럼 이분법이 아닌 일체관(一體觀)이다. 그것이 하늘나라 천법(天法)으로 여호와가 육신의 도리(道理)만을 가르쳐 왔던 율법(律法)의 완성이라 하시고, 서로 합동하여 선(善)을 이루게 되는 것이라고 했다.

그것이 천기(天氣)에 의한 시대 변화로 구약 시대 여호와의 율법은 아직 이성(異性)이 성숙되지 못한 그 백성들에게 창조신으로서 책임과 의무를 다하기 위해 인간이 행해야 할 육신의 도리(道理)만을 가르쳐 온 시대로, 예수께서 "율법은 초등학문이니라."고 하신 것이다.

지구촌은 본자연하신 영계의 성부(聖父) 하나님 뜻에 따라 <창세기 1장>에서 태초의 말씀으로 창조되었다는 공중 권세자들, 그 신계가 지구에 내려와 각기 그 종자씨 밭을 일구고 가꾸어 나오던 뿌리 역사를 구약이 담아 두고 있다. 그처럼 하나님의 종복(從僕)들이 지구에 내려와 각기 그 종자씨 밭을 가꾸고 행사하던 구약 시대가 성부 하나님의 빛의 아들 성자 예수 출현으로 마감되고, 비로소 영적(靈的)인 하늘나라 대법(大法)을 배울 수 있게 된 고등학문 시대가 문이 열린 것이다.

그러한 우주 섭리 변화를 일깨워 주기 위해서 예수께서는 그 시대 구별을 하라고 하신 것으로, 그것은 갓 태어난 어린아이가 어른으로 성장하는 과정에서 초등학문의 수순을 밟아야만이 고등학문을 배울 수 있게 된다는 이치나 마찬가지다. 먼저 인간 육신의 도리를 배우고 난 이후에 비로소 영혼 생명을 성숙하게 하는 하늘나라 천법(天法)을 배울 수 있게 되는 것이기 때문이다.

예수께서는 하늘나라 영혼 성숙의 양식이라는 진리의 말씀을 아무나 듣고 소화시킬 수 있는 것이 아니기 때문에 "들을 수 있는 귀는 들으라."고 하신 것이다.

바로 그것이다. 단계적인 배움의 수순을 밟고 비로소 영육(靈肉)이 온전함을 이루었을 때, 구약 초등학문 시대에는 무지(無知)하여 악행(惡行)이 무엇인지 분별하지 못하여 무겁게 짊어지고 있던 죄인(罪人)이라는 멍에를 벗게 된다는 것이며, 선악(善惡)을 분별하는 고등영체로 거듭나서 의인(義人)의 반열에 들어가게 된다는 말씀이 바로 불가(佛家)에서 말하는 탈겁으로 성불(成佛)하라는 이치나 마찬가지다.

그런 뜻에서 예수께서는 "너희가 거듭나지 않고서는 결단코 하늘나라를 볼 수 없느니라." 하시고, 그리스도 진리의 말씀을 듣고 거듭남을 입었을 때, 비로소 만물을 다스리는 영장(靈長)으로서 성인(聖人)의 반열에 들어감과 동시에 성부 하나님을 '아버지'라고 부를 수 있는 자격을 얻게 된다고 했다.

그 말씀이 하나님의 사랑이며 은혜로 사망 가운데에 있는 인류를 영생하는 하늘나라 진리의 말씀으로 구원하러 왔다는 <그리스도의 세계> 신약성서 속에 담아 두고 있는 전체의 뜻이다.

그처럼 선(善)하고 진실하신 하나님 사랑의 말씀이 성자 예수로 하여 유대 민족 위에 선포되면서, 인간 육신의 도리(道理)만을 배워 오던 여호와 초등학문의 구약 시대가 마감되고, "나는 길이요, 진리요, 생명이라."는 고등종교의 스승 신약 시대가 펼쳐졌다. 그것이 천기변화(天氣變化)로 예수께서는 주인이 밭에 농사 짓는 비유를 들어 말씀하신 것이다.

　그러나 오늘까지도 서구 신학자들은 그 시대 구별을 하지 못하고 하나님 종의 율법 시대 구약과 진리의 성자 시대 신약복음을 하나의 세계관으로 묶어 설파하고 있다. 그 논리가 서양 신부들을 통해 지구촌에 파송된 기독론이다. 그와 같이 근본 뿌리에서부터 본질을 왜곡시키고 있는 서구 신학자들의 성서 해석은 분명히 그리스도 영혼 구원의 '영생수'가 아닌 섞어 잡탕 '쑥물'로, 참생명의 하나님 그 본질의 실상을 바로 깨닫지 못하게 훼방하는 그것이 바로 사단의 논리다.

　성서가 지적하고 있는 그 '사단의 회'가 성자 예수께서 말씀하신 눈 먼 몽학 선생으로, 양의 탈을 뒤집어 쓴 거짓 성직자들이며 적그리스도로서 많은 생명을 죽이고 노략질하는 자들이기 때문에 그 죄는 오는 세상에서도 용서받지 못한다는 것을 성서는 분명히 못 박아 두고 있다.

　그처럼 시대 구별을 하지 못하는 눈 먼 몽학 선생의 무지(無知)는 성부 하나님의 종(從) 여호와의 초등학문 시대를 마감하기 위해서 출현하신 성자 예수를 하나님의 아들로 인정하지 않으려 했던 그 시대 제사장들의 악행이나 크게 다를 것이 없기 때문이다.

　바로 그것이다. 구약 시대 그 백성들이 주신(主神)으로 믿어 온 여호와 숭배사상에서 비롯된 것이 물질 제물을 바치게 했던 율법 규례의 제사의식이었다. 그 물질 제사를 이제는 폐하라는 것이 고등종교 스승 예수께서 하신 말씀으로, 그 시대 물질제사를 맡아 집행하는 제도권의 제사장들로서는 당연히 충격적일 수밖에 없었다. 생존권을 박탈당하는 것이나 마찬가지였기 때문이다.

　그 시대 구별을 하라는 성자 예수의 외침은 그처럼 기존의 제사장 제도를 붕괴시키는 위협적인 존재로 신경을 곤두세운 제도권이었다. 그래서 예수를 하나님의 아들로 인정하지 않고 귀신이 들린 사람으로 배척했지만, 의식이 점차로 성장되어가고 있는 백성들은 하나 둘씩 그 쪽으로 귀를 기울이며 쏠리기 시작했다.

　거기에 크게 분노한 사람들은 서기관과 바리새인들이었다. 그들은 기존의 전통사상을 끝까지 고수하기 위해 모의를 했고, 그 결론은 예수를 시대의 이단자로 십자가에 못 박아 처형해야 한다는 것이었다.

　천기변화(天氣變化)를 알지 못한 그들 무지(無知)의 소산은, 마침내 성자 예수를 발가벗겨 십자가에 묶어 못 박아 놓고 "네가 정녕 하나님의 아들이어든 뛰어내려 보라."고 조롱하는 악행을 저질렀다.

　그들의 무지에 의한 악행의 모순은 안타깝게도 2000년이 지난 오늘까지도 이어지고 있다. 예수께서 그 시대 백성들을 향해 "여호와는 본질상 하나님이 아니다." 하시고 "율법은 초등학문이니라." 하신 말씀이 화근이 되어 예수께서 억울하게 십자가에 매달려 죽임을 당해야 했던 것이 그 이유였음인데도 그 뜻을 오늘까지도 선명하게 밝혀 내지 못하고 오히려 예수께서 본질상 하나님이 아니라고 한 유일신(唯一神) 여호와의 독생자로 묶어 설파함으로써 성자 예수 십자가의 고난은 더욱 억울해지고 무색해져 버린 것이다.

　예수께서는 그렇게 될 것을 미리 아시고 "내가 너희를 위해 수고한 것이 헛될까 하노라." 하신 그 염려의 말씀이 오늘 그대로 응해지고 있는 것이다.

　기독교를 상징하는 십자가는 예수께서 그 시대 백성들에게 시대 변화를 깨우쳐 주다가 이단의 괴수로 내몰려 피 흘림의 고난을 받아가면서까지 성부 하나님 인류 구원의 사랑을 나타내 주고자 하신 진리의 표상이다.

　그처럼 그리스도 고난의 십자가를 상징으로 지구촌에 전파되고 있는 기독론 위에 '여호와는 나의 목자시니 내게 부족함이 없으리로다.' 하는 유대민족 전통의 유일신(唯一神) 사상 그대로 '여호와 하나님을 믿으면 들어가고 나가도 복을 받게 된다.'는 원시 시대 초등학문의 기복신앙관을 고등종교 스승 '사랑'의 말씀 위에 얹어 세계 속에 전파하고 있는 것이다.

　그것은 분명히 "새 술은 새 부대에 담아야 둘 다 보존될 수 있느니라." 하신 예수 그리스도의 말씀에 크게 위배되는 것으로, 인류 구원이라는 사랑의 하나님, 그 태초 '빛'의 말씀을 무색(無色)하게 만들어 그 기능 역할을 제대로 펼 수 없게 훼방을 놓는 것이나 마찬가지다.

그와 같은 논리가 하나님의 실상을 바로보지 못하게 하는 사단의 행위로 구약시대 성자 예수를 하나님의 아들로 인정하지 않으려는 제사장들의 악행이나 다를 것이 없다.

바로 그것이다. 인류 구원이라는 그리스도 새 계명의 말씀이 시대 지난 종의 율법과 함께 묶여 하나의 세계관으로 전파되고 있는 기독론은 그리스도 예수께서 염려하신 그대로 생명수가 아닌 섞어 잡탕 '쑥물'로 "원수까지도 사랑하라." 하신 예수 그리스도의 말씀이 제 기능의 빛을 발하지 못한 채, 지구촌은 오늘까지도 그 사상이라는 대립적인 이념으로 살상 대결의 비극을 잠재우지 못하고 있다.

그 문제가 21세기 우주 시대를 열어가는 오늘 우리가 기필코 바로 풀어 내야 할 과제며, 그 문제를 풀어 내지 않고서는 사랑의 하나님 그 본질과 실상을 바로알지 못하기 때문에 지구촌 화합은 기대할 수가 없다. 너와 내가 조화를 이루어야 한다는 지구촌 공동체적인 개념이 아니라 개체적인 이분법이 서양의 민주주의를 태동시킨 여호와의 가르침이기 때문이다.

오늘 우리가 구약 시대의 대립적인 사상 이념에서 비롯된 지구촌 전쟁의 불씨를 잠재우기 위해서는 인류 구원이라는 <그리스도의 세계>로 들어가 예수께서 말씀하신 시대 구별로 구약과 신약을 구분하여 볼 줄 아는 안목의 지혜가 절실하게 요구되는 시대다.

그것이 하늘 아버지의 뜻을 땅에서 이루기 위해서 출현했다는 성자 예수께서 십자가 위에서 성체에 피를 흘리면서도 "저들이 몰라서 그런 것이니 아버지여 용서하시옵소서!" 하신 기독교의 스승 인류 구원이라는 그 사랑의 정신이기 때문이다.

그러한 기독교 스승의 정신을 지구촌에 바로 세워 구현시킬 때에 비로소 너와 내가 대우주 섭리의 '한 틀' 속에서 비롯된 공동체로 하나님의 자녀라는 동질성의 새로운 인식으로 지구촌 화합은 자연스럽고 필연적으로 이루어질 것이다.

'하늘에는 영광이며, 땅에는 평화'가 된다는 성자 예수의 진리의 말씀으로 지상낙원 세계가 펼쳐질 것이다. 그것이 천지 창조를 하신 성부 하나님의 목적이라고 했기 때문이다.

예수께서는 "너희가 중언부언 기도하지 말고 하늘의 뜻이 땅에서 이루어지이다." 기도하라고 하시고, "원수까지도 사랑하라."는 하늘나라 새 계명의 모델이 되어 보이시기 위해 묵묵히 고난의 십자가를 짊어지셨다고 했다.

그것이 만세 전부터 인류를 구원하기 위해 예정되어 있었다는 하나님과의 화목 제물로서 이 땅에 사랑의 도(道)를 심기 위해 성체에 물과 피를 몽땅 흘려야 했던 것이 성자 예수의 운명으로, 한 알의 밀알이 땅에 떨어져 썩으면 많은 열매를 맺게 된다는 바로 그 비유의 말씀이었다.

한 알의 선(善)의 밀알, 그것이 하나님의 사랑으로 그 '사랑'을 심기 위해 선택된 밭이 유대 종자씨 밭이었다. 유대민족 창조 수호신 여호와 호흡의 정기에 의해 대립적 능력 대결을 보여 온 지구촌 전쟁의 불씨를 '원수까지 사랑하라.'는 구원의 말씀으로 잠재우기 위해 그 혈류 계보를 타고 출현하셨다는 성자 예수였다.

신약복음 속에 "피 묻은 군인의 갑옷이 불살라지리라." 하고, 또 "죄 많은 곳에 은혜가 풍성하다."고 한 것으로, 그것이 예수께서 말씀하신 대우주적인 성부 하나님 은혜며 사랑으로, 구약 시대 그 텃밭에 오고간 선지자들의 입을 통해 예언한 하나님의 약속의 선물이 성자 예수 출현이었다.

그 섭리가 조물주 하나님의 우주신도(宇宙神道)로서 영계(靈界)의 말씀(logos)으로 창조된 신계(神界)와 고리를 잇고 있는 지구촌 인계(人界)가 대우주의 한 틀 속에서 기(氣) 운행을 하고 있다는 것이 삼천대세계(三天大世界)라고 했다.

우주 섭리가 처음과 끝이라는 '알파와 오메가'의 하나님, 그 천지공사로 천지인(天地人)이 하나로 통합을 이루어 완성을 마무리하는 조물주의 성공 시대가 이 땅에서 이루어지게 된다는 것이다.

그것이 세상 끝에 주인이 알곡과 쭉정이를 골라 심판한다는 추수 타작 마당이다. 그리고 그 쭉정이들을 불살라 없애는 심판의 공사가 끝나면 알곡으로 익은 하나님 사랑나무의 열매들이 하나님의 장막에 들어가게 된다고 했다.

그곳이 지상 천국이며, 불교적인 용어로 충만한 법의 왕들이 모이는 미륵 용화세계(龍華世界)로, 조물주 하나님이 목적하신 천지공사의 성공 시대가 도래(到來)하여 이 땅에서 건설된다는 것이다. 그것이 모든 경전들이 담아 두고 있는 그 예언이다.

오늘 지구촌은 그 예언의 징조를 나타내는 신호탄이 곳곳에서 울리고 있다. 그것이 지구 대이변을 알리는 온난화 현상으로 천지(天地)가 뒤바뀌는 지구 개벽의 재앙에 대비할 시간이 그리 많지 않음을 강력한 메시지로 전하고 있다.

오늘 세계 과학자들의 예상은 지구상에 존재하는 인간은 물론 더불어 살고 있는 동식물 가운데도 상당수는 멸종하게 되는 것이 금세기 말의 모습일 것이라고 경고하고 있다.

이처럼 지구 대재앙의 경보가 울리고 있는데도 지구촌은 '종교전쟁'에서 비롯된 테러와의 전쟁으로 더욱 암울해져 있다. 그것이 예수께서 말씀하신 말세(末世)에 일어날 징조로 "말세에 참 믿는 자를 보겠느냐" 하신 것이고 보면, 이 세상의 모든 악은 언제나 선(善)으로 위장하여 신비스럽게 스며든다고 하는 말을 오늘 우리가 되새김질해 보아야 할 것이다.

찬란한 진리의 이름으로 사람을 유혹하여 하나님의 실상을 바로보지 못하게 하는 미신적 신앙 형태가 유일신(唯一神) 숭배사상이기 때문에 그 굴레에서 벗어나기 위해서는 <그리스도 세계> 신약복음 속으로 들어가 태초 우주 근원이라는 빛의 하나님의 본질과 신과 인간의 함수관계를 밝혀야 할 것이다.

예수께서는 "무겁게 짐 진 자들아 다 내게로 오라. 내가 너희를 자유하게 하리라." 하셨다. 그 말씀은 구약 시대 하나님의 종복(從僕), 여호와 율법의 굴레에서 벗어나 성부 하나님의 아들로 거듭나 참 자유함을 누릴 수 있게 된다는 그 지혜를 신약복음 속에서 귀띔해 주고 있다.

오늘 지구촌은 지구 대이변의 개벽이 목전에 당도해 있음을 알리는 경고 사이렌이 지구 온난화의 기상변화로 말세 현상의 징조를 보이고 있다. 그것은 무지(無知)의 어둠 속에서 하루속히 깨어나라는 신호탄이다.

그와 같은 경보 울림 앞에서 오늘 우리는 허위와 진실이 무엇이며 '나'라는 생명체의 본질이 무엇인가를 가르쳐 주시다가 시대의 이단자로 몰려 죽임을 당해야 했던 ≪우주정신과 예수 친자 확인 소송≫ 현장으로 들어가 성자 예수가 억울하게 십자를 질 수밖에 없었던 이유와 그 원인이 무엇인가를 분석해 보아야 할 것이다.

태초 빛의 말씀이 육신이 되어 왔다는 예수께서는 "나를 믿는 자는 죽어도 살겠고……." 하시고, "너희 믿음대로 이루어지리라." 하신 것으로, 하늘나라 영혼 생명의 본질, 그것이 태초의 '빛'으로, 성자 예수께서 그 영혼 부활의 모델이 되어 보여 주기 위해 죽어 장사한 지 사흘 만에 다시 살아 생체부활을 해 보이셨다고 했다.

그것이 성자 예수께서 운명적으로 짊어지셔야 했던 십자가의 고난으로, 하나님 인류 구원이라는 사랑의 제물로 묵묵히 성부 하나님의 뜻에 따르는 순종하는 아들의 모습을 보여 준 것이라고 성서는 기록하고 있다.

인류 구원을 위해 그처럼 희생의 제물이 되어야 했던 성자 예수가 보여 준 것이 바로 그 영혼 생명이 그리스도 안에 있음을 믿게 하기 위한 생체부활로써 그 모델이 되어 보여 주신 것이다. 그것이 참생명의 하나님 그 실상으로, 영혼 생명이 있음을 모르고 허망한 육신의 행복과 쾌락만을 추구하며 살아가는 지구촌 사망의 자식들에게 영혼 부활의 생명이 있음을 나타내 보이기 위한 하나님의 사랑이며 은혜라고 했다.

그처럼 인류를 구원하기 위한 희생양으로 하나님 사랑의 제물이 되어야 했던 성자 예수의 운명은 만세 전부터 예정되어 있었다고 했다. 그처럼 대우주적인 하나님의 사랑이 성자 예수의 십자가의 고난으로 세워진 기독론이다.

그것이 태초 빛의 말씀으로, '너희가 세상에 빛과 소금'이 되라 하시고 그 복음의 말씀을 '족속을 초월하여 땅 끝까지 전파하라!' 하시었다.

성자 예수 인류 구원의 말씀을 바로알고 구현시킬 때 지구촌은 전쟁의 비극이 없는 평화로운 지상낙원 세계가 열릴 것이며, '나'라는 생명체가 영생하는 하나님의 아들로서 다시는 고통과 눈물이 없는 그 나라에 들어가 영원한 기쁨을 누리게 될 것이다.

자! 이제 그 지혜를 얻고 영원한 부활의 생명을 취득하는 것은 우리 독자들의 몫이 될 것이다.

2011년 10월 30일

장군도가 바라보이는 여수에서

麗海 한승연

2장 성자들의 시대

3장 성자 예수 친자 확인 소송

■ 에필로그

이 세상에 출현한 성현들의 가르침은 한결같이 인간은 유한의 존재가
아니라 영원한 존재임을 알라는 그 가르침이었다.

'나'의 실체를 알게 됨으로써 우주가 나와 동떨어진 것이 아닌 하나로,
곧 내가 우주의 주인공이라는 주체의식을 갖게 된다.

1장
원시 종교와 우주정신

오늘 문명 된 현대인들의 의식 구조는 구약 시대 그 백성들이 창조신과 동떨어진 개념으로 무
조건 신에게 굴종해 왔던 의식과는 달리, 인간이 대우주와 고리를 잇고 있는 '소우주체'라고
말할 수 있을 만큼 성숙되어 있으면서 과거 물질 인간 창조신들이 보여 준 그 능력이나 마찬가
지로 문명 된 우주 시대를 열어가고 있다.

1 신앙이란 무엇인가?

오늘날 지구촌 성서학자들이 인류 전체가 믿어야 할 '진실의 서(書)'라고 전파하고 있는 기록물이 성경 구약과 신약이다.

구약의 기록은 유대민족 뿌리 역사를 바탕으로 하여 그 주변 이방민족들과의 대립적 관계로 전쟁을 치루면서 고대 국가들이 어떤 형태로 성장 발전되어져 나왔는가 하는 그 전개 과정을 기록해 두고 있다.

인류 역사의 변천사를 그와 같이 진솔하게 담아 두고 있는 구약은 '진실의 서'라고 할 수 있다. 그러나 문제는 서구 신학자들의 단일적인 논리 주장의 성서 해석이 의문을 제시해 주고 있다.

지구촌 인류 전체가 유대민족 조상 뿌리로부터 비롯된 아담의 후예라는 것과 그 민족 창조 수호신 여호와를 우주와 만물을 빛의 말씀(LOGOS)으로 창조하셨다는 사랑의 하나님과 동일시하고 있다는 것 때문이다.

과거와는 달리 문명 된 현대인들의 의식 구조로서는 많은 의문을 갖게 하는 부분이다. 그러한 서구 신학자들의 종교 논리에 인류 사학자들은 벌써부터 반론을 제시해 왔다. 그 논제는 구약성서 속에서 보여 주고 있는 여호와의 행사(行事) 전반적인 내용은 만물을 사랑으로 창조하셨다는 하나님의 인상과는 어울리지 않는다는 말이다. 그 주변 이방민족과 철저한 대립적 관계로 경계의 선을 분명히 해 두고 있기 때문이다.

사실 현대인의 실리적인 의식 구조로 비춰 볼 때, 여호와의 전반적인 행사 모습은 지구촌 전체 인류가 '한 틀' 속에서 비롯되었다는 공동체적인 개념이 아니다. 그런데도 오늘 서구 신학자들은 여호와를 우주 만물의 통치권자로 예배의 대상을 삼게 하고 있다.

그것은 어불성설(語不成說)이라는 것이 오늘 문명된 현대인들의 반론이다. 고등종교 스승 성자 예수께서는 분명히 '하나님은 사랑이시라.'고 하셨기 때문이다.

구약 시대 그처럼 너와 나를 대립적인 관계로 놓고 맞수 대결을 가르쳐 온 여호와 행사(行事)의 전반적인 모습은 분명히 공동체적인 개념이 아니다. 너와 나의 관계를 철저하게 분리시키는 이분법(二分法)으로, '하나님은 사랑이시라.'는 그런 위상의 하나님과는 부합될 수가 없는 것은 사실이다.

고등종교 스승 성자 예수께서는 대우주적인 하나님 사랑의 정신이 무엇인가를 세상에 나타내 보이기 위해 그 화목제로 십자가 위에서 희생의 제물이 되었다고 했다.

그것이 기독교 스승 성자 예수의 인류 구원이라는 사랑의 정신으로, 그 피 흘림의 고난을 상징으로 하여 세워진 십자가 위에 그처럼 '나는 질투하는 하나님'이라는 이스라엘 민족 수호신 여호와의 이름을 없고 세계 속에 전파되고 있는 것이 오늘 기독론이다.

그러한 종교 논리에 문명된 현대인들은 이치적으로 합리적이지 못함을 지적하고 반론을 제시하기에 이르렀다. 그것은 지구촌 물질문명을 발전시켜 그 성과를 올리고 있는 서양 문화권에서 비롯된 여호와 유일 독존적 숭배사상을, 태초의 빛으로 우주와 만물을 하나님 사랑의 말씀(LOGOS)으로 창조하셨다는 고등종교 스승 진리의 말씀으로 포장하여 세계 속에 빛으로 드러나게 하려는 조작된 혼합물이라며, 이치적으로 맞지 않는 종교 논리는 괴변으로 진리가 될 수 없다는 반론이다.

사실 구약의 기록에서 여호와는 이스라엘 주변의 이방민족과 개체적으로 분리시켜 경계의 선을 긋고 맞수 대결로 전쟁을 진두지휘해 온 그 행사(行事) 전반적인 내용을 담아 두고 있다.

그와 같은 내용은 지구촌에 산재해 있는 오색인종 전체가 서구 신학자들의 논리 주장대로 유대민족의 조상 아담의 혈통 계보가 아님을 입증시켜주고 있는 사실 증거 자료라고 할 수 있다.

인류 연구 사학자들은 그 이전부터 그처럼 성서와 부합되지 않는 서구 신학자들의 논리 주장에 반론을 제시해 왔다. 그것이 특종 종교와 논란의 시비가 되고 있는 대결 구도로, 그 진의에 대한 결론은 구약의 내용 속에서 밝혀 볼 수밖에 없다.

유대민족의 뿌리 역사 구약은 원시 시대로부터 지구촌 구조적 상황을 진술하게 기록해 두고 있을 뿐만 아니라, 그처럼 무지(無知)했다는 원시 인간 초기의 의식에 대해서도 말해 주고 있기 때문이다.

구약의 기록에서 원시 인간 아담과 이브가 제일 먼저 의식(意識)해야 했던 두려움의 대상이 바로 신의 존재로, 여호와였다. 물론 이제 갓 창조되어 사물에 대한 분별력이 없었다는 그들로서는 여호와의 존재마저도 처음에는 무의식(無意識) 상태에서 막연했을 수밖에 없다.

그러한 그들 앞에 여호와 신은 엄청난 두려움의 대상으로 다가오기 시작했다. 에덴동산에서 그들에게 일어난 충격적인 '선악'과 사건을 경험하고부터였다.

　신앙이란 그처럼 그 어떤 두려움의 공포로부터 비롯된 심리적 작용으로, 신의 진노(震怒)를 면하고 그 신의 능력에 의지하고 싶어 하는 본능적 의타심을 촉발시키게 된다는 것을 '진실의 서'라고 전파하고 있는 구약에서 입증시켜 주고 있다.

　유대민족 뿌리 역사에서 보여 주고 있는 것이 바로 그것이다. 처음 사람 아담과 이브를 창조했다는 여호와 신이 에덴동산 가운데 심어 놓고 '그 나무 열매만은 따 먹지 말라. 먹는 날에는 너희가 정녕 죽으리라.'고 한 선악과(善惡果)나무는 사물을 분별할 줄 모르는 그들 원시성의 무지(無知)를 일깨워 주기 위한 여호와의 지혜였음을 미루어 짐작해 볼 수 있게 해 주고 있다.

　초기 원시 인간 아담과 이브에게 여호와가 그들에게 지켜야 할 명령의 법으로 세워 놓은 계율은 먹어야 할 것과 먹지 말아야 할 것을 분별시켜 주기 위한 수단의 방편으로, 그 율법은 '하나'에서부터 시작된다. 인간 원초적 본능은 그 첫째가 식욕이기 때문이다.

　그것이 선악(善惡)을 알게 하는 경계선으로, 그와 같은 여호와 계율(戒律)은 원시 인간에게 이성(理性)의 눈을 뜨게 해 주기 위한 창조 수호신의 지혜로, 그 율법은 하나에서 시작되어 마침내 십계명(十誡命)으로 세워졌다.

　바로 그것이다. 여호와의 율법은 물질 인간이 세상을 살아가는 동안 지키고 행해야 할 사람의 도리(道理)가 무엇인가를 깨우쳐 주기 위한 지혜의 방편, 법이라고 할 수 있다.

　구약 시대 유대민족의 수호신 여호와의 행사 모습은 그의 창조에 따르는 책임과 의무를 다하기 위해 그 계율을 그들이 준수해야 할 명령으로 세워 놓고 순종과 불순종에 따르는 복과 저주로 그 백성을 엄히 다스려 나왔음을 기록해 두고 있다.

그렇기 때문에 원시 인간들의 초기 단계에서 지켜야 할 계율은 '그 실과만은 따 먹지 말라.'는 것이었지만 아직 채 이성(理性)이 눈 뜨지 못한 그들은 원초적 본능의 식욕을 다스리지 못하고 그 유혹에 넘어가 그 계율을 지키지 못했다.

그것이 그들의 생명을 주관하고 있는 여호와 하나님의 계율을 불순종했다는 유대민족의 조상 아담과 이브로부터 비롯된 원죄(原罪)라고 했다. 어리석음의 무지(無知)가 유죄(有罪)가 된다는 교훈이다.

그처럼 무지하여 계율(戒律)을 준수하지 못한 그들에게 주어진 여호와 진노의 형벌은 '죄인'이라는 멍에의 굴레였다. 그로부터 그들은 죄인이라는 멍에를 짊어지고 에덴동산에서 쫓겨남과 동시에 삶의 고통과 사망에 대한 두려움을 갖게 된다.

그 두려움이 초기 원시인 아담과 이브에게 신앙의 촉발제가 되면서 그들에게 생명을 있게 해 준 여호와를 절대자 하나님으로 믿고 순종해야 하는 동기 부여를 해 준 것이라고 할 수 있다.

그로부터 그들은 여호와를 생사화복(生死禍福)을 주관하는 생명의 주인 하나님으로 인식하는 이성(理性)에 눈이 점차 떠져 가기 시작했음을 보여 준다. 그처럼 유대민족 시원(始原)의 뿌리 역사 구약에서 보여 주는 에덴동산의 선악(善惡)과 사건은, 사물에 대하여 무분별했던 원시 인간 아담과 이브에게 여호와 신을 믿고 의지하게 하려는 정당성을 부여해 주고자 한 것이었음을 보여 주고 있다.

그들은 선악과 사건의 충격으로부터 여호와를 두려움의 존재로 느끼게 되면서 두 손을 들고 무릎을 꿇어왔었음을 구약 속에 담아 두고 있다. 신앙이란 이렇게 삶의 생활 속에서 실제적인 경험을 통해 이루어지고 굳건히 세워진다는 본보기로서의 그 실례(實例)라고 할 수 있다.

지구촌 인류는 그와 같이 인간의 생(生)과 사(死)를 주관한다는 신의 존재를 의식하지 않으면 안 되는 신적 환경 속에서 단계적으로 사물을 분별하는 이성(理性)에 눈이 떠지기 시작했음을 기록해 두고 있다.

과거 그처럼 무지했다는 원시 시대로부터 진보 발전되어 나온 지구촌 현생 인류다. 오늘 문명된 현대인의 지적 의식 수준은 <창세기 2장>에서 여호와신이 자기의 영광을 삼기 위해 흙으로 물질 인간 토우(土偶)를 창조했다고 하는 과거 창조신의 경지에 이르렀다고 해도 과언은 아니다.

오늘 지구촌 생물학자들은 미세한 인간 정자(精子) 세포 하나로 복제 인간 시험관 아이를 만들어 놓고 그 의식 지능의 성장을 시험해 보고 있다고 했다. 그만큼 발전되어 나온 지구촌 기술과학문명은 그 옛날 지구에 내려와 4차원의 지적 설계로 물질 인간을 창조했다는 그 신들의 영역에 도달해 있음을 보여 주고 있다.

그 생물학자들이 만들어 낸 복제인간 시험관 아이가 성장하여 사물을 분별하는 이성(理性)에 눈이 떠지게 된다면 그들 눈에 비춰진 생물학자들의 존재가 바로 그것이다. 어떠한 경계를 세워 놓고 시험을 거듭하고 있는 생물학자들의 창조 능력은 그들의 생명을 주관하는 절대자로 두려움의 대상이 될 수밖에 없다.

인류 시원의 역사에서 그처럼 무지몽매했었다는 원시 인간 시대를 거쳐 진화 발전해 나온 오늘 현생 인류의 지적 의식 수준은 과거 천상의 신들이 그처럼 펼쳐 보였던 창조의 능력을 보유하고 하늘을 자유로이 비행할 뿐만 아니라, 우주탐사까지도 거듭 연구 계획하고 화성탐사에 진입할 것까지도 서두르기에 이르렀다.

그런데도 아직까지 '나'라는 생명체가 어디서부터 어떻게 형성되어 이루어져 나왔는가 하는 문제를 놓고 과거 구약 시대 유대민족의 여호와 유일신(唯一神) 숭배사상을 그대로 주입시키고 있는 종교 논리에 그것은 원시적 성서 해석이라는 것이 문명된 현대인들의 비판의 목소리다.

그만큼 구약성서 속에서 보여 주는 여호와의 행사(行事) 모습은 전지전능하시다는 성부 하나님의 인상과는 도무지 어울리지 않는다는 말이다.

여호와는 유대민족의 뿌리를 세우고 번영시켜 나오는 과정 속에서 "나는 이스라엘의 하나님 여호와로다." 하고 유대민족에 극한 된 지엽적인 창조 수호신임을 분명히 선포하고, 이웃 민족과 경계의 선을 분명하게 긋고 대립적 살상 대결의 전쟁을 진두지휘해 왔다.

여호와의 전반적인 행사(行事)를, 대우주를 통치하시고 만물을 사랑으로 창조하셨다는 전지전능하시다는 하나님과 동일시한다는 것은 기록상으로나 이치적으로도 맞지 않기 때문에 많은 의문을 제시해 주고 있는 것이 사실이다.

그러나 성서 기록은 태초의 하나님 우주신도(宇宙神道) 섭리의 변화를 창세기 1장과 2장으로 분리하여 그 세계관이 엄연히 다름을 분명히 나타내 주고 있다. 뿐만 아니라 인류 역사 변천사를 구약과 신약으로 나누어 그 시대 변화 속에서 무상함과 영원함이 무엇인가를 가르쳐 주고 있다.

구약 시대 여호와가 이스라엘 백성들에게 믿음의 신앙으로 심어 준 것은 세상적인 안위와 물질 축복만의 약속이었다. 그것은 초급한 원시 종교 형태의 신앙관이다.

성자 예수로 고등종교 문이 열린 신약복음에서는 그리스도 구원의 말씀을 믿는 자에게는 영원 무궁한 하늘나라 사랑의 하나님 그 분자적인 아들의 명분을 주어 영생하는 생명을 얻게 해 준다는 것이 축복의 약속이었다.

이렇게 그 가르침의 본질과 약속이 초급한 땅 위의 것과 영원한 하늘나라의 것으로, 먼저는 하나님 종복(從僕)의 신분인 신계(神界)가 하늘나라 그림자 형상인 물질계를 열고 물질 인간 도리(道理)의 율법 십계명으로 땅의 이치를 가르쳐 온 초등학문 시대라고 했다.

그 신계가 지구촌 인류 역사를 이루어 나오던 종(從)의 율법 시대가 영계(靈界)의 본체신 하나님의 아들 성자 예수 출현으로 마감되어진 것이다.

성자 예수께서 말씀하신 시대 변화로 참생명의 실상을 깨닫게 하는 고등종교 스승의 인류 구원이라는 하늘나라 생명의 복(福)된 진리의 말씀이 신약복음으로, 구약 시대 기초적인 육신의 도리에서 영적인 가르침의 시대로 그 단계가 높아진 것이다.

그것이 구약 시대를 마감하기 위해 유대 땅에 출현하셨다는 성자 예수께서 말씀하신 시대 변화로 세상적인 초등학문을 배워왔으면, 이제는 여호와의 율법을 놓고 그리스도가 주는 '새 계명'으로 영생하는 하늘나라 생명의 법을 배우라고 하신 것이었다.

초등학문 율법의 완성이라는 고등학문으로 그 주제와 본질이 다르고 가르침의 신분 또한 엄연히 다름을 일러 주시는 말씀이다. 그런데도 하나의 세관으로 묶어 혼합시킨 기독 논리는 우주근원(宇宙根源) <창세기 1장>에서 태초의 빛이라는 영계(靈界)의 하나님 아들로 분자적인 성령체의 예수를 <창세기 2장>에서 성호(聖號)를 달고 지구에 내려와 물질 인간을 창조한 신계의 여호와 아들의 계보로 묶어 설파함으로써 성자 예수로 세워진 기독론에 신뢰를 주지 못하고 비판을 받고 있는 것이다.

하지만 예수께서 그 시대 이스라엘 백성들을 향해 하신 말씀의 행간을 따라가 보게 되면, 여호와가 원시 시대 초기에 그 조상들의 무지(無知)함을 한탄하고 '죄인'이라는 멍에를 씌워 놓은 굴레의 속박에서 하늘의 운행 이치를 알게 하는 지식의 근본 말씀을 배우게 하여 그 여호와 율법의 구속에서 해방시켜 주겠다는 것이었다.

그것이 인류 구원이라는 진리의 말씀으로 본질적인 하나님의 실상을 바로 알게 되는 것이기 때문에 구약 초등학문 시대 유일 독존적 여호와 숭배사상에서 벗어나 영혼 자유함을 입게 되는 것이라고 했다.

그 복된 소식이 원초적 하나님의 본질과 사랑을 깨우쳐 주러 왔다는 고등종교의 스승 <그리스도의 세계>라는 신약복음의 말씀이다. 그처럼 구약과 신약의 세계관이 다름을 기록상으로 나타내 주고 있음인데도 두 세계관을 혼합 일원화시켜 태초의 하나님 진리의 말씀이라고 설파하고 있는 종교 논리가 오늘 세계 속에 전파되고 있는 기독론이다.

우주 시대를 열어가는 오늘 지구촌 현생 인류의 지적(知的) 의식 수준은 그와 같은 서구 신학자들의 논리에 반론을 제시하고 있다. 그만큼 진화 성숙된 현대인의 지적 수준은 구약 시대 성호(聖號)를 달고 지구에 내려와 그 능력 행사를 펼쳐 보인 천상의 신계족(神界族) '우주아들'이 그래 왔듯이 하늘과 땅을 자유롭게 왕래하면서 인간은 대우주와 고리를 잇고 있는 '소우주'로 모든 사물들과는 개체로 동떨어져서 살 수 없는 존재라고 말하기에 이르렀다.

이처럼 거대한 우주 자연 속에서 사람 역시도 자연의 일부분으로 사물일 수 있기 때문에 소우주라고 했고, 그 몸체를 영원히 소멸되지 않는 소우주로 관리할 책임이 각자의 몫으로 주어져 있다고 말할 정도로 지적 의식이 성숙되어 있다.

오늘 문명된 현대인들의 의식 구조는 구약 시대 그 백성들이 창조신과 동떨어진 개념으로 무조건 신에게 굴종해 왔던 의식과는 달리 인간이 대우주와 고리를 잇고 있는 '소우주체'라고 말할 수 있을 만큼 성숙되어 있으면서 과거 물질 인간 창조신들이 보여 준 그 능력이나 마찬가지로 문명된 우주 시대를 열어가고 있다.

그것이 오늘 지구촌 과학문명으로, 과거 구약 시대 성호(聖號)를 달고 지구촌에 등장하여 우주지성으로 지적 설계 능력을 펼쳐 보이던 창조신들의 능력 행사(行事) 모습이나 크게 다를 것이 없음을 보여 주고 있다.

그처럼 진화 성숙된 현대인의 의식 구조는 구약 시대 초급한 유일신 숭배 사상을 주입시키는 종교 논리에는 반문을 제시하고 거기에 문제가 있다고 지적하고 있는 것이다.

사실 고등종교 스승 예수께서는 구약 시대 여호와 유일신 숭배 사상에 묶여 있는 그들을 향해 "너희가 그 동안 본질상 하나님이 아닌 자들에게 종노릇하였더니……." 하시고, 그 본질상 하나님이 아닌 여호와가 그 백성들에게 지켜야 할 계율로 세운 율법은 '초등학문'이므로, 이제는 그 율법을 놓고 성자 예수 진리의 말씀으로 영혼 자유함을 얻으라고 하신 것이고 보면, 오늘 서구 신학자들의 그와 같은 논리는 재고되어 다시 수정되어야 할 부분인 것만큼은 사실이다.

예수께서는 분명히 너희가 시대 구별을 하라고 하시었다. 그 가르침이 신약복음으로 그 시대 변화의 필연성을 거듭 강조해 담아 두고 있다. 그 말씀은 구약 시대 무지했던 원시 인간들에게 육신의 법으로 초등학문을 가르쳐 온 여호와는 그 물질 인간 '종자씨'를 뿌리고 허망한 그들 육신 생명만을 관리해 왔을 뿐 영원한 하늘나라 본질적인 영혼 생명을 불어넣어 줄 수 없는 본질적인 하나님이 아니라는 것이다.

하나님이 그 아들 성자 예수를 유대 땅에 보내신 것은 생명의 본질이 무엇인가를 모르고 여호와 율법만이 하나님의 계율로 알고 살아가는 사망의 자식들을 불쌍히 여기신 것이라고 했다.

그래서 하늘과 땅의 이치를 깨닫게 하는 하늘나라 '새 계명'이라는 영혼의 법으로 본질적인 하나님의 실상을 깨닫게 함과 동시에 그 영혼 생명을 불어 넣어 재창조시켜 주기 위함이라고 했다. 그 말씀이 그리스도 신약 복음으로 그 시대 구별을 하라고 하신 것이다.

그러한 가르침은 성자 예수뿐만이 아니었다. 시대와 나라를 달리하고 이 세상에 출현했던 세계 칠대 성현들 모두 한결같이 그 천기(天氣) 변화에 대한 일깨움으로, 그 말씀의 행간을 따라가 보면 그와 같은 뜻을 함께 내포하고 있다.

그것이 조물주 하나님의 섭리로 먼저는 하나님 종들이 지구에 내려와 인간 종자씨를 뿌리고 가꾸던 구약 시대가 하나님의 아들 성자 출현으로 마감됨은 조물주 천지창조 완성을 향해 나가는 도정(道程)에서 우주신도(宇宙神道)에 의한 기(氣) 운행이라는 것이다.

그 천지창조 완성의 마침이 조물주의 성공 시대라고 했다. 그 때에는 처음과 끝을 주관하신다는 조물주 하나님이 직접 세상에 출현하시어 지상낙원 세계를 이루신다고 한 것이 성현들이 말씀하신 경전의 예언이다.

그 우주 기(氣) 운행 원리를 지구촌에서 유일하게도 조상 뿌리로부터 배워 왔다는 백성이 배달 한민족이었다. 배달(倍達)이라 함은 밝은 하늘 나라 무궁한 하나님의 '한얼' 정신을 몇 배로 통달한다는 뜻이다.

그 뿌리 세움의 조상신을 환웅천제(桓雄天帝)라고 했음도 밝은 하늘 나라 크고 웅장한 권세자로서의 하나님이라는 뜻을 내포하고 있다고 했다. 그 가르침은 서양의 유대민족에게 세상을 살아가는 여러 가지 생활 방식을 가르쳐 온 여호와 하나님과는 그 차원부터가 다른 세계관이다. 우주 만물이 생성된 근원의 기(氣) 운행 이치(理致)를 가르쳐 동양철학의 주역(周易)을 만들어 낼 수 있게 한 것이다.

그처럼 차원이 높은 하늘 원천(源泉)의 이치를 조상의 뿌리로부터 배워온 배달 한민족을 하늘 제사(祭祀)권을 부여 받고 존귀하게 세워졌다고 하여 천손민족(天孫民族)이라고 했다는 것이며, 그 뿌리로부터 심어진 민족정신이 대우주적인 하나님의 '얼'로써 '한사상'이라고 했다.

대우주관으로 심어진 '한얼' 사상은 너와 나를 대립적으로 견주게 하는 서양의 이분법(二分法)적인 것과는 다른 차원이었다. 하늘과 땅과 사람, 천지인(天地人)이 삼계(三界)로 우주의 '한 틀' 속에서 공생공존(共生共

 우주정신과 예수 친자 확인 소송

存)한다는 공동체적인 조화의 협동정신이다.

그것이 배달 한민족 위에 심어진 '한얼' 정신의 우주관으로, 삼라만상으로 존재하는 그 모든 것들과 호연하게 조화를 이루었을 때, 하늘의 근본(根本) 이치를 통달하게 된다고 하여 만물감통(萬物感通) 사상이라고도 했다.

이렇게 조상신 환웅 천제로부터 심어진 배달 한민족의 '한 사상'은 서양의 유대민족이 여호와 하나님의 영광을 위해 그 뿌리가 세워졌다고 하여 선택받은 민족이라는 차원의 개념과는 그 본질부터가 다른 것이었다.

배달나라 백성들이 뿌리 조상으로부터 배워 온 만물감통(萬物感通)의 '한 사상'은 조화주 하나님의 우주정신으로, 너와 나를 이롭게 한다는 홍익대법(弘益大法)이라고 했으며, 그 대법을 이 땅에 펼쳐 평화의 지상 낙원 세계를 이루지게 한다는 것으로, 그 이상향의 목적이 홍익인간 이화세계(弘益人間理化世界)라는 것이었다.

그것이 지구촌 물질계를 처음 열었다는 동방의 아시아 땅에서 하늘 제사권 민족으로 세움을 받았다는 배달 한민족의 자랑이며 긍지로 하늘 천손민족(天孫民族)이라고 했다.

이렇게 조상 뿌리로부터 홍익대법을 배워 온 배달 한민족은 주변 이웃 민족과 조화를 이루는 협동정신으로, 고대사(古代史)에서 만주 벌판을 중심으로 12제국을 평화롭게 다스렸다고 했다.

그러한 배달민족의 우주정신은 주변 국가들로부터 동방예의지국(東方禮義之國)이라는 칭송을 들어오면서 우뚝 솟은 '동방의 등불'로 그 정신 문화를 꽃피웠다는 것이 배달 한민족의 긍지며 자랑이었다고 한다.

그것이 조상 뿌리로부터 심어진 민족정기로 우주와 만물이 조물주 하나님과 '한 틀' 속에 존재한다고 일깨워 준 '한 사상'이다. 그 주제의 논리는 우(宇)는 무궁한 시간 개념이며 주(宙)는 무한한 공간 개념으로, 모든 사물은 우주의 '한 틀' 속에서 벗어나 개체로 존재할 수가 없다는 것이며, 그 속에 존재하는 사람 또한 진화 성숙하여 완성된 소우주체로 제 본분을 해야 한다고 한 것이다.

그 가르침이 홍익대법(弘益大法)으로, 본자연(本自然:靈界)과 연결 고리를 잇고 있는 대자연(大自然: 神界)과 거기에 또한 연결 고리를 잇고 있는 자연(自然: 人界)이 삼천대세계(三天大世界)로 우주의 '한 틀' 속에서 생명의 고리를 잇고 순환 작용의 기(氣) 운행을 하고 있는 존귀한 인간 생명체라고 했다.

대우주의 하늘 대법(大法)을 조상 뿌리로부터 배워 옴으로 우주관을 정립할 수 있었던 배달 한민족과는 달리, 서양의 유대민족 조상신 여호와는 지구촌 물질문명을 발전시키는 전략적 기술 정보를 그 보좌 신명들과 함께 열심히 가르쳐 준 것이다.

그것이 지구촌에 동양의 정신문명과 서양의 물질문명으로 나누어진 양대(兩大)사상의 근원으로, 그 또한 우주 섭리라고 할 수 있다. 태초의 우주가 음양(陰陽) 이성(異性)으로 우주 만물을 하나의 세계로 조화를 이룸과 같이 그 섭리하심에 의한 것임을 나타내 주고 있기 때문이다.

바로 그것이다. 지구촌에 물질문명을 발전시켜 나온 서양 사상은 정신문명을 발전시켜 나온 동양과는 달리 그 뿌리 조상신으로부터 인간의 본질적 생명의 실체가 무엇인지를 배우지 못했음을 구약을 통해 유추해 볼 수 있게 해 준다.

하나님의 우주 섭리가 서양의 유대 땅에 '때가 이르면' 그들을 구원해 줄 만왕의 왕 메시아 출현하게 될 것이라는 것이 선지자들의 예언이었다. 그 구원의 메시아가 바로 인간 생명의 실상을 일깨워 주기 위해 출현했다는 성자 예수로, "나는 선한 목자로 너희를 생명의 길로 인도하러 왔노라." 하신 것이다.

성자 예수 출현 이전 유대민족은 그들 뿌리의 창조 수호신 여호와 호흡의 가르침으로 물질 세상의 번영을 위해 이웃 민족과의 대립적인 살상 대결로 피 흘림의 전쟁을 아무런 죄의식 없이 당연한 것으로 알고 행사해 오고 있었다.

그것이 여호와 정기(精氣)에 의해 심어진 유대민족 정신으로, 그 백성들에게 생명의 존귀함을 깨우쳐 주기 위해 출현하셨다는 그리스도 구원의 말씀이 "한 생명이 우주보다 크다."고 하신 것이며, 그 진리(眞理)의 말씀으로 인간 실체가 무엇인가를 깨닫고 원수까지도 용서하고 사랑할 줄 아는 영혼으로 성숙하게 되면 완성된 소우주체로 본자연(本自然)하신 하나님의 분자적 진리체로서 그리스도와 같은 아들의 명분을 얻게 된다는 가르침이었다.

이렇게 예수께서 신약복음 속에서 말씀하신 그 우주는 오늘도 생멸변화를 거듭하고 있다. 그 실증으로 밤하늘에 무수히 반짝이는 별들이 그 일생의 경영을 마치고 별똥별로 사라지는 것처럼 이 세상에 태어난 인간의 삶 또한 그와 마찬가지다. 그것이 우주 자연 순환 원리에 의한 기(氣) 운행으로, 그 속에 참 작은 '나'라는 생명체 역시도 꽃이 졌다가 피고 피었다가 지듯이 끊임없이 변모한다고 했다.

그것이 불교의 스승 붓다께서 말씀하신 윤회(輪廻)의 이치로, 전생(前生)에 호화로운 집에서 비단옷을 입고 살았었는가 하면, 이어지는 현생에서 갑자기 가장 가난한 사람이 되어 삶의 적막을 맛보면서 하늘을 원망하기도 한다는 것이다.

바로 그 문제다. '나'라는 생명체의 존재, 그 '있음'의 근원 자리를 바로 알고 해득해야 된다는 것이 오늘 우리에게 주어진 필연적 숙제임에는 틀림이 없다. 영원히 소멸되지 않는 우주 원심력과 동일체(同一體)로 순환하고 있다는 것이 인간 생명체이기 때문이다.

　오늘 살아 있는 ‘나’라는 생명체가 대우주와 고리를 잇고 있는 존귀한 생명체임을 깨닫고 그 본분을 다하기 위해서는 원초적 생명의 본질, 그 우주의 근원(根源) 자리를 말해 주고 있는 고등종교의 스승들, 그 실체는 무엇이며, 또 그 ‘진리’란 무엇인가? 즉, 그 원리를 우리가 바로 헤아려 보기 위해서는 고등종교의 스승들, 그 삶의 족적과 그 말씀의 진의가 어디에 있는가를 바로 헤아려 보는 안목의 지혜가 필요한 것이다.

　우주 원리를 가르쳐 준 성현들의 말씀 속에는 한결같이 그 신성(神性)을 이루어 완성된 소우주체로 거듭남을 입어야 한다는 것이었고, 그것이 인생 삶의 목표가 되어야 한다는 것을 거듭 강조해 두고 있기 때문이다.

　하늘은 결코 쓸모없는 사람을 세상에 내보내지 않는다고 했다. 어디엔가 다 쓸모가 있게끔 되어 있다는 것으로, 심지어는 운명적으로 악역(惡役)을 맡고 오는 사람도 그 쓰임의 용도가 있는 것이기 때문에 이 세상에 태어난 사람은 저마다 각자 해야 할 몫을 지니고 태어난다고 옛사람들은 말해 왔다.

　그 한 몫을 가지고 태어나신 석가 부처께서는 수행(修行)으로 정각(正覺)을 이루신 깨달음의 순간에 하셨다는 말씀이 바로 그 유명한 ‘천상천하유아독존(天上天下唯我獨尊)’이다. 그 뜻은 자신이 우주를 주관하시는 본체신 하나님과 함께하는 동일체임을 나타내신 말씀이다.

　성자 예수께서도 마찬가지였다. 자신이 태초의 하나님 우주만물 창조 역사에서 함께했던 빛으로 그 현존임을 나타내신 말씀이 “내가 아버지 안에, 아버지가 내 안에 거하신다.”고 하시고 “나를 본 것이 하나님을 본 것이다.” 하신 것이었으며, “아버지가 일하니 나도 일한다.”고 하시었다. 그것이 바로 처음과 끝이라는 알파와 오메가의 하나님 그 천지공사의 일을 태초로부터 마지막 완성의 단계까지 그 일을 함께 이룬다는 것으로, 그것은 하나님과의 동일체로 분자적인 아들이라는 개념이다.

그 뜻을 한결같이 담아 두고 있는 것이 성현들의 경전 말씀으로, 미망(迷妄) 속에서 자신의 실체가 무엇인지를 모르고 살아가고 있는 어둠의 자식들에게 그 깨달음을 주기 위해 거룩한 성령체가 육신(肉身)을 가진 인자(人子)의 모습으로 세상에 출현했다고 한 것이다.

그 존체가 바로 하나님 현존(現存)의 임재(臨齋)이기 때문에 태초의 하나님 빛의 말씀(LOGOS)으로, 변하지 않음은 오직 그 하나 '진리(眞理)의 말씀'뿐이라고 한 것이었다.

그렇기 때문에 이 세상에 출현한 성현들의 진리(眞理)의 말씀이란, 인간 중생들이 깨달음을 얻어 진화 성숙되면 우주 원심력을 행사(行事)하는 생명의 '빛'으로 영원 불멸하신 하나님과 함께 존재하는 성인의 반열에 들어가게 된다는 것으로, 노자 성현은 그 뜻을 체성복귀(體性復歸)라고 했다.

그 우주의 원리가 하늘과 땅과 사람, 곧 천지인(天地人)이 '한 틀' 속에서 완성을 향해 가고 있다는 태초의 하나님 그 우주신도(宇宙神道)에 의한 섭리로 인간을 소우주라고 한 것이었으며, 그 원심력에 의해서 우주 대자연 속에 순환을 거듭하고 있다는 논리가 불가(佛家)에서 말하는 인과응보(因果應報) 법칙에 의한 윤회(輪廻)의 이치다.

그것이 본자연의 섭리기 때문에 인간은 각자 영혼진화의 성숙도에 따라서 그 부모와 연(緣)의 고리를 맺고 이 세상에 태어나게 된다는 것이며, 그것을 숙명적(宿命的) '업장'이라고 했다.

각 사람의 의식 수준에 따라 믿음으로 받아들여지게 된다는 종교관 역시도 마찬가지로 과거의 생(生)을 거치면서 부대끼며 경험해 온 그 모든 것들이 주는 깨달음 속에서 그 의식이 성숙되어 나온 만큼 각기 그 파장에 맞는 종교를 선택하게 된다는 것이다.

인생의 총체적인 삶 속에서 악신(惡神) 놀음과 선신(善神) 놀음이 무엇인지 분별하지 못한 채, 초기에는 수없이 많은 자연신과의 교감을 이루면서 진화를 하고 있는 지구촌 행사 모습을 구약에서 보여 주고 있는 것이라고 할 수 있다.

말하자면 이른 봄, 주인의 심부름으로 밭에 '종자씨'를 뿌리고 다스리던 종복(從僕: 神界)들이 열심히 그 씨 밭 가꿈의 행사를 해 보이던 구약시대가 그 싹들이 무성해진 여름 주인의 아들 성자 출현으로 마감되었음을 신약복음 속에 그 뜻을 담아 기록해 두고 있는 것이다.

그것이 본자연으로 존재하신 태초의 하나님 우주신도(宇宙神道)에 의한 섭리로 성현들이 세상에 출현하여 우리에게 가르쳐 준 진리란 다만 크고 작은 법의 차이뿐이다. 그 속에 담아 있는 말씀들은 한결같이 자상한 부모가 아들과 딸의 등을 토닥이며 타일러 주듯이, 먼저 삶의 바깥을 보게 하고 다시 삶의 안쪽을 들여다보게 하며, 마침내는 삶의 안과 밖을 한꺼번에 볼 수 있는 안목(眼目)을 갖게 한다는 것이다.

이렇게 시대와 나라를 달리하고 이 세상에 왔다 간 성현들이 우리에게 가르쳐 준 진리의 말씀이란, 먼저는 세상을 살아가는 도리와 자연의 이치를 가르친 성현들이 있어 왔고, 그와는 또 다른 차원으로 영생하는 하늘 천법((天法)으로 참생명의 이치와 도리(道理)가 무엇인가를 가르쳐 준 성현들이 있어 왔다.

그것은 우주 순환 원리에 의해서 인류 역사가 시작되고 그로부터 진화 발전되어 나온 중생들의 근기(根氣)가 그 시대마다 단계적으로 다르기 때문에 거기에 따라서 방편법(方便法)을 쓰는 것이라고 했다.

그 이치를 불교의 스승 붓다께서 제자들에게 하신 말씀이며, 기독교 스승 예수께서도 마찬가지였다. 아무나 '참사람'의 성품을 이루게 하는 대도(大道)의 법, 곧 진리를 들을 수 있는 것이 아님을 빗대어 "들을 수 있는 귀는 들으라." 하시고, 또 "진주를 개에게 던지지 말라." 하신 것이고 보면, 사람마다 세상에서 온갖 아픔을 겪으며 닦아 온 본성(本性)의 근기(根氣)가 그처럼 각기 다름을 나타내 주고 있는 것이라고 할 수 있다.

이러한 우주 섭리가 인간 영혼 역시도 각 사람의 진화된 근기의 태성에 따라서 부모와 자식의 인연(因緣) 줄을 목에 감고 태어난다고 하여 그것을 '탯줄'이라고 했다.

그것이 숙명적인 만남이라는 천연(天緣)의 고리로, 현대과학에서 밝히고 있는 것과 같은 이치로, 원심력에 의해 회전하는 에너지는 같은 파장끼리 서로 끌어당긴다는 그 원리다. 따라서 부모와 자식의 인연 고리 맺음이란 누구에 의해서가 아니라 스스로가 만들어 낸 영혼 기운(氣運)으로, 그것이 바로 숙명적 운명(運命)의 만남이라고 했다.

그 섭리에 의해 모든 일이 각자에게 주어진다는 것이 바로 인과응보(因果應報) 법칙이라는 붓다의 말씀이며, 또한 예수께서도 "너희가 심는 대로 거두게 된다."는 말씀이었다.

이것이 본자연으로 존재하시는 하나님 그 우주 기 운행의 법칙이기 때문에 각 사람마다 그 영혼 성숙함에 따라 풀어야 할 업장(業場)의 숙제를 짊어지고 태어난다는 것으로, 공자 성현께서도 "하늘이 큰 사람을 만들기 위해서는 뼈를 깎는 고통을 준다."고 하신 것이다.

그러한 우주 섭리에 의해서 이 세상에 태어난 모든 인간은 누구나 부대끼는 아픔의 고통 속에서 영혼이 닦고 깎이면서 영원한 진리체로 진화 성숙되어져야 하는 숙제를 안고 있는 것이 인간 숙명이라고 했다. 그래서 옛 어른들은 "쌍가마 속에도 눈물이 있다."고 말해 왔다.

그처럼 고통의 눈물로 영혼을 닦고 성숙시켜야 할 업장을 누구나 숙명적으로 짊어지고 이 세상에 태어나기 때문에 크고 작은 차이일 뿐, 세상 인연의 만남 속에서 부대끼는 그 모든 고통을 겪게 마련이라고 했다.

그러한 아픔의 세상을 빗대어 붓다께서는 '고통의 사바 세계'라고 하시었으며, 인생은 고해(苦海)로 영혼 '탈겁'을 위한 닦음의 도장(道場)이라고 하신 것이다.

이 세상에 태어난 수많은 사람들은 저마다 영혼의 근기(根氣)가 각기 다르고, 사고(思考)하는 각자의 생각에 따라서 자신의 신념을 만들어간다고 했다. 그리고 이를 행할 때에 자기 이익만을 추구하는 삿된 사람들은 이웃과 나아가서 국가에 해를 끼치지만, 인간 삶의 바른 도리(道理)가 무엇인지 알고 사고(思考)하는 신념의 사람은 그 행함이 이웃과 사회에 이로움을 주게 된다는 것이다.

일테면 과학자가 만든 인공위성을 좋은 쪽으로 활용한다면 인류에게 희망을 안겨 주는 것이 되겠지만, 그것을 나쁜 쪽으로 즉, 전쟁이나 살상을 위한 전쟁 무기로 활용한다면 그것은 인류에게 재앙을 초래하는 불씨가 되는 것이나 마찬가지다.

인간 개개인의 신념이 삶의 질과 방향을 설정하듯이 그 민족 국가의 행불행(幸不幸) 역시도 마찬가지다. 그 나라 통치자의 사고(思考)하는 신념에 따라서 그 역사가 만들어져 나온 것으로, 제왕(帝王)은 그 시대 국운(國運)에 맞추어 하늘이 정해 준 인물이라고 했다.

그런 뜻에서 예수께서는 "권세는 위로 나지 아니한 것이 없나니, 권세를 거스르는 자는 화를 자초하리라."고 하셨던 것이며, 그 모든 것이 하늘의 섭리 가운데 있어 왔음을 특히 유대민족 뿌리 역사 구약을 통해서 입증시켜 주고 있다.

그것이 바로 하늘의 뜻을 땅에서 이루기 위함이라는 조물주 천지공사에 의한 기(氣) 운행으로, 작게는 개인의 운명에서부터 크게는 지구촌 각 민족의 행불행의 역사까지도 하늘이 주관하는 예정 가운데서 이루어지고 있다는 것이다.

그러한 우주 섭리에 의해서 지구촌에 산재해 있는 각 족속마다 그 사명을 달리하고 내려온 조화신단 신계에 의해서 그 피부 색소를 달리하고 그 민족 특유의 고유한 문화를 이루어 나오게 했었음을 구약을 통해 유추해 볼 수 있게 해 주고 있다.

그것이 바벨탑 사건으로 "땅 위에 사람이 번성할 때에……."로 시작된다. 그 기록이 오늘 서구 신학자들이 창세기 문제나 마찬가지로 합리적이지 못한 애매모호한 답변으로 넘어가고 있는 문제 중의 하나로 바로 그 신들의 대화 장면이다.

"그들이 언어가 하나이므로 그 경영하는 것을 막지 못하리라. 자! 우리가 내려가서 그들의 언어를 갈라놓자!"

바로 그 대목이다. 그 내용이 밝혀 주고 있듯이 땅 위에 사람이 번성할 때에 언어(言語)는 천상의 신계족(神界族)들과 주고받은 공통언어였음을 나타내 주고 있다. 뿐만 아니라 창조 수호신을 달리하고 있는 각 족속들이 그 신들에 의한 공통언어를 구사하고 있었기 때문에 서로 의사소통을 하게 되면서 혼혈되고 있었음을 나타내 주고 있음이다.

신들의 대화 속에서 '그들의 경영'이라는 혼혈을 막기 위해서는 서로가 의사소통을 하지 못하도록 그 언어를 달리해 주어야 한다는 이야기다. 그것이 바로 천상의 신들이 지구촌에 번성되는 그 족속들을 감시 감찰해 오면서 서로가 사이좋게 의기투합하는 장면의 대화다.

그 기록을 통해서 보더라도 여호와나 마찬가지로 그 당시에는 이방족속의 창조신들 역시도 그 자손들이 혼혈됨을 철저하게 금기시켜 왔음을 나타내 주고 있다.

그것이 바로 인류 시원에서 있었던 지구촌 종족 번성의 역사로, 그 당시 땅 위에 번성되고 있었다는 사람이 서국 신학자들의 논리대로 여호와 신으로부터 창조된 한 뿌리 혈통 계보의 족속이라면 그처럼 서로 의사소통을 하지 못하도록 막을 이유가 없는 것은 당연한 이치다.

구약 시대는 그처럼 각 족속의 수호신들이 각기 그 백성을 감시 감찰해 오고 있었기 때문에 서로 의기투합하여 그 경영을 막아야 한다는 기록의 대화다.

그 이유에 대해서는 여호와의 행사에서 좀 더 구체적으로 말해 주고 있다. 그것이 "내 영광을 위해서 지은 자를 오게 하라!"고 한 것이었으며, 또 "나 이외에 다른 신을 섬기지 말라."는 계율을 으뜸으로 세워 놓고, "나는 질투하는 하나님이라." 하고 선포하고 있는 것으로, 그 질투의 이유를 바벨탑 사건을 통해서 입증시켜 주고 있는 것이라고 할 수 있다.

여호와의 질투를 크게 보여 주고 있는 기록이 우리가 익히 알고 있는 노아 홍수다. 그 기록에서 여호와는 그 백성 중에서 온전하다는 노아 가족만 남기고 물로 쓸어버린다. 그것이 '죄가 관영함으로'라는 여호와 진노의 물 심판으로 '노아 홍수'라는 것이었다.

그 죄가 바로 여호와의 영광을 위해서 창조했다는 이스라엘 백성과 이방 민족이 그 당시는 서로가 공통언어로 의사소통을 하고 혼혈함으로 그로 비롯되어 번성되고 있는 씨종자들은 여호와의 영광이 될 수 없는 온전한 그 뿌리 혈통 계보의 자손이 아니기 때문에 죄악의 씨로 간주하고 쓸어내 버린 것이 물 심판이다. 그것이 '나는 질투하는 하나님'이라는 여호와의 행사였다.

그와 같이 구약의 기록에서는 신학자들의 논리 주장과는 달리 이스라엘 민족과 이웃하고 있는 이방민족이 있었으며, 그들을 수호하는 민족 수호신이 각기 존재하고 있었음을 분명히 나타내 주고 있다는 사실이다.

그렇기 때문에 그 족속 수호신들은 이방 족속과의 사이에 경영되고 있는 혼혈의 풍조를 막기 위해서 함께 의기투합하여 서로가 의사소통을 하지 못하도록 언어를 흩어 놓자고 한 것이 '바벨탑' 사건이었던 것이며, 또한 노아 홍수 이후 그 이스라엘 종족 번성을 위한 남녀 이성 교합에서 보여 주고 있는 장면이 그것이다.

그 뿌리 혈통이 다른 이방 족속과의 남녀 교합으로 혼혈의 씨앗을 번성시킨다는 것은 여호와가 '죄악'으로 간주했었기 때문에 물 심판에서 제외된 노아의 두 딸은 아버지에게 술을 취하도록 권해 놓고, 교대로 아버지와 상간(相姦)을 했다고 했다. 그것이 유대 이스라엘 민족 순수 혈통을 지키는 여호와 정기(精氣)의 창조물로써 그의 영광이 된다는 것이기 때문이다.

이렇게 지구촌 인류 역사는 영계의 본체신 하나님의 종복(從僕) 조화신단들에 의해서 인류 역사가 이루어져 나오면서 각 족속 뿌리를 세운 그 신들의 특성의 사명에 따라 독창적인 그 민족문화를 이루어 왔음을 나타내 주고 있다.

그러한 섭리에 의해서 고대 그리스 로마처럼 독특하게 예술문화를 꽃피운 민족이 있었고, 일찍이 동방의 정신문화를 꽃피운 배달민족이 있었으며, 그와는 달리 물질 기계문명을 발전시켜 그 특징적인 정복문화를 세계 속에 자랑하고 있는 유대민족 모두가 각기 그 사명을 맡고 지구촌에 내려온 조화신단들의 정기(精氣)에 의해 심어진 민족정신이었음을 구약을 통해서 유추해 보게 해 주고 있는 것이다.

그것이 조화의 세상을 이루기 위한 하나님 우주 섭리에 의한 것으로, 작게는 개인의 운명 역시도 그 시절에 따라 악역(惡役)의 사명으로 태어난 사람과 이웃과 국가뿐 아니라 인류에 유익함을 주는 사명(使命)을 맡고 세상에 보내지는 사람이 있음을 구약과 신약 속에 담아 두고 있다.

구약 시대 유대 땅에 예언의 사명을 맡고 오고간 많은 선지자들이 있어 왔다. 그들은 시대마다 출현하게 될 그 인물의 사명에 대해 말해 주고 있었던 것으로, 세례 요한이 성자 예수의 길잡이로 보내질 것이라는 것과 그 뒤에 출현하게 될 성자 예수의 사명이 무엇이라는 것을 선지자 이사야를 통해 예언해 두고 있다.

그것이 바로 '때가 이르면' 구세주 메시아가 유대 땅에 태어나게 될 것이라는 이사야 선지자의 예언으로, 하나님의 아들 성자 예수가 그 유대민족을 선택하여 보내진 이유는 여호와의 정기(精氣)의 가르침은 이웃 민족과의 대립적 전쟁으로 그 특유의 정복문화를 민족정신으로 심어 주고 있었기 때문이다.

그래서 예수께서는 "죄 많은 곳에 은혜가 풍성하다."고 하신 것으로, 그처럼 사망이 '왕 노릇' 하고 있다는 어둠의 텃밭을 택하여 하늘나라 화평의 복음으로 대우주적인 하나님 사랑의 '빛'을 세상에 나타내 보이기 위함이라고 신약성서는 기록하고 있다.

그것이 만세 전부터 예정되어 있었다는 성자 예수의 십자가의 고난이었다고 했다. 그 뜻을 나타내 주고 있는 성구가 "빛이 어둠에 비치되, 그 백성이 도무지 알지 못하더라."는 기록이다.

성서 기록을 유추해 볼 때, 유대민족의 창조 수호신 여호와가 그 백성들에게 그 특유의 정복문화 정신을 심어 준 것 역시도 하늘 섭리하심의 뜻에 의한 것이라고 할 수 있다. 선(善)과 악(惡)이 대립적 관계로 '한 틀' 속에서 그 모습의 선명함을 드러내듯이 세상의 어둠 속에 하늘나라 빛을 나타내 보이기 위해서 여호와로 하여 준비된 어둠의 텃밭이라고 할 수 있다.

유대 땅에 '때가 이르면' 출현하게 될 것이라는 선지자들 예언의 구세주가 하나님 선물의 약속이라는 성자 예수로, 그 십자가의 고난은 만세 전부터 예정되어 있었다고 했다.

이렇게 모든 일이 하나님 예정 가운데 이루어지고 있는 일이라고 했을 때, 하나님 사랑의 빛을 세상에 나타내기 위해 선택된 하나님의 종(從)이 또한 신계의 여호와였었다는 것으로 귀결 지어진다.

 우주정신과 예수 친자 확인 소송

그렇기 때문에 여호와는 그 어둠의 씨 밭을 열심히 일구어 나오면서 주변 민족과 살상 대결하게 하는 피 흘림으로, '사망이 왕 노릇' 하는 악(惡)의 텃밭을 일구고 있었다는 이야기가 된다. 그 어둠의 텃밭에 때가 이르면 하나님이 약속한 선물의 아들이 '하늘에는 영광이요, 땅에는 평화'라는 진리의 성자 예수 출현이었기 때문이다.

그처럼 유대 땅을 선택하여 보내 약속의 선물이 구세주 예수로, 하나님의 은혜며 사랑이라고 한 것이었고 보면, 그 또한 하나님으로부터 특별하게 선택을 받고 세워진 민족임에는 틀림이 없다.

이렇게 하나님의 예정 가운데 태초의 빛을 세상에 드러내기 위해 어둠 역사의 악역을 맡고 그 일에 충실해 온 것이 여호와의 전반적인 행사(行事)였으며, 그 전쟁의 피 흘림으로 사망이 왕 노릇 한다는 텃밭에 하나님 산제사의 속죄물로 성체의 보혈을 흘려야 했던 것이 성자 예수의 운명이었다고 했다.

그래서 아버지의 뜻에 따르는 순종하는 아들의 모습을 보여 준 성자 예수께서는 그 악역(惡役)을 맡고 선택된 이스라엘 백성들의 행위를 마지막 때에 다시 회복시켜 주시겠다는 약속의 말씀을 신약복음에 담아 두고 있다.

그 약속의 보증으로 예수께서는 십자가 위에서 운명 직전에 하신 말씀이 "아버지여, 저들이 몰라서 그런 것이오니 용서하시옵소서.", 바로 그것이다. 이렇게 세상 모든 일은 하나님의 섭리 가운데서 이루어지고 있다는 것을 보여 주신 것이다.

그것이 만물을 사랑하신다는 하나님 우주정신이고 보면, 예수께서 예언하신 '그 때가 이르게 되면' 지구촌 가는 곳마다 깃발을 꽂고 독주를 하고 있는 서양 문화권에서 비롯된 유일 독존적 여호와 숭배사상도 이스라엘의 회복과 함께 자연스럽게 정리될 것으로 믿어진다.

지금까지 혼합된 기독론의 종교 논리가 유대민족 주체성 확립을 위한 구심점으로 그 힘을 발휘하는 원동력이 되면서 그 민족의 주신(主神) 여호와가 세계를 지배하는 우주 만물의 통치권자라는 믿음의 신앙심을 촉발시켜 주는 그 역할을 해 왔기 때문이다.

그들에게 그만큼 뿌리 깊이 내려진 민족 전통성의 신앙관은 여호와 하나님으로부터 선택받고 세워진 민족이라는 민족 자긍심에서 비롯된 뿌리 정신의 '얼'이다.

그 민족정신이 유대민족 조상신 여호와의 전투 전략의 가르침으로 배워 온 정복문화 유산이기 때문에 그 깃발을 성자 예수 고난을 상징하는 십자가 위에 꽂고 그것이 우주 만물을 통치하시는 여호와 하나님의 은혜며 사랑이라고 전파해 왔다.

그것이 세상적인 논리로 볼 때는 민족 주체성 확립이다. 하지만 성자 예수께서 말씀하신 인간성 회복의 주체의식이란, 우주 만물을 통치하신다는 하나님과 동일체라는 주체성 회복으로 그 깨달음을 얻기 위해서는 진리의 말씀을 등불로 삼으라고 하신 것이다.

그 진리의 말씀을 등불로 삼았을 때, 비로소 생명수가 아닌 '쑥물'로 혼합된 오늘의 기독론이 성자 예수 고난을 상징으로 하는 십자가 위에서 제 빛을 크게 발휘하게 될 것이다.

그것이 묵시적인 성서 예언으로, 이 땅에 하나님 나라가 건설될 때 하나님 보좌에 '어린양'이 그 등(燈)이 된다고 기록해 두고 있기 때문이다.

2 종교가 주는 교훈

삼라만상은 오늘도 생멸 변화를 거듭하고 있다. 그 속에 참 작은 인간 생명체 역시도 마찬가지다. 그러나 오직 변하지 않는 그 하나는 우주 본성(宇宙本性)이라는 우주 영혼의 불씨로, 그것이 영원무궁한 참생명의 실상(實像)이라고 했다.

이 세상에 태어난 인간은 누구나 그 한 조각의 우주 본성을 가슴에 담고 태어난다고 했다. 그 본성(本性)이 영원하다는 영혼 생명의 '불씨'이기 때문에 자아성찰(自我省察)하여 우주 만물을 다스리는 진리체로 성숙하라는 것이 성현들의 가르침이다.

그 말씀의 행간을 따라가 보면 모두 근본을 같이하고 있는 뜻을 담아 두고 있다. 생멸 변화를 거듭하고 있는 우주 자연 속에 인간 생명의 육신(肉身) 또한 유(有)인 것 같으나 무(無)로, 잠시 왔다 가는 세상의 허망(虛妄)된 육신 본능의 정욕을 쫓지 말고 그 출렁거림을 진리의 말씀으로 다스려 참생명의 영혼 불씨로 그 자성(自性)을 성숙시키라고 하신 것이다. 그것이 물질 세상이 주는 허망한 유혹에 휘말리지 않는 성숙된 우주 영혼으로, 육신을 가지고 태어난 인간이면 누구나 기필코 성취해야 할 삶의 본분으로 삼아야 하며, 그 목표를 향해 정진(精進)에 게으르지 말아야 한다는 것이었다.

그러기 위해서는 그와 같은 깨우침을 주고 있는 성현들의 경전의 말씀을 생활 속에서 스승으로 삼고 늘 깨어 있을 때에 세상이 주는 고통 속에서 영혼을 성숙시켜 망령된 유혹에 넘어가지 않게 된다고 한 것이 고등종교 스승들의 가르침이다.

예수께서는 세상이 주는 모든 부대낌의 아픔과 고통을 감내하라는 뜻으로 "범사에 감사하라."고 이르시고, 하늘은 각 사람에게 감당할 만한 십자가 외에는 주지 않는다고 말씀하시었다. 이 세상에 태어난 인간은 내 안에 내재되어 있는 영혼 생명의 불성(佛性)을 자각하고 그 자성(自性)을 성숙시켜야 할 책임이 각자의 몫으로 주어져 있다는 가르침이다.

그래서 누구에게나 크고 작은 고통이 따르게 마련이라고 했다. 그것이 각 사람의 영혼 닦음의 근기(根氣)에 따라 운명적으로 짊어져야 할 고통의 십자가라는 것으로, 예수께서는 인류 구원의 몫으로 자신에게 주어진 십자가 고난의 운명 앞에서 그 절규의 간구함 또한 우리에게 교훈이 되어 주고 있다.

그 고뇌는 "아버지여, 하실 수만 있다면 이 쓴 잔을 내게서 면하게 하여 주옵소서. 그러나 내 뜻대로 마옵시고 아버지 뜻대로 하옵소서." 바로 그것이다. 각 사람에게 따르는 삶의 고통은 운명적으로 주어진 하늘의 뜻이기 때문에 피할 수 없다는 것이며, 그 십자가의 고통을 감내 했을 때, 비로소 세상의 빛으로 드러나 영혼 생명이 영화롭게 된다는 그 실증을 예수께서는 십자가의 고난을 통해 보여 주신 것이다.

그것이 성자 예수께서 죽기까지 아버지 하나님의 뜻에 순종하고 따르는 인류 구원의 '사랑'으로, 그 십자가의 고난을 통해 영혼 생명의 부활이 있음을 믿음으로 심어 주고자 하신 것이며, 그 희생의 산 제물로 만세 전부터 예정되어 있었다는 것이 성자 예수의 운명이었다고 했다.

이렇게 각 사람은 저마다 운명적으로 짊어져야 할 고통이 크고 작은 차이뿐으로, 이 세상에 출현한 세계 칠대 성현들의 삶 역시도 그 행적을 따라가 보게 되면 보편적인 우리 인간의 삶은 고통이라고 할 수 없을 정도로 엄청나게 큰 고통을 받아왔음을 느끼게 해 준다.

우리가 성현들이라고 하는 분들은 그만큼 뼈를 깎는 고통을 짊어지고 그 정해진 운명의 길을 따라 걸으면서 인간이 기필코 성취해야 할 것이 무엇인가를 그 삶의 족적에서 보여 주고 있다.

그와 같이 도저히 평범할 수 없는 성현들의 삶이 오늘 우리에게 다시 회자되면서 삶의 위로와 교훈이 되어 주고 있다. 그것이 각 사람에게 운명적으로 정해져 있다는 닦음의 길에서 부대끼며 겪게 되는 모든 고통이 각자의 몫으로 주어져 있다는 표본으로서의 모델이다.

그 고난의 상징성을 나타내 주고 있는 것이 성자 예수의 십자가로, 그 푯대라고 할 수 있다. 하지만 예수께서는 "말세에 참 믿는 자를 보겠느냐." 하신 것이고 보면, 그 뜻을 제대로 이해하고 신앙생활을 하는 사람이 하나님의 추수마당 세상 끝에 얼마나 되겠느냐고 하신 말씀으로, 그 진의를 다시 생각해 보게 해 준다.

그만큼 세상 끝에는 물질만능주의가 팽배되면서 염불보다는 잿밥에 눈이 어두운 형식적인 신앙인들이 그들의 생활 방편의 수단으로, 예수의 이름을 팔아 자신의 이익을 추구하게 되리라는 예언의 말씀이기도 한 것이다.

오늘 맹신적인 신앙인들의 자세는 예수께서 지적하신 구약 시대 바리새인들의 의식구조나 다를 것이 없다고 할 수 있다. 여호와가 그 백성들에게 약속한 것은 물질 축복으로 믿고 의지할 때, 그 경영하는 모든 일이 번성하여 창대해질 것이라고 한 것이다. 그 약속을 믿고 율법적 기존 전통의식에 충실하고 있었던 바리새 교인들이었다.

그런 그들에게 눈에 보이지 않은 하늘나라 영혼 생명을 보장해 준다는 성자 예수의 외침은 마치 뜬구름을 잡는 소리쯤으로 거기에 귀를 기울여 주는 사람은 초기에 몇 사람에 불과했다. 현세적인 축복이 아니었기 때문에 오히려 귀신이 들린 사람이라고 배척했다.

예수께서는 그들의 무지와 사악함에 날려 보낸 심판의 불화살이 "외식하는 자들이여!" 하신 말씀에 이어서 "독사의 자식들아! 누가 너희더러 구원에 이르라고 하더냐." 하신 것이다. 그 말씀이 바로 과거나 마찬가지로 오늘 외식하는 신앙인들을 향해 날려 보낸 심판의 불화살이라고 할 수 있을 것이다. 그것이 말세의 현상으로, 예언의 말씀이기 때문이다.

구약 시대 그처럼 맹신적 전통사상 신앙 분위기 속에서 온갖 핍박과 수모를 겪어야 했던 성자 예수의 운명이 바로 그 십자가의 고난이었다. 그 고난을 상징으로 세워진 진리의 푯대가 오늘도 어둠 속에 그 불빛을 깜빡이며 눈길을 끌게 하는 그 십자가다.

오늘도 짙은 어둠 속에서 의연하게 "나는 길이요, 진리로, 생명이라."는 그리스도의 말씀은 그처럼 '쑥물'로 혼합된 기독 논리와는 상관없이 하나님의 참생명 본질이 그 안에 내재되어 있음을 나타내 주면서 그 진리를 찾아야 하는 이유를 우리에게 말해 주고 있다.

그 진리의 말씀이 무엇을 약속하는 것인지도 모르고, 다만 생활 방편의 수단으로 그리스도 예수의 이름을 머리 위에 얹고 살아가는 사람들이 이 사회를 어지럽히는 공해 요인임에는 틀림이 없다.

그런 사람들은 분명히 영혼 생명의 불씨를 이미 잃어버린 '얼'이 빠진 사람으로, 예수께서는 그처럼 위선적이고 맹신적인 행위의 바리새인들을 향해 "너희는 살아 있으나 걸어다니는 송장이니라." 하시고 그 송장의 몸에서는 썩은 악취밖에 풍겨낼 것이 없다고 하셨다.

그처럼 걸어다니는 송장과 다름없이 썩은 악취를 풍기는 사람들은 더러운 귀신 영가들이 마치 제 집처럼 들락거리며 저급한 향락만을 쫓아가는 잡신 놀음의 도구가 되게 한다고 했다. 그래서 예수께서는 너희가 진리의 말씀으로 심지(心地)에 불을 밝히고 늘 깨어 있는 생활로 마음을 성전 삼고 기도하라고 당부하신 것이다.

진리의 말씀으로 늘 깨어 기도하는 마음이 하나님께서 기뻐 받으시는 산제사로 하나님께서 임재하시는 성전이 된다고 했다. 그런 뜻에서 예수께서는 "천국이 여기 있다, 저기 있다 하지 말라. 천국은 네 마음에 있느니라." 하신 것이다. 그 말씀의 깊이를 따라 들어가면, 살아서 그 마음에 천국을 이루지 못한 사람이 죽어서 천국을 간다는 말은 믿지도 바라지도 말라는 뜻이다. 그래서 예수께서는 "찾으라 얻을 것이요, 구하라 주실 것이다."라고 하시고 "심령이 가난한 자는 복이 있나니 천국이 저희 것이요." 하신 것으로, 그처럼 진리란 무엇인가, 그 의문을 가지고 두리번거리며 찾기를 원하는 사람은 그 사고(思考)하는 생각 자체로써 기만의 세계로부터 눈을 돌리고자 하는 사람으로, 자신 안에 내재된 하나님의 본성을 찾게 되는 가능성이 보인다는 말이다.

각 사람이 가지고 있는 생각의 사고(思考)로 그 신념은 마침내 진리가 인도하는 영생의 길을 찾게 되면서, 자신이 곧 우주 대자연과 기통(氣通)을 하고 있는 생명체라는 것을 깨닫게 되고, 마침내 신통력(神通力)을 갖추게 되면서 그 깨달음의 성취로 영통(靈通)하는 진리체가 된다는 것이 고등종교의 스승들의 가르침이다.

바로 그것이다. 이 세상에 태어난 인간이면 누구나 기필코 성취해야 할 목표가 바로 만물을 다스리는 영장(靈長)으로, 하나님께서 기뻐하시는 분자적인 아들로서 영통하여 영혼 생명의 진리체가 되어야 한다는 것이다.

그것이 세상이라는 어둠 속에 출현하여 생명의 참 실상을 깨닫게 해 주신 성현들의 가르침으로, 우주 속에 오직 변하지 않는 그 '하나'는 진리(眞理)의 말씀뿐이라고 했다.

이러한 우주 원리의 섭리가 본자연(本自然)으로 존재하신다는 영계(靈界)와 고리를 잇고 있는 대자연(大自然)의 신계(神界), 그리고 거기에서 연결 고리를 잇고 있는 자연이라는 인계(人界)가 바로 그 삼천대세계(三天大世界)로, 그 '한 틀' 속에서 고리를 잇고 회전하고 있다는 것이며, 그것이 하나님 천지창조의 완성을 향해 가는 우주신도(宇宙神道)로서 하나님의 섭리라는 것이다.

이렇게 대우주 본자연과 연결 고리를 잇고 있다는 인간의 삶이기 때문에 전생(前生)에 초등학문 과정을 거치고 나면 현생(現生)에서 고등학문으로 고리를 잇고 각 사람이 배우고 경험해 온 그 의식 수준의 지적(知的) 판별력에 따라서 각자 그 믿음의 신앙관이 선택된다고 했다.

그런 뜻에서 셰익스피어가 한 말이다. "사물에는 본래 좋고 나쁜 것이 없다. 우리가 생각하기에 따라 좋고 나쁜 것으로 구분되어지는 것이다." 참으로 수긍이 가게 하는 말이다. 우리가 구분하는 선신(善神)이나 악신(惡神)의 개념도 그와 마찬가지다. 내게 이로움을 주는 신(神)을 '선신(善神)'이라고 정의하고, 그 이외에 다른 신을 '악신(惡神)'으로 표현하지만, 그 악신이 나와는 무관한 존재가 아니라 실은 나와 함께 동일체로 존재하고 있다는 것을 모르고 있을 뿐이라고 했다.

그 악신(惡神)에 대해서 붓다께서는 제자들에게 좀 더 구체적으로 설명해 주고 있다. 붓다가 기원정사에 계실 때였다.

제자들이 묻기를 "사람들이 흔히 악마, 악마 하는 그 존재는 무엇입니까?" 그 물음에 붓다는 변해가는 허상의 세상, 그 물질적 본능만을 쫓게 하는, "인간 육신의 마음이 악마니라." 하시고 "그 마음을 비우라." 하시었으며, "너의 눈동자를 기만의 세계로부터 돌리라. 그리하여 자기의 감정에 믿음을 두지 말라. 그들은 거짓말쟁이이다. 네 자신 속에, 개인을 떠난 너 자신의 내부에서 영원한 사랑을 찾으라."고 하신 것이다.

각 사람의 마음 자리 안에서 세상을 향해 출렁이게 하는 육신의 생각, 그 유혹이 바로 악마며 우상이 된다는 것을 예수께서도 같은 이치의 맥락에서 "육신의 생각은 사망이니라." 하시고, 그 마음을 하늘나라 진리의 말씀으로 다스릴 줄 아는 자가 곧 세상을 '이긴 자'라고 하시었다.

자기 안에 세상적인 욕구로 출렁이는 육신의 생각을 진리의 말씀으로 다스리고 부인하는 자는 세상이 주는 사망의 권세를 깨뜨리고 부활할 수 있는 신인(神人)으로서 하나님 분자적인 아들의 자격을 얻게 된다는 것을 예수께서는 거듭 강조하여 말씀했다.

그것이 불교적인 용어로 '탈겁되어 성불(成佛)하라.'는 것이며, 예수께서 진리의 말씀으로 '거듭남'을 입었을 때, 형제라고 부르기를 부끄러워하지 않겠다고 하신 것으로, 예수가 하나님의 아들로서 그 능력을 행사해 보인 것처럼 활달자재(豁達自在)한 그 성인(聖人)의 반열에 들어가게 된다고 한 것이다.

그러한 분별력을 가르쳐 주고 있는 진리의 말씀이 영혼 불멸의 생명을 얻게 해 준다는 고등종교 스승들의 가르침으로, 인간 영혼을 성숙시키는 하늘나라 생명의 양식이라고 한 것이었다.

그런 의미에서 논어(論語)에 나오는 말이다. "군자(君子)는 정의를 표준으로 이해하고, 소인(小人)은 이익을 표준으로 이해한다."고 했다.

참으로 수긍이 가는 말이다. 사람의 의식(意識)이 아직 성숙되지 못한 미급한 상태에서는 자신의 이익과 안위만을 추구하는 저급한 원시적 신앙에 맹신하게 되고, 그것이 바로 우상 섬김이 된다는 말이다.

그러한 원시적 신앙을 특히 구약의 상황 전개에서 잘 나타내 표현해 주고 있다. 그러나 고등종교라는 기독교 스승 예수께서 가르친 신약복음은 그와는 또 다르게 높은 차원의 신앙관으로 진리가 무엇인가를 가르쳐 영생하는 하늘나라 생명의 본질을 가르쳐 주고 있는 것이다.

그런 의미에서 하늘나라 복된 소식이라는 신약복음에서 예수께서는 "나는 길이요, 진리요, 생명이니라." 하시고 그 진리를 가르쳐 주려고 세상에 출현했다고 했다.

그 진리의 말씀이 나와 더불어 존재하고 있는 우주의 '한 틀' 속에서 세상을 평화롭게 이웃과 조화를 이루게 하는 정의로운 하늘의 대법(大法)으로, 우주 만물을 주관하신다는 진실하신 하나님의·정도(正道)임을 거듭 강조하시고 그 진리의 말씀을 믿으라고 하신 것이다.

그것이 풀잎 같은 육체, 그 헛된 세상을 바라보지 않게 하는 참된 진리의 말씀으로 영혼 생명을 얻게 된다는 것이며, 그 진리의 말씀이 진실하신 사랑의 하나님 그 우주정신이라고 했다.

그렇기 때문에 예수께서는 자국(自國)의 안위와 육신의 이익만을 위해서 율법적인 제사 규례의식을 전부로 알고 그 기존의 틀에 묶여 있는 구약 시대 유대인들을 향해 "무겁게 짐 진 자들아, 다 내게로 오라. 내가 너희를 자유하게 하리라."고 하신 것이다. 그 말씀은 그 조상들의 무지(無知)가 원죄(原罪)가 되어 그처럼 굴레 씌워진 '죄인'이라는 멍에의 구속에서 이제는 해방시켜 주겠다는 말씀으로, '하늘을 아는 것이 지식의 근본'이라고 하신 말씀이다.

그런데도 아직까지도 예수께서 당부하여 이르신 시대 변화의 이치를 그처럼 깨닫지 못하고 구약 시대 분별력이 없었던 원시 인간 무지(無知)에 여호와가 굴레 씌워 놓은 '죄인'이라는 굴레를 벗어나지 못하고, 그 율법신 여호와를 예배의 대상으로 가르치고 있는 논리가 오늘도 무색하게 십자가에 불을 켜고 있는 기독론이다.

지구촌 인류는 아득히 먼 그 옛날 그처럼 사물에 대한 판별력이 없었던 원시 시대와 구석기·신석기·청동기 시대를 거쳐 진화 발전되어 나온 문명된 현대인의 지적 의식은 코페르니쿠스의 과학혁명 이후 겨우 5세기 정도 지나 3차원의 과학문명 기술로 달에 다녀왔으며, 과거의 우리 조상들이 상상도 할 수 없는 화성 진입이 눈앞에 이르렀다.

오늘 현대인의 그와 같은 지적 설계 능력은 과거 그처럼 하늘을 오르내렸던 '우주아' 신계가 지구에 내려와 보여 준 그 모든 행사(行事)에서 제공받은 정보로, 문명이 발전되어 나왔음을 구약 속에 담아 두고 있다.

그만큼 그 기록은 진솔하게 인류 역사의 시원과 발전사를 담아 두고 있으면서, 이 우주 속에 수없이 많은 자연신들의 존재를 인식시켜 주고 있으면서, 물질 인간 창조신과 인간의 함수 관계를 보다 선명하게 밝혀 주고 있다.

그래서 오늘 우리는, 우주 대자연 속에서 호흡을 하고 있는 '나'는 누구인가, 어디에서 와서 어디로 가는가 하는 그 의문의 해답을 얻기 위해서는 인류 시원의 뿌리 역사와 함께 시대 변천사를 진솔하게 담아 두고 있는 성경 신구약 속으로 들어가 보자는 것이다.

그 기록 속에는 시대 변화 속에서 천상의 신들이 어떤 역사를 이루어 나왔으며, 또 지구 종말이라는 하나님 지구 최후의 심판 날이 이 땅에서 어떻게 이루어지게 될 것인가 등 그토록 엄청난 천지공사(天地工事) 변화도의 섭리를 구약과 신약으로 분명히 나누어 밝혀 두고 있기 때문이다.

특히 그리스도의 세계라는 신약복음서는 인류가 지구 종말에 어떻게 대처해야 할 것인가의 대안까지도 가르쳐 주고 있다. 그것이 고등종교 성자 예수로 세워진 기독교 세계관이다. 그 내용은 무엇보다도 마음을 고치는 영혼의 훈습(薰習)에 대해서 자세한 설명과 함께 삶의 행동방식을 일러 주고 있다. 인간의 육체는 마음이 깃들어 있는 집이기 때문이다.

그 마음이 여러 가지 생각으로 뭉쳐져 있는 것이 영혼(靈魂)이기 때문에 예수께서는 세상 것을 추구하는 마음을 안으로 돌려 하늘나라 그 의(義)를 구하는 생활이 되라고 하신 것이다.

우리가 바라보는 삼라만상이 그렇듯 모든 물체(物體)는 분명히 존재하는 유(有)인 것 같으나 그 존재가 무(無)로 실상(實相)이 아닌 오묘한 것으로, 인간 육신 역시도 마찬가지로 유(有)로 존재하는 것 같으나 무(無)로 소멸되어는 허상이기 때문에 크게 보지 말라고 하셨다.

육신을 위해 사는 삶이 헛된 우상 숭배로 기복신앙에 매달리게 된다는 것이며, 그처럼 세상을 바라보는 느낌이나 태도는 각 사람의 영혼 훈습에 따라 그 지적 의식 수준을 나타내 주는 것이기 때문에 헛된 세상에 마음을 크게 두지 말라고 한 것으로, 인간은 객관적으로만 존재하고 있는 그 무엇만은 아니라는 가르침이다.

세상의 모든 변화는 천지(天地)의 기운을 대표 상징하는 음양(陰陽) 영혼의 두 기운이 항상 흐르고 주류불식(主流不息)하는 변화로 바뀌면서 서로 대대불휴(待對不休) 작용하는 오묘한 것으로, 그 목적은 이 우주를 영원한 새로운 세계를 만들기 위함이라고 했다.

그러한 우주 섭리에 의해서 우주 대자연은 오늘도 변화를 거듭하고 있다. 또한 인간 역시도 마찬가지로 일생의 경영을 끝내고 영혼이 다른 곳으로 이동을 하게 되는 것이 죽음이며, 그러한 자연 기(氣) 운행 법칙에 의해 여러 번에 걸쳐 생사(生死)의 이동을 거듭 거치는 동안 영혼의 훈습(薰習)에 따라 새로 맞는 육체라는 집의 모양과 성격이 뚜렷해진다는 그것이 또한 불가(佛家)에서 말하는 윤회(輪廻)의 법칙이다.

그런 의미에서 석가 부처는 "오늘의 네 모습을 보면 전생을 알고, 오늘의 네 생각을 보게 되면 내일의 네 모습을 보게 된다."는 이것이 삼세 인과법(三世因果法)이라고 했다.

그런데 오늘 종교인들은 현세적 가치를 부인하면서도 염불보다 잿밥에 눈이 어두운 이율배반적인 기성 종교들의 노후성과 능력 부족에 천당, 극락 등 영적(靈的)인 내세적(來世的) 가치를 추구하기보다는 현세의 복락을 추구하는 기복신앙으로, 이기주의적 세태를 만들어가고 있다는 평가 비난을 받고 있다.

이제 시간은 우리를 더 기다려 줄 여유가 없음을 지구 개벽의 신호탄으로 울리고 있다. 그 울림은 하늘과 땅의 변화 이치를 깨달아 마음의 개벽을 단행하여 진리로 변하고 후천(後天)에 삼계(三界) 통일의 주역으로, 그 정신 주체를 이루라는 듯이 그 경각심을 불러일으켜 주고 있다.

그것이 인생 너나없이 인생의 종점인 것이기에 이제라도 희망을 잃지 말고 심신의 기운을 길러 좋은 세상을 맞이할 준비를 서두르라는 그 경보 울림으로, 초급한 여호와 율법신앙에서 벗어나야 할 때인 것이다.

3 원시 종교의 시원

구약성경 속에는 천사(天使), 사자(使者) 등 그 성호(聖號)를 붙이고 하늘과 땅을 오르내리며 각기 그 맡은 바 사명을 달리하고 있는 많은 신들의 이름이 등장한다. 그들의 존재 근원은 <창세기 1장>에서 태초 본자연(本自然: 靈界)으로 존재하신 하나님께서 우주와 만물을 모두 창조하시고 난 그 여섯째 날, 지으신 그 모든 것들을 관리하고 다스리게 할 '사람'을 창조했다는 기록이다.

태초 하나님의 필요에 의해서 창조되었다는 1장에서의 '사람'은 물질 개념의 '흙'이 아니라 빛의 말씀(LOGOS), 즉 우주 원소(元素)에 의해서 지음을 받았다는 존재들이다. 우주 에너지(COSMIS Energy) '말씀'에 의해서 창조되었다는 이때의 '사람'은 태초의 하나님께서 지으신 그 모든 것을 다스리게 하기 위한 공중 권세자로서 우주의 지성체(知性體)들임을 1장의 창조론에서 분명히 밝혀 주고 있다.

그렇기 때문에 <창세기 2장>에서 야훼(YHWH)라는 성호(聖號)를 붙이고 지구에 등장하여 땅 위의 사람을 창조했다는 물질 인간 아담과 이브와는 그 차원이 다른 존재들이다.

여호와신(信)이 에덴동산을 창설하고 그의 영광을 위해 창조했다는 처음 물질 인간 아담과 이브에게 창조와 동시에 주었다는 것은 지켜야 할 계율이었다.

<창세기 1장>에서 하나님 말씀(LOGOS)으로 창조되었다는 이때의 사람에게는 계율(戒律)이 아니라 우주와 만물을 다스리라는 공중 권세자로서의 축복이다. 그들이 다스림의 권세를 축복으로 받았다는 것은 우주의 지성체로서 조물주 창조 능력의 일부를 부여 받았음을 나타내 준다.

구약 속에서 하늘과 땅을 오르내린 다스림의 공중 권세자로서 그때 이미 4차원 이상의 문명된 세계를 열어갈 수 있었던 '우주아들'이라고 할 수 있다.

그들이 지구에 내려와 그와 같은 지적 설계의 능력으로 물질 인간을 창조할 수 있었던 작은 창조주임에는 틀림이 없다. <창세기 2장>에서부터 펼쳐 보이고 있는 여호와의 능력 행사가 그것이다.

그처럼 성호(聖號)를 붙이고 그 능력 행사(行事)를 시작해 보이는 여호와의 창조는 대우주적인 창조가 아니라 다만 지엽적인 에덴동산 창조이다. 그리고 그처럼 발가벗고 다녀도 수치를 몰랐었다는 물질계 원시 인간 '아담과 이브'의 창조였다.

이렇게 구약은 유대민족 뿌리 시원(始原)의 역사적인 내용과 함께 그 백성들이 번성되어 나온 성장 과정의 기록물로써 창조 수호신 여호와가 그 백성들과 함께 이루어 나왔던 유대민족 전반의 행사를 열거 하고 있다.

그 내용의 기록들은 그 시대 상황을 포함한 지구촌 인류 변천사를 파악할 수 있게 해 주는 유익한 자료 제공으로 크게 공헌을 해 주고 있다고 할 수 있다. 사실 유대민족 뿌리 역사 구약에서 성호를 달고 지구를 오르내렸다는 하늘 사람 신들의 행사는 그처럼 기능을 달리하고 각자에게 주어진 사명에 충실하고 있었음을 보여 주고 있다.

처음 원시 인간 아담과 이브에게 자각(自覺)하는 이성(理性)의 눈뜸을 위한 방편으로 여호와가 세운 명령은 '그 과실만은 먹지 말라!'는 하나의 계율이었다. 그 계율을 얼마나 지킬 수 있는가를 시험해 보게 한 것은 그들 창조신 여호와의 각본에 의한 것이라고 할 수 있다.

오늘 서구 신학자들의 논리 주장대로 여호와가 만물을 통치하신다는 전지전능하신 하나님이라면 감히 천사 루시엘이 여호와의 영광이 된다는 창조물의 의식을 시험해 볼 수는 없는 일이기 때문이다.

그러나 기록은 분명하게 그 진실을 밝혀 두고 있다는 사실이다. 천사장 루시엘이 원시 인간 이브와 주고받는 장면의 대화다.

"하나님께서 참으로 너희에게 동산 나무에서 나는 모든 것을 먹지 말라고 하셨느냐?"

이에 이브가 대답하기를,

"동산 나무 열매를 우리가 먹어도 되지만, 동산 중앙에 있는 나무 열매는 너희가 죽을 수 있으니 먹지도 만지지도 말라고 하셨습니다."

그러자 천사 루시엘이 그들에게 하는 말이다.

"너희가 그것을 먹는 날에는 너희 눈이 열리고 너희가 하나님과 같이 되어 선과 악을 알게 될 것을 하나님께서 아시기 때문에 그렇게 하신 것이니라."

바로 그것이다. 여호와가 선악(善惡)과나무를 경계로 계율을 세워 놓았다는 것은 사물을 분별할 줄 모르는 그들에게 옳고 그름을 분별하게 하는 눈을 열어 주기 위한 충격 요법의 수단이었음을 나타내 주고 있으면서 루시엘 천사는 그 역할을 맡고 등장한 것이었음을 나타내 주고 있는 것이다.

성서학자들의 논리 주장대로 여호와가 전지전능하신 대우주적인 하나님이라면, 그처럼 의식이 무분별한 미완의 물질 인간을 창조하지도 않았을 뿐만 아니라, 천사(天使) 루시엘이 감히 여호와의 창조물 아담과 이브가 그 계율에 불순종하기를 바라고 그와 같은 꼬임의 유혹을 하려고 거기에 나타나지도 않았을 것이다. 그것은 인간 기준의 상식선에서도 맞지 않는 논리다. 그 사건은 여호와가 그 피조물들에게 하나의 계율을 세워 놓은 뒤였다. 그리고 이후 등장한 천사 루시엘의 꼬임의 유혹은 원시 인간 의식 진화를 시험해 보기 위해 계획된 신들의 각본이라고 보는 것이 이치적으로도 더 합당한 해석일 것이다.

구약성서가 기록해 두고 있는 에덴동산의 선악과 사건은 원시 인간 아담과 이브에게 준 최초의 충격적인 교훈이었고, 또 그 자손들과 인류 전체에게 전해 주는 교훈으로, 인간의 무분별한 이성(理性)의 무지(無知)가 바로 유죄(有罪)가 된다는 것을 보여 준 본보기의 예라고 할 수 있다.

여호와가 그의 영광이 된다는 이스라엘 자손들에게 그 계율(戒律)을 지상 명령으로 세워 놓은 것은 세상을 살아가는 데 있어서 인간이 행해야 할 기초적인 도리를 깨닫게 하기 위함인 것으로 보아야 타당할 것이다.

또 한편으로 목적한 바는 그 백성들이 여호와를 신뢰하게 하는 믿음의 신앙심을 촉발시키고자 하는 수단으로써 그 지혜였기 때문에 거기에 따르는 복(福)과 저주를 분명히 선포했다는 사실이다.

십계명 율법은 그 백성들의 감각적 지각 기능을 열어 주기 위한 방편으로서의 계율이었기 때문에 그 표징으로 "너희 경영하는 것을 여호와께 맡기라. 그리하면 너희 경영하는 것이 이루리라." 그리고 또 이르기를, "내가 반드시 너를 복 주고 너를 번성케 하고 번성케 하리라." 하고 말씀하신 것이다.

이것이 여호와를 신뢰하고 그 율법에 순종하는 이스라엘 백성들을 향한 여호와 약속의 선포로, 이스라엘 백성들에게 믿음을 갖게 해 주려는 원시 신앙의 촉발제였다.

여호와는 그들의 생사화복(生死禍福)을 주관하는 절대 능력자로서의 존재임을 그 백성들 앞에 거듭 강조하고 나타내어 증명해 주고자 한 것이다. 이렇게 구약 시대 여호와가 그 백성들에게 물질 축복을 약속하며 요구했던 신앙은 육신적 안위와 감각적 물질 세계 축복의 이득을 취하게 해 주겠다는 조건부적인 신앙의 요구였다. 그렇기 때문에 그 백성들이 여호와를 떠나서는 존재할 수가 없었다.

구약 속에서 보여 주고 있는 여호와의 전반적인 행사 모습은 그 백성들의 의식을 깨우쳐 자발적으로 그를 믿고 의지하게 하려는 원시 종교 형태로서의 시작이었음을 보여 주고 있다.

복과 저주라는 이분법적인 체험과 경험을 통해서 주신(主神) 여호와에 대한 믿음을 심어 주고자 했던 구약 시대 행사 기록에서 "나는 이스라엘 하나님 여호와로라!" 하고 그 전제 조건을 붙이고 있다. 그리고 그들의 지각(知覺) 성장을 위해 그 의식을 시험해 보는 여호와의 행사는 그들에게 절대 능력자로 믿어야 하는 그 정당성을 부여해 주고자 함이었음을 보여 준다.

이처럼 구약 속에서 보여 주고 있는 조건부적인 초기 원시 신앙은 물리적이고 감각적인 체험을 통해 적극적인 신뢰를 요구하면서 그 믿음을 촉발시키는 역할을 해 주었다.

그렇듯 원시 종교 형태를 이루고 있는 구약 속에서 최종적으로 담아 두고 있는 희소식이 미래에 성취될 '하나님의 약속'으로, 그 약속은 유대 민족 의식 진화 성장 과정에서 선지자들의 입을 통해 만왕의 왕으로 출현한다는 '구세주 메시아의 도래'에 대한 예언으로, 그 기대를 심어 주었다. 구약 시대 선지자들이 예언한 구세주는, 영계(靈界)의 본체신 하나님의 아들로 고등종교의 스승 진리의 성자 예수 출현을 의미하는 것이었다.

당시 백성들은 원시 신앙 형태의 율법 아래서 그들이 믿고 숭상해 오던 절대 신(神)이 오직 유일신(唯一神) 여호와이기 때문에 그처럼 영적인 차원으로 존재하시는 태초의 하나님의 존재 근원에 대해서는 무지(無知)한 상태였다. 선지자들이 예언한 구세주 출현의 뜻을 바로 알지 못했던 그들이었고, 여호와가 그 백성들을 종(從)의 율법으로 다스려 오던 구약 시대가 마감된는 사실에 대해서도 전혀 짐작조차 하지 못하고 있었다.

그래서 유대 땅에 출현했던 성자 예수는 그처럼 빛과 어둠, 그리고 허위와 진실이 무엇인가를 깨닫게 하는 이동 수단의 중계자로서 시대 구별을 하라고 외치신 것이다. 하지만 그들은 그 뜻이 무엇인지를 도무지 알지 못했다. 그만큼 그들은 육신이 지켜야 할 도리(道理)를 가르쳐 온 종의 율법 시대가 때가 이르면 인간 영혼의 생명을 살리는 진리의 성자 신약복음 시대로 이동하는 천기(天氣) 변화의 섭리를 알지 못한 것이다.

그래서 예수께서는 그 백성들을 향해 주인이 밭에 농사짓는 비유를 들어 말씀하셨던 것으로, 그 비유는 본체신 하나님께서는 이른 봄, 세상이라는 밭에 그 종복(從僕)들을 보내어 인간 종자씨를 뿌리게 한다는 것이었다. 그 종복들이 세상이라는 밭에 인간 종자씨를 뿌리고 그 씨족을 관리해 온 권세자로서 신계(神界)이며, 그들 '공중 권세자들'이 본체신 하나님의 종의 신분임을 나타내는 종의 율법으로 그 씨종자 밭을 관리 수호해 오던 구약 시대가 때가 이르면 마감된다는 비유의 말씀이었다.

그것이 주인이 아들을 보내어 그 종들이 밭에 뿌려 놓은 씨앗을 알곡으로 익히기 위해 생명수를 뿌리게 한다는 천기(天氣)에 의한 시대 변화로, 구약 시대 인간 종자씨를 뿌렸던 하나님의 종복인 여호와는 그 맡은 바 임무를 다해 왔기 때문에 그 밭에서 떠나게 된다는 뜻이다.

본체신 하나님의 섭리에 의해서 성자 출현 이전, 이스라엘 백성들이 주신(主神)으로 숭배해 왔었던 여호와는 인간 영혼 생명을 불어넣어 줄 수 없는 대우주적인 본체신 하나님이 아니었기 때문이다.

그것이 구약 시대 그들에게 미래에 구세주가 출현하여 영혼 불멸의 생명을 불어넣어 주게 될 것이라는 선지자들을 통한 '하나님 약속'의 예언으로 구세주 성자 출현이다.

하지만 그 당시 백성들로서는 그러한 천도(天道)의 변화 원리에 대해서는 무지(無知)했었기 때문에 기존의 율법적인 전통사상에만 묶여 있어서 그 뜻을 도무지 알지 못했던 것이다. 그런 그들을 향해 예수께서는 "무겁게 짐 진 자들아, 다 내게로 오라! 내가 너희를 자유하게 하리라." 하고 외치신 것이다. 그 말씀이 고통의 세상 속에서 미래에의 희망을 안겨주는 하늘나라 복(福)된 소식으로, 인류 구원이라는 성자 예수 그리스도의 세계가 신약복음(福音)으로 그 문이 열린 것이다.

구약 시대는 여호와가 인간 세상의 도리를 알게 하는 그 십계명 율법을 지키는 자에게는 들어가도 나가도 복을 주겠다는 것이 그 물질 축복의 약속이었다.

그 백성들은 여호와의 율법을 제대로 다 지키지 못한 허물의 '죄'를 용서 받기 위해 성소에서 물질 제사를 올리는 것으로, 그것이 유대민족 전통 제사의식이었다.

그런 그들을 향해 하나님의 아들이라고 강조하는 총각 예수가 나타나 그 백성들을 향해 하신 말씀마다 그들로서는 너무나 충격적인 것이었다. 이제는 여호와의 율법적인 제사의식의 신앙에서 벗어나서 참생명의 실상을 알게 하는 하늘나라 '새 계명'으로 거듭나서 영혼 생명의 자유함을 얻으라는 가르침이었기 때문이다.

여호와가 그 백성들에게 계율로 세운 율법은 현생의 삶 속에서 이루어질 물질 축복에 극한된 것이기 때문에 육신의 안위만을 추구하는 기존의 율법 신앙은 인간 생명의 실상인 영혼 구원을 받을 수 없다는 말씀이었다.

그들을 놀라게 하는 것은 그뿐만이 아니었다. 그를 선지자들이 예언한 '구세주 메시아'로 믿는 자들에게는 그 믿음을 의(義)로 여기어 현생뿐 아니라 영육(靈肉)이 완성되어 성인(聖人)의 반열에 들어가기 때문에 죄인의 굴레에서 벗어나서 하나님을 '아버지'라고 부를 수 있는 아들의 자격을 성취하게 된다는 것이었다.

율법신(律法神) 여호와를 절대 능력의 하나님으로 숭상하던 초기 원시 신앙에 묶여 있던 그들로서는 당연히 황당할 수밖에 없는 말이다. 구약 시대 그 백성을 수호하고 간섭해 오던 주신(主神) 여호와가 그가 세운 계율(戒律)을 지키며 순종하는 자들에게 언약한 물질 축복과는 그 차원부터가 다른 것이었기 때문이다.

그것이 여호와의 율법, 그 초등학문을 완성한 신앙인의 성취로 인류 구원의 '그리스도의 세계'로 그 신약복음이 문이 열리면서 성자 예수께서 그 천기 변화를 외치셨지만, 그 시대 변화를 유대민족 전통 사상만을 붙들고 주장하는 제도권에서는 더욱 배타적으로 받아들이려 하지 않았다.

그 시대 변화를 인정하게 되면 그들이 누리던 제사장 제도의 기득권이 무너지는 것이기 때문에 그들이 예수를 시대의 이단자로 내몰았던 이유가 바로 거기에 있었다.

하지만 오늘 우리가 그들의 무지(無知)를 탓할 수만은 없는 일이다. 그처럼 시대 구별을 하지 못하고 일신의 안위만을 추구하던 제도권에 의해 예수께서 십자가에 고난을 받으시고 승천하신 지 2000년이 지났는데도 그와 같은 무지를 재현하고 있기 때문이다.

예수께서 말씀하신 시대 변화를 그처럼 나누어 보지 못하고 구약의 율법 시대와 그리스도 신약복음의 세계관을 하나의 틀 속에 묶어 설파하는 이들이 지구촌 성서학자들이다. 그것이 오늘날 지구촌 기독론의 문제점으로, 그처럼 많은 의문 제시를 해 주고 있는 근본 원인이라고 할 수 있다.

그러한 서구 신학의 성서 해석의 오류는 유대민족 전통사상의 고유한 방식으로, "여호와는 나의 목자시니 내게 부족함이 없으리로다." 하는 구약 시대 원시 종교 신앙관을 그대로 심어 주고 있는 것이다.

아직까지도 예수께서 시대 구별을 하라고 말씀하신 뜻을 바로 헤아리지 못하고 있는 그들의 무지는 결국 영계(靈 界)의 본체신 하나님의 아들 성자 예수를 하나님의 종복(從僕)임을 나타내는 신계(神界: YHWH) 여호와 아들 계보에 묶어 설파함으로써 많은 의문 제시와 함께 그처럼 논리적이지 못하다는 비난의 평가를 현대인들로부터 받고 있다.

그것은 시대 구별을 하지 못했던 당시의 유대인들이나 마찬가지로, 기존의 여호와 숭배사상을 버리라는 성자 예수를 하나님의 아들로 인정하지 않고 '이단자'로 내몰아 처형한 무지와 다를 바가 없다.

기독교를 상징하는 십자가는 성자 예수의 고난 받음으로 이 땅에 하나님의 우주정신 진리의 말씀이 심어졌다는 표상으로, 그것은 영원 무궁하신 하나님의 실상, 그 진리의 명분을 살리기 위하여 그처럼 죽음의 형장으로 십자가를 짊어지고 묵묵히 걸어 들어가셨던 성자 예수의 상징이다.

성자 예수께서는 십자가 형틀에 매달려 성체의 피 흘림의 고난을 받아 가면서까지 죽음이라는 무(無)를 통하여 참된 인간 생명의 실상을 생체부활로써 나타내어 하나님의 약속을 믿는 자들에게 영혼 생명의 약속을 믿음으로 심어 주고자 하신 것이다.

그것이 구약 시대 선지자들이 예언한 하나님 약속의 구세주 출현으로, 성부 하나님의 우주정신이라는 사랑을 이 땅에 나타내 보이기 위해서 만세 전부터 예정되어 있었다는 성자 예수의 운명이었다고 성서는 기록하고 있다. 그런데도 구약 시대 원시 종교 형태의 틀에서 크게 벗어나지 못하고 있는 기독론으로, 예수께서 "내가 너희를 위해 수고한 것이 헛될까 하노라." 하신 말씀의 뜻을 바로 알아야 할 것이다.

4 우주 의식화(意識化) 개혁 시대

어느 시대나 그 시대를 앞서 열어가는 선구자의 삶의 발자취를 따라가 보면 고난 속에서 고독하게 살아 온 삶의 흔적들을 만나게 된다.

로마 카롤릭 교회는 2세기경, 희랍 천문학자 프토레마 이오스가 집대성한 천동설(天動說)적인 세계상(世界像)을 우주관으로 삼고 있었다. 카톨릭이 지배하던 중세에 와서 이 우주관에 반기를 든 인물이 폴란드의 천문학자이며 성직자 코페르니쿠스(1473~1543)였다. 그가 지구가 우주에 속한 혹성이라는 주장에 교계는 신경을 곤두세웠다.

그 이후, 이탈리아의 후기 르네상스의 사상가이자 카톨릭 수도사인 죠르다노 부르노(1548~1600)가 태양은 하나의 항성(恒星)임을 인정하고 하늘은 광학적(光學的) 환상에 불과한 것이라고 주장했다. 그리고 코페르니쿠스의 '천구(天球)의 회전에 대하서(大河書)'라는 논문을 뒷받침해 줌으로써 지동설(地動說)을 제창하기에 이르게 되자, 이에 천동설을 주장하는 종래의 교의체계(敎義體系)가 뒤집어질 수밖에 없는 위기에 놓였다.

분위기가 이쯤에 이르게 되자 로마 법왕으로서 그토록 악명 높은 '종교 재판 제도'를 최초로 도입한 알렉산더 6세(법왕 재위 기간 1492~1503)는 교회법에 따라 지동설은 카톨릭의 종교관에 위배된다며 악랄한 고문과 투옥, 화형 등으로 갖은 악형을 지지자들에게 가했다.

그럼에도 불구하고 지동설을 지지한 사람은 이탈리아의 물리학자이면서 천문학자인 갈릴레오(1564~1642)였다. 그는 1609년 망원경을 발명하여 천체(天體)를 관측하며 목성의 유성·달의 반점·태양의 흑점 등을 발견했고, 그 밖에 관성의 법칙 등 역학(力學)상의 여러 가지 법칙을 실험으로 발견했다.

카톨릭 교회의 권위가 하늘을 찌르던 시절, 갈릴레오는 코페르니쿠스 지동설을 입증하여 지지함으로써 1616년, 종교재판에 회부되었다. 지동설 지지 포기 명령을 받고 재판정을 나오면서 "그래도 지구는 돈다." 는 말을 하였는데, 그 말은 오늘날까지 너무나 유명한 말이 되었다.

당시 로마 교황청은 교회의 기존 체계를 유지하고 수호하기 위한 수단으로 비인도적 악행까지 자행하였다. 사실 기존의 사상에서 벗어나는 새로운 진리 주장은 중세에 세계 중심에 서 있던 로마 교황청의 실추를 의미하는 일이기 때문에 그 체계를 수호하기 위해서는 고문과 투옥, 그리고 화형까지도 감행했던 것이다.

그것은 어느 시대나 마찬가지였다. 2000년 전에 유대 땅에 출현하신 예수께서 기존의 사상가들을 향해 "그 동안 너희가 본질상 하나님이 아닌 자들에게 종노릇 하였더니……." 하신 이 말씀이 크게 물의를 일으켰다. 충격을 던져 주는 화근의 발언은 그뿐이 아니었다. 그들이 유일 독존적으로 숭배해 온 여호와 하나님으로부터 엄히 지켜야 할 지상 명령의 계율이 제사장 모세를 통해 내려 준 십계명 율법이었다. 그런데 예수께서 그들을 향해, "율법은 초등학문이므로 이제 내게 와서 하늘나라 새 계명을 배우라.”고 하신 것이다.

그 말씀은 화근의 불씨가 되면서 그들은 분노했고 마침내 예수는 시대의 ‘이단자’로 내몰려 십자가에 매달려야만 했다.

사실 구약 시대 성자 예수 출현은 천기(天氣)에 의한 시대 변화를 나타내주는 것으로, 이스라엘의 기존 종교가 누리고 있는 기득권 확보가 해체되어야 하는 것이었다.

주신(主神) 여호와로부터 물질 지향적인 세상의 물질 축복만을 약속받고 그 제사의식만을 전부로 알고 행해 온 기득권층에서는 그 말씀에 발끈해지면서 신경을 곤두세웠다. 예수께서 하신 말씀을 그대로 이스라엘 백성들이 받아들인다면 그것은 기존의 전통사상이 무너짐과 동시에 정부 권력 중심부에 서 있던 제사장제도가 붕괴되는 것이나 마찬가지였기 때문이다.

성자 예수 출현 이전, 그들이 믿어온 기존 사상은 우주 만물이 여호와 하나님의 통치권 아래 있다고 믿어 왔다. 그것이 그들 조상 뿌리로부터 믿어 온 유일신(唯一神) 사상이었다. 그런데 감히 불경스럽게도 사생아 꼬리표를 붙이고 볼품없이 태어난 총각 예수가 어느 날부터 나타나서 “무겁게 짐 진 자들아, 다 내게로 오라! 내가 너희를 자유하게 하리라.” 외치며, 그 율법과 그 전통 제사의식은 초등학문이니 폐하라는 것이었다.

당시 유대인들의 의식 구조로서는 황당할 수밖에 없는 일이다. 그것이 천기(天氣)에 의한 시대 변화라는 것을 도무지 헤아려 보지 못했기 때문이다. 그래서 제사장들의 중론에 의해 ‘이단의 괴수’로 죽임을 당해야 했던 성자 예수였다.

어느 시대나 앞서 가는 선구자는 기존 관념의 틀에서 벗어나지 못한 사상가들로부터 그러한 고난과 핍박을 받아야 했었음을 보여 준 그 본보기라고 할 수 있다. 다만 그 파문이 던지는 비중의 충격에 따라 크고 작은 고난의 차이일 뿐이었다.

세계적으로 유명한 노벨물리학상 수상자인 알벨트 아인슈타인 (1879~1955) 박사는 1931년 그가 저술한 '우주 종교'라는 논문에서 다음 과 같이 서술했다.

모든 시대의 종교적 천재들은 도그마(DOGMA: 교회의 교의)나 상상에 의해서 만 들어진 신(神)을 인정하지 않고 있다는 의미에서 <우주 종교>의 감각에 극히 뛰어나 있었다. 따라서 그들에게 있어서는 우주 종교적 체험 그 자체가 기본적 교의(敎義)가 되는 까닭에 교회는 필요한 존재가 아니었다.

어느 시대에 있어서나 이른바 '이단자'라고 불린 사람들 가운데에는 동시대의 사 람들 앞에 '무신론자' 혹은 성자(聖子)로 출현했던 사람도 있었지만 그들은 의심할 여지없이 이러한 최고 레벨의 우주 종교적 체험을 통해 영감을 받고 있었던 것이라고 할 수 있다.

사실 인류 역사 발전 속에서 시대를 앞서가는 선구자는 언제나 새롭게 인식하기를 거부하는 기존의 정통성 주장의 사상가들로부터 외면과 고난 을 당해 왔었음을 그 삶의 족적에서 보여 주고 있다.

그 이유는 그 말씀 그대로를 받아들인다면 유대인들이 조상 뿌리로부 터 믿어 온 주신(主神) 여호와의 유일 독존적 전통사상이 무너짐과 동시 에 로마 교황청의 제사장 제도가 무너지는 것이기 때문이다.

그러한 종교 논리에 일찍이 종교혁명을 들고 나온 사람이 독일의 종교 개혁자 마틴 루터(Luther, Martin 1483-1546)였다. 그는 면죄부 남발로 부 패해 가는 카톨릭 교회를 비판한 '95개조의 논제'를 위텐브르크 대성당의 대문에 붙여 게시한 것으로 유대교 정통성만을 주장하고 있는 사회 분위 기에서 종교개혁의 불씨를 당긴 것이다.

그것이 지금으로부터 485년 전으로, 1517년 10월 31일이었다. 그 조항의 골자는 카톨릭 전통 사상인 속죄표의 잘못을 지적한 것으로부터 시작하여 사제뿐만이 아니라 모든 성도는 모두가 다 하나님의 은혜로 제사장이 될 수 있다는 것이었으며, 그것은 그리스도를 믿는 믿음에 의한 선물이란 것을 주장했다.

루터가 개혁운동을 하면서 라틴 어로 된 신·구약 성경을 멜랑크톤의 협력을 얻어 독일어로 번역했다. 위텐베르크 대학에서 시편, 로마서, 히브리서, 갈라디아서 등의 성경 주석을 집필한 것이다.

이때 성직자들의 전유물로만 여겨졌던 어려운 라틴 어 성경이 번역되어 전 독일에 퍼져 나가게 되면서 그리스도 교회가 새롭게 등장하게 되었다. 하지만 처음에는 '그리스도 교도의 자유' 등 3개 개혁론을 펴냄으로써 그들로부터 이단자로 내몰렸다. 그러나 그는 끝내 굴하지 않았다.

루터의 종교 개혁사를 따라가 보게 되면, 그는 1521년 4월 17일 웜스(Worms) 성당에서 모인 국회에 끌려가 재판을 받았다. 그 재판에서 재판장은 루터의 '25부 저서'에 한 말을 취소할 마지막 기회를 주겠다는 것이었고, 만약 그렇지 않으면 생명을 부지할 수 없다는 무서운 경고 선언이었다. 하지만 루터는 '25부 저서'는 하나님의 말씀을 기준 한 것이므로 그것이 진리가 아니란 것을 설명해 주기 전에는 그 책의 내용에서 한 마디도 부인할 수 없다고 재판장에게 말했다.

그리고 하늘을 우러러보고 토한 절규는 "오! 하나님이시여, 내가 여기에 서 있습니다. 다른 도리가 없사오니 나를 도우소서!" 하는 기도로 하나님의 살아 있는 말씀에 굳게 서 있음을 당당한 모습으로 보여 주었다.

그처럼 절박한 상황 속에서 하나님의 말씀에 굳게 서 있는 루터의 모습은 마침내 그들과의 맞대결에서 그들을 굴복시키고 풀려 나왔다. 그리고 신약성서를 독일어로 완역, 개신교의 한 파를 창시하게 되었다. 따라서 당시 초림 예수를 기다리고 있던 유대교의 정통성을 답습해 온 카톨릭과 예수가 하나님의 아들임을 당당히 선언한 개신교(기독교)가 분리되는 계기가 만들어졌다.

오늘날에도 유대교에서는 그 조상들이 '이단의 괴수'로 처형한 예수 그리스도를 다만 선지자의 한 사람으로 볼 뿐, 하나님의 아들로 인정하지 않고 있다.

그 이유는 어디까지나 구약 시대 유대민족 기존의 유일신(YHWH) 숭배 사상이기 때문에 '예수 그리스도의 세계'라는 신약복음서를 인정하지 않는다고 했다. 그들의 종교 사상은 조상들로부터 선지자들의 입을 통해 전해지고 있는 구세주 메시야가 언젠가는 나타나 그 민족을 구원해 줄 것이라는 초림(初臨) 구세주 메시아를 기다리고 있는 것이다.

그와 같은 유대교의 종교 분위기 속에서 루터는 예수께서 제자들에게 족속을 초월해서 전파하라고 당부하신 예수 그리스도의 행적과 말씀을 전해 받고 사상적인 변화를 크게 일으켰다.

루터는 예수 그리스도야말로 진정한 하나님의 아들이라는 확신을 얻게 되었고, 마침내 시대 변화의 종교개혁을 주장하기에 이르렀다. 하지만 처음 기독교인들은 기존의 로마 카톨릭으로부터 박해를 받았다.

하지만 마틴 루터의 종교개혁은 신분의 높낮음이 분명했던 중세 사회에서 황제도 대신들도 그리고 평민들과 노예들까지도 그리스도 진리의 말씀으로 똑같이 평등하게 '하나님의 자녀'라는 종교 의식의 거대한 변화가 시작되었다. 또한 '예수 그리스도의 세계'라는 신약복음 성서가 독일어로 완역되면서 그리스도의 위상이 당당하게 세워질 수가 있게 되었다.

이에 유일신(唯一神) 여호와의 정통성만을 주장하며 초림 예수를 기다리던 유대교의 정통성에서 벗어난 가톨릭은 급기야 성자 예수를 인정해 줌과 동시에 여호와의 하나뿐인 독생자(獨生子)로 그 계보에 자연스럽게 묶어 섞인 교리가 만들어졌다.

그로부터 가톨릭에서나 개신교에서나 유대민족의 창조 수호신 여호와는 성자 예수가 지칭한 대우주적인 천지만물의 통치자로서 전지전능하신 영계(靈界)의 성부 하나님 그 신위(神位)로 높여져 올라앉게 되었다.

그처럼 억지스럽게 유대민족 전통 뿌리사상과 하나의 세계관으로 묶어 엮여진 구약과 신약이 합성된 종교 논리는 지엽적인 유대민족의 창조 수호신 여호와를 성자 예수의 아버지 하나님으로 지구촌 전체 인류가 믿고 찬양과 영광을 돌려야 한다는 예배의 대상으로 강조하고 설파하기에 이르렀다.

그리고 여호와 율법의 정통성 그대로 면죄부를 사면 살아 있는 사람은 즉시 죄를 용서 받게 되고, 부모나 형제가 예수님을 믿지 않고 죽었을 때 연옥에 가 있는 그런 영혼도 가족들이 그 속죄표를 사기만 하면 지옥 대기실에 있던 영혼이 그 연옥에서 천국으로 올라가게 된다고 설파했다.

그렇게 여호와 통치권의 구약과 '그리스도의 세계'라는 성자 예수의 신약이 하나의 세계관으로 한 틀에 묶여 설파되고 있는 그와 같은 현상은 카톨릭에서 분파된 개신교 역시도 그와 크게 다를 것이 없었다. 거대한 교회 성전을 유지하고, 또 큰 교권을 갖기 위해서는 구약 시대 이스라엘 민족 창조 수호신으로 그 백성들에게 물질 축복을 약속한 여호와의 율법적 제사의식에서 비롯된 십일조(十一助) 등을 성도들에게 그대로 주입시켜 강조했다.

그렇게 제도화시킨 종교의식은 성자 예수께서 지칭한 태초의 말씀(LOGOS)이라는 영계(靈界)와 신계(神界)를 하나의 세계관으로 묶어 설파하므로 그 앞뒤 논리가 이치적으로 도저히 이해될 수가 없음은 당연한 것이다.

그 중에서도 첫째로 의문점을 제시해 주고 있는 것이 처음 사람 아담을 흙으로 빚어 만들었다는 여호와의 창조 역사 진행에서 그 원시 인간 무지(無知)에 인간 만드심을 한탄했다는 기록이다.

그 모습은 우주 만물을 태초 빛의 말씀으로 창조하셨다는 전지전능하시다는 하나님의 위상이 아닐 뿐만 아니라, 그로 창조된 아담과 이브가 인류의 조상이라는 논리 주장 역시도 마찬가지다. 구약의 기록상으로는 그 당시 유대민족과 이웃하고 있었다는 것이 이방민족이다. 그들과 대립적 관계에서 싸워 백전백승하는 용기와 지혜를 불어 넣어 준 여호와의 행사를 시편의 기록에서 "영광의 왕이 뉘시뇨? 강하고 능한 여호와시요, 전쟁에 능한 여호와시로다." 하고 찬양하고 있다.

그 기록에서도 나타내 주고 있듯이 여호와는 전쟁에 능한 신(神)임에는 틀림이 없다. 이방민족과의 대결에서 그처럼 백전백승하는 지략까지를 세밀하게 가르쳐 주고 있다.

여호와의 행사(行事) 기록은 예수께서 지칭한 우주 만물을 태초 빛의 말씀으로 창조하시고 그 만물을 동등하게 사랑하신다는 절대자 하나님과는 그 행사 모습이 아니다. 어느 구석을 보더라도 동일한 하나님의 인상을 주지 못하기 때문에 일치될 수가 없다. 과거 원시인도 아닌 문명된 현대인들은 당연히 거기에 의문을 제시할 수밖에 없는 것이다.

하지만 이미 제도화된 종교 논리다. 그 의문에 빠져 나가는 도구가 바로 '의심은 죄가 됩니다.' 하는 것이었고, 무조건 믿으면 '들어가도 나가도 복을 주시는 여호와 하나님'이라는 설득으로 맹신을 강요해 왔다.

그러는 데에는 인류 구원이라는 그리스도 성자 예수 진리의 말씀이 그처럼 비합리적인 성서 해석 오류의 허물을 가려 주는 훌륭한 도구가 되어 주면서, "아멘 믿습니다." 하고 그 억지 논리에 고개를 숙이게 해 온 것이라고 할 수 있다.

그처럼 비성경적이며 황당한 교리에 토마스 아켐피스(Thomas

Akempis, 1380-1471)는 "교회에는 은과 금은 많지만 예수의 이름은 없다."고 한탄하였으며, 또한 독일의 철학자며 허무주의, 실존주의 선구자로 후세 사상에 큰 영향을 미친 F.W 니체 역시도 그와 같은 맥락에서 "신은 죽었다."고 극언을 했으며, 또 꼬집어 말하기를, "기독교도는 단 한 사람밖에 없었다. 그리하여 그 사람은 십자가 위에서 죽었다. 그 후 복음(福音)이라고 불리고 있는 것은 이미 그가 살아 온 깃의 정빈대, 즉 화음(禍音)이었다."고 니체 역시도 기독교의 현실을 날카롭게 비판했다.

니체의 그러한 지적은 그리스도 인류 구원이라는 복음(福音)의 말씀이 오히려 의도된 그 어떤 목적에 의해 화(禍)를 부르는 소리로 변해 버렸다는 그 항변 같은 것이었다.

이렇게 구약과 신약이 하나의 세계관으로 묶인 채로 인류 구원의 복(福)된 소식이라고 전파되고 있는 기독론은 수없이 많은 의문 제시와 함께 종교적 분란의 문제점을 지금까지도 안고 있는 것이 사실이다.

그래서 예수께서는 "내가 너희를 위해서 수고한 것이 헛될까 하노라." 하고 염려의 말씀을 하셨던 것인지도 모른다. 그 말씀의 뜻인즉, 시대 구별을 하여 하나님의 실상을 바로 깨달으라는 그 경고 같은 것이라고 할 수 있을 것이다.

예수께서 말씀하신 본질적인 태초 빛의 하나님 그 실상을 바로 깨닫게 되었을 때, 비로소 고등종교의 스승 예수께서 "나는 길이요, 진리요, 생명이라."고 하신 그리스도 인류 구원이라는 '사랑'의 말씀이 우주 시대를 열어가는 데 있어서 그 '등불'을 밝히는 목자(牧者)로서 참된 길잡이가 될 것이기 때문이다.

물론 몇 사람이 우주의식으로 깨어나 새롭게 외친다고 해서 다수(多數)와 대응할 수는 없는 것은 어느 시대나 마찬가지였다. 하지만 진리는 끝내 굽혀 사라질 수 없는 절대적인 명제로, 과거 지동설을 재창하고 고난을 받고 나오면서도 "그래도 지구는 돈다."고 중얼거렸던 갈릴레오의 지동설이 근대 세계관을 확립하는 데 크게 공헌을 해 준 것처럼, 그것은 천기(天氣) 운행에 속한 일이기 때문에 오직 하늘의 섭리하심에 맡기고 기다려 볼 수밖에 없는 일이다.

그와 비슷한 기독교 문제의 시비 사건이 지금으로부터 30여 년 전 한국 기독교 교의에서도 있었던 일이다. 지금은 작고하셨지만 그분은 한국 기독교 장로회 제1호 안수 목사로 기독신학대학원 등 5개 신학교 교수 역임을 13년 동안 지내오신 김 경 목사님이셨다. 그분은 언젠가부터 그러한 서구 신학 성서풀이 모순에 대해서 회의를 느끼기 시작했다는 것을 그의 저서에서 고백하고 있다. 그처럼 솔직하게 토해 놓는 그분의 고백서에서 노년(老年)에 들어와 목회자로서 더욱 양심의 가책을 느끼게 되었다고 술회했다.

김 경 목사님은 신도들이 성서적인 의문의 질문을 던질 때마다 녹음테이프 돌리듯이 이렇게 말했다고 한다.

"하나님은 인간의 아둔한 머리로 이해되지 않습니다. 하나님을 의심하면 죄가 됩니다. 무조건 믿으십시오. 그래야 복을 받습니다. 미국이란 나라가 저렇게 부강해진 이유가 국민들 거의 대다수가 다른 신을 섬기지 않고 의심 없이 유일하게 여호와 하나님만 전지전능하신 하나님으로 믿고 잘 섬겨 왔기 때문이랍니다."

그것은 영혼의 요구보다도 문명화의 현실적인 방안으로 미국의 번영이 기독교라는 정신적 가치에 토대를 둔 민주주의에 있다는 생각을 누구나 갖게 되어 있다. 그것이 세상적인 부(富)를 추구하는 이상향이란 것을 목회생활에서 보아 왔기 때문에 그 의문 제시에 궁여지책으로 그렇게 포장을 해 온 목사님이셨다고 했다.

그러나 정작 자신은 거기에 대한 의문을 놓고 많은 고민을 해 오시다가 마침내 그 풀리지 않는 의문 50개조를 로마 교황청 바오로 2세 앞으로 두 번에 걸쳐 이의를 제기했다. 그러나 어찌된 일인지 로마 교황청은 묵묵부답이었고, 그래서 점점 더 답답해진 목사님은 세상을 떠나기 전에 그 의문을 풀고 가야겠다는 생각에서 그 의문 제시를 여러 지면을 통해 호소하게 되었다는 것이다.

그런데 그것이 한국 교계에 물의를 일으키는 문제의 인물로 주목받게 되면서, 마침내 충북에서 목사 현직 중 기독혁명 50개조를 발표한 죄목으로 성직을 박탈당했다가 1981년에 복권되기도 했었다는 별난 이력을 가지게 되었다.

교계에서 배척당하는 불이익을 당하면서도 도무지 떨쳐버릴 수 없었던 것이 그 문제였다고 한다. 그래서 목사로서 무조건적인 맹신을 요구해 온 솔직한 양심 고백을 마침내 ≪신과 철학자 그리고 시인≫이란 시집을 엮어 세상에 내놓기도 했다.

그 책머리 서두는 "하나님, 질문 있사옵니다!"로부터 시작되었다. 그 질문은 역시 50개조로, 기독교인이면 누구나 갖게 되는 의문 제시 바로 그것이었다. 신학교 교수 생활을 지내오신 목사로서 그와 같은 의문 제시의 용기는 이 시대 선구자적인 의식이 아니면 감히 엄두조차 내지 못할 질문이었다. 그러한 목사님의 양심 고백은 어쩌면 한국기독교 기존 제도화 결속을 굳히고 있는 교계에서 압사당할지도 모른다는 비장한 각오 아래 행해진 불사조의 모습이었다.

김 경 목사님은 교계에서 여러 가지 불이익을 당하면서도 그 후 연이어서 <<20세기 천로역정(전3권)>>을 내놓았다. 그와 같은 용기에 더러 양심 있는 목회자들은 뒤에서 소리 없는 박수를 보냈지만, 그러나 교계로부터 받을 질책과 불이익을 의식해서인지 크게 모습은 드러내지 않았다. 하지만 그 중에는 용기 있게 자신의 이름을 지면을 통해 드러낸 분도 있었다. 태평양대학(미) 부총장 배기섭 신학박사였다. 그분이 박수와 함께 보내 주신 인사와 서평은 다음과 같다.

김 경 목사의 《천로역정(전3권)》은 한 마디로 말해서 21세기를 향한 한국 기독교 200년을 조명한 비판서, 현대 신학을 둘러싼 시대적 배경, 거기에 등장하고 있는 장로 및 목사들의 기독교 정신에 입각한 목자생활의 진상을 엿볼 수 있게 했다.

필자는 본론 <21세기의 신학론>에서 최근 풍류신학과 토착신학을 위시하여 해방신학, 민중신학 등 이른바 현대신학에 대하여 논했는데, 구체적으로 그러한 것들은 모두 신학이 될 수 없다고 부정적인 견해를 밝혔다.

그 이유는 신학이란 우주의 창조주이신 하나님과 그 섭리, 그리고 통치 이상이나 목적을 연구하는 학문이라는 것을 못 박았다. 말하자면 현대신학이 들고 나오는 모든 이론, 즉 민중, 정치, 해방, 토착화 신학 등은 신의 이름을 제외한 신학 이외의 학문이기 때문이다.

이와 관련해서 현대신학이 한국 교계에 몰고 온 여러 가지 폐단을 하나의 과도기적 미친 바람으로 보고 있다. 또 이러한 바람을 일으킨 사람들은 반 기독교적이며, 신앙인으로서는 미흡하다고 역설했다. 선량한 세상 모든 사람들을 미혹하여 인간사회를 갈등과 혼란, 그리고 사회의 소용돌이 속에 몰아넣는 종교 공해라고 정의를 내렸다.

여기에서 필자는 이와 같은 신학 풍조가 왜 생기게 되었느냐, 그것을 날카로운 비판적 신학과제로 제시, 하나씩 정리해 나갔다. 현대신학이 등장한 배경, 200년간의 신앙 풍토, 새로운 종교개혁, 내세와 영혼 문제에 따른 세계관, 진리는 밖에서 찾지 말고 현실 속에서 찾아야 한다는 등 기성교회에 대한 충고와 반성을 촉구했다.

지금까지 이와 같이 적나라하게 종교 신학을 비판적으로 다룬 신학 서적은 드물다. 교인이 아니더라도 필히 일독할 만한 종교 신학 서적이다.

김 경 목사님의 남다른 차원 높은 종교의식으로 구태의연한 종교 제도를 비판할 수 있는 정신의식은 시대적인 사명의식이 없이는 그 이름을 지면상으로도 나타낼 수 없는 일이다. 그러한 용기는 일신의 안위를 추구하지 않은 진실된 참목자로서 언젠가는 후세가 높이 평가할 날이 있을 것을 믿어 의심치 않는다.

그처럼 한국 기독교혁명을 최초로 부르짖고 나섰던 김 경 목사님은 교계로부터 배척 외면을 당한 후 좌절하고 교회 일선에서 물러나셨다.

그 후 신문사 주필을 맡고 문학 활동을 하시면서 남긴 작품 속에서 시대를 앞서간 선구자의 고독한 독백을 담은 많은 시를 남기셨다. 카톨릭 종교의 희생이 된 <갈릴레이>, <소크라테스>, < 칸트> 그리고 우리 민족 미래의 역동성을 나타낸 <배달의 후손>이라는 시가 그의 폭넓은 정신세계를 보여 주고 있다. 목사님의 시 몇 편 속에 담겨 있는 투철한 민족애는 오래도록 뜨거운 감동으로 울렁거림을 안겨 주기에 충분하다.

그만큼 그분이 남기신 서구 신학 기독론의 문제점과 동서(東西) 철학을 함께 아우르는 그토록 폭넓고 철학적인 명제의 시편(詩篇)들은 혼탁한 종교 논리 속에 오늘을 살아가고 있는 우리에게 큰 공부가 되게 해 주고도 남는 것들이다. 김 경 목사님은 참으로 이 시대 한국 기독교 원로 목사로서 그처럼 폭넓은 정신세계와 인류 역사의식까지를 두루 섭렵하여 갖춘 목사님이셨다. 그처럼 그 누구도 감히 생각할 수 없는 낙후한 기존 종교계의 비합리적인 모순을 그처럼 냉철하게 붓대로 지적하고 비판하실 수 있었던 그분의 용기야말로 혼탁한 이 시대에 귀감적인 삶으로 오래도록 그 이름이 우뚝 솟아 남게 될 것이다.

사실 보통 사람들은 누구나 언짢은 죽음을 두려워하게 마련이다. 그러나 김 경 목사님은 이미 열려 있는 우주의식으로 상상과 공상 속에서만 맴돌게 하는 기존 관념의 틀 속에 묶여 있는 종교 단체를 맹렬하게 비판하고 나선 불사조의 모습으로, 한국이 낳은 선구자임에 틀림없다.

그분의 깨어 있는 우주의식은 세익스피어가 "썩은 백합꽃은 잡초보다 오히려 그 냄새가 더 고약하다.”고 한 그 말을 그의 목회생활 속에서 느꼈던 것인지도 모른다.

인생은 어차피 한 번은 죽어야 하는 목숨이다. 그래서 김 경 목사님은 그 모든 불이익을 각오하고 또 감내하겠다는 그러한 용기를 밖으로 표출해 낼 수 있었을 것이다.

그렇다. 사람들은 누구나 인생은 짧다고 말한다. 그러면서도 일신의 안위를 위해서 자신을 물질 세상의 노예로 만들어 스스로를 결박하다가 마침내는 허망한 뒷모습만을 남기고 세상을 떠난다.

하지만 그러한 물욕의 집착에서 벗어난 사람은 언제든지 죽음의 준비가 되어 있다. 말하자면 예수께서 말씀하신 ‘참자유인’의 모습이다.

그렇기 때문에 어떤 유혹과 위협에도 비굴하게 자신을 굽히지 않고 떳떳하고 의연하게 진실 그대로를 표출시킬 수 있다. 그러한 생활은 거짓이 만연된 세상 속에서 고독하지만 자유로울 수밖에 없다.

시대를 한 발 앞서가는 고독 속에서 그처럼 남다르게 귀감적인 삶을 마치신 김 경 목사님이셨다. 그 뒷자리에 그림자처럼 남겨진 보석처럼 반짝이는 글 속에 시대를 앞서가는 선구자적 외침이야말로 언젠가는 인도의 영적 시성(詩性) 타고르가 예언한 ‘동방의 등불’로 우주화(宇宙化) 시대를 열어가는 그 초석이 될 것을 믿어 의심치 않는다.

 우주정신과 예수 친자 확인 소송

5 한 알로 심어진 우주정신

그리스도의 세계라는 신약성서는 "한 알의 밀알이 땅에 떨어져 썩으면 많은 열매를 맺는다."는 말로 우리에게 교훈을 주고 있다. 한 알의 밀알, 그것은 선(善)으로 성자 예수 십자가 고난의 보혈로 이 땅에 심어질 하나님의 '사랑나무' 씨앗으로, 진리의 말씀이 심어진다는 뜻이다.

구약 시대 유대 땅에 오고간 선지자들은 '때가 이르면' 하나님 사랑의 선물로 그 백성을 죄에서 구원해 줄 하나님의 아들 구세주 메시아가 출현하게 될 것이라는 것이 그 예언이었다.

이스라엘 백성들은 주변 이방민족과 잦은 전쟁을 치르면서 선지자들이 예언한 그 구세주 메시아 출현을 학수고대하고 있었다. 그 선지자들의 입을 통해 약속한 하나님 선물의 아들 구세주가 유대 땅에 드디어 출현했다. 그들의 뿌리 조상 아담으로부터 4000년 만이었다. 그러나 이스라엘 백성들은 그들이 기다리고 있던 하나님의 아들 구세주를 알아보지 못했다. 선지자들이 예언한 하나님 약속의 아들 구세주 모습은 적어도 근사한 가문에 위풍당당한 모습으로 그들 앞에 나타나리라고 기대하고 있었기 때문이다.

그들의 기대와 상상을 완전히 뒤집고 출현한 성자 예수였다. 볼품없는 가문에 외모 또한 볼품이 없었다고 했다. 그것이 하나님의 비밀이었음을 그들이 알지 못했다는 성서 기록이다.

어느 한구석 하나님 선물의 아들로 믿을 수가 없는 총각 예수가 나타나 "나는 길이요, 진리요, 생명이라." 하고, 또 "나를 믿으면 죽어도 살리라." 고 외쳤으니, 돌아오는 것은 성서가 기록하고 있듯이 비웃음과 조롱이었을 수밖에 없는 것이다.

그와 같은 조롱과 냉대 속에서 예수가 주목을 받게 된 것은 율법으로는 구원을 받지 못하기 때문에 그 율법적인 제사의식을 폐하라는 것이었다. 그들로서는 당연히 황당할 수밖에 없는 말이었다.

십계명 율법은 그 백성들이 조상 뿌리로부터 그들의 생명을 주관하는 절대자 하나님으로 믿고 숭배해 온, 여호와 하나님으로부터 엄히 지켜야 할 지상 명령이었기 때문이다.

과거 그 조상들이 분별력이 약했던 관계로 그 계율을 어겼을 때 반드시 그 불순종에 따르는 여호와 진노의 보응이 있었음을 익히 들어 알고 있는 그들로서는 도저히 용납될 수가 없는 말이다.

그들이 또한 이해되지 않는 것은 "새 계명을 너희에게 주노니 서로 사랑하라." 그리고 또 "네 이웃을 내 몸과 같이 사랑하라. 이것이 내 아버지 하나님 뜻이니라." 하신 것이었다. 그 말에 그들은 예수를 귀신이 들린 사람이라고 수군거리며 내쳤다. 그들로서는 그럴 수밖에 없었다. 그들의 숭배의 대상으로 믿고 섬겨 오는 여호와 하나님을 감히 불경스럽게도 '내 아버지'라고 지칭하는 것이라고 생각했기 때문이다.

사실 이치상으로 따져 보더라도 아버지가 세운 계율의 율법으로는 구원을 받을 수가 없으므로 그 율법을 폐하라고 폄하하는 자식은 있을 수가 없다. 또 이해될 수 없는 것은 여호와 하나님은 그 백성들에게 이웃 민족과의 대결에서 가차 없이 살상 대결하는 전략 기술을 가르쳐 왔었다. 그런데 네 이웃을 내 몸과 같이 사랑하고 원수까지도 사랑하는 것이 내 아버지 뜻이며 내 아버지는 '사랑'이라니, 그 가르침은 서로가 다른 행사로, 누가 보더라도 아버지와 아들 관계가 아님을 분명히 나타내 주고 있는 것이다.

그렇기 때문에 그들은 예수가 선지자들이 예언한 하나님의 아들이라고 자처하지만, 그들이 믿어 온 여호와 하나님의 아들이 아니라는 것을 확신하게 되면서 조그만 두려움도 없이 냉대했고, 마침내는 여호와 하나님에 대한 불경 모독죄로 십자가에 매달아 참형을 해야 한다는 공론이 모아진 것이다.

그만큼 그들의 생사화복을 주관해 온 여호와가 그들에게 가르쳐 온 것은 이방민족과 서로 화목(和睦)하라는 가르침이 아니라 대립적 관계에서 상대방을 지배하는 투쟁정신을 심어주는 데 최선을 다해 왔기 때문이다.

이렇게 성자 예수 출현 이전 구약 시대는 본질적 하나님이 아닌 여호와의 투쟁적인 살상 대결의 가르침으로, 사망이 왕 노릇 하고 있었다고 했다. 그것이 예수께서 하신 말씀으로, 그 당시 서양은 유대 이스라엘 민족과 이방민족과의 살상 대결로 연속적인 전쟁으로, 분명히 악(惡)에 속한 행사의 연속이었다. 그 유대 땅에 하나님 섭리에 의해서 출현하신 성자 예수께서 하신 말씀이 "나는 선한 목자"라고 하신 것으로, 사망을 주는 악(惡)의 종자씨 밭에 선(善)을 알게 하는 인도자라는 말씀이다.

그처럼 사망이 왕 노릇 하는 어둠의 텃밭에서 악이 무엇인지를 모르고 죽어가는 불쌍한 영혼들을 생명의 길로 인도하기 위해 출현하신 성자 예수의 외침이 바로 변하지 않는 하늘나라 성부 하나님의 사랑이라는 복음(福音)으로 '그리스도의 세계'라고 했다. 그리스도란 '구원'이라는 뜻이다. 거기에는 인간 참생명의 본질과 영혼구원에 대한 주제들이 전체적인 내용으로 그 주류를 이루고 있다.

그 복음의 말씀은 구약 시대 유일 독존적으로 숭배해 온 여호와 율법신 앙에서 벗어나라는 것이었지만 그 백성들은 그 뜻을 도무지 알지 못했다. 그런 그들의 무지(無知)가 마침내 성자 예수를 시대의 이단자로 십자가에 매달아 처형한 것이다. 그로 하여 사망이 왕 노릇 하는 어둠의 텃밭에 진실하고 선(善)하신 '한 알의 밀알'이 십자가의 고난을 통해 심어진 것으로, 선한 목자 예수께서 보여 주신 것이 "나는 길이요, 진리요, 생명이라."고 하신 하늘나라 부활의 생명이었다.

바로 그것이다. "한 알의 밀알이 땅에 떨어져 썩으면 많은 열매를 맺게 된다."고 하신 하나님 사랑의 씨알을 이 땅에 심기 위해 그처럼 성체에 물과 피를 흘리시고 마지막 운명의 순간에 "다 이루었다." 하신 것이다.

그처럼 세상을 사랑하신 하나님 우주정신을 이 땅에 심기 위해 출현하신 성자 예수께서는 원수까지도 사랑하라는 새 계명의 확증을 십자가 위에서 나타내 보이시고, 그 뜻을 바로 깨닫고 시대 구별을 하라고 하신 것이다.

이렇게 성자 예수의 십자가 피 흘림의 공로로 비로소 이 땅에는 본질적인 사랑의 하나님 우주정신이 태초의 빛으로 하늘나라 영혼 생명임을 그리스도 생체부활로써 그 확증을 보여 주신 것이라고 할 수 있다.

그 인류 구원의 대역사가 헛되지 않게 하나님 우주신도(宇宙神道)에 의한 천기변화(天氣變化)를 헤아려 보라고 이르시고 하신 염려가 "내가 너희를 위해서 수고한 것이 헛될까 하노라." 하신 바로 그 말씀이었다.

예수께서 그 염려와 당부의 말씀을 세상에 두고 떠나신 지가 2000년이 지났다. 그런데 안타깝게도 유대 이스라엘 백성들은 과거 구약 시대 선지자들이 예언한 하나님의 아들 구세주 메시아를 아직까지도 기다리고 있다고 했다.

그런 또 한편에서는 그처럼 여호와 하나님의 아들이 아니라고 그 조상들이 부정하고 십자가에 매달았던 성자 예수께서 그처럼 기존의 유대종교로부터 이탈을 강조하는 '그리스도의 세계' 신약복음서와 신계(神界: YHWH)에 의해 뿌리내려진 유대교 전통사상을 하나의 세계관으로 억지스럽게 꿰맞추어 성자 예수와 여호와를 부자(父子) 관계로 성립시켰다. 그것이 오늘날 서양으로부터 도입된 기독신학이다.

그처럼 왜곡된 성서 해석 논리는 인류 구원이라는 예수 그리스도 가르침의 말씀에 철저하게 위배된 것이라고 해도 과언은 아니다. 신약복음서 전체적인 내용은 당시 예수께서 여호와 유일신 숭배사상의 유대교를 정화시키려는 의도에서 그 지도자들과의 사이에 수없이 마찰을 빚었던 논제들로 그 주제를 이루고 있기 때문이다.

그 논쟁은 당시 유대인들이 붙들고 있는 기존의 전통사상은 육신의 도리만을 배워 온 초등학문이기 때문에 이제는 그 율법을 놓고 하늘나라 새 계명(誡命)이라는 우주정신 '사랑의 도(道)'를 배워야만이 인간 참생명의 실상인 영혼 구원을 얻게 된다는 가르침이었다.

그러한 내용을 전체적으로 담고 있는 신약복음은 당시 하나님의 종복인 신계에 의해 육신의 도리(道理: 律法), 초등 학문만을 배워 온 그들에게 인간 영혼의 본질을 가르쳐 주기 위한 고등학문으로, '태초'라는 우주의 무대로 발을 들여놓게 하는 말씀이다.

이렇게 성자 예수는 고등종교의 스승으로서의 끊임없는 믿음과 신앙의 답을 주기 위해 자신이 태초에 하나님과 함께 만물을 지으셨던 영적인 존재라는 것과 그 정체성에 관해 거듭 강조하시었다. 그리고 그 영혼 생명의 본질을 나타내 보여 주기 위한 결과물이 바로 그 사망의 권세를 깨뜨리는 십자가의 부활로써 그 확증을 보여 주신 것이다.

바로 그것이다. 그 시대 유대 제사장들로부터 '이단의 괴수'로 내침을 받았던 예수 자신의 본질 자체가 태초에 우주와 만물을 지으셨던 하나님 말씀(LOGOS)으로, 그 본질이라는 것을 나타내 보이기 위함이라고 했다.

그것이 기존의 사상가들과의 마찰을 일으켰던 분쟁의 불씨였기 때문에 예수께서는 자신이 그러한 권능과 빛으로 나타난 하나님의 임재임을 나타내 보이기 위함이 바로 그 생체부활이었다.

그리스도 예수께서 십자가의 고난을 통해 보여 준 그 생체부활은 인간 육신의 생명은 언젠가는 무(無)로 돌아가는 허망한 것이지만, 그 안에 내 재되어 있는 한 조각의 불씨, 곧 영원히 소멸되지 않는 참생명의 불씨가 있다는 것이다. 또 그 영생의 불씨가 있음을 깨닫고 그리스도 진리의 말씀 으로 영혼을 성숙시켰을 때 그와 같은 능력을 행사할 수 있다는 믿음을 심어 주기 위한 인류 구원의 모델로, 그것이 성자 예수 피 흘림으로 확증 시켜 준 것이 십자가의 공로라는 것이다.

그것이 성자 예수 인류 구원이라는 진리의 말씀으로 십자가를 상징으 로 세워진 기독교로서, 구약 시대 인간 육신의 도리만을 배워 왔던 유대교 전통사상에서 분파된 개신교다.

그래서 고등종교라는 기독교 스승 예수께서는 그 시대 이스라엘 백성 들을 향해 그들 육신의 생명을 주관해 오면서 율법적인 계율(戒律)만을 가르쳐 온 여호와는 본질상 하나님이 아니라고 하셨던 것이며 하늘을 아 는 것이 지식의 근본(根本)이라고 하신 것이다.

그 말씀의 뜻은, 구약시대 여호와 율법의 가르침으로 세워진 유대교의 전통사상 초등학문을 배워 왔으면 이제는 그 율례(律例)의식으로 지키고 행해 오던 무거운 종의 멍에를 벗고 하늘나라 영혼 자유함의 '새 계명'을 배우는 것이 구원에 이르는 최고의 공부라는 것이었다.

하지만 그 당시 유대인들에게는 그 가르침이 황당한 말로 참담하게 느 껴질 수밖에 없는 일이었다. 그들이 조상으로부터 의지하고 믿어 온 여호와 유일신 숭배사상 밑에서 배워 온 기존의 전통사상의 신앙관과는 너무나 대조적인 말씀이었기 때문이다.

그런데다가 예수 자신의 정체성을 주장하고 있는 '나는 스스로 존재하는 자'라는 것이었고 보면, 태초의 하나님과 기능적으로 그 동등성을 강조한 이 말씀을 그들은 도무지 이해할 수가 없었던 것이다.

이처럼 그 시대 유대 땅에 출현한 성자 예수의 사역은 태초의 우주만물 창조주와 자신이 함께하고 있다는 임재의 현존으로, 그들이 쉽게 이해될 수 있는 개념이 아닌 것만은 사실이다.

그들이 그 동안 배우고 지켜온 것은 인간 육신의 생명을 창조하고 주관해 온 여호와의 율법(律法)적인 규례와 행사에 전적으로 의지해 온 믿음의 신앙관이었기 때문이다.

그런 시대 상황에서 그 율법적인 신앙관에서 벗어나라는 것은 그들이 생명의 주인 하나님으로 믿어 온 여호와에 대한 배반행위라고 생각한 것이다. 그처럼 시대적인 변화기에서 예수께서 운명적으로 짊어져야 했던 것이 십자가의 고난으로 만세 전부터 예정되어 있었다고 신약성서는 기록하고 있다.

예수께서 십자가의 고난을 통해 보여 주신 것이 생체부활이었으며, 그와 같이 부활의 생명을 얻으려면 하늘나라의 새 계명으로, "원수까지도 사랑하라. 그것이 내 아버지의 뜻이니라." 하신 것이다.

성자 예수께서 말씀하신 '내 아버지의 뜻'이란, 구약 시대 유대민족은 주신(主神) 여호와의 가르침을 받고 진화하는 과정에서 이웃 민족과의 살상 대결의 전쟁을 아무런 죄의식 없이 행사해 오고 있었기 때문에 그 피 흘림의 유대 땅에 아버지의 뜻에 따라 화평의 복음을 주기 위해 출현하셨다는 의미다. 그래서 예수께서는 "죄 많은 곳에 은혜가 풍성하다."고 말씀하신 것이다. 예수께서 지칭한 '내 아버지'는 이웃 민족과의 사이에 경계의 선을 분명하게 긋고 살상 대결의 전투를 진두지휘하는 그런 '여호와 하나님'이 아니란 사실을 예수께서는 신약복음을 통해 수없이 밝혀 주고 있다.

사실 구약에서 보여 주는 여호와의 행사 모습은 예수께서 지칭한 '내 아버지는 사랑이시라.'는 성부 하나님의 위상이 아니란 것을 구약의 내용을 읽어보면 누구나 느끼게 된다.

그러나 신약복음에서 예수께서 하신 말씀은 그처럼 본질상의 하나님이 아닌 여호와로부터 세상을 살아가는 지혜의 방법만을 배우고 하늘나라 영혼 생명의 법을 배우지 못한 그들 백성을 향해, '사망이 왕 노릇 하는 어둠의 자식들'이라고 지적하시고, 그들을 불쌍히 여기신 하나님으로부터 보내심을 입고 참생명을 깨닫게 하여 영혼 구원을 받게 하기 위해서 세상에 출현하신 것이라고 했다.

그것이 대우주적인 사랑의 하나님 그 우주정신이기 때문에 성자 예수는 그 사랑에 대한 강조를 거듭해 왔고, 그 모델이 되어 보이기 위한 하나님의 사랑, 그 희생의 화목 제물이 되어야 했던 것이 성자 예수께서 짊어져야 했던 십자가의 고난이었다고 기록하고 있다.

예수께서는 그들의 음모가 당연히 억울한 것이었지만 태초 빛의 하나님 아들로서 그 무한한 능력 행사를 해보이시지 않고 묵묵히 십자가에 매달리셨던 것이며, 그 피 흘림의 고난을 통해 보여 주고자 하신 것이 영혼 생명의 실상과 함께 "아버지여! 저들이 몰라서 그런 것이오니 용서하시옵소서." 하신 그 말씀으로 하나님 사랑의 모델이 되어 보여 주신 것이라고 했다. 그것이 성자 예수로 세워진 기독교 정신으로, 원수까지도 용서하고 포용하라는 것이었으며, 그래서 예수께서는 "나는 아버지 일을 행하러 왔노라." 하셨던 것으로, 그 모범적 사랑의 사고방식을 십자가의 고난을 통해 인류에게 표현해 주고자 하신 것이다.

그처럼 예수 그리스도 사역(使役)하심의 신약복음은 구약 여호와의 가르침의 행사와는 그 세계가 다른 하나님의 본성(本性)으로, 육신의 사망을 이기는 권세가 성자 예수 그리스도 안에 있음을 믿고, 그 말씀으로 거듭남을 입고 영육이 온전함을 이룬 자들은 영생을 얻으리라고 하신 것이 진리의 말씀이다.

이렇게 예수께서는 이 땅에 오셔서 인류에게 전해 주고자 하셨던 하늘나라 진리의 말씀으로 영혼 생명을 얻으라고 하신 것이며, 그것이 우주만물을 빛의 말씀으로 창조하셨다는 하나님께서 그 빛의 아들 성자 예수를 보내어 전해 주신 복(福)된 소식으로 예수께서는 제자들에게 하나님 구원의 약속이라는 신약복음을 지구촌 모든 족속을 초월하여 전파하라고 당부하신 것이다.

하나님이 목적하신 인류 구원의 뜻을 이루기 위하여 이 땅에 출현하시어 성체에 물과 피를 몽땅 흘려 가면서까지 심어 주고 가신 그리스도의 '사랑'은 인간들이 추구하는 에로스적인 사랑이 아닌, 진리의 하나님 우주정신을 추구하는 아가페적인 사랑의 강조로 그 모델이 되어 보이신 성자 예수였다.

기독교의 스승 성자 예수를 아직까지도 세상적인 제도권 아래에서 세상이 주는 권익을 위해 감히 하나님 실존의 본질마저도 예수께서 그처럼 '초등학문'이라고 하셨던 시대 지난 구약의 틀에 짜맞춰 왜곡시키고 있는 서구 신학자들이다. 그러나 주목되는 것은 성서가 묵시적으로 기록해 놓은 '말세론'에서 저주받을 '사단의 회'가 있음을 분명히 밝혀 두고 있다는 사실이다. 그 의미를 오늘 우리가 다시 한 번 깊이 생각해 볼 일이다. 하나님 본질마저 왜곡시키고 있는 성서 해석의 오류는 태초의 건곤(乾坤) 조화주 하나님의 분자적인 '빛'의 아들로서 영계(靈界)의 성자 예수를 하나님의 종복(從僕)인 신계(神界:YHWH)의 유일한 '독생자'로 그 계보를 낮추어 설파하고 있기 때문이다. 그것은 분명히 반기독교적인 이단의 행위나 마찬가지다. 그리스도의 세계라는 신약복음 속에 담겨 있는 영혼생명의 생동감을 마치 구약 시대 기복신앙을 추구하는 '초등학문'과 그 주제를 섞어 다루고 있기 때문에 성자 예수로 세워진 기독교 세계관이 본질과는 다르게 손상되면서 그 논리가 분명치 않다는 평가를 받게 하고 있다.

그러한 문제의 기독론은 많은 의문점을 제시해 주면서 어떤 면에서 맹신을 요구하는 그와 같은 교리는 진리와 부합되지 않는다는 평가로 기독교를 불신하고 외면하게 한다는 견해들이다. 그만큼 사고(思考)하는 의식이 과거와는 달리 진화되어 온 현생 인류다. 그들이 지적하는 기독신학은 그 앞뒤 논리가 도무지 이치적이지를 못하다는 평가를 받고 있다. 그러한 기독교 문제의 지적과 함께 유독 기독세계관에서만이 근원적인 성삼위(聖三位) 문제를 풀어 내지 못하고 있을 뿐만 아니라 성서적인 많은 의문점을 제시해 주고 있는 것이다.

성서는 종의 율법 시대와 성자 복음의 신약 시대로 그것이 우주신도(宇宙神道)에 의한 시대 변화임을 분명히 밝혀 두고 있다. 그것이 하나님의 우주신도(宇宙神道)로서 본자연(本自然)하신 영계(靈界)와 그로 비롯되어 대자연(大自然)을 맡아 관리관장하는 신계(神界), 그리고 그와 고리를 잇고 있는 자연(自然)의 일부분인 인계(人界)가 삼천대세계(三天大世界)로 '한 틀' 속에서 고리를 잇고 회전 작용을 하고 있다는 것이다. 이것이 영적으로 존재하신 조물주 하나님의 우주 기 운행(氣運行)에 의한 천도(天道)의 변화 원리로, 신계가 지구촌에 내려와 물질인간을 창조하고 그 행사를 이루어 나온 구약의 기록은 그처럼 현대인으로서는 마치 허구의 신화처럼 느껴지는 내용들이 그 주제를 이루고 있다.

그것은 유대민족뿐 아니라 지구촌 각 족속마다 그와 유사한 뿌리 역사 기록물을 나름대로 간직하고 있다. 그 시대에는 피조물 인간들이 모든 자연신들에게 제물을 올리고 엎드려 생사화복(生死禍福)을 빌어 오던 이른바 샤머니즘 시대였다. 그래서 해와 달, 그리고 별을 주관하는 일월성신(日月星辰)에서부터 부분적으로 땅을 관리하는 토지신(土地神), 산신(山神), 강신(江神), 해신(海神), 암신(岩神), 수목신(樹木神), 목신(木神), 방위신(方位神), 오방제신장(五方諸神將) 등 이루 헤아릴 수 없이 많은 자연신들을 섬겨야 했다.

사실상 그 시대는 신과 인간은 주종(主從) 관계로, 피조물인 인간은 신의 노예나 마찬가지였다. 그와 같은 우주신도 변화 원리를 성경은 하나님 종복(從僕: 神界)들인 자연신들이 숭배의 대상이 되어왔던 구약 시대와 본질적인 하나님의 아들 성자 예수께서 사역하신 신약복음 시대로 그 세계가 다름을 분명히 나누어 담아 두고 있는 것이다. 그런데도 그처럼 하나의 세계관으로 꿰맞추고 있는 서구 신학자들의 성서 해석의 오류가 우주와 만물이 유일신(唯一神:YHWH) 하나님의 지배권 아래 있다는 논리를 아직까지도 펴고 있다. 하지만 그것은 그리스도의 세계라는 신약복음의 기록상으로 도저히 맞지 않는 논리 주장이다.

구약 시대 이스라엘 백성만을 다스려 오던 여호와의 행사(行事)는 성자 예수 출현으로 인해서 마감되어졌음을 신약복음 성서는 분명히 기록해 두고 있다. 성자 예수는 태초 빛의 아들로서 영적인 존재이면서도 인간적인 차원으로 세상에 모습을 나타내시고, 구약 시대 주종(主從)의 관계로 있던 신과 인간을 양자(兩者) 통일성으로 화합(和合)을 지향(指向)하는 것이 "나는 길이요, 진리요, 생명이라."는 그리스도 신약복음의 말씀이다. 그 내용 속에서 거듭 강조하신 말씀이 진리의 실상을 바로 깨달으라고 하신 것이었으며, 그랬을 때 만물을 다스리는 영장(靈長)으로 성숙되어진다는 것으로, 그렇게 진리의 말씀을 듣고 성숙된 영혼 생명체를 예수께서는 형제라고 부르기에 부끄러워하지 않겠다고 하신 말씀이다. 그것이 신약복음이 담고 있는 하나님의 약속으로, 성자 예수와 같은 성인의 반열에 오르기를 삶의 목적으로 삼고 늘 깨어서 기도하라고 당부하신 것이다.

그러한 진리의 성자 예수 그리스도의 말씀이 신약복음으로, 지구촌에 전파될 수 있었던 고등종교로서 기독교 세계관이다. 그러나 구약의 세계관은 영계의 본체신 하나님의 종복(從僕:神界) 여호와가 그 유대민족 '씨밭'을 일구고 가꾸며 그들에게 인간의 기본(基本) 도리를 가르쳐 오던 초등학문이라고 예수께서는 분명히 말씀하셨다. 그처럼 달리 존재하는 하나님의 종(從)과 성자(聖子)의 신분 관계의 근본에 대해서 태초의 건곤(乾坤) 조화주 하나님 우주만물 창조 역사를 이루는 <창세기 1장>에 담아 두고 있다.

그 창세론의 문을 열고 들어가면 '우리'로 등장하는 다수(多數)의 성령(聖靈)을 만나게 된다. 그 존체가 바로 분자적인 하나님 '빛'의 아들로 이 땅에 성육신(聖肉身)으로 출현했던 세계 칠대 성현들임을 계시록에 '일곱 금 촛대의 비밀'이라고 담아 두고 있다.

그처럼 어둠을 밝히는 하나님 일곱 영의 금 촛대, 그 '빛'이 태초에 공허한 혼몽 속에서 우주 만물을 창조한 우주 에너지의 원소로 현대 물리학에서 밝혀 주고 있는 대폭발 빅뱅(Big Bang)론이다.

태초 만물의 근원 자리가 그처럼 성서 기록에서 계시적 성격으로 나타내 주고 있는 영적(靈的) 세계관으로, 무소부재(無所不在)하시다는 하나님의 기능과 그 사역(使役)하심의 정체성을 담아 두고 있는 참 존재계의 모습이다. 성서적으로 태초 만물의 근원(根源) 자리의 특징적 표징이 바로 '태초의 빛'이며 하나님의 말씀(LOGOS)이다. 이렇게 시간과 공간을 초월한다는 대우주적인 영적(靈的) 존재의 하나님으로, 본 자연으로 존재하시는 본질적인 영계(靈界)의 하나님을 나타내 주고 있는 것이다.

<창세기 1장>의 기록을 그대로 덮고 언급도 하지 못하고 있는 오늘 기독론은 6000년 전, <창세기 2장>에서부터 공중 권세자(神界)의 성호(聖號)를 붙이고 지구에 등장하는 단수형(單數形) 여호와 유일신(唯一神)에다가 소급시켜 꿰맞추고 있다.

그러한 근본적인 성서 해석의 오류는 영계(靈界)의 하나님 그 분자적인 빛의 아들 성자(聖子) 예수를 여호와(神界)의 '독생자'로 묶어 설파하는 우(愚)를 크게 범하고 있다. 그와 같은 지구촌 기독론의 문제점은 결국 현대 자연과학과 합리성을 찾을 수가 없을 뿐만 아니라 우주 시대를 열어가는 과학자들과 대결 구도를 이루고 있다.

사실 구약의 내용 속에는 각기 성호(聖號)를 붙이고 그처럼 하늘과 땅을 오르내렸다는 신(神)이나 천사(天使), 사자(使者) 등 많은 신들의 이름이 등장한다. 그들은 다만 하늘에서 왔다는 것뿐, 지구촌 물질 인간과 조금도 다르지 않은 보편적인 사람의 모습 그대로 지구를 내방하며 피조물 원시 인간 생활 속에 함께 어우러지고 했었음을 마치 신화처럼 기록해 두고 있다.

구약 속에 등장하는 신들의 행사 모습이 그것이다. '신(神)의 영광(榮光)'으로 기술(記述)하고 있는 구체적인 물체, 즉 하늘나라 문명된 4차원의 비행물체 UFO가 발하는 발광(發光)현상을 수없이 그 기록의 전개 상황 속에서 나타내 주고 있다. 하지만 아직 이성(理性)이 진화(進化) 발달되지 못했던 당시의 사람들의 눈에는 하늘을 오르내리며 번쩍번쩍 발광현상을 보이는 비행물체가 여호와 하나님 기적의 능력으로, 그의 '영광'이라고 표현할 수밖에 없었던 시대였다.

구약 시대 의식이 진화되지 못했던 그 백성들로부터 전지전능하신 절대자 하나님으로 영광을 받아오고 있었던 공중 권세자 여호와였다. 그 존재 있음의 근원은 <창세기 1장에>서 '우리'라는 다수의 성령체, 그 빛의 말씀(LOGOS)에 의해서 창조되었다는 태초의 '사람'이다. 그들이 바로 태초 창세론의 전개 상황에서 다스림의 이치(理致)로 창조되었다는 하나님의 종복(從僕: 神界)들임을 우주 만물의 근원을 밝히고 있는 첫 장에서 그처럼 기술해 두고 있다.

그런데도 문명된 오늘에 이르기까지 그처럼 엄연히 다른 창조의 세계관을 나누어 보지 못하고 애매모호한 성서 해석을 하고 있다는 것은 기독론의 문제점으로, 분명히 재고(再考)되어야 할 부분임에는 틀림이 없다고 할 것이다.

6기독론과 과학의 대결 구도

구약 시대 성호를 붙이고 지구를 왕래했던 신들은 그때 이미 문명된 4차원의 지적 설계로 그처럼 피조물 인간을 창조할 수 있었음을 <창세기 2장>에서부터 나타내 주고 있다.

하지만 여호와는 본질적인 하나님이 아니기 때문에 그들의 의식 진화를 위해 율례(律例)의 방편법(方便法)을 세워 놓고 열심히 간섭해 나온 행사(行事) 기록으로, 여호와는 그들 조상신(祖上神)으로서 '창조주' 임에는 틀림이 없다.

그러나 당시의 사람들로서는 그와 같은 4차원의 지적 문명 세계를 감히 이해하거나 상상할 수도 없는 원시 인간 의식 수준이었다. 그러한 시대 분위기에서 그들의 운송 수단이었던 비행물체를 이해하기란 사실상 어려운 일이다.

그렇기 때문에 공중에서 그처럼 광현 현상을 나타내며 모습을 나타내는 여호와의 후광에 대해 하나님의 '영광'으로 묘사하고 있고, 또 그 물체를 직접 본 에스겔은 그 기록에서 '불덩이', '불수레'로 원시적인 묘사를 하고 있는 것이다.

<열왕기(하)>편에는 '구름 기둥', '불기둥' 등으로, 그 표현의 차이는 있으나 '하늘사람' 우주아들의 지적(知的) 설계에 의한 운송 수단으로 UFO 우주 승용 물체였음을 문명된 현대인의 지적 의식 수준으로 유추해 볼 수 있게 해 주고 있다.

오늘날 문명된 현대 과학자들의 견해는 구약 속에서 그와 같은 형태로 등장하는 그들의 정체성에 대해서 지구 밖의 어느 행성에서 온 '외계인'이라고 표현하고 있다. 그러한 과학자들의 견해는 아직도 구시대 사고(思考) 관념의 틀 속에서 깨어나지 못한 특정 종교인들과 마찰을 일으킬 수밖에 없다. 그 원인 제공은 서구 신학자들이 아직까지도 구약 시대 이스라엘 백성들이 굳게 믿어 온 기존의 유일신 사상에 묶여 영계(靈界:창세기 1장)와 신계(神界: 창세기 2장)를 나누어 구분 짓지 못하고 있는 데서 비롯된 것이라고 할 수 있다.

그처럼 고정관념의 틀에 단단하게 묶여 있는 그들 전통성 주장의 논리로는 머리를 싸매고 연구해도 풀리지 않는 수수께끼일 수밖에 없다. 그것이 바로 우주 시대를 열어가는 문명된 과학자들과 기독론이 논리적으로 합일점을 찾지 못하고 있는 이유라고 할 수 있다. 이러한 종교와 과학의 대결 구도에서 주목을 끌게 하는 화제가 있었다. 우주개발이 활발해진 60년대에서 70년대에 이르렀을 때였다. 급발전을 보이기 시작한 과학기술이 그 테마에 도전하는 항공공학 기사 두 사람이 나타나 화제를 일으켰다. 그 한 사람은 미항공우주국(NASA)의 기획구성 부장을 지낸 '요셉 블르므릿'이었고, 또 한 사람은 미국에서 제일로 꼽는 항공기 메이커의 연구원 '아써 오톤'이었다. 그들은 에스겔이 목격하기도 하고 실제적으로 그 물체에 탑승하여 성서 기록 속에 남긴 묘사를 현대의 과학기술 용어와 바꾸어 가면서 연구 반추해 본 결과론이었다.

그들이 연구 발견한 것은 놀랍게도 그처럼 원시적으로 묘사된 기록들은 무의미한 것이 아니라 공중 비행 장치의 면밀한 관찰 기록이었다는 결론을 얻어낸 것이다. 특히 블르므릿은 에스겔이 자세하고 면밀하게 남긴 묘사에서 전체의 구조에서 크기, 중량, 성능까지 엄밀하게 세부적으로 계산해 내고 그와 같은 장치를 '지구 주회(周回) 궤도상의 모선(母船)과의 연락 용기(用機)'로, 이를테면 이성판(異星版)으로 '스페이스 셔틀'일 것이라고까지 극언을 할 정도였다.

그와 같은 유물론적 해석은 소련에서도 스프트닉을 쏘아올린 2년 후인 1959년, M.M. 아그레스트가 그와 같은 발상에 바탕을 둔 새로운 신설(新說)을 독자적으로 발표한 것이다.

이와 같이 기존의 종교적인 '신의 영광'이라든가 '환영'이라고 하는 성서학자들의 신비적인 해석을 과학자들은 유물론적 해석으로, 성서 기록에서 여호와 신의 노여움을 사서 일순간에 멸망되었다는 '소돔과 고모라의 멸망' 내용 역시도 4차원의 문명된 지적(知的) 이기로 핵폭발되었을 것이라는 새로운 가설을 내놓으므로 화제를 모았다.

이렇게 우주과학자들은 성서 기록에서 살아 있는 채로 그들에 의해 하늘로 들어 올림을 받아 갔다는 '에녹'의 기록이나 병거를 타고 하늘로 올라갔다는 엘리야 사건은 우화(寓話)가 아니고 실제적으로 있었던 우주여행이었다고 단언하고 있다.

이러한 새로운 가설을 인정하는 사람이 저명한 과학자로, 칼 세이건 박사다. 그는 우주과학자로서는 고명하게 알려져 있지는 않지만 TV 프로그램 '코스모스' 진행자로서 일반인들에게 낯익은 사람이다. 그는 초기의 저서 《우주의 지적 생명 1966년》에서 지구 외의 지적 생물의 지구 방문을 논술했다. 그 확률이 10만 년에서 1000년에 한 번의 빈도로 있을 수 있다고 논증한 사실을 바탕으로 하여 과학자들의 그러한 가설은 "전체로써 충분히 논리적이며 면밀한 분석을 가할 만한 가치가 있는 가설이다."라고 인정했다.

그처럼 우주의식으로 문명된 과학자들의 지적 분석은 구약성서를 토대로 하고 있음은 물론이다. 하지만 합일점을 찾지 못하는 것은 성서학자들이 시대적인 환경 구조를 감안하지 못하고 특히 창세기를 바로 해득하지 못한 데서 비롯된 고정관념 때문이라고 평가하고 있다.

사실 지금까지 성서학자들이 해석하고 있는 지구 생명체의 시원은 <창세기 2장>을 바탕으로 하여 6000년에 불과하다. 그렇기 때문에 과학자들과의 합일점을 찾지 못하고 있을 뿐만 아니라 태시(太始)의 창조론 역시도 소급한 유일신 관념의 틀 속에서 벗어나지 못한 애매모호한 성서 해석으로 그 진실성을 받아들이기에는 이해되지 않는 설명으로 매우 난해하다는 이야기다.

사실 오늘 현대 물리학에서나 천문학에서는 태초에 혼돈과 공허한 어둠 속에서 대폭발(Big Bang)이 일어나 은하계가 생기고 성좌(星座)가 생긴 우주의 기원, 그 나이를 150억 년으로 보고 있다.

<창세기 1장>에 기록한 태초 빛의 하나님 우주만물의 창조 역사와 맞물리는 시간대라고 할 수 있다. 그러한 견해는 지구촌 과학자들뿐만이 아니라 문명된 현대인들 역시도 마찬가지다. 과거와는 달리 그러한 견해로 입을 모으고 있다. 성서학자들의 소급한 창조론의 성서 해석은 성자 예수로 세워진 기독교 세계관마저 부정적으로 보는 시각을 갖게 해 주고 있다. 그 이유는 그들이 전지전능하신 하나님으로 믿고 또 그렇게 설파하고 있는 여호와는 기독교 스승 성자 예수께서 내 아버지는 '사랑'이시라는 하나님 인상과는 도무지 어울리지 않으며, 그 창조 능력 또한 전지전능하신 하나님으로 보기에는 자격 미달 수준이라는 것이 그 지적이다.

사실 의식이 문명 된 현대인이라면 그러한 결론을 내릴 수밖에 없다.

여호와 신(神)의 창조는 구획적임을 나타내는 에덴동산을 창설하는 <창세기 2장>부터 그 행사(行事) 모습을 나타내고 있다. 뿐만 아니라 물질인 간 아담과 이브를 창조하고 그들의 무지(無知)를 한탄하는 여호와의 행사 모습은 우주와 만물을 창조했다는 전지전능하신 하나님 위상의 정체성과는 일치되지가 않는다는 것이다. 그와 같은 지적에도 성서학자들은 거기에 논리적으로 대응하지 못할 뿐만 아니라 신도들의 그와 같은 의문 제시에 당혹하면서 거기에 확신을 주지 못하고 있는 것이 사실이다.

하지만 성서 어록의 창세논리 전개는 <창세기 1장>에서 태초에 우주와 만물이 하나님의 말씀(LOGOS)으로 단계적으로 다 이루고 난 다음 단계로 그 만물을 다스릴 공중 권세자 '사람'을 창조했다고 분명히 기록해 두고 있다. 이러한 창조의 수순에 의해서 <창세기 2장>은 다스림의 이치로 창조된 공중 권세자 여호와가 지구에 내려와 물질 인간 유대민족 뿌리 역사 창조의 세계관으로 <창세기 1장>과는 확연히 나누어 구별되어져 있다. 그렇기 때문에 서구 신학자들이 소급시켜 동일시하고 있는 창세론을 현대인들이 조금만 주의 깊게 들여다보게 되면 그 문제점을 발견할 수 있게 해 준다는 사실이다.

<창세기 1장>은 형태가 보이지 않는 대우주적인 무대로 태초(太初)라는 혼몽한 어둠 속에서 우주 에너지(COSMIS Energy) '빛'으로 그 창조의 행사력을 광범위하게 나타내 보이는 무형체(無形體) 하나님의 정체성을 분명히 기록해 두고 있다. 그리고 그 모든 창조를 마치고 난 태초의 조물주 하나님은 분명히 '쉼'으로 안식에 들어가시었다고 했다. 그 사이를 두고 다시 연계되는 것이 <창세기 2장>이다. 거기에서 공중 권세자의 성호를 나타내는 여호와의 등장으로 그 행사력(行事力)이 시작된다.

광막(廣漠)한 우주 천체의 자리에서 보는 지구는 모래알보다도 작은 한 점으로, 찰나에 반짝이는 별이다. 그런 지구라는 별에 내려와 그 창조

의 행사를 펼치는 여호와의 무대는 지구 일부에 극한 된 지엽적인 에덴동산 창설로 어디까지나 소급한 창조 행사의 모습이다.

그 창조 행사는 무형체(無形體)이신 태초의 하나님께서 1장에서 보여 주는 창조 전개와는 전혀 다른 개념을 나타내 보여 주고 있다.

> 여호와 하나님이 천지를 창조하신 때에 천지의 창조된 대략이 이러하니라. 여호와 하나님이 땅에 비를 내리지 아니하셨고, 경작할 사람도 없었으므로 들에는 초목이 아직 없었고, 밭에는 채소가 나지 아니하였으며 안개만 땅에서 올라와 온 지면을 적셨더라. 여호와 하나님이 흙으로 사람을 지으시고 생기를 그 코에 불어넣으시니 사람이 생령이 된지라. 여호와 하나님이 동방의 에덴에 동산을 창설하시고 그 지으신 사람을 거기 두시고 여호와 하나님이 그 땅에서 보기에 아름답고 먹기에 좋은 나무가 나게 하시니, 동산 가운데에는 생명나무와 선악을 알게 하는 나무도 있더라.
> (창세기 2장 4~8)

이처럼 <창세기 2장>에서부터 등장하는 여호와의 창조 행사(行事)는 1장의 창조 세계와는 하늘과 땅으로 엄연히 그 세계관이 다름을 나타내 준다. 바로 그 부분이다. 태초(太初)라는 <창세기 1장>에서 우주와 만물을 말씀(LOGOS)으로 창조하시고 '보시기에 좋았다'는 동식물과 사람은 모두가 어디를 가고, <창세기 2장>의 기록에서 안개만 땅에서 올라와 지면을 적시고 있었으며, 아무것도 없었다고 하는 바로 그 대목이다.

더구나 그로부터 비롯되는 여호와 창조 행사 연대를 6000년으로 놓고 볼 때, 우주 시대를 열어가는 과학자들로부터 이치적이지 못하다는 비판을 받을 수밖에 없다. 그것은 수만 년 전에 존재했음을 입증해 주고 있는 고대 생명체와 그 문명에 대한 고고학적인 자료들이 지구 도처에서 속속 발굴되면서 그러한 종교적인 성서 해석에 반론과 함께 충격을 던져 주고 있기 때문이다. 그처럼 창세기 1장과 2장으로 분리되는 성서 기록의 창세론을 나누어 분석해 본다면, 먼저는 시간과 공간을 초월한 영계의 대우주적인 창조의 세계관이다. 하지만 후자는 지구 지각변동에 의해 개벽을 맞은 이후 공중 권세자로 창조된 하늘 사람, 즉 우주아들이 다시 지구에 내려와 그와 같은 창조 행사를 거듭해 나왔었음을 나타내 준 것이라고 보아야 할 것이다.

6000년 전, 고대 생명체가 지구상에 존재했었음을 입증해 주는 그와 같은 자료들이 지구 개벽이 거듭 있어 왔음을 나타내 주고 있고, 또 그 논제가 되고 있는 것이 과거 지구상에 존재했음을 입증해 주는 '공룡(恐龍)은 왜 사라졌는가?' 하는 그 의문 제시를 해 주고 있기 때문이다.

그것은 대우주적인 기(氣) 운행의 천지개벽으로 우주적 환경과 우주적 계절이 갑자기 크게 변화되었음을 의미해 주는 것이다.

개벽, 그것은 지구 축대가 남북에서 동서(東西)로 바뀌는 대이변으로, 유럽에서도 화산 폭발에 의하여 소멸한 폼페이와 같은 고대 문명된 도시가 있었다는 것은 익히 잘 알려져 있는 일이다.

그 외에도 북해(北海), 발트 해(海) 연안에서는 홍수에 의해 괴멸 침수된 여러 개의 도시가 있었다는 것하며, 아직도 전설의 대륙으로만 알려져 있는 아틀란티스에 대해서 연구 제1인자인 미국의 이그네셔 드네리는 그의 저서 《아틀란티스, 대홍수 이전의 세계》에서 13개의 명제를 내놓고 연구의 포인트로 삼게 하고 있다.

그 첫째가 일찍이 지중해 저편 대서양에 존재한 큰 섬은 대서양 대륙이 남긴 유물이며, 이 섬은 고대 세계에서 아틀란티스로 알려져 있다.

두 번째가 플라톤에 의해서 알려져 있는 이 섬에 관한 이야기로 오랫동안 마치 우화(寓話)로 생각되어 왔으나 실은 어김 없는 사실(事實)적인 것이라는 것이다.

세 번째, 그 아틀란티스는 인류가 미개 상태에서 처음으로 문명 상태로 향상한 고장이라는 것이며, 네 번째는 시대가 지남에 따라서 아틀란티스는 대인구를 거느린 강대국으로 그 과잉인구가 유출됨에 따라 멕시코 연안, 미시시피 강, 아마존 강, 남미 연안, 지중해, 유럽 또는 아프리카 서안, 발트 해(海), 흑해(黑海), 카스피 해(海) 등의 주변에 이루어졌다고 했다.

다섯 번째가 그 모든 것은 '대홍수 이전의 세계'에 지나지 않는다는 것으로, 헤스페리스 동산·알키느스의 나라·메손파로스·올림포스 산·아스칼드 등 이들 고대국가와 전설의 낙원은 아주 오랜 옛날에 인류가 평화와 행복 속에 살아 온 위대한 고장의 보편적인 기억을 보여 주고 있다는 것이다. 여섯 번째는 고대 그리스 인, 페니키아 인, 고대 인도인, 고대 스칸디나비아 인 등이 숭배했던 여러 신들과 여신들은 아틀란티스의 왕이나 영웅들에 지나지 않으며, 신화 속에서 이들 여러 신들과 여신들이 행하였다고 하는 일들은 실제로 역사적인 사건의 소용돌이 속에 전해져 내려 온 것이라고 했다.

일곱 번째는 이집트와 페루의 신화는 태양 숭배였던 아틀란티스에 기원을 둔 종교라는 것이며, 그 여덟 번째가 아틀란티스 인에 의해서 건설된 최고의 식민지는 이집트였으며, 그 문명 또한 아틀란티스 문명의 연장이었다는 것이다.

아홉 번째가 유럽의 청동 시대의 기물은 아틀란티스에 유래하는 것으로, 아틀란티스 인은 최초의 철기 제조자였다고 했다. 열 번째가 모든 유럽의 알파벳 근원이 된 페니키아의 알파벳은 아틀란티스 알파벳에 유래하는 것으로, 이는 또한 아틀란티스에서 중미(中美)의 마야인에게 전해졌다고 한다.

열한 번째가 아리아계(系) 즉 인도 유럽어족(語族), 셈어족(語族), 뜨란제(우랄알타이 어족) 역시도 아틀란티스를 발상지로 하고 있다.

열두 번째가 아틀란티스는 무서운 자연의 대변동에 의해 붕괴되었는데 이러한 이변 중에 전 대륙이 거의 주민과 함께 바다 밑으로 가라앉았다는 것이며, 열세 번째로 다행히도 그 중에 살아 남은 몇 명의 사람만이 배나 뗏목으로 겨우 목숨을 구하고 그 대재앙을 동방과 서방의 여러 나라에 전했다는 이와 같은 이야기는 구세계(舊世界) 및 신세계(東半球, 西半球)의 여러 나라의 대홍수, 대범람의 전설 형식으로 오늘에 이르기까지 전해 내려오고 있다는 것이다.

이상이 대충적인 줄거리지만 그 아틀란티스 이야기의 뿌리가 되고 있는 것은 역시 플라톤(BC 427~342)이다. 플라톤은 상상력이 풍부한 시인이며 철학자이기 전에 진리 추구의 열렬한 학도였다는 점으로 미루어 볼 때, 결코 가상적이고 허황된 이야기는 아니었을 것이라는 것이 그 견해들이다.

이렇게 아틀란티스에서 유래하는 여러 가지의 사물 즉, 대서양 해저에서 불가사의한 건조물이 발견되는 기운이 높아가고 있는 시점에서 현대인들로서는 아틀란티스 문제를 보다 진지하게 다루어야 한다는 것이 그 이야기에 탑승한 오늘날 과학자들의 견해다.

그것은 지구의 격렬한 지진과 홍수가 일어난 하루 낮, 하루 밤 사이에 그리스 연합군의 선두 주자였던 아테네 사람들이 땅 속으로 가라앉았던 것이나 마찬가지다. 아틀란티스 대륙 역시도 그러한 현상으로 바다 밑으로 모습을 감추었을 것이라는 그 견해를 같이하기에 이르렀기 때문이다.

플라톤은 그가 쓴 원전(原典) <크리스티어스> 속에서 상세히 아틀란티스에 관하여 서술한 것이지만, 이것이 문헌상으로만 나타나 있는 아틀란티스에 관한 기록이다. 하지만 그에 대한 진실 여부를 고증할 수 없는 이유는 그 방면의 바다 쪽 거기에는 대량의 뻘이 차올라 장애가 되고 있기 때문이며, 그러한 현상은 섬의 침하에 의한 것으로 보고 있다.

이를테면 그 해변에서 가까운 초호(草戶) 여러 채의 룽폴트이면 모르겠지만 큰 대양의 바다 밑에 침몰한 대도시나 섬을 발견한다는 것은 극히 어려운 일로, 심지어는 고래로부터 환상의 대륙이 아니냐는 논쟁의 표적이기도 했었다. 그러나 1492년 콜럼버스가 아메리카 대륙을 발견하고 난 이후부터 플라톤의 이야기는 전연 허황된 것이 아니라는 기운이 높아지면서 아틀란티스 발견율이 높아지기 시작했다고 한다. 특히 새로 발견된 서인도의 여러 나라의 역사를 최초로 쓴 스페인 사람 고머라는 사람은 일찍이 1533년, 서대양의 지리에 관해서 플라톤의 예상이 전적으로 놀랄 만큼 적중하였다고 서술하고 있다.

그와 같은 여러 가지 아틀란티스에 관한 진설(眞設)은 접어두고라도 아틀란티스가 지중해에 있었다고 하는 학자는 그리스의 말틴테스, 미국의 메이봐, 호울, 일본의 카네코(金子史朗) 등의 고고학자들이다.

그들은 아틀란티스는 기원전 1400년경, 화산의 대폭발에 의하여 해중에 침몰된 산토린(텔러) 섬이었다고 주장하고 있다. 에게해(海)에 떠 있는 산토린은 그때의 무서운 화산 폭발로 지중해 각지를 휩쓸어 문화를 황폐하게 만들었는데, 그 문화는 일찍부터 발달되어 보통 3층부터 4층의 빌딩이 서 있었다는 높은 문명 수준으로, 이러한 침몰의 소문은 이집트에도 전해져서 아틀란티스 침몰 그 환상의 대륙 원형(原型)이 만들어지기까지도 했다는 것이다.

그렇다면 지구 최대의 재앙의 원인이란 과연 무엇일까? 그 논제를 놓고 많은 학자들은 지금까지도 거기에 대한 여러 가지 추측의 연구 논문을 내놓고 있는 중에 더러는 혜성이 지구를 가깝게 스쳐갈 때, 작렬한 운석의 격류(激流)가 지표를 덮었고, 자전 속도의 변화로 지각(地殼)이 금이 가고 육지는 융기(隆起), 함몰한 것이 아니었겠느냐고 추측하기도 했다. 그리고 그 인력으로 해수는 수마일이나 높이 치솟게 되어 마침내 대륙을 덮치게 된다는 논리를 내놓은 사람이 러시아 출신의 의사 벨리코프스키

 우주정신과 예수 친자 확인 소송

로, 대충 이상과 같은 그의 지구 대이변설은 플라톤의 아틀란티스 전설도 이와 같이 지구 이변을 이야기한 것이라고도 말했다.

그런데 그 즈음 지구는 두 번에 걸쳐서 대재액을 만났다는 대이변설이 나돌았고, 그 이변설은 전 세계에 큰 반향을 불러일으켜서 '벨리코프스키 리즘'이라는 말까지 생겨날 정도였지만, 천문학계에서는 혜성이 부딪쳐서 지구 이변이 일어났다는 설을 전혀 받아들이지 않았다고 한다.

그것은 다만 지구 지각 변동에 의한 것으로, 어쩌면 천문학자들의 견해가 맞는 말인지도 모른다. 그와 같은 지구 대재앙은 천기 운행에 의한 것임을 선지자의 입을 통해서 기록해 놓은 성서 속에서 예정된 하늘의 섭리임을 암시해 주고 있기 때문이다. 그에 관한 성서의 계시적 기록이다.

일곱째 인을 떼실 때에 하늘이 반시 동안 고요하더니 내가 보매 하나님 앞에 시위한 일곱 천사가 있어 일곱 나팔을 받았더라. 다른 천사가 와서 제단 곁에 서서 금향로를 가지고 많은 향을 받았으니 이는 모든 성도의 기도들과 합하여 보좌 앞 금단에 드리고자 함이라. 향연이 성도의 기도와 함께 천사의 손으로부터 하나님 앞에 올라가는지라 천사가 향로를 가지고 단 위의 불을 담아다가 땅에 쏟으매 뇌성과 음성과 번개와 지진이 나더라. 일곱 나팔을 가진 일곱 천사가 나팔 불기를 예비하더라. 첫째 천사가 나팔을 부니 피 섞인 우박과 불이 나서 땅에 쏟아지매 땅의 삼분의 일이 타서 사위고 수목의 삼분의 일도 타서 사위고 푸른 풀도 타서 사위더라. 둘째 천사가 나팔을 부니 불 붙는 큰 산과 같은 것이 바다에 던지우매 바다의 삼분의 일이 피가 되고 바다 가운데 생명 가진 피조물들의 삼분의 일이 죽고 배들의 삼분의 일이 깨어지더라.(요한계시록 8장 1~9)

이 성구에서 나타내 주고 있는 것이 일곱 나팔을 가진 일곱 천사다. 그들이 지구 재앙의 사명을 맡고 있는 천사들로서 그들이 순번대로 나팔을 불 때마다 지구에는 대재앙이 있게 됨을 성서는 묵시적으로 암시해 주고 있다.

그렇다면 하늘에서 그처럼 준비된 지구 재앙은 왜, 무엇 때문에 있는 것일까 하는 그 의문을 제시해 주게 된다. 하지만 그 의문은 성서 <창세기 1장>에서의 하나님 천지 창조가 7수로 단계적으로 미완에서 완성을 향해 진행되어 나갔듯이 자연계를 다스리는 공중 권세자 신(神)들이 지구에 내려와 물질계를 이루는 창조 역사도 마찬가지다. 미완에서 완성을 향해 나아가는 도정에서 그 시기에 따라 나팔을 부는 일곱 천사들의 신호에 의해 그와 같은 지구 대재앙의 이변이 거듭 행해지고 있었음을 성서는 계시적으로 암시해 주고 있다.

이렇듯 지구는 산전벽해(山田碧海)로 육지가 바닷속으로 가라앉는 대 이변이 지구가 생성된 이후 거듭 있어 왔고, 그때마다 하나님의 종복(從 僕: 神界)들인 하늘 사람 우주아들이 또다시 지구에 내려와 물질계 이룸 의 역사를 거듭 행사(行事)해 나왔음을 <창세기 2장> 그 기록에서 나타 내 주고 있다.

바로 그 부분이다. 여호와가 지구에 내려와 에덴동산을 창설하기 전에 그 지면에 아무것도 없었고, 안개만 땅에서 올라와 지면을 덮고 있었다는 것은 지구의 일부가 부분적인 이변 현상을 겪고 난 그 이후였음을 미루어 짐작하게 하고 있다.

그 대목이 또한 과학자들과 기존 관념의 틀에 묶여 있는 성서학자들과 의 사이에서 그 합일점을 찾지 못하고 있는 문제점 중에 하나다. 성서학자 들은 인류 시원의 역사를 오직 여호와의 물질계 창조 역사 시작의 6000년 대로 그 기준을 삼고 있기 때문이다.

그렇다면 오늘 지구 도처에서 수만 년 전부터 지구에 생명체가 존재하 고 있었음을 나타내 주는 동식물의 화석을 성서학자들은 어떻게 해석할 것인가.

물론 거기에 대해 당혹하고 그 답을 분명하게 밝혀내 주지 못하고 있는 성서학자들의 변은, 그 측정 연대가 잘못된 것이라고 오히려 현대과학을 부정하는 측면이다. 그것이 발굴 화석을 내놓고 고증하는 인류고고학자들과 그 일치점을 찾지 못하고 있는 성서 해석의 오류로 점철된 바로 그 기독론의 문제점이다.

지구촌 기독교 성서학자들을 당혹하게 하는 문제점은 또 있었다. 인류 문명의 발상지 중 그 기원이 가장 오래된 곳은 유프라테스 강과 티그리스 강 사이의 메소포타미아 문명이라는 것이 고대 수메르 문자 해독에 의한 고고학자들의 견해다.

이 곳 수메르에서 유적과 유물들을 발견한 고고학자들은 그들의 설형문자를 발견하고 판독해 나가는 과정에서 인류 최초의 문명이 수메르에서 꽃을 피웠다고 말하기에 이르렀다.

수메르 인들의 기록과 연대는 아브라함 시대보다 수세기를 앞섰고, 상상을 초월하는 고급 문명으로 나일 강 유역의 이집트 문명보다 무려 1000년을 앞서 있는 문명이라고 했다.

그 당시 수메르 인들은 설형문자를 사용하고 있었으며, 직조 기술의 사용으로 옷을 물들여 입고 다닐 당시, 히브리인은 문자도 없었으며 동물 가죽을 벗겨 몸에 걸치고 다녔던 원시시대였다고 했다. 이러한 고고학자들의 견해는 성서학자들에게 충격을 던져 줄 수밖에 없는 일이다.

고고학자들이 수메르에서 발견하게 된 상형문자를 판독해 나가는 과정에서 이스라엘의 역사가 시작되기 그 훨씬 이전, 지구에는 이미 고도로 문명된 도시가 자리를 잡고 있었다는 그 실체를 입증해 주고 있다는 수메르 문명은, 기원전 3000년 전까지 거슬러 올라간다고 밝혀냄으로써 성서학자들을 더욱 당혹하게 만들었다.

그런데 흥미롭게도 고고학 연구가 로버어트 부럿슈는 바하마 제도 낫소의 서방 90킬로미터, 비미니 섬 동방 240킬로미터의 안드로스 섬 북방 얕은 해저에서 1968년 여름, 한쪽 길이가 30미터에 이르는 장방형 석축물을 비행기 위에서 발견했다는 쇼킹한 뉴스가 있었다. 마이애미 과학박물관 명예관장 만슨 바렌타인 박사가 그 조사에 나섰다. 그 구축물의 크기와 모양이 유카탄 반도 우슈멀의 마야유적 '거북 신상(神像)'의 초석을 닮고 있었으며, 수면 2미터 밑에 깔려 있었다는 것이다. 또한 이 부근에서 102개의 해저 구축물이 발견되었는데, 거기에는 건물 하나가 많게는 수백 개의 방이 있는 건물을 비롯해서 굉장한 주거 지역을 이루며 살았다는 사실이 증명되었다고 하는 충격의 뉴스로 화제를 모았다.

그 해 9월, 바렌타인 박사 일행은 북비미니 섬 근해에서 잇따라 두 개의 구축물을 발견하였다. 해저에서 높이 1미터, 길이 600미터의 해저(海底) 도로(道路)가 나왔는데 정방형, 장방형, 다각형의 인공평석(人工平石)이 이어져 있었다고 한다. 뿐만 아니라 1969년 동일행은 다시금 길이 100미터, 폭 10미터의 구조물, 길이 1.5미터 내외, 직경 약 1미터인 석재 44개를 발견하기도 했다는 뉴스였다.

그러한 지구 대이변의 현상은 여호와 신의 에덴동산 창설 이전에 현대인보다 높은 의식 수준의 문명된 고대 도시가 과거 지구에 존재했었음을 입증해 주고 있는 증거물이라고 했다.

거기에 대한 화제는 당연히 기존의 틀에 묶인 특정 종교인들과 과학자들 사이에 논란의 시비가 될 수밖에 없는 문제였다. 그처럼 구약 시대 이스라엘 민족의 뿌리 조상 아담과 이브를 창조하고 그 자손들만을 간섭하며 수호해 온 여호와 유일신론(唯一神論)에서 아직까지도 깨어나지 못한 그들로서는 당연히 그럴 수밖에 없는 일이다.

현대 우주 과학자들은 여호와의 '영광의 기적'이라는 '불기둥'이나 '불수레' 또는 '까마귀', '독수리' 등을 과학자들은 4차원의 '우주아들'의 운송 수단으로 그것이 실제적인 비행물체 UFO인 것이라고 그들의 성서 해석에 또한 반론을 제시하고 있기 때문이다.

사실 오늘날 통계 조사에 의하면 미국에서만도 UFO 목격자는 3천만 명이 넘으며, 외국의 여론 조사에서도 대졸 이상의 의식 조사 결과 62%가 그 실체를 인정하고 있는 것이고 보면, 구시대 종교의식 관념주의 자들과 우주 시대를 열어가는 현대 과학자들과는 괴리감을 느끼지 않을 수 없게 되었다.

세계적으로 로케트 공학의 아버지라고 불리는 헬먼 오벨트 박사는 1960년에 개최된 제4회 국제 UFO 회의에서 UFO는 현실적으로 존재하며, 그것은 지구 밖의 "우주 지성인들의 우주선이다."라고 발표하여 세계를 놀라게 했다. 이후 박사는 1966년에 발표한 논문 <우주인과의 대화>에서 다음과 같이 말했다.

> 현재의 과학적 세계상(世界像)은 대다수의 기존 종교가 약속한 것보다 더 아름답고 화려한 것이다. 우리가 속해 있는 은하계만도 2000억의 태양이 유성을 거느리고 존재하고 있고, 이 광대한 우주에는 이러한 섬 우주가 5억 개나 존재한다. 그리고 우리들의 죽음 뒤에는 일단 생명의 휴식이 주어지지만 그 다음 단계에는 그 심령의 활동을 통한 한 단계 높은 발전이 기다리고 있다.

그는 이미 우주의식으로 열린 사람이었다고 할 수 있다. 그렇지 않고는 고등종교 스승들이 말하는 인간의 물리적인 죽음 이후에 다음 단계로 그 의식이 진화된 만큼 높은 발전이 기다고 있다는 말을 보통 사람으로서는 도저히 생각해 낼 수가 없는 것이기 때문이다.

그런 측면에서 볼 때, 그는 어쩌면 하늘 사명(使命)을 받고 지구에 온 '하늘사람'으로, '우주의 지성'을 갖춘 신계에 속한 사람일 것이라는 추측을 해 보게 된다. 그것은 인류 시원에서부터 동서로 오고간 성현들과 많은 현자들뿐만이 아니라 인간의 의식문화 수준을 높이기 위해 과학이면 과학, 예술이면 예술, 각 분야별로 그 정보를 가지고 지구에 오고갔기 때문이다. 그처럼 신(神)과에 속한 천재들은 성서 속에서 보여줌과 같이 보편적인 사람의 모습으로, 시대적으로 인간 육신의 혈류를 타고 출현해서 각기 그 맡은 사명으로, 오늘처럼 문명된 인류 사회를 건설하는 데 그 초석이 되어 주고 간 것으로, 그들이 바로 지구인의 의식 진화를 돕는 차원에서 오고갔던 '우주의 지성체'들이다. 따라서 그들은 각기 그 맡은 분야를 달리하고 오고갔던 것으로, 천재적인 과학자들 역시 보통 사람과는 다른 '우주의 지성'을 소유한 그 신과(神科)에 속한 존재들이라고 할 수 있다.

우주의 지성체들은 이미 4차원을 넘어선 하늘 정보를 가지고 지구에 온 사명자로서 그들에게는 세상적인 학문이 그다지 필요치 않았음을 특히 세계적인 발명왕으로 과학의 아버지로 추앙을 받고 있는 에디슨이나 또 고등종교로서 대법계의 스승 부처나 예수의 생애가 그 이치를 잘 대변해 주고 있다고 할 수 있을 것이다.

그들의 역동적인 지적 활동을 우주 섭리로 반추해 볼 때, 금세기 최고의 과학적 세계상(世界像)은 구약 시대 유일신 기존의 틀에 묶여 아직도 그 굴레에서 벗어나지 못하고 원시적으로 해석하고 있는 성서학자들보다 논리적이고 체계적인 우주의식으로 그 경보 울림을 주고 있다.

세계적인 과학자들은 우주 존재계로부터 그 어떤 영감을 받고 있는 우주의 지성체임을 나타내 주는 확실한 증거라고 할 수 있을 것이다. 과학자들이 보는 지구 이변의 견해는 과거 지구에 오고갔던 예언자들이나 마찬가지다. 금세기에 들어와 기상 이변의 온난화 현상은 지구 재앙의 경보울림으로, 지구인이 깊은 잠에서 깨어나야 한다는 경각심을 높여 주고 있다.

이처럼 오늘 세계의 과학자들은 오히려 종교계 성직자들보다 더 높은 차원에서 앞으로 지구는 환경 파괴와 지구 지각 변동에 의한 이변 현상이 발생하여 지구인들은 점차로 생존의 터전을 잃어가게 될 것이라는 것을 경고해 주고 있다. 그리고 무엇보다도 물질만능의 행사로 의식이 황폐화

된 지구촌은 종교적 갈등이 심화되고, 그러한 사상적 갈등에 의하여 거대한 핵전쟁이 뒤따르게 되면서 지구 종말과 함께 머지않아 우주문명이 도래할 것이라고 말하고 있다는 사실이다.

이러한 지구 이변의 현상은 후천개벽(後天開闢)이 임박해 오고 있음을 알리는 계시적 경보로, 선후천의 교체기 또는 지구 전환기적 한계 상황을 말해 주고 있다. 지구촌 과학자들의 경고는 은하계의 운동법칙, 태양의 폭발현상, 유성의 이동, 지구 세차운동에 의한 대이변의 현상으로, 지구 도처에서 그 조짐의 비상 사이렌을 울리고 있는 시대적 운명의 한계 시점에 도달해 있다고 경고하고 있다.

그들이 예고해 주는 지구 멸망의 현상이 어떠한가를 성서 예언의 기록과 비교해 볼 필요가 있을 것이다.

> 내가 보니 여섯째 인을 떼실 때에 큰 지진이 나며 해가 총담같이 검어지고 온 달이 피같이 되며 하늘의 별들이 무화과나무가 태풍에 떨어지는 것과 같이 땅에 떨어지며, 하늘은 종이 축이 말리는 것 같이 떠나가고 각 산과 섬이 제자리에서 옮기우매 땅의 임금들과 왕족들과 장군들과 부자들과 강한 자들과 각 종과 자주자가 굴과 산 바위 틈에 숨어 바위에게 이르되, 우리 위에 떨어져 보좌에 앉으신 이의 낯에서와 어린양의 진노에서 우리를 가리우라. 그들의 진노의 큰 날이 이르렀으니 누가 능히 서리요 하더라.(요한계시록 6장 12~17)

이것이 성서가 기록하고 있는 지구 종말의 최후적인 대이변의 상황 전경으로 그 묵시적인 예언이다. 그러한 지구 마지막 심판의 날을 계시록에 또 기록해 두고 있다.

> 또 내가 새 하늘과 새 땅을 보니 처음 하늘과 처음 땅이 없어졌고, 바다도 다시 있지 않더라.(요한계시록 21장 1)

그러나 거기에서 살아 남은 자들이 이 땅에 새롭게 건설되는 하나님의 나라 그 장막에 들어가 다시는 주리지도 아니하고, 목마르지도 아니하며, 해나 뜨거운 기운에 상하지 아니하는데, 이는 보좌 가운데 계신 어린양이 목자가 되사 생명수 샘으로 인도하시고 하나님께서 저희 눈에서 모든 눈물을 씻어 주실 것이라고 기록해 두고 있다.

이처럼 계시적인 성구는 지구 마지막 개벽이 끝나고 '새 하늘과 새 땅'이 열리게 됨을 예언해 두고 있다. 그것이 처음과 끝이라는 '알파와 오메가'의 하나님 창조의 마무리로, 그 재난이 지나간 후 하나님의 나라 '지상 낙원' 세계가 이 지구에서 열리게 된다는 것이 성서가 총집결한 그 예언의 결론이다.

이러한 지구 개벽의 경보 울림 앞에서 인종, 종교, 언어의 장벽을 초월한 전 세계인이 일가(一家)를 이루어야 한다는 것이 예수께서 "족속을 초월하여 이 복음을 전파하라!"고 제자들에게 당부하신 말씀이기 때문에 그 뜻을 다시 상기시켜 보아야 할 것이다.

이렇게 지구에 출현했던 성현들이 예언해 두고 있는 전환기적 상황을 맞고 있는 지구 이변의 경보 울림 시점에서 적(敵)은 물론, 편 가르기의 파당성(派黨性)으로 원한(怨恨)을 남기지 말아야 함은 두말 할 것도 없다. 서로가 그 맺힌 마음을 풀어야 한다는 것이 해원도수(解冤度數)라고 했기 때문이다.

영혼이 성숙된 씨종자로 좋은 열매만이 갈무리되는 곳이 평화의 지상 낙원으로, 그것이 시작과 끝이라는 알파와 오메가의 하나님께서 목적하신 그 뜻이라고 했다. 그 시대가 인간이 만물의 영장(靈長)으로 천지인(天地人) 삼천대세계(三天大世界)를 주관하게 된다는 인존 시대(人尊時代)로, 그것이 하나님 섭리 가운데 이루어진 우주신도(宇宙神道)라는 것이었다. 그러한 섭리에 의해 선천(先天) 구약 시대 하나님의 종복(從僕)들인 신계가 지구에 내려와 인간 종자씨를 뿌리고 그 의식 분별력을 여러 가지 방편법을 써서 그 진화를 도왔고, 이후 지구에 출현했던 성자들이 인간 영혼 성숙을 위해 인간의 참된 생명의 본질이 무엇인가를 가르쳐 주는 진리의 말씀으로 그 깨달음의 대각(大覺)을 얻으라고 했었음을 성서를 통해서 상기시켜 주고 있다.

성서가 기록하고 있는 전체적인 내용이 그것이다. 처음 지구에 내려보낸 하나님의 종복(從僕: 神界)들에 의해 물질 인간이 창조된 목적은, 성사재인(成事在人)이라는 후천선경세계(後天仙境世界)의 정신 주체로서 만물 가운데 조화 통일의 큰 사명을 지닌 으뜸 존재로, 인간이 만물의 영장(靈長)으로 완성체가 되어야 한다는 것이었다.

그 천지개벽(天地開闢) 운수(運數)가 도래(到來)하는 때를 당하여 지구 이변의 현상이 어떻게 일어날지 모든 경전들이 그 상황을 기록해 두고 있다.

즉, 하나님의 나라 지상 낙원이 이 땅에서 이루어진다는 것을 성서는 예언해 두고 있고, 그 준비를 시키기 위해 하나님 '사랑의 제물'이 되었던 '어린양' 예수 그리스도였다고 했다. 그리고 그 마지막 때에 새로운 세상, 신천지를 열기 위해 다시 새 이름으로 지상에 재림하여 그들의 목자가 된다는 그 존체에 대해서 그 증거자로 보냄을 입었다는 세례자 요한을 통해 성자 예수에 대해 확실한 증거를 선포해 주고 있다.

> 나는 너희를 회개시키려고 물로 세례를 베풀거니와 내 뒤에 오시는 분은 성령과 불로 세례를 베풀 것이니라.

그것은 구약 시대 여호와가 물질계를 열고 그 자손 이스라엘 백성들을 보호하고 생활을 간섭해 온 율법 시대였기 때문에 물질을 상징하는 물세례로 그 의식이 마침이 된다는 것과 이후 성령체로 임재하신 성자 예수 그리스도에 의해 하늘나라 성령의 불, 즉 우주 에너지로 세례를 받고 거듭나야만이 영혼 불멸의 존재로 살아 남을 수 있다는 것이다.

그 '성령의 불'이 태초의 빛이며, 그 우주 에너지로 만물을 생성시킨 물질의 근본 자리로 광대무변한 우주를 형성하고 생멸변화(生滅變化)시키는 그 요체라는 뜻이다.

그렇기 때문에 태초 하나님의 말씀(LOGOS)으로 창조되었다는 하늘 사람, 신계(神界)에 의해서 지구에 존재하게 된 인간 생명체 역시도 그러한 원리에 의해서 불어넣어진 생기의 호흡이 한 조각의 원기(元氣)로, 그것이 대우주적인 성령체(聖靈體)의 본성(本性)으로 자성(自性)이라고 했다.

그러한 우주 섭리에 의해서 창조된 지구촌 물질 인간 생명체들이기 때문에 그 자성을 성숙시키기 위해 공중 권세자, 신계(神界)가 지구를 내방하며 그 의식진화를 열심히 도왔고, 그 이후 지구에 출현한 성현들 역시 마찬가지였다.

그처럼 피조물들의 의식 수준에 맞추어 원시 시대를 거쳐 단계적으로 시대와 나라를 달리해서 출현하여 천도(天道)의 이치가 무엇인가를 가르쳐 주고 간 하나님 '일곱 영'을 우리는 세계 7대 성현이라고 부른다.

그 성현들의 가르침은 무엇보다도 물질 세계를 추구하는 마음을 바꾸라는 것이었으며, 그 가르침의 말씀이 진리로, 노자 성현께서는 시종지도(始終之道)를 설(說)했으며, 공자 성현 역시 그와 같은 뜻에서 체성복귀(體性復歸)라는 우주 자연지도(自然之道)를 설(說)하신 것이었다.

그 뜻은 인간 생명체는 한 조각의 우주 영혼(靈魂)을 담고 있는 존재이므로 그 자성(自性)을 깨닫게 되면 만물의 영장(靈長)으로 영계(靈界)의 조화주 하나님 그 '종자씨'로 익어 그와 일체(一體)를 이루게 된다는 뜻이었다.

그와 같은 창조주의 목적을 이루기 위해서 이 땅에 하나님의 '일곱 영',

곧 세계로 칠대 성현들을 내려 보내신 뜻이었다고 성서는 기록하고 있다.

그러한 가르침의 뜻을 따르기 위해서는 인간의 사고(思考)하는 모든 의식이 물질이라는 육신의 생각을 다스릴 줄 아는 성현들처럼 우주 에너지로 진리화(眞理化)되어야만이 건곤천지(乾坤天地) 부모, 알파와 오메가의 하나님, 그 장막에 들어가게 된다고 했다.

그 뜻이 시종지도(始終之道)이며, 체성복귀(體性復歸) 또는 원시반본(原始反本)으로, 그것이 처음과 끝이라는 알파와 오메가의 하나님 우주신도(宇宙神道)라고 한 것이다.

그래서 세상에 출현했던 성현들의 가르침은 한결같이 그러한 하나님의 우주 섭리를 바로알고 영혼이 성숙하여 하나님의 '종자씨'로 익어야 한다는 것이며 그랬을 때, 비로소 지난 선천 시대(先天時代) 신명(神明)들의 수종(隨從)을 받아가며 그렇듯 자유함으로 하늘을 자유자재(自由自在)로 드나들었던 성인들처럼 그 능력을 행사하게 된다고 했다.

그러한 성인들의 능력을 얻기 위해서는 태초의 빛의 말씀 '불세례'를 받아 거듭남을 입어야 한다는 것이 세례자 요한이 예수를 증거했던 바로 그 '성령의 불'이다. 그것이 태초의 우주 에너지(COSMIS Energy)이기 때문에 고등종교 스승 석가모니께서도 그 열반광(涅槃光)을 받으라고 말씀하신 뜻이 거기에 있었다.

<<대열반경 9권 여래성품 4~6>> 에서 석가모니 부처께서는 다음과 같이 말씀하셨다.

"부지런히 이 경전을 배우라. 그러면 그는 오래지 않아 마땅히 아뇩다라 삼먁삼보리(成佛)를 얻으리라. 이런고로 이 경(經)을 이름하여 '무량공덕소성(無量功德所成)'이라 하고, 거기에 다함이 없기에 대열반이란 칭호를 얻은 것이다. 선광(善光:감로수)이 있어 마침 여름 해와 같아서 몸이 가이 없는 고로 대열반이라 한다. 다시 이르노니 선남선자야, 선광은 마치 일월(日月)과 같아서 모든 빛 중에 최고이며, 일체의 모든 밝은 빛이 이에는 미치지 못한다. 대열반광이 이와 같다.

모든 계경삼매(契經三昧)의 광명이 가장 빼어나고 빛이 있으나 능히 대열반광에
는 미치지 못한다. 왜냐하면 대열반광은 중생의 모공(毛孔)으로 들어가기 때문이
다. 때문에 중생의 '보리심'이 없어도 능히 보리의 인연을 맺을 수 있게 되느니라,
이것을 이름하여 대열반이라 한다."
　부처님께서 하신 말씀에 가섭 보살이 여쭙되,
　"어떻게 하여 중생이 대열반경 한 구절만 들어도 일체 번뇌를 끊을 수 있단
말입니까?"
　부처님께서 말씀하셨다.
　"선남자여, 천제(闡提:교화할 수 없는 자.) 하나를 제외한 모든 중생은 이 경을
듣게 되면 능히 보리의 인연을 맺게 되며, 법성광명(法性光明:감로수)이 모공으
로 들어간 자는 반드시 아뇩다라 삼먁삼보리를 얻게 된다. 박복한 사람은 듣지
못할 것이요, 큰 복 있는 자는 알아들을 것이니라."

　바로 이 뜻이다. 지구 마지막 환란에서 살아남기 위해서는 이처럼 신성
한 우주 에너지체로 변화를 입고 정도(正道)로서 정행(正行)하는 자세를
가다듬어 나가야 만이 구원을 받게 된다는 것이다.

　불가(佛家)에서 말하는 불성(佛性)은 태초의 우주 영혼(靈魂)의 자성
(自性)인 것으로, 불교에서 말하는 수행이란 결국 허망된 육신의 본능적
욕구만을 쫓는 무명(無明)의 때를 벗기는 작업이라고 할 수 있다.

　불가(佛家)의 스승 성자 석가모니께서는 물질계를 초월한 영혼으로
'탈겁'하라는 것이었고, 기독교 스승 성자 예수께서도 "너희가 거듭나야
구원을 받을 수 있는 것이니라."고 말씀하신 이 뜻을 우리가 과연 얼마나
우리 믿음의 종교생활 속에서 이루고 있는지, 거기에 대해서 예수께서는
"주는 자와 받는 자밖에 모르니라." 하셨고, 또 "너희 믿음대로 이루어지
리라." 하시었다.

　결국 영혼(靈魂) 생명을 구원받는 진리체가 되기 위해서는 열심히 "그
나라와 그 의(義)를 구하라."는 말씀을 생활화시키며, 그 일에 삶의 목적
을 두고 자신을 '우주 에너지체'로 변화시키는 생활에 무엇보다도 열심히

노력해야 한다는 것이다. 그러기 위해서는 먼저 천기(天氣) 운행법칙에 따르는 천도(天道)의 변화 섭리와 대우주적인 하나님의 진리가 우리에게 요구하는 것이 과연 무엇인지를 바로 알고 그 의식이 깨어 있어야 한다는 것이 고등종교 스승들께서 한결같이 가르치셨던 말씀이다. 그래서 성자 석가는 늘 경전을 가까이 하라고 당부하셨던 것으로, 그러한 습관이 우리의 생활 속의 일부가 되어야 한다는 것이다. 그랬을 때, 기복신앙이 주는 허망된 종교의식에서 우주의식으로 깨어나게 된다는 것이며, 그것이 성현들이 가르치신 진리의 말씀이었다.

오늘 지구 곳곳에서는 선후천(先後天)이 바뀌게 됨을 알리는 경보 사이렌이 도처에서 울리고 있다. 그 울림은 머지않아 이화선경(理化仙境) 세계가 도래(到來)한다는 신호탄이기도 하다. 그때를 당하여서는 인류의 상호의존(相互依存)성과 상부상조(相扶相助)성이 완전히 실현되는 지구촌 세계 통일의 조화정부(造化政府)가 수립되어 세워진다는 것이 모든 경전들이 묵시적으로 암시하고 있는 예언이다.

그 정부는 의인(義人)들이 모여 세우는 '조화정부'로, 고도 산업의 병폐적 측면으로 지적되고 있는 지나친 소득의 불평등 독점으로 인한 공해(公害), 불신주의(不信主義) 등 상극지리(相剋之理)는 떨어져 나가게 되고, 오직 상생지리(相生之理)만이 존재하게 된다는 평화의 세상이다. 그 전경을 성서는 다음과 같이 기록해 두고 있다.

내가 들으니 보좌에서 큰 음성이 나서 가로되, 하나님의 장막이 사람들과 함께 있으매 하나님이 저희와 함께 거하시리니, 저희는 하나님의 백성이 되고 하나님은 친히 저희와 함께 계셔서 모든 눈물을 그 눈에서 씻기시매, 다시 사망이 없고, 애통하는 것이나 곡하는 것이나 아픈 것이 다시 있지 아니하리니, 처음 것들이 다 지나갔음이더라.(요한계시록 21장 3~4)

이 성구에서 나타내 주고 있음과 같이 인류 앞에는 새로운 후천선경

세계가 약속되어 있다. 하나님이 인간 속에 거하시고, 인간이 하나님의 장막 속에 거하여 신인합발(神人合發)하는 신비롭고 거룩한 세계가 이루어진다는 것이 지상낙원 세계다.

지나간 과거 선천 시대(先天時代)가 너와 나를 개체로 가르는 이분법적인 분리 도수였다면, 후천(後天)은 너와 내가 그리고 영계와 신계, 인계가 하나의 틀 속에서 함께 존재한다는 통합적 합일도수(合一度數)라고 했다.

그렇기 때문에 존재계의 참모습을 가리는 그처럼 헛된 교리의 잘못된 인식에서 하루라도 빨리 깨어나라는 것이 지구 도처에서 일어나는 경보 울림이다. 그것이 지구 대이변의 상황 속에서 '나'라는 생명체가 영원무궁한 존재로 살아 남을 수 있는 대책으로, 그 묘안임을 성현들의 경전 속에 담아 두고 있으므로 늘 깨어서 경전을 가까이 하라고 이르고 또 당부하신 말씀이다.

2장
성자들의 시대

아직도 구약성경 〈창세기 1장〉의 태초의 창조론을 이해하지 못하고 편협적인 성서 해석으로 유일신(唯一神) 사상에 묶여 있는 서양 종교를 앞서가는 우주 사상으로, 동양의 철리(哲理) 주역을 바탕에 깔아 놓고 보는 천지(天地) 사상이다.

1 그리스에 떨어진 불씨

이 세상에 출현한 성현들의 가르침은 한결같이 인간은 유한의 존재가 아니라 영원한 존재임을 알라는 그 가르침이었다. 여기에서 우리는 "너 자신을 알라!"는 말로 유명한 세계의 철인으로 알고 있는 소크라테스의 삶의 족적을 살펴볼 필요가 있을 것이다.

소크라테스의 행적을 따라가 보면 그 역시도 세계적인 철인(哲人)의 차원을 넘어선 성인(聖人)이었음을 새삼 발견하게 된다. 소크라테스는 예수보다 약간 늦게(469~399 BC) 그리스에서 태어났다.

그의 교육 과정이나 교육 정도에 대해서는 구체적인 문헌 기록은 없다. 다만 그의 아버지가 석공 또는 조각가였다는 것으로만 알려져 있다. 당시 그리스는 두 차례에 걸친 페르시아 침입을 물리치고 카르타고가 정복한 시기였다. 그는 전후 3회에 걸쳐 아테네 병사로 전쟁에 참여했다.

소크라테스 역시도 세상적인 명성을 원하지 않았고, 사치와 호사에는 무관심했다고 한다. 그 속에서 신(다이몬)과의 영적 교감으로 그 음성을 들었다고 전해지고 있다. 펠로폰네소스 전쟁이 일어나면서 그의 생활에도 큰 변화가 일어나는 계기가 있었다. 신들의 집결지로 알려져 있는 델포이의 신탁에 "소크라테스보다 더 유명한 사람은 없다."라는 말이 나 돌았기 때문이다. 소크라테스는 그 말의 진의를 확인하기 위해 '가두인'이 되었다. 사람들은 그를 비범한 사람으로 보았지만 정작 본인은 그렇게 생각하지 않았다. 그는 신탁에서부터 시작되었다는 그 소문의 수수께끼를 풀기 위해서 당시 기존의 여러 사상가들과 만나 대화를 갖기 시작했다. 하지만 그가 만난 어떠한 지도자적 인물도 회의론적인 대화뿐으로 무지(無知)임을 알게 되었다고 한다. 비로소 그는 자신이 다른 사람들과는 관념의 세계가 다름을 알고 그들에게 무지를 깨우쳐 주는 것이 사명임을 깨닫게 된다.

당시 기존의 사상가들은 대개가 회의론자들이었다. 여기에 소크라테스는 무엇보다도 자기 자신의 혼(魂)을 소중히 여겨야 할 필요성을 역설했다. 자기 자신에게 있어서 가장 소중한 것이 무엇인가를 묻고 지나가는 거리의 사람들과 이러한 대화를 하는 것으로 일과를 삼았다.

하지만 펠로폰네소스 전쟁의 패배와 더불어 관용의 정신을 잃은 당시의 사람들에게는 반감을 사게 된다. 그는 이웃 민족과의 살상 대결에 대해서 비판적이었기 때문이다. 거기에다가 또 국가가 인정하는 신과 그로 비롯된 기존의 전통사상을 부정하고 나선 것 때문에 더욱 반감을 불러일으켰다.

그 당시 사람들은 유대인들이나 마찬가지로 신에 의존하는 주종(主從) 관계로, 제사의식 또한 마찬가지였다. 소크라테스의 의식은 그러한 기존의 사상을 개혁하는 일에 주력하면서 자신의 존재를 깨우쳐 주기 위한 말이 그토록 유명한 '너 자신을 알라.'는 말이었다. 그 말의 뜻은 참된 '나', 곧 자아성찰을 통해 나의 실체를 바로알자는 말이다. 나를 아는 것이 곧 우주의 본질을 알게 되는 것이며, 그것이 이 세상에 출현했던 성자들이 공통적으로 말해 온 '지식의 근본'이라는 말이었다.

이와 같이 인간이 나 자신의 본질을 먼저 자각하는 인식에서부터 비롯된다는 그의 사상은 '나'의 실체를 알게 됨으로써 우주가 나와 동떨어진 것이 아닌 하나로, 곧 내가 우주의 주인공이라는 주체의식을 갖게 된다는 것이다.

이러한 주체의식이야말로 신에게 의존해 온 기존의 사상을 뒤엎는 바로 종교혁명의 불씨였다. 특히 당시의 종교 사상은 신과 인간은 동떨어진 개념이었다. 그러한 기존의 사상으로 볼 때, 신과 인간은 '하나'라는 소크라테스의 논리는 그 정당성을 인정받을 수 없는 것이 당연한 일로 반발을 일으킬 수밖에 없었다. 서구의 기존 사상은 그들을 지배하는 신은 의롭고 인간은 불완전한 피조물로, 어디까지나 '죄인'이라는 굴레의 고정 관념의 틀에 묶여 있었기 때문이다.

그런 시대 상황에서 지엽적인 신에게 맹종하는 신앙에서부터 해방되라는 것이 이 세상에 출현한 성자들의 한결 같은 가르침의 목소리였다. 소크라테스 역시도 그러한 논리 주장을 펼쳤으니 그들이 믿어 온 기존의 사상, 곧 신을 모독하는 '불경 모독죄'에 해당하는 것이었다.

그야말로 괴이한 논리로 많은 사람들에게 정신적으로 악을 끼치는 사람으로 주목되면서, 사회를 어지럽히는 시대의 '이단자'로 몰려 내침을 당했다. 그처럼 배척을 당하다가 마침내 기존의 사상가들로부터 사회에 물의를 일으킨다 하여 아테네 법정에 서게 되었다. 그러나 소크라테스는 최후의 독배를 마시기까지 인간의 무지를 깨우쳐 주는 것이 자신의 사명처럼 말해 왔다.

그의 삶은 오직 인간의 무지를 깨우쳐 주려는 그 일념에만 사로잡혀 있었음을 보여 준다. 당시 사람들이 소크라테스의 이와 같은 사고(思考)

를 이해할 수 없는 것은 당연했다.

그래서 오늘까지도 그를 그리스가 낳은 인류 최초의 철학자쯤으로 말하고 있다. 대우주적인 하나님 빛의 아들로 그 '일곱 영'에 속해 있는 성령체의 존재를 이해하지 못하고 있기 때문이다. 사실 그와 같이 영적인 존재이면서도 너무나 인간적인 차원으로 출현한 성자의 모습이었다. 예수도 그랬지만, 소크라테스 역시도 용모 또한 보통 사람들과는 다르게 코는 주먹코였으며, 입술은 튀어나왔고, 배는 불룩 튀어나온 모습에 행색은 꾀죄죄했으며, 맨발에다가 수염은 더부룩했다고 한다.

그러나 그와 토론을 하고 나면 그에게서는 이상야릇한 마력이 있었다고 한다. 기존의 사상에 반론을 제기하는 그 언변이 뛰어나면서 그 대화법에 능했던 것으로 유명하다. 사실 그는 우리가 알고 있는 철인이 아니라 성자의 위치에서 원천의 진리, 그 도맥을 전해 주기 위해 이 세상에 출현하여 '너 자신을 알라.'는 깨우침을 전파한 성자였다.

그 말의 뜻은 인간이 대우주와 고리를 잇고 있는 소우주라는 것으로, 인간의 본질을 자각하여 깨우치라는 참으로 엄청난 의미가 함축되어 있는 것이었다. 이 말은 또한 신을 멀리 있다고 생각하지 말라는 말이기도 했다. 자신을 알게 되면 내가 곧 대우주와 고리를 잇고 있는 신(神)의 소생이라는 것을 자각하게 되기 때문에 타력 신에 맹종하지 않게 된다는 말이다.

소크라테스는 행운의 여신이 있다고 믿는 사람들에게 이렇게 말했다.

"행복을 자기 자신 이외의 것에서 발견하려고 하고 바라는 사람은 잘못된 사람이다." 소크라테스의 이와 같은 말은 자기 자신을 확실하게 파악하는 데서부터 그 행복은 내 안에서 발견하게 된다는 것으로, 행복의 기준을 남에게 두지 말라고 했다.

"그것은 그 사람의 행복의 기준인 것이지 내 자신의 기준치가 될 수 없는 것으로, 스스로를 까마득히 모르면서 어떻게 행복이란 것을 불러들일 수가 있겠는가.”

소크라테스의 이와 같은 말은 성자 예수의 “천국이 여기 있다, 저기 있다 하지 말라. 천국은 네 마음에 있느니라.”, 그리고 신은 각자의 마음 자리에서 만나 볼 수 있다는 가르침의 “하나님은 손으로 지은 성소에 계시지 아니하고…….” 등의 가르침이나 다를 바가 없는 것이었다. 바로 그것이다 자신의 실체를 알게 되면 내 마음 자리가 바로 하나님이 거하시는 성소임을 알고 늘 깨어서 자아성찰(自我省察)하는 생활을 하게 된다는 이 가르침이다.

물론 오늘까지도 그처럼 깨어서 자각하는 신도들은 어느 종교계에서나 흔치는 않다. 사제들이 신의 이름을 빙자하여 손으로 지은 성소를 중요시하게 여기는 사고(思考)의 개념을 보다 크게 부각시켜 주고 있기 때문이다. 더구나 당시의 사람들은 특히 더 성소를 크게 보고 그 곳에 가야만이 신을 만날 수 있다고 생각했었다.

그러한 신비주의자들에게 소크라테스의 ‘나’ 자신을 깨닫고 보면 내가 바로 신이라는 것을 느끼게 된다는 이와 같은 말은 기존의 신에 대한 관념을 완전히 뜯어 고쳐 주기 위한 가르침이었다. 소크라테스의 이와 같은 주장의 논리는 그들이 숭배하는 신에 의해서 모든 것이 이루어진다는 기존의 사상가들이나 종교 사상에 커다란 충격을 주었고 엄청난 파문을 일으킨 것이다.

이에 당시의 사상가들은 소크라테스가 야릇한 괴변으로 사람을 현혹시켜 나쁜 악영향을 끼치는 사람으로 아테네 법정에 고발했고, 따라서 후세 사람들은 그를 철인쯤으로 간주하게 된 것이다. 그의 본질이 성자였음을 모르기 때문에 오늘날까지도 그는 과소평가되고 있는 것이다.

철학자들을 묶어 ‘소피스트(sophist) 학파’라고 부른다. ‘소피스트’란,

'지혜로운 자', '현명한 자'라는 의미다. 철학의 중심 영역을 자연에서 인간으로 돌려 인간과 사회에 관한 문제를 중요시하여 그것을 관찰하고 말하는 사람을 일컬음이라고 했다.

이들 철인의 주제는 진리보다도 현실적인 기능을 가르친다는 비난을 받기도 했다. 그러나 소크라테스는 이러한 소피스트와는 분명히 다른 차원에서 구별되어야 한다는 사실이다. 그의 주제는 어디서나 이처럼 분명한 인간의 본질을 말해 오고 있었기 때문이다.

소크라테스는 말했다.

"현재의 생활이거나 미래의 생활, 그 어느 것에 있어서나 자기 자신 이외의 것에서 행복을 얻으려 하는 사람은 그릇된 사람이다. 불행을 겁낼 때 당신은 이미 불행하다. 불행을 당해야 할 사람은 영원히 불행을 겁내고 있는 사람뿐이라고 나는 생각한다. 잘되겠다고 노력하는 그 이상으로 잘 사는 방법은 없으며, 그리고 실제로 잘되어 간다고 느끼는 그 이상으로 큰 만족은 없다."

그리고 덧붙여 말했다.

"이것은 내가 오늘 살아 오며 경험하고 있는 행복이며, 그리고 그것이 행복인 것을 내 양심이 말해 주고 있는 것이다."

소크라테스의 이와 같은 말은 그야말로 농부가 씨를 뿌리듯, 그리하여 열매를 거둬들이듯, 자신의 마음 밭에 그 행복의 씨앗이라는 걸 파종해야 한다는 말이었다. 그래서 불행을 어떻게 피할 것인가? 그것은 오로지 그 행복을 어떻게 가꾸느냐에 달려 있을 뿐이라고 했다.

소크라테스는 열심히 노력해서 부를 이룬 사람을 주위에서 칭송하는 것을 보고 말했다.

"부한 사람이 그 부를 자랑하고 있다손 치더라도 그가 부를 어떻게 쓰는가를 알기 전에는 그를 결코 칭찬해서는 안 된다."

부자는 열심히 노력해서 부를 이룬 것이 틀림이 없다. 그는 그 일하는 즐거움이 있었기 때문이다. 사람은 누구나 제 몫의 일을 가지고 있다. 일을 가지지 않은 사람은 없다.

그래서 성자 예수께서는 "게으른 자는 먹지도 말라."고 말씀하신 것으로, 일은 사람과 함께하는 것이고, 사람은 또 그 일과 함께 살아간다. 그것은 비단 사람뿐만이 아니다. 개미도 본능적으로 끊임없이 무엇인가 먹이를 찾아 물어 나른다. 그것이 개미의 일이며 삶이듯이 꿀벌은 꽃에서 당분을 실어 날라다 줌으로 사람들을 기쁘게 해 준다.

이렇게 모든 생명이 있는 것들은 각자가 해야 할 일이 있고, 거기에 열심하고 있지만 더불어 유익하게 하는 것, 그것이 과연 칭송을 들을 만한 보람된 삶이었느냐며 그 인식을 바로하라는 소크라테스의 말이었다.

그는 또 생활 속에서 인간이 행해야 할 도리가 무엇인지 가르쳐 말했다.

"아, 나의 아들이여, 네가 만약 부모의 은혜를 느끼지 않는다면 너의 친구가 될 사람은 아무도 없다. 왜냐하면 부모의 은혜를 느끼지 않는 사람에게는 친절을 베풀어도 아무 의미가 없음을 알기 때문이다. 부모가 자식을 위하는 정성은 참으로 끝이 없다. 이 은혜를 모르는 자가 어떤 누구의 친절을 가슴에 담아 두겠는가?"

그러나 이 세상에는 그만한 도리를 아는 친구가 없음을 어떤 일을 통해서 말했다.

소크라테스가 집을 짓고 있었다. 가난했던 만큼 아주 협소한 집이었다. 지나가던 사람이 그를 보고 말했다.

"당신 같은 분이 왜 이렇게 조그맣고 갑갑한 집을 짓고 있습니까?"

소크라테스가 대답했다.

"이 집을 채울 만한 진정한 친구가 있기를 바랄 뿐이오."

우리가 쉽게 말하는 친구, 그러나 대개의 경우 그 이해타산의 욕심과 함께 왔다가 욕심과 함께 사라지기 때문에 진정으로 눈에 보이지 않는 가슴을 주고받을 만한 친구가 얼마나 되겠느냐 하는 말이었다.

그래서 소크라테스는 친구의 수를 헤아리는 것보다 양의 수효를 헤아리는 것이 훨씬 쉬울 것이라고 말했다. 친구를 찾아내기란 그만큼 어렵다는 말이기도 했다.

친구란 어울리게 되면 자기도 모르는 사이에 그 사람의 영향을 물질적이든 정신적이든 입게 되는데, 소크라테스는 물질적으로 가진 게 없었다. 그러나 정신적 지식은 끝없이 소유하고 있었다. 하지만 사람들은 보이지 않는 지식보다는 물질적 나눔의 이익을 먼저 계산하기 때문에 그는 조그만 집이라도 채울 만한 친구가 없다는 고독을 그렇게 말했다.

하지만 소크라테스 주위는 풋풋한 젊은 청년들이 많이 찾아왔다. 그들은 신비주의 회의론적인 기존의 사상을 뒤집어엎는 소크라테스의 논리 전개가 오히려 현실적으로 더 타당성이 있다고 생각되었기 때문이다.

그러한 젊은이들의 연구 주제는 사회 현실 문제로, 정치가는 아니지만 소크라테스의 설법 주제는 젊은이들을 상대로 정당한 논리 주장만을 하고, 정도에서 어긋난 불의에 대해서는 직선적으로 그 옳지 않음을 반박했다. 적당한 타협을 용납하지 않은 것이다.

소크라테스의 사상은 보편적 진리, 절대미(絶對美), 절대선(絶對善)을 인정하고 거기에 도달하는 방법으로는 기존의 사상을 분석 비교하고, 변증 종합 등의 방법론을 제시했다. 그러므로 사람들의 머릿속에 명확하지 않았던 그 어떤 것의 실체를 스스로 깨닫게 해 준다는 사실이었다.

소크라테스에게 수많은 제자들이 모여드는 것은 당연했다. 대개가 기존의 사상에 때 묻지 않은 젊은이들이었다. 그 중에 대표적인 사람이 플라톤과 알키바이테스, 크세노폰, 디오게네스 등이다.

그들은 우주의 원리를 묻곤 했는데, 말하자면 자신과 자기 근거에 대한 물음이 철학적인 주제가 되었다. 그런 의미에서 소크라테스는 인간 정신 내면이라는 영혼의 차원, 즉 자기를 지탱하고 있는 보이지 않는 우주의 본질적인 세계, 곧 형이상학적인 세계의 가르침이었다.

그러한 관념 세계의 주제들은 외부와 내면의 틈을 통해 개시(開示)되는 근원의 문제를 철학적 관심을 중심으로 생(生)과 사(死)의 증거를 가지고 정착시킴으로써 서양 철학자들의 허무주의에서 진보한 실존의 우주적인 빛의 세계로 한 걸음 다가갈 수 있는 그 길을 열어 준 스승이었다.

이것이 소크라테스가 펴 온 '실존의 본질적 계기' 그 논리였다. 이러한 대우주적인 논리를 펴는 그에게 그들이 숭배해 오던 기존의 신을 무시하고 새로운 이름 없는 악신을 끌어들인다는 것이 기존의 사상에 묶여 있는 사제들 쪽에서 그를 비난하는 목소리였다.

이처럼 시대와 나라를 달리하고 보편적인 인간의 모습으로 세상에 출현했던 성자들은 자신의 본질을 깨닫게 되면 신에 맹종하지 않고 살 권리가 있음을 알게 된다는 그와 같은 가르침이었다.

그러나 이것이 기존의 사상을 뒤집어엎는 시대 변화의 진리임을 당시의 사람들은 알지 못했다. 특히 기존의 사상가들은 해괴한 논리라고 반박하고 더욱 수긍하려 하지 않았다.

하지만 그들이 해괴한 논리라고 고발한 소크라테스의 가르침은 하나도 바름의 이치에서 어긋남이 없었기 때문에 첫째 판결에서 꽤 많은 판사들을 사려 깊게 만드는 데 성공했다. 501명의 배심원이 표결한 법정에서 단지 30표 차이로 그가 유죄 판결을 받은 것이다. 이때의 소크라테스의 나이 70세에 가까웠다.

소크라테스를 구명하기 위해 그의 제자인 플라톤이 많은 노력을 했다. 그러나 그의 기대는 무너졌다. 법정은 다시 회의를 소집했고, 그 회의 끝에 소크라테스에게 사형이 판결되었다. 그러나 소크라테스는 조금도 당황한 빛을 보이지 않았다. 자신에게 불리한 판결을 내린 사람들에게 불만을 표시하지도 않았다. 그리고 다만 이렇게 말했다.

"너희들이 인간을 죽임으로써 너희들의 왜곡된 행동방식을 저지할 수 있다고 생각한다면 그것은 잘못된 생각이다. 가장 간단한 최상의 방법은 다른 사람을 억압하는 것이 아니라 가능한 한 자신이 선하게 되는 것이다."

소크라테스는 여기에서 죽음을 피하는 것보다 악을 피하는 것이 더 어려운 일이라고 했다. 그리고 그는 만약 사람을 죽여서 비난을 막을 수 있다고 믿는다면 오산이라고 말했다. 그래서 자신은 몇 번이라도 기꺼이 죽을 것이며, 죽으면 그 곳에서 영원한 행복을 누릴 것이라고 말했다.

그야말로 부당한 일을 행하느니 차라리 부당한 고통을 당하는 것이 더 행복할 것이라고 말한 소크라테스는 "악법도 법이므로 따라야 한다."는 말을 남기고 아무 거리낌 없이 법정을 뒤로 했다.

사형이 집행되는 날이었다. 친구들이 감옥에 있는 소크라테스를 찾아 왔다. 이들은 소크라테스가 감옥에서 도주할 수 있도록 도와주려고 했지만 거절했다. 그는 법 준수, 경건성, 진리애(眞理愛), 사회에 대한 비판과 양심에의 복종, 그 어느 것 하나 그에게 있어서는 소중하지 않은 것이 없었기 때문이다. 결국 그것들이 하나라는 것을 실천으로 보여 주고자 한 것이다. 소크라테스의 친구들은 해가 질 때까지 함께 있으면서 죽음을 앞둔 그 순간까지도 인간의 영혼, 그 진리의 본질에 대해서만 이야기를 나누었다.다. 그리고 때가 왔음을 알고는 소크라테스는 옆방으로 가서 목욕을 하고 다시 친구들에게 돌아와 집에 있는 식구들과의 면회를 요청했다. 이때 간수가 와서 시간이 다 됐다고 말하고, 예의를 지켜 준 것에 감사하다고 말하면서 눈물을 흘렸다. 이때 소크라테스가 친구들에게 말했다.

"아주 좋은 사람이구만! 나를 위해 눈물을 흘리다니. 자! 이제 그의 말을 따르자구."

소크라테스는 감옥에서 심부름하는 소년에게 독약을 가져오라고 청했다. 친구들은 아직 해가 지지 않았으니 서두를 것이 없다고 말했다. 그러자 소크라테스는 조금 늦게 독약을 마신다고 달라질 것은 아무것도 없다고 말했다. 그리고 소년이 가져 온 독약을 받아 충분한 양을 서서히 마셨다. 그리고 말했다.

"이승에서 저승으로 가는 길에 행운이 있기를……."

친구들은 더 이상 참지 못하고 눈물을 흘렸다. 그것을 본 소크라테스가 말했다.

"이 무슨 장면인가!"

그리고 친구들을 다시 상기시켰다.

"나를 놀라게 하는구먼! 이렇게 할까 봐서 여자들을 내보낸 것인데, 엄숙한 침묵 속에 죽음을 맞아야 한다고 들었네. 조용히 참게나."

그 말을 하고 소크라테스는 지시를 받은 대로 이리저리 걸어다녔다. 독이 온몸에 퍼지고 소크라테스는 더 이상 걸어다닐 수가 없게 되었을 때쯤 자리에 누웠다. 먼저 발과 다리가 뻣뻣하게 굳어지면서 점차 온몸이 굳어지기 시작했다. 그때 소크라테스는 크리톤을 불러서 속삭였다.

"크리톤, 아스클레오피스에게 수탉 한 마리 바쳐야 하잖은가? 꼭 잊지 말고 해 주게나."

그가 말한 닭은 의술의 신 아스클레오스 대한 감사의 헌물이었다. 그 신을 신봉하는 사제들이 행하는 의식 행위에 대한 일종의 조롱 같은 것이었다.

전해지는 말에는 아폴로가 태어날 때 한 마리의 닭이 그 곳에 있었다고 한다. 그래서 닭의 등장은 신의 광휘가 나타난 것을 암시하기 때문에 아폴로는 그 날을 포고한 것이라고 했다.

그런데 소크라테스가 죽어가는 순간에 말한 이 아스클레오피스에게 닭한 마리를 빚지고 간다는 것은, 이제까지 많은 사람들이 그러한 잡다한 신에 매달려 온 것을 부정해 보이는 결코 갚을 수 없는 빚이라는 말일게다.

소크라테스는 마지막 숨을 거두는 순간까지도 그처럼 자연신에 매달리는 기존의 사상, 그 틀에서 벗어나야 됨을 견지했으며, 그럼으로써 진리가자유에 이르는 길이 어디서 시작되었는가를 세상에 보여 주고 간 것이다.

그의 제자였던 플라톤과 알키바이테스는 그 스승 소크라테스에 대해서그리스도 성자 예수의 사도들처럼 많은 저서로써 그 스승의 사상을 술회했다. 특히 유명한 플라톤은 소크라테스를 회고하며 소크라테스와 같은시대에 태어나게 된 것을 신에게 감사드린다고 말함으로 스승에 대한 최고의 경의를 표했다.

플라톤은 명문가의 자제였다. 그를 넓고 깊은 철학의 정신 세계로 이끌어 준 사람이 소크라테스였다. 플라톤은 어려서부터 음악과 스포츠, 미술, 희곡, 시 등 모든 방면에서 그 재능을 보여 왔다. 그런 그가 인생의 결정적인 전환점을 맞게 되는데, 스무살 때 소크라테스를 만나 그 문하생이 되면서부터였다.

이후 그의 사상은 스승인 소크라테스의 영향을 받아 '이데아(Idea)론'이라는 대표적인 학설로 대변된다. 이것이 플라톤 이후 유럽의 철학적주류가 된 관념론의 기초를 확립하게 되면서 관념 변증법의 시조의 자리를 굳히게 된 플라톤의 철학 이론이다.

그는 스승 소크라테스의 영향을 크게 입은 것으로, 우리가 눈에 보이는현상 세계는 이데아(신의 의지) 세계의 반영에 불과하다는 즉, 현상계와이데아가 대립하는 이원론이다.

플라톤의 저서 철학적 희곡 <플라톤의 대화편>, <에우추풀론>, <소크

라테스의 변명>, <크리톤>, <파이돈>, <향연(Symposoion) 등 여러 작품 속에는 소크라테스의 숨결이 그대로 숨 쉬고 있는 것이다.

그리스가 낳은 철학자의 대부(大父)로 알려져 있는 소크라테스는 모든 철학의 근본이 되는 우주 본질을 가르쳐 주기 위해 그 시대에 태어났던 7대 성현 중의 한 사람이었다. 그의 최후는 성자 예수 다음으로 참담한 최후 심판의 모습을 보여 준다.

이렇게 부분 지체 도맥(道脈)으로 독자 인격신으로 세상에 출현하여 그 역사를 이루고 간 성자들을 우리는 세계 7대 성현들이라고 말한다.

그 성자들은 우리가 믿어야 할 진리, 하나님은 무엇이 부족한 것처럼 물질적인 제사를 원하지 않기 때문에 내 자신의 본질을 알고 마음과 성품을 다하여 정심정도(正心正道)로써 믿는 것이 하나님께서 원하시는 살아 있는 제물로, '산 제사'가 된다는 가르침이었다.

그러나 이제까지도 성현들이 가르쳐 주신 진리의 말씀을 바로 깨우치지 못하기 때문에 그처럼 기존의 사상을 버리라는 뜻이 어디에 있는 것인지를 바로 헤아리지 못하고 있는 것이 특히 '기독론'이라고 할 수 있다. 유대민족 뿌리 역사 구약에 바탕을 둔 기존의 사상과 혼합하여 설파하고 있기 때문이다.

그로 하여 예수께서 말씀하신 천기(天氣)에 따르는 시대 변화를 구별하지 못한 채 그 시대 사람들이 숭배하여 부르던 그 신의 이름을 여전히 마찬가지로 부르며 그러한 기복신앙에 매달리고 있다고 해도 지나친 말은 아니다. 그것은 아직까지도 하나님의 본질을 바로알지 못하는 무속신앙 행위에 속한 것이나 마찬가지다. 하지만 특히 성서는 시대와 나라를 달리하고 오고간 그러한 가르침의 스승, 즉 세계 7대 성현들의 존재를 분명히 밝혀 두고 있다는 사실이다.

　　그러므로 네 본 것과 이제 있는 일과 장차 될 일을 기록하라. 네 본 것은 내 오른 손에 일곱 별의 비밀과 일곱 금 촛대라. 일곱 별은 일곱 교회의 사자요, 일곱 촛대는 일곱 교회니라.(요한계시록 1장 19~ 20)

바로 이 성구가 핵심적인 정보의 단편들이다. 여기에서 나타내 주는 암호적인 '일곱 별'은 세상에 하늘나라 빛의 말씀을 밝혀 준 바로 걸어 다니는 금 촛대의 교회로, 일곱 성자들을 나타내는 표징이다.

그래서 예수께서는 손으로 지은 성전을 그처럼 자랑하는 유대인들을 향해 "하나님은 손에 지은 전에 계시지 아니한다."고 단언하시고, 또 승천하여 "하나님의 우편에 앉아 있으리라."고 하신 말씀의 뜻이 바로 여기에 있었음을 성구가 증명해 주고 있다.

이렇게 오직 하나의 근본 자리에서 일대사(一大事)를 인연하여 세상에 출현했던 진리의 성령체, 그 7대 성현의 빛난 광휘의 눈이 '금 촛대'임을 상징성으로 나타내 주고 있는 것이 북두칠성(北斗七星)이라고 했다.

어두운 밤하늘에 반짝이는 북두칠성은 계절이 바뀌어도 오직 그 자리를 변하지 않고 있기 때문에 길 잃은 나그네의 이정표를 삼게 한다는 것이다. 이렇게 성서와 대별하여 자연 속에서도 그 존재 '있음'을 분명하게 나타내 주고 있는 일곱 성령체들이다. 그런데도 아직까지도 구시대 기존 사상과 혼합하여 묶어 진리의 실상을 바로 헤아려 보지 못하게 하는 오류를 크게 범하고 있는 서구 신학자들이다.

그것은 하나님의 종복(從僕)들이 각기 지구에 내려와 그 종자씨를 뿌리고 다스리며 치리(治理)해 오던 종(從)의 시대가 천기(天氣) 변화에 의해 성자(聖子) 출현으로 마감되어지면서 시대와 나라를 달리하고, 이 땅에 출현했던 성자들이 하나같이 그처럼 기존의 사상가들과 대립적으로 마찰을 빚었던 원인의 충돌이 무엇인가를 바로 헤아려 보지 못한 무지(無知)의 소산이라고 해도 지나친 말은 아닐 것이다.

그렇기 때문에 아직까지도 영적인 세계에서 출발한 성자 출현을 어이없게도 기존의 사상 그 제도권 안으로 끌어들여 영계(靈界)의 성령체를 신계(神界)의 아들로 실추시키는 오류를 크게 범하고 있는 단일적인 서양 신학의 기독론(基督論)이다.

하지만 세계적인 '진실의 서'로 알려져 있는 '성서'는 태초의 건곤(乾坤) 하나님 천지창조의 목적과 그 전후 배경을 진솔하게 담아 두고 있다.

우주 만물의 근원(根源)이라는 태초 말씀(LOGOS)의 하나님은 그처럼 폭넓은 종교적, 철학적 스승들을 삼천대세계(三天大世界)의 완성을 위해 그 시절에 맞추어 사명자로 세상에 내려 보냈음을 성서는 '일곱 교회의 사자'로 나타내고 있으며, 진리를 불 밝히는 '일곱 금 촛대'라고 명쾌하게 기록해 두고 있다.

뿐만 아니라 하나님께서 인간 농사를 짓는 세상이라는 밭에 먼저는 종복(從僕; 神界)들을 파송하여 각기 그 색소(色素)가 다른 인간 '종자씨'를 뿌리게 한 것은 모두가 하나님의 뜻 가운데서 이루어진 일이었음을 밝혀 두고 있다.

그처럼 지구촌 인류는 하나님의 종복(從僕: 神界)들에 의해 창조되었기 때문에 그 신들로부터 세상을 살아가는 자연의 도리를 배워 가는 동안 그들을 절대자 주인 하나님으로 숭배해 오던 시대가 있었다. 그것을 세계 7대 성인들의 삶 족적에서 그처럼 보다 분명하게 유추해 볼 수 있게 해 주고 있다는 사실이다.

2 아라비아에 떨어진 불씨

지구촌 인류는 각 족속을 이루어 나온 그 민족 주신(主神)의 가르침을 받아왔다. 그것이 그 민족 조상 뿌리에서부터 심어진 고신도(古神道)로, 어느 족속이나 마찬가지였다. 그러한 유대교 기존의 전통사상이 성자 출현으로 마감되었음을 인류 변천사에서 유추해 볼 수 있게 해 주고 있다.

그 또 한 예로 6세기 말엽, 아라비아의 심장부인 '메카'에서 그와 같은 기존의 사상을 뒤엎는 불씨가 떨어져 세계사에 큰 영향을 끼친 것이다. 아랍어로 '무하마드'라고 불리는 이슬람교의 창시자 마호메트(mahomet)였다.

메카는 남부 아라비아 팔레스티나 사이에 자리잡고 있으면서 한편으로 예멘과 이집트, 시리아, 메소포타미아를 이어 주고 있다. 또 한편으로는 남부 아라비아와 북부 아라비아를 이어 주는 교통의 요충지이기도 하다.

이 곳 아라비아 사람들은 누구든지 반드시 가계의 혈통, 그 줄기를 기록하게 되어 있었다. 그런데 놀랍고 흥미로운 것은 아라비아 인의 원 뿌리는 유대족 아브라함의 계집종 하갈의 몸에서 태어난 이스마엘의 후손들이란 사실이다.

그래서 아브라함의 본처 사라의 소생인 이삭과는 그 어머니만 다를 뿐 아버지 아브라함의 혈통 계보를 잇고 있는 유대 이스라엘 민족과는 같은 후손들이다.

아브라함의 계집종 하갈은 애굽(이집트) 여인이었다. 그녀는 주인 아브라함의 아이를 낳았다 하여 자만하다가 본처로부터 그의 아들 이스마엘과 함께 쫓겨나 통곡하고 있을 때 여호와신이 나타나 하갈에게 말한다.

"울지 말라. 그 씨도 아브라함의 자손이므로 창대해지리라."

이렇게 유대 이스라엘 백성과 그 뿌리 조상을 같이하고 있는 아랍 인들이다.

마호메트의 할아버지 '아브드 알 무탈리브'는 이 부족을 대표하는 지도자로 메카에서 가장 강력한 씨족의 우두머리였다. 씨족은 고대 아라비아 사회를 구성하는 기본 씨족 고유의 규칙과 위계 법규를 가지고 있었다. 따라서 그 씨족은 독립된 단위 체제로 각기 주권을 행사했는데, 알 무탈리브가 속한 씨족은 순례자들에게 물을 공급하는 일을 맡고 있었다. '시카야'라고 말하는 이 일은 메카에서 가장 명예로운 일로 그의 씨족이 행사했던 막강한 권력을 반증해 주기도 한 것이다.

마호메트의 어머니 '아미나가 다마스'는 대낮같이 밝히는 불빛의 인도로 마호메트를 잉태했다고 전해지고 있다. 하지만 그가 태어난 때를 정확히 아는 사람은 없는 것으로, 심지어는 그의 친할아버지조차도 단지 그가 코끼리 해에 태어난 것만큼은 분명하다고 했다. 그것은 그 해에 예멘 땅 아비시나 공화국의 부왕이 군대를 이끌고 메카에 원정을 왔던 해로, 혼란스러운 시기였다고 한다. 학자들은 이 코끼리 해를 570년이나 571년으로 추정하고 있다. 마호메트 탄생을 둘러싼 일화들은 너무나 많다.

그의 탄생 역시도 당시에 하늘에서 보내진 천사들이 카바를 둘러쓰고 있다가 우주의 궁행을 염탐하는 신들에게 돌을 던져 막았다는 설도 있고, 또는 마호메트가 태어났을 때는 그 탯줄을 끊을 필요도 없이 깨끗이 끊어져 나왔다는 설도 있다.

그런가 하면 야스리브 오아시스(메디나) 하늘에 찬란한 별이 떠서 그곳 유대인들에게 하늘의 큰 사명이 있을 사람의 탄생을 예고해 주었다는 설이 전해지기도 했다.

또 한 편의 설(說)은, 조로아스터를 경배하는 페르시아 마술사들은 신전에서 1000년 전부터 타오르던 성화의 불길이 꺼지는 것을 보았다는 이야기가 전해지기도 했다. 당시 사막의 종족들은 지나칠 정도로 자연신에 얽매어 작은 악령들을 섬기고 있었다. 그 사막인들이 섬기는 신들의 수는 약 360개도 더 된다고 했다. 그 시대가 사실상 성자 출현 이전에 자연신들이 세상을 주관하던 샤머니즘 시대인 것이다.

그 신전에 천 년 전부터 타오르던 성화가 마호메트 탄생과 함께 그 불길이 꺼졌다는 것은 그 자연신들이 인간 피조물들의 생사화복을 주관해 오던 역사 시대가 끝났음을 나타내 준 것이라고 할 수 있다.

그러한 징조는 유대 땅에 성자 예수 탄생으로 그 막강한 여호와의 능력을 행사하던 성전 안의 언약궤가 그 능력을 행사하지 못하고 다만 구약성서 기록 속의 이야기로만 남아 전리품이 되어버린 것이나 마찬가지의 현상이다.

마호메트 탄생으로 그때까지 그 능력 행사를 해 오던 신들이 그때를 비롯하여 떠나가면서 그 불길이 꺼졌다는 것은 다신 숭배 시대가 성자 출현으로 마감되었다는 그 시대 변화를 보여 준 표징이라고 할 수 있다.

그 당시 백성들이 절대자 신의 말씀이라고 붙들고 있는 경전이 있었다. 구약성서와 마찬가지로 일찍이 전대로부터 예언의 사명을 맡은 선지자들의 입을 통해 성자(마호메트)의 탄생을 예언해 두고 있었다고 한다.

그런데 참으로 흥미로운 이야기는 마호메트의 발에 새겨진 문양이 그들의 신전(神殿) 카바에 세워 놓은 아브라함의 족문(足文)과 똑같아 그의 할아버지 '아브드 알 무탈리브'마저도 놀랐다는 말이 전해지고 있다. 그것은 분명 아라비아인 혈통의 계보가 유대인과 한 뿌리에서 비롯된 한 자손임을 나타내 주는 그 표징으로, 그 자손들에게 구원의 사자(使者)인 성자 마호메트가 그 시대 혁명의 불씨로 탄생한 것이다.

마호메트는 유복자로 태어났다. 그의 육신의 아버지 아브드 알라는 아들 마호메트가 태어나기 몇 주 전에, 메카에서 350km 떨어진 야스리브로 장삿길을 떠났다가 죽고 말았다. 졸지에 과부가 된 그의 어머니에게 남겨진 것은 여종 하나와 낙타 다섯 마리, 그리고 몇 마리의 양과 갓 태어난 아들 마호메트뿐이었다. 어머니는 커다란 권력을 가진 하심파의 수장이자 시아버지인 아브드 알 무탈리브에게 도움을 청하게 되면서 성소 근처에 있는 할아버지 집에서 그는 어머니와 함께 살게 되었다.

그러나 그것도 잠시 마호메트는 어머니와 헤어지게 된다. 메카 출신의 다른 명문가의 아들과 마찬가지로 마호메트는 사막의 유목민 가운데서 찾은 유모를 따라 사막 한가운데로 보내진 것이다. 같은 유모 밑에서 자란 어린 시절의 친구는 피를 나눈 형제와 다름 없는 애정을 갖게 된다는 그들의 풍습에 의해 사막 한가운데로 보내졌다. 야성적인 사막생활로 아이를 어려서부터 강인한 정신력으로 길러내기 위함이었다. 이러한 아랍인들의 풍습이 척박한 사막에서 그처럼 꿋꿋하고 강인한 정신력으로 살아 남은 것이라고 할 수 있다.

그러한 그들의 풍습은 계속 이어져 내려오고 있기 때문에 베두인의 가난한 여인들은 명문가의 젖먹이 아이들을 찾아 메카로 찾아왔다. 유모라는 직업이 생계 수단이기도 했지만 언젠가는 명문가의 대를 이을 소중한 아이와 관계를 맺어 미래를 준비할 수 있다는 계산도 들어 있다는 것이다.

그때 젖먹이 아이를 찾아 메카로 내려온 여인들이 열 명이나 되었다. 그래서 젖이 풍부한 여인들이 우선적으로 좋은 명문가로 뽑혀 가게 되었는데, 마호메트 유모가 될 알리마리라는 여자는 젖이 잘 나오지 않았다. 마호메트가 명문가의 자손이라고는 하지만 아버지가 없는 데다가 가난하다는 이유로 유모가 될 여자들이 꺼려 기피했다고 한다. 그런 형편 속에서 젖이 풍부하지 못한 여자가 마호메트를 받아들이게 되었고, 그 유모가 아이에게 젖을 물리는 순간 유모의 젖줄이 풍성하게 흘러 주위를 놀라게 했다는 이야기가 전한다.

마호메트의 유모는 사드파에 속한 알리마라는 여자였다. 그녀는 마호메트를 타이프 인근의 산악 지대로 데려가 여섯 살 때까지 키웠다. 그리고 다시 돌아온 마호메트는 어머니와 야스리브로 가게 되었는데, 오아시스로 가는 행렬은 그렇게 초라할 수가 없었다. 여종 하나와 낙타 다섯 마리가 전부였기 때문이다. 그러나 어린 마호메트에게는 모든 것이 신기했다. 먹을 것이 많았고, 나무와 풀과 미역을 감을 수 있는 호수 비슷한 것도 있어서 마냥 즐겁기만 한 것이다. 허나 그 즐거움도 길지가 않았다. 어머니가 얼마 되지 않아 세상을 떠나는 바람에 여종이 마호메트를 메카의 할아버지에게 데려다 주었다.

그러나 할아버지는 이미 팔십 고개를 넘어서 기력이 쇠한 노인이었다. 어린 손자와 죽음을 앞둔 할아버지와의 관계는 애정은 깊어질 수밖에 없었다. 하지만 그것도 잠시, 할아버지가 어린 손자를 두고 저세상으로 떠났다. 이제 여덟 살 난 마호메트를 돌봐 줄 사람이라고는 친척밖에 없었다. 그를 받아들여 준 사람은 할아버지의 대를 이어 수장이 된 숙부로, 마호메트의 후견인이 되어 주었다.

숙부는 선량하고 용감한 상인이었다. 하지만 딸린 식구가 많아 그렇게 넉넉한 형편이 못 되었다. 그 숙부는 사막을 횡단하는 대상 행렬에 조카 마호메트를 곧잘 데려가곤 했다. 어느 날 보스라라는 곳을 지나게 되었다. 거기에는 거대한 성전이 있었는데, 그곳이 유대교와 기독교가 혼합된 종교의 중심지였다. 543년에 유스티니아누스 황제의 부인 데오도라의 명에 따라 이미 대주교가 배출되기도 했던 곳이다.

숙부 일행이 이 곳을 지나게 되면서 바히라라는 선인(仙人)이 수도처로 삼은 곳 어귀에 머물게 되었을 때였다. 수도승들이 좀처럼 은신처에서 밖으로 나오는 일이 없었다고 한다. 그런데 그날 선인 바히라라가 처소 밖으로 나와 그 일행에게 먼저 말붙임을 했다. 자기의 처소에서 함께 식사를 하자는 청이었다.

그 선인은 전날 밤 한 무리의 낙타 행렬이 다가오는가 싶더니 낙타몰이꾼 하나의 머리에 서광이 빛나고 그 위를 구름이 감싸고 있는 꿈을 꾼 것이다. 선인은 그 꿈이 그 어떤 계시라고 생각했다. 그 선인이 마호메트를 처음 보았을 때, 꿈에 보았던 그 낙타지기 얼굴 모습이 분명했다고 한다. 그래서 반갑게 다가와서 했다는 말인즉,

"너는 정녕 신이 보낸 자구로구나. 성경이 예언한 그 사람이로다."

그는 식사를 함께 하고 떠날 채비를 서두르는 마호메트를 보고 이렇게 말했다고 한다.

"네 나라로 돌아가거든 그들을 각별히 잘 돌보되 특별히 유대인을 조심하거라. 내가 보았던 것을 저들이 본다면 필시 악행을 하리라."

그러나 나이 어린 마호메트는 그 수도승의 당부가 얼른 납득이 되지 않았다. 유대인이라면 같은 할아버지 계보로 자신의 종족이라는 생각이었기 때문에 크게 가슴에 담아 두지 않았다.

여행에서 돌아온 마호메트는 숙부의 아들 사촌들과 어울려 장난이나 즐기며 오카즈 장터에나 구경나가는 것을 즐기는 어린 아이에 불과했다.

오카즈 마을의 장터는 아라비아 전역에서 제일 크고 유명한 장터였다. 거기에는 아라비아 최고의 귀인에게 팔기 위한 예멘공국의 왕이 보낸 보검이나 순종 명마 따위가 새로운 주인의 흥정을 기다리고 있는 곳이었다.

사람들은 다투어 높은 곳에 올라가 자신이 누구인가를 떠들었는데, 자신이 왜 '아라비아 최고의 귀인'인가 하는 것을 시로써 이야기하는 것이었다. 그래서 일족 가운데 가장 유리한 시구를 읊는 시인이 있는 일족에게 더 많은 승산이 주어지는 것으로, 여기에 심판은 대중들이 맡아하게 되어 있었다.

이렇게 오카즈 장은 물건만을 사기 위한 장이 아니었다. 아라비아 전역의 시인들이 그 재주를 겨누는 일대 경연장이기도 한 것이었다. 여기에서 선택된 시들을 '걸려시'라고 하는데, 이 경연장 구경에서 마호메트는 말(언어)이 황금보다 더 소중하다는 것을 알게 되었다.

이러한 영향은 이후 마호메트의 시성(詩性)에 커다란 영향을 주게 되었다. 물론 운명적으로 가난을 타고났던 마호메트는 결혼을 생각할 여유가 없었다. 그래서 오랫동안을 독신생활을 해 오면서 그 고독한 영혼을 가슴의 시로써 읊어 노래했다.

마호메트의 시들은 이후 시단에서 높이 평가되기도 했다. 세상에 출현했던 모든 성자들의 삶이 고독했듯이 마호메트 역시 의지할 곳이 없는 생활이었기 때문이다. 이에 마호메트도 그처럼 맑은 영혼의 이야기를 시로써 남길 수 있었다. 그것은 타고난 운명 같은 것이기도 했지만 그러한 환경을 만들어 준 것은 어린 시절 오카즈 마을 장터에서 말이 황금보다 더 소중하다는 것을 알게 되었기 때문이라고도 할 수 있다.

오랜 동안을 독신으로 고독하게 지내 오던 마호메트를 눈여겨 보고 있는 한 여인이 있었다. 코발리드의 딸로 두 번이나 결혼 전력을 가진 하디자라는 여인이었다. 그런 그녀는 가진 재산이 많았고, 혼자서 사업을 이끌어 나가고 있었다. 그녀가 이끄는 대상은 메카에서는 가장 커서 제일로 손꼽고 있었다. 그런 그녀가 대상 행렬의 우두머리로 마호메트를 세웠다. 그녀는 이미 마음속에 마호메트를 담아 두고 있었기 때문이다.

하지만 그들의 결혼은 그렇게 쉽게 이루어질 수만은 없었다. 그녀의 나이는 그때 이미 사십 고개를 바라보고 있었고, 마호메트는 이제 스물다 섯이었기 때문이다. 마호메트의 씨족들이 이 결혼에 결사 반대를 하고 나왔다. 마호메트 역시도 그 부유한 여인이 왜 가난한 자신과 결혼하려는 지 얼른 이해가 가지 않았다. 그처럼 세속적 물정에는 어두운 마호메트였 다. 마침내 그녀는 미온적인 마호메트의 태도에 중간에 사람을 내세워 그를 설득해 보도록 했다. 그렇게 하여 그녀의 청혼을 받아들인 마호메트 였고, 결혼과 동시에 호구대책을 마련하기에 급급했던 생활에서 해방되 었다.

그로부터 달라진 생활은 경건한 청년들과 교분을 갖게 되면서 새로운 변신을 가져오게 되었다. 그야말로 이제까지 물질적 고통과 압박감에서 완전히 해방된 생활이었다. 결혼으로 하디자 씨족 속에 스며들게 된 마호 메트는 학식이 풍부한 하디자의 조카들과 사귀게 되었는데, 그 중에 조카 하나는 시리아의 복음서들을 히브리 어와 아라비아 어로 옮길 정도였다.

마호메트는 하디자와 사이에서 두 딸을 낳았다. 물론 그 사이에 아들을 낳았지만 어찌된 일인지 일찍 죽고 말았다. 아라비아 사회에서는 대를 이을 사내아이가 없다는 것은 큰 치욕이었다. 그래서 능력만 있으면 무제 한 중혼이 법으로도 인정되어 있기 때문에 부자들은 얼마든지 젊고 아름 다운 여자, 그리고 노예들을 자식 낳기 위해 사들여도 이상할 것이 없는 풍토였다. 하지만 마호메트는 달랐다. 대를 이을 아들이 없음에도 오직 그의 아내 하디자에게만 충실하였다.

마호메트 나이 사십에 이르렀을 때였다. 그는 메카에서 수킬로미터 떨어진 히라 언덕의 동굴에 은둔하여 몇 날 밤을 새우곤 했다. 이 세상에 출현했던 모든 성자들이 그러한 인생 허무에 고뇌하고 깨달음을 얻기 위해 구도의 길을 떠돌듯이 마호메트 역시도 마찬가지였다. 발가벗은 불모의 산 동굴 속에서 회색의 허무, 삶과 죽음이 무엇인가 하는 고민을 털어내기 위해 명상으로 들어가곤 했다. 그런 일들을 거듭 일관해 오던 611년 어느 날 밤, 갑자기 빛과 구름에 휩싸인 물체가 나타나 그를 깨웠다.

"보라! 그대는 하나님이 보내신 사자니라."

가브리엘 천사였다. 아라비아 어로 '지브릴'이라고 부른다. 그때에 이르러서야 가브리엘 천사가 나타나 그의 운명을 예고해 준 것이다. 놀랄 수밖에 없는 마호메트였다. 자신이 하나님 사명을 받고 보내진 사자(使者)라니, 놀란 마호메트는 혼란에 싸이고 말았다. 아무리 생각해도 스스로가 믿어지지 않았기 때문이다.

마호메트가 그 천사의 말을 받아들이기까지는 그 자신조차도 여러 날 걸렸다. 마호메트는 아내에게 자신이 겪은 일들을 이야기해 주었다. 아내는 마호메트의 말을 그대로 믿고 받아들였다.

그 후로도 하디자는 모성으로 세상과는 섞이지 못한 마호메트를 언제나 따뜻하게 감싸고 품어 주었다. 아내 하디자는 남편 마호메트의 허무적인 고민을 돕기 위해 유대인과 기독교 성서에 해박한 지식을 가지고 있는 조카 '바라카 이븐 나우팔'에게 조언을 구했다.

그녀의 조카는 마호메트의 고민을 위로하면서도 몹시 염려스럽게 말했다. 그의 염려는 신으로부터 선택 받은 사람은 언제 어디서나 그에 반하는 저항의 도전을 받게 마련이라는 것이었다. 그래서 같은 부족의 손에 단죄되어 내쫓기지 않을까 하는 기우의 염려였다. 그만큼 성서 지식에 해박한 그녀의 조카는 기존의 유대교가 초기 기독교를 끌어안고 혼합시킨 문제점이 무엇이라는 것을 알고 있었기 때문에 그것을 우려한 것이었다.

그 후 마호메트는 거듭 찾아오는 계시의 천사를 만나면서 그 일에 점차 익숙해졌고, 또 자연스럽게 자신을 그렇게 인정해 가기에 이르렀다.

계시가 마호메트에게 찾아올 때마다 마치 술에 취했을 때처럼 몽롱해지는 의식 상태가 몇 시간이나 지속되면서 귓속에서 이상한 소음이 윙윙거리는 현상이 나타났다. 마호메트는 이제 더 이상 자신을 의심하지 않았다. 아니 그가 이미 신으로부터 선택받고 보내진 사람임을 믿기 시작했다. 그리하여 하나님과 인간 사이 중보자로서 그 사명이 자신에게 있음을 확신하기에 이른다. 마호메트가 아라비아 인들에게 하늘과 땅, 그 중보자로서 사명을 하게 된 그 첫 장은 이렇게 시작되었다.

마호메트에게 휩싸여 있는 영감(靈感)은 근원을 같이하고 있는 성자들과 같은 논리였다. 본자연(本自然)으로 존재하시는 태초의 하나님 말씀(LOGOS)의 본성이 인간 속에 내재되어 있기 때문에 그 자성(自性)을 깨닫고 자연신 숭배사상에서 벗어나라는 것이었다.

마호메트가 선포한 '알라신'이란, 그 당시 사람들이 기존의 사상으로 숭배해 온 그 성호(聖號)가 붙여진 신(神)이 아닌, 스스로 존재하시는 태초의 하나님으로 절대자를 뜻한다.

또한 '알라'는 힘찬 진리의 지혜라는 뜻이기도 하고, 관대함 혹은 강대한 자를 의미하는 것으로, '알라'는 아라비아 언어로 '꾸란'이다.

이 꾸란이 프랑스 어로 옮겨지면서 '코란'으로 회교도들의 경전이 된 것으로, '이슬람'이라는 뜻은 하나님의 의지에 복종함을 의미한다고 했다. 즉 하나님에게 복종하고 하나님을 의지한다는 뜻으로, 마호메트가 선포하는 메시지의 주류를 이룬다.

알라(하나님)는 죽은 자를 살려 낼 수 있는 전지전능하신 하나님이기 때문에 믿고 의지하는 것이 지혜로운 삶이라는 것을 설파한 것이다. 그리

 우주정신과 예수 친자 확인 소송

고 이 알라 (하나님)신 최후의 심판이 있을 것인데, 선(善)한 자에게는 그 알라신과 영원히 그 낙원에서 함께 살 수 있는 축복이 주어지고, 악(惡)한 자에게는 뜨거운 징벌이 내릴 것이라는 것이 그의 메시지였다. 그러나 마호메트가 전하는 이러한 메시지는 경멸과 적대감으로 돌아왔다.

그때까지 그들이 믿어 온 것은 여호와 신을 숭상해 온 유대 족속을 비롯해서 그 외의 다른 족속들 역시도 영대(靈臺)의 본체신 하나님께서 말씀으로 창조하셨다는 공중 권세자(神界)들을 받들어 섬겨 오고 있었다. 특히 사막 지대의 아라비아 인들은 그들이 섬기는 자연신들이 수없이 많았다. 유대인들이 여호와 하나님의 율법 제사의식에 따라 양을 잡아 올리고 하던 샤머니즘적 제사의식 그대로였다.

이러한 기존의 사상의 틀을 엎으려는 마호메트는 기존의 제도권 사상가들로부터 괴변으로 악영향을 끼치는 사람으로 주목될 수밖에 없었다. 마호메트는 먼저 자신의 종족 유대인들을 개종시키고자 했지만, 끝내 돌아오는 것은 냉대와 조소뿐이었다. 다른 종족들도 마찬가지였다. 그러한 가운데 오직 그의 말을 믿어 주는 사람은 아내 하디자와 두 딸과 양아들, 그 가족이 최초의 신자들이었다.

외부인으로써 최초로 신자가 된 사람은 부유한 상인 아브 바르크였다. 그는 평소 단호한 성격의 소유자로 용기가 있었으며, 그 온유함이 여러 사람들로부터 칭송을 받고 있는 사람이었다. 그가 마호메트를 믿어 주는 외부인 신도로서는 제일의 측근자였다.

마호메트는 먼저 자신의 측근 친척들을 개종시키려고 노력했지만 오히려 더 냉대만 당했다. 특히 숙부는 더 완고했다. 더없이 정직한 숙부는 조상 대대로 믿어 온 조상신을 그렇게 팽개칠 수가 있느냐는 것이었다. 그래도 마호메트는 친척 한 사람씩 찾아가 말을 건넸지만 타인들보다 더 귀찮아했으며 들으려고조차 하지 않았다. 그리고 하나같이 입을 모아 조소를 던졌다.

"그가 미친 게 아닐까? 알라신은 어디서 온 것인지도 모를 뿐더러 마호메트를 저 많은 신들이 과연 용서할까? 막대한 소득원인 카바 성전을 포기하고 순례를 멈추라니 그게 말이나 되는 소리냐고!"

씨족들의 불평불만의 소리와 함께 시민들로부터 조카 마호메트가 신앙생활에 찬물을 끼얹는다며 그를 비난하는 소리가 숙부에게까지 들어가게 되었다. 숙부는 조카의 말에 수긍하여 따르지는 않았지만, 애정이 두터웠던 만큼 수장의 직책과 조카 사이에서 고민하였다. 씨족들 사이에서는 그를 좋지 않게 말하는 이들도 있었지만, 그러나 어쨌거나 조카였기 때문에 보호할 수밖에 없는 입장이었다.

쿠라이시족 가운데는 수장인 숙부에게 마호메트를 파문하라며 책임을 추궁하는 사람도 있었다. 마호메트를 추방하는 일은 수장인 숙부의 손에 달려 있었다. 사실 숙부는 조카가 믿으라는 알라신을 믿고 싶지는 않았지만, 그렇다고 조카를 대적들의 손에 순순히 내맡길 수는 없는 일이었다. 숙부는 파벌의 계율대로 조카를 감싸고 보호해 주었다. 그러자 쿠라이시족 안에서는 마호메트를 놓고 의견이 분분했다. 분위기가 그쯤 되자 숙부는 마호메트에게 사람을 보내어 설득해 보려고 했다. 마호메트와 가까이 지내는 우트바가 이 역을 맡았다. 그는 침착하기로 이름이 난 사람이었다. 그가 마호메트를 찾아와서 말했다.

"우리 모두는 자네가 건강한 사람이라고 알고 있네. 그렇지만 자네의 행동거지가 이 좁은 성읍에서 어떤 구설수와 혼란을 일으키고 있는지 내가 굳이 말하지 않아도 잘 알고 있겠지. 도대체 왜 그러나? 자네를 우리 지도자로 세울 용의도 있네. 그러니 제발 우리가 숭배하는 신들이나 이 신들의 추종자들이 영원한 지옥불에 떨어질 거라는 얘기는 좀 삼가 주게. 행여 어디가 아파서 그러는 거라면 우리가 자네의 육신과 영혼을 완벽하게 치료해 줄 수 있는 최고의 의원을 찾아 주겠네.”

그야말로 침착하고 조리 있는 그의 말을 마호메트는 슬픈 얼굴로 듣고 있었다. 그 말을 듣고 난 마호메트가 말했다.

“아무것도 이해하지 못했구먼. 그들은 아예 믿고 싶어 하지 않은 거야. 이들이야말로 불신자들이 될 터, 그들은 자신들이 알라를 믿기 바란다면 증표를 보여 내세우라고 하는구나. 성읍을 둘러싸고 있는 저 사막에 푸른 강물을 흘려 보내 시리아 같은 나라를 만들라니, 달을 두 개로 쪼개 보라니, 그게 무슨 과자라도 된단 말인가?”

사실 그때 시민들 사이에서는 마호메트가 마법을 행한다는 소문이 파다하게 퍼져 나면서 그들은 마호메트로부터 그 어떤 기적을 보여 줄 것을 요구하기도 했었다.

마호메트가 산을 꾸짖어 딴 곳으로 옮기게 한다는 소문이 널리 퍼져 옮겨 가는 구경을 하려고 사람들이 모여들었다. 마호메트는 그들 앞에서 무엇인가 보여 주려고 결심했다. 엄숙한 모습으로 그 관중들 앞에 모습을 나타내자 그들은 모두들 긴장하여 숨을 죽였다. 마호메트가 근엄한 음성으로 산을 향해 소리쳤다.

“산아 냉큼 옮겨 가거라!”

그러나 산은 꼼짝도 하지 않았다. 마호메트는 다시 한 번 호령했다. 그래도 산은 여전히 움직이지 않았다. 그러자 군중들이 소란스러워지기 시작했다. 이때 마호메트는 태연하게 말했다.

“아무리 말을 해도 이놈이 옮겨 가려고 하지 않으니 내가 옮겨 가면 그게 그 턱이겠지.”

그는 산과 사람들을 남겨 놓은 채 자기 혼자 어슬렁어슬렁 걸어가 버렸다. 그는 그때 고향 메카를 떠나게 될 것을 그렇게 암시해 주었다. 이렇게 끝내 그 말을 믿어 주지 않는 측근과 시민들에 실망한 마호메트는 어느 날 동네 어귀에 서서 그들을 향해 단호하게 말했다.

"불신자들아! 너희들이 숭배하는 저 신들을 결코 용서할 수가 없구나. 알 라트, 알 오자, 또 마나트라, 그 여신들이 도대체 무슨 의미인가? 이 모든 것을 만들어 낸 이는 너희 자신이고 너희 아비가 아니더냐?"

이처럼 거침없는 마호메트의 말은 마침내 적대의 갈등에 불씨를 던져 준 폭탄이 되고 말았다. 그 누구도 그들이 믿어 오던 신에 대해서 이같이 불경스럽게 말할 수는 없었기 때문이다.

그들은 마호메트가 전하는 핵심의 메시지, 육신의 부활과 최후의 심판이라는 말을 조롱하면서 말했다.

"알라가 전하라는 최후 심판의 그 날을 말해 보라! 영원한 지옥불의 고문이 무엇이냐? 말해 보라!"

그러자 또 다른 시민이 조롱하듯이 그 말을 거들고 나섰다.

"그렇다면 네 말대로 우리 메카의 잡신을 섬긴 조상들이 모두 지옥불에서 고문을 당하고 있다는 건가? 말해 보라!"

조롱하는 무리 속에서는 마호메트가 유대 기독교인들에게 매수된 것이라고 말한 사람도 있었고, 마법사가 된 것이라고도 했고, 혹 어떤 이는 시인은 그런 것이라고 말하는 사람도 있었다. 이처럼 설왕설래하는 비난에 맞장구를 치는 맞수는 마크즘파의 수장 '아브 잘'이었다.

마크즘파의 수장 아브잘이 조카를 모욕했다는 소문을 숙부는 사냥 길에서 전해 들었다. 조카 마호메트의 행동이 못마땅했지만 그렇다고 그냥 지켜본다는 것은 씨족 전체를 욕보이는 것이었으므로 그냥 두고 볼 수가 없었다. 씨족 사회로 이루어진 이들에게 가문의 전통과 명예는 목숨보다도 더 소중한 것이었다.

숙부는 과단성이 있고 용기가 있는 사람이었다. 씨족이라는 연대감을 앞세워 마호메트의 행위를 옹호하고는 가문을 욕보인 마크즘파를 응징한다며 무기를 들고 뛰어나가 아브 잘을 향해 화살을 날렸다. 그때 아브 잘은 화살을 피해 생명에는 지장이 없었으나 몸에 상처를 입었다. 결국 마크즘파의 수장 아브 잘은 잘못을 사과했고, 이 일을 계기로 숙부는 다만 씨족끼리의 연대감으로 이슬람교도가 되었다.

이러한 씨족의 연대감으로 최악의 상황에서 비켜날 수 있었던 마호메트였지만 그를 따르는 교도들은 정신적, 육체적인 탄압을 당해야만 했다. 시민들은 이슬람교도들만 보게 되면 돌팔매질을 했기 때문이다.

이슬람교의 정신적 지주였던 마호메트는 추종자들을 방어하기 위해 부단한 노력을 했다. 그러던 중 천적과도 같은 쿠라이시족 마크즘파의 일원에게 우연하게도 도움을 받게 되었다. '알 아르캄 이븐 아브드 마나프'는 이슬람이라는 신흥 종교의 교도들에게 은신처로 널찍하고 길목이 좋은 집을 제공했다.

호의를 받아들인 마호메트는 어느 파벌에도 속하지 않은 진리의 예언자 모습 그것이었다. 그러나 파벌을 따지기 좋아하는 인간 세상은 그렇지가 않았다. 불신자들의 불매운동이 일어나면서 아내 하디자의 장사는 완전히 파산 지경에 이르렀다. 상황이 이쯤에 이르게 되자 그를 따르는 신도들의 재정 상태 역시도 엉망이 되어버렸다. 마호메트는 정신적으로 무거운 짐을 혼자 감당해야 했다.

마침내 615년, 더는 견딜 수 없게 되자 마호메트는 자신을 따르는 적은 수의 이슬람교도들과 함께 고향을 떠나 아비시나이로 갔다. 현재의 에디오피아 땅이었다. 그 곳에는 초기 예수의 제자들에 의해 전파된 신약복음을 믿는 유대교에서 분파된 기독교 왕국을 이룬 황제가 그들을 반갑게 맞아주었다. 이 첫번째 이주가 이제 막 싹트기 시작한 이슬람교와 기독교 사이에 화합을 이루는 계기가 된 것이다. 이때 기존의 사상, 곧 구약 시대 자연신 숭배사상을 타파하라는 교리가 서로 화합하며 살아갈 수 있도록

해 준 근본 원인이었던 것이다.

유대교는 여호와 하나님을 전지전능하신 하나님으로 우주와 만물이 그 지배권 아래 있다고 믿고 있는 종교사상이기 때문에 여호와 율례의 법도(法道)에 따라 율법적 제사의식을 그대로 행해 오고 있었다. 그들은 선지자들이 예언한 구세주 예수를 그 선대들이 이단으로 처형했기 때문에 그리스도 예수의 말씀 신약복음을 인정하지 않았고, 다만 구약성서만 '절대자'이신 여호와 하나님의 말씀이라고 굳게 붙들고 있었다.

이러한 시대 상황에서 유대교에서 분파된 초기 기독론과 마호메트의 논리 주장은 근본을 같이한 성자들이기 때문에 그 논리가 합치될 수밖에 없었다. 천국과 지옥설이 그러하고, 하나님(알라) 최후의 심판 날의 예언이 있으며, 또한 신의 이름이 필요치 않는 태초의 하나님, 그 신성을 이루게 되면 잡다한 자연신들이 오히려 그 앞에 굴복한다는 마호메트의 주장이었기 때문이다.

이렇게 동일한 세계관으로 그들 사이는 마치 형제를 만난 것처럼 서로의 대화가 일치되면서, 이때 이주한 아라비아 인 가운데 몇은 아비시나아 교회의 기독교 사상에 감화되어 개종하는 사람도 속출했다. 그 이유는 고등종교 스승 예수의 가르침은 "원수까지도 사랑하라, 이것이 내 아버지의 뜻이니라." 하신 말씀이 성부(聖父) 하나님의 우주정신 대도(大道)로, 곧 일곱 성자들의 머리 도맥이기 때문에 부분 지체 도맥과는 달리 끌어안는 포용성의 폭이 그만큼 넓을 수밖에 없는 것이었다. 그래서 이슬람교도들이 예수의 신약복음에 감화되어 기독교로 개종하는 것은 어쩌면 당연히 있을 수 있는 일이었다. 그런 관계로 마호메트는 그들을 탓하지 않고 여전히 하나 된 교우로 포용했다.

이처럼 그 시대 종교혁명을 일으키고 있는 마호메트를 메카 사람인 '오마르 이븐 알 카타브'라는 사람은 제 손으로 마호메트를 죽이겠다고 장담

하고 나섰다. 그는 육척 거구에 난폭하기로 소문난 사람으로, 자존심과 오만함 또한 대단한 사람이었다.

어느 날 대낮에 이슬람교도 집에서 집회가 열리고 있을 때였다. 그가 집회가 열리는 집을 향해 뛰어가면서 지금부터 자기가 무슨 짓을 할 것인 가를 말했다. 이슬람교도들을 죽여 버리겠다는 것이었다. 그러자 한 사람 이 그에게 말했다.

"먼저 당신 집에서 어떤 일이 벌어지고 있는지 살펴보고 나서 하는 게 좋을 게요."

그 말에 그는 자기 여동생 파티마와 그녀의 남편이 이슬람교로 개종했 음을 알게 된다. 길을 되돌려 집으로 뛰어온 오마르는 대장장이 알 아르캄 이 자기 여동생 가족들에게 '코란'을 읽어 주는 소리를 듣게 된다. 이때 오마르의 발자국 소리에 놀란 대장장이 알 아르캄은 다른 방으로 숨은 뒤였다. 오마르는 코란경을 읊은 낯선 목소리를 들었던 터라 누이를 다그 치다가 머리에 피를 내게 하고는 곧 후회했다. 미안하게 생각한 오마르는 그 누이동생에게 코란을 계속해서 읽어보도록 했다. 구구절절이 옳은 소 리뿐이었다. 거기에 감동한 오마르였다.

그는 그 길로 대장장이 알 아르캄 집으로 달려가 개종을 서약했다. 그 처럼 오만한 오마르가 이슬람교로 개종하여 마호메트 사후에 가장 유명 한 이슬람교 수장이 되리라고는 그 누구도 생각지 못했었다. 이렇게 오마 르가 개종을 서약하고 있을 때, 마호메트는 메카를 떠나 망명중이었고, 다음에 그 소식을 전해 듣게 되었다.

619년, 마호메트는 그의 아내 하디자의 숙부의 부음을 전해 듣는다. 그 는 평소에 마호메트의 후원자였다. 하지만 마호메트는 그의 죽음을 슬퍼 하거나 그것을 이유로 눈물을 보이지 않았다. 인간의 죽음이란, 실체 생명 을 감싸안고 있는 허상일 뿐이라는 것을 오히려 담담하게 설파하고 있었다. 성자다운 모습을 보이는 진리의 설파였다.

그 얼마 후, 25년 동안을 마호메트의 조언자로 재정적인 후원자였으며 반려자인 동시에 그를 믿어 주었던 아내 하디자가 65세로 별세했다. 그 뒤 씨족의 수장이던 마호메트의 숙부 아브 탈리브가 90세로 별세했다. 그리고 그 뒤를 이어 숙부의 동생 아브라함이 수장의 자리에 올랐다. 그는 형님과는 달랐다. 그가 보는 조카 마호메트는 못된 녀석이었다. 씨족이 유대교에서 개종을 하지 않으면 지옥 불에 떨어질 것이라며 다녔기 때문이다. 아라비아 인들에게 있어서 자기 가족이 지옥에 떨어진다고 하는 것은 자기 종족 전체를 떨어뜨리겠다는 것과 다름이 없는 것이다.

이러한 시대 분위기에서 씨족들이 마호메트를 볼 때는 용서할 수 없는 망나니로, 최고의 악신 놀음을 하고 있는 것으로 간주했다. 종족의 계율을 어기게 한다는 마호메트는 씨족으로부터 소외되는 것은 당연했고, 파문될 것은 자명한 일이었다. 씨족으로부터 파문된 자는 보호를 받을 수가 없어서 누구라도 손쉽게 처리해도 책임을 묻지 않았다. 때문에 큰숙부가 돌아가신 후부터 마호메트는 쫓기고 있었다. 적들은 더 없이 쾌재를 부르고 죽일 기회를 찾고 있었으므로 마호메트는 저주 받은 도시 메카를 다시 떠나야 했다.

진리를 전해야 했던 성자 마호메트는 그처럼 육신의 가계 혈통에서 잔인하게 잘림을 받아야 했다. 하지만 진리를 선포하기 위해서 그는 육신의 혈족으로부터 내쫓기는 것쯤은 너무나 당연한 것으로 받아들이고 있었다. 그러한 성자 마호메트의 모습은 육신의 가계 혈통, 그 종족의 의미가 더 이상 필요치 않음을 그 행적에서 보여 준다.

그것이 이 땅에 출현한 성자들의 사명으로 모든 족속을 진리 안에서 하나로 통일시키는 것을 목적으로 하는 가르침은 모두가 그처럼 동일했다. 종족의 핏줄이 중요한 것이 아니었다. 인간 생명의 실상인 영혼, 그 뿌리가 거룩하신 하나님의 사랑 가운데서 비롯된 공동체적인 혈족이라는 개념이었다.

마호메트의 인류 공동체적인 사상은 같은 씨족으로부터 쫓기고 있는 마호메트를 비호해 주기 위해 신자들이 그 투쟁에 앞장서 나선다. 622년, 75명의 야스리브 순례자들이 73명의 남자와 2명의 여자를 포함한 아카바 협곡에서 마호메트를 위해 투쟁할 것을 서약한다. 마침내 마호메트는 그 수장이 되었다. 이제까지의 전통적인 씨족의 수장이 아닌 공동체가 그 능력을 인정해 주는 능력자로서의 수장이었다.

메카 북동쪽 350Km 지점에 위치한 야스리브였다. 6세기경 바빌로니아 문헌에 등장하는 천년 고도로, 인구는 3,000명이며 아라비아 문화권에 흡입되어 있었다.

아라비아 방언을 구사하는 유대인들이 쿠라이자, 나디르, 카이노카의 세 부족으로 갈라져 있었고, 이들 외에도 오우스와 카라즈이라는 아라비아 부족이 강력한 지배층을 형성하고 있었다. 이들과의 사이에 대립이 격화되면서 온건파들은 마호메트를 중재자로 세웠다. 그 당시로는 오우스족이 카즈라이족을 압도한 추세였다. 하지만 그러한 대립은 내일의 내란을 염려하지 않을 수 없었다.

사막 속에서 푸른 초장인 야스리브는 동족간의 살육을 불사할 만큼 기름지고 풍요로운 땅이었다. 우선 지하수가 풍부한 오아시스가 있고, 종려나무와 과일이 넘쳐나는 땅인 야스리브는 불모의 땅 메카와는 달랐기 때문에 생업이 주로 농업이었다. 이것이 오히려 야스리브 부족이 다른 부족으로부터 위협을 받는 취약점이었다. 오랜 사막 생활로 강인한 정신력을 어려서부터 길러 온 베두인 사람들이었기 때문에 야스리브 부족에게 있어서는 언제나 경계의 대상으로 위협적인 존재였다.

그런 부족과 씨족 사이의 관계가 점점 악화되면서 복수는 복수를 부르고, 그 복수는 내일의 삶을 예측할 수가 없는 상황이었다. 그런 분위기에서 인류는 알라(하나님)의 한 자손이므로 서로 도와가며 살아야 한다는 공동체적인 마호메트의 사상 전개였고 보면, 그들 사이의 중개자로 평화를 유지해 줄 수 있을 것이라는 대안이 마호메트를 불러 수장으로 세우고자 한 것이었다.

그들의 그러한 요청을 받고 마호메트가 떠나려던 그날 새벽이었다. 불신자들이 집으로 들이닥쳐 그의 침대를 덮쳤다. 그런데 신의 예시가 있었던 것일까? 전날 밤 마호메트는 사촌 알리에게 자기의 침대를 내어주고 거기에서 자도록 했기 때문에 그 위험을 벗어날 수가 있었다. 그러나 그들은 곧 마호메트의 뒤를 쫓기 시작했다. 그 뒤를 바짝 쫓아온 그들의 눈을 피해 마호메트가 동굴 속으로 숨어들었다.

그들은 그 일대를 샅샅이 뒤졌다. 마호메트가 거기서 멀리 벗어나지 못했을 것이라고 생각했다. 동굴을 뒤질 생각을 하고 있을 긴박한 상황에 놓여 있을 때였다. 동굴 입구에 거미들이 나타나 거미줄을 치는가 하면, 동굴 입구에 비둘기 한 마리가 날아와 제 둥지를 틀고 태연하게 알을 품고 있는 모습에 동굴에 들어가려 했던 그들의 걸음을 돌려 세웠다는 이야기가 전한다.

그만큼 그가 이루어 내야 할 몫의 사명에 충실하기 위해서는 수없이 많은 고통의 사선을 넘나들어야 했다. 마호메트가 야스리브의 오아시스에 도착했을 때는 서기 622년 7월이었다. 이제 예언자의 마을이 된 야스리브였다. 그로 하여 이슬람교 최초의 성전이 세워진 곳이다.

망명 초기 마호메트는 유대인을 설득할 수 있으리라고 생각했다. 그래서 그들에게 예배 때 예루살렘을 향해 기도하는 것까지도 허용해 주었다. 그러나 유대교인들의 문제는 바로 그 이름을 가진 신, 여호와의 율법을 그대로 지켜야 한다는 기존 사상의 벽을 허물기가 쉽지 않았다. 그 율법은 초등학문이므로 폐하라는 성자 예수를 '이단'으로 몰아 십자가 형틀에 매달았던 그들 조상이며, 또 그 정통성을 자랑하는 것이 유대인들이었기 때문이다.

사실상 성자 출현 이전의 사상은 어느 부족이나 마찬가지로 그들이 믿는 신의 이름을 부르며 예배했던 것으로, 그것이 그 민족 토속신앙이었다. 그렇기 때문에 여호와 유일신(唯一神) 사상에 묶여 있는 유대인들이었고, 그들이 숭배하는 여호와의 능력에 의해서 이웃 민족과의 대결에서 이길 수 있었다는 것이 그들의 자부심으로 그것을 내세워 자랑하는 유대인들을 설득하기란 그만큼 쉽지 않았다.

이러한 신비주의적 신앙에서 해방시키려는 것이 근본을 같이하고 있는 성자들의 가르침이었다. 하지만 선대로부터 뿌리 내려진 사상을 돌려놓기란 그만큼 어려움이 따른다는 것을 성자들의 삶의 족적에서 말해 주고 있듯이 성자 마호메트 역시도 마찬가지였다. 그는 시대 변화를 외치면서 쫓김과 냉대를 받아야 했다. 그러한 박해 속에서도 근본의 진리가 무엇인가를 설파하기 위해 죽음까지도 불사하는 투쟁사를 보여 주고 있는 것으로, 이때 마호메트가 자신의 영향력을 확대할 수 있었던 것은 '메디나' 공회라는 이들과 맺은 공회 이름이 있었기 때문이다.

부족들이 동맹을 결성하여 서로 보호할 의무를 함께하는 상호 안전 협약이다. 동맹체는 메카에서 이주해 온 이주자들과 메디나의 원조자들, 메디나의 부족 등으로 이루어진 여러 조직들의 연합체로, 여기에는 각기 수장이 세워져 있었다. 이것은 아라비아 특유의 사회 구성 형태였다. 마호메트는 이주한 쿠라이시족의 수장이면서 그를 추종하는 모든 이슬람교도들의 수장이기도 했다. 이러한 사실로 인해 마호메트는 정신적 지도자의 위치에서 세속적인 권위까지도 확립된다. 그러나 세속의 권위는 이슬람교도들의 안전을 위한 것뿐으로, 마호메트 개인을 위한 것이 아니었다.

그러나 그 안전을 위해서는 상황에 따라 무력 도발을 막기 위해서는 불가분의 대응책으로 그 대안을 제시해야 하는 입장이기도 했다. 그를 추종하여 죽음도 불사하고 쫓아온 이슬람교도들의 생명 안전을 위해서였다. 이러한 관계로 성자로서 정치적 수장의 능력을 발휘해야 했던 마호메트는 그러한 환경 속에 태어나 그에게 무겁게 짐 지어진 운명을 감당해야 했다.

세속적인 권위에 연연한 모습이 아닌 마호메트의 모습은 당연히 모든 이들로부터 위엄과 존경을 받으면서 사막민들의 공동체적인 의지로 부각되기 시작했다. 따라서 마호메트는 그들의 정신적 지주로 존경을 받게 되자 그들을 보호해야 할 의무가 주어졌다. 적대자들과 대응하는 일선에 나설 수밖에 없었다. 공동체의 생존을 보장하기 위해 어린 시절에 보아온 사막의 전통과 손을 잡은 것이다.

그 시작의 결정적 계기는 헤지라 2년 624년 3월이었다. 이 무력을 통해 승전고를 울리게 되었다. 이슬람교도들은 이를 계기로 알라가 마호메트와 함께하고 있다고 더욱 믿게 되었다. 이때부터 마호메트를 대적하는 메카 인들과의 전투가 시작되면서 엎치락뒤치락 하게 되었다. 그 대결에서 패배를 몰고 오게 한 것은 유대인들의 위선적인 배신 때문이었다.

마침내 마호메트는 끝까지 살아 남기 위해서 위장색을 하고 있는 유대인들과의 끝장을 결심하게 된다. 그래서 그들을 개종시키기 위해 허용했던 이스라엘 성전을 향한 기도를 철회시키고 625년 8월에서 9월 사이 메디나를 떠나라고 명령했다. 이에 유대인들은 크게 저항했다. 유대인들의 대적 행위에 무슬림들은 그들을 보루에 밀어 넣고, 그들의 종려나무 숲을 불살라 버렸다. 여기에서 혹자는 항복해 오기도 했지만 재산은 모조리 몰수했다.

마호메트의 유대인 말살 정책은 다음날까지 계속되면서 대학살을 감행했다. 그들이 자랑하던 유대교리 율법이 예수를 잡아 십자가에 못 박았던 그날 그 형장에서 그들의 선대들이 하늘을 향해 맹세한 그리스도 예수의 피 값에 대한 그 보응이 분명했다. 아래는 그 기록이다.

> 빌라도가 아무 효험도 없이 도리어 민란이 나려는 것을 보고 물을 가져다가 무리 앞에서 손을 씻으며 가로되,
> "이 사람의 피에 대하여 나는 무죄하니 너희가 당하라."
> 백성이 대답하여 가로되,
> "그 피를 우리와 우리 자손에게 돌릴지어다."(마태 복음 27장 24~26)

그것이 그들 선대가 하늘 무서운 줄 모르고 자초한 바로 그 성자 예수의 피 값의 보응임에 틀림이 없다. 거기에 대한 응보를 성자 마호메트를 통해 그 후손들이 받고 있는 것이었다.

그 당시 불안정한 외부 세력들은 메카의 불신자들과 카이바르의 유대인 사이에 끼여 있는 상황의 입장이었다. 메카는 마호메트를 냉대 박해하여 망명길을 떠나게 했던 제일의 적대 도시였다.

어느 날 마호메트는 꿈에 보인 대로 메카로 순례를 떠나겠다고 선언했다. 그와 함께 고향 메카를 등지고 따라왔던 신도들은 모두들 놀라지 않을 수 없었다. 그들은 만류할 수도 없는 채 마호메트를 따라 628년 2월, 메디나를 출발 메카로 향했다. 하지만 다른 베두인 사람들은 너무도 엄청난 일에 만류하지도 못하고 동행만은 거절했다. 개종을 한 그들이었지만 빌미만 주어지면 언제나 옛 종교로 복귀할 수 있는 아직 뿌리 내리지 못한 그들의 신앙 상태였음을 보여 준다.

한편, 고향으로 돌아가는 마호메트 일행들은 전투 의사가 없는 순례자의 복장이었지만 그 수는 천 명을 넘었다. 쿠라이시족은 이들의 메카 입성을 막을 수도, 허용할 수도 없는 곤란한 상황에 처했다. 메카는 한참 순례의 계절이었기 때문이다.

마호메트는 성읍 입구에 천막을 치고 그들의 대답을 받아 내고야 말겠

다는 결의였다. 마호메트의 역량을 익히 들어 알고 있는 그들은 어쩔 수 없이 협약을 제안해 왔다. 내년 순례의 계절에도 3일간의 입성을 허용한 다는 조건이었다. 이에 이슬람교도들은 대다수가 불만이었지만, 마호메 트는 큰 성과라고 말했다. 그것은 아라비아 최고의 메카 인들이 쫓기듯 고향을 떠난 무슬림들을 동등하게 대우한다는 획기적인 증표였기 때문이 었다.

점차적으로 그 세를 넓히고 늘려 가는 마호메트였다. 628년 5월, 마호 메트는 유대교도들이 살고 있는 카이바를 대거 공략했다. 메디나 북쪽에 위치한 거대한 종려나무 숲이었다. 그 곳에 살고 있는 유대인들은 뛰어난 농법과 기술로 대추, 야자수까지도 재배하고 있었다. 그들은 숲속에 흩어 져 있는 일곱 개의 요새에 살고 있었다.

그들은 아라비아의 관습대로 그해 수확물 중에서 일부분을 자기들을 지켜 줄 베두인을 사는 데 사용했기 때문에 안전하게 보호받으면서 농업 에 종사하고 있었다. 마호메트는 이 녹색 정원을 향해 1,600명의 전사들 을 출동시켰다. 6주에 걸친 저항이 있었지만, 마침내 요새의 문이 열렸다. 유대인 일부가 포로로 잡혀 왔다.

일이 이쯤 되면서 유대인들이 협상을 해 왔다. 카이바르의 오아시스에 소작인으로 남겠다는 것이었으며, 그들의 수확 절반을 바치겠다는 제안 이었다. 쾌거를 올린 마호메트는 629년 3월, 다시 고향 메카로 순례의 길 에 올랐다. 비록 그들이 3일간만 체류하도록 허락했지만, 어찌되었거나 그 출입을 통해 화해를 도모하고자 한 것이 그 목적이었다. 그러나 630년 한 이슬람교도가 그들에 의해 죽음 당함으로써 그 협약을 깨고 1만 대군 을 일으켜 메카로 진군했다. 이때 이미 이슬람교로 개종했던 아바수피안 이 메카 인에게 마호메트의 조건을 받아들이라고 종용한다. 그 조건은 이슬람교도들을 자유로이 메카 출입을 허용해 주는 대신에 이슬람교도들이 메카인의 생명과 재산을 지켜 주게 하겠다는 제안이었다.

그 제안이 받아들여지면서 630년 1월 11일, 마호메트의 군대가 메카에 당당하게 입성하기에 이른다. 가난과 수모와 온갖 냉대와 박해를 받으며 쫓기듯 떠났던 고향 메카였다. 고통과 시련을 극복하고 마침내 모두가 굴복하는 만인이 우러러보는 수장이 되어 돌아온 마호메트였다. 메카가 낳은 위대한 아들, 성자 마호메트는 이렇게 당당한 모습으로 고향에 돌아온 것이다.

그처럼 위용 당당하게 입성한 마호메트는 그들이 신전(神殿)으로 삼았던 카바에 나타나 일곱 바퀴를 돌았다. 그 일곱 숫자는 천지 창조에서 완성 숫자를 의미하듯이 그에게 주어진 사명감의 완수, 그 승리를 의미한 것이기도 했다.

고향 메카에서 거목(巨木)이 된 마호메트는 먼저 시민들에게 기존의 사상, 그 우상을 허물라고 명령했다. 그리고 그들의 신전(神殿) 카바를 이슬람교도들이 예배하는 성소로 선언하기에 이른다. 마호메트의 이러한 메카 입성의 승리야말로 정치적인 승리이면서 종교적인 승리이기도 한 것이었다. 이렇게 정치와 종교를 장악한 마호메트는 그로부터 귀족은 이슬람 신앙을 받아들인 사람에 한해서 귀족일 뿐이라고 선언한다. 그로부터 쿠라시아 전체가 무슬림이 되어 아라비아 귀족계급과 이슬람 귀족계급이 통합되었고, 여기에 다수의 베두인 사람이 연합되기도 했다.

마호메트의 이러한 정치적 종교적 통합권에 의해서 사우디아라비아에서는 나지란의 기독교 지도자들과 부족민들만이 협약을 청해 왔다. 그 협약은 기독교인들이 이슬람교도들의 보호를 받되 그 대신에 공물을 바친다는 약속이 이루어졌다. 그로 하여 북쪽 접경에서는 비잔틴과 경계를 맞대고 있는 기독교 여러 부족들이 마호메트의 지지자가 되어 주었다. 비로소 메디나가 마호메트로 하여 독립국가로 일어서게 되었다. 이제 마호메트는 메디나의 법령 관계를 무슬림 공동체에 적용될 법안을 세우게 되기에 이르렀다. 이슬람의 종교 체계는 신도들에게 지켜야 할 오행(五行)이라는 다섯 가지의 의무를 부과했다.

그 첫번째 의무는 알라(성부 하나님)를 믿어야 하며, 마호메트는 알라가 보낸 사람이라는 고백 '샤하다로', 이는 메디나의 영토를 넘어 이교도의 개종 의식에 쓰이는 선서였다.

그 두 번째 의무는, 하루에 다섯 번씩 하는 기도의식 '살라'를 갖는다는 것이다. 이 의식은 외부의 성소를 향해 하는 것이 아닌, 메카의 카바 신전에서 "알라는 위대하시다. 알라 외에 다른 신은 없나니, 마호메트는 그가 보낸 사람이다." 하고 기도해야 하는 항목이었다. 성자의 입지를 확고하게 세운 마호메트였다.

그로부터 2년이 지난 뒤 다시 순례의 길에 올랐다. 여름 어느 날이었다. 마호메트는 사막의 메마른 땅에 알라의 존재를 알리기 위해 온갖 심혈을 기울였다. 마침내 기존의 신전과 그들의 자연숭배 사상을 뒤엎고 조용히 눈을 감았다. 성자 마호메트는 그가 이 땅에 왔던 사명을 그렇게 마무리한 것이다.

그는 생전에 자신에 대한 죽음에 대해서 아무 예고도 없었다. 다만 그가 평소에 단호하게 전했던 진리의 법, <<코란>> 경전만을 그가 이 세상에 왔다가 흔적의 숨결처럼 그 뒷자리에 남겨 놓았다. 성자 마호메트의 숨결이 살아 있는 '코란' 제이드, 팔마르(제3장)에는 다음과 같은 글귀가 눈길을 끌게 하면서 그 호흡을 함께 마시게 한다.

> 내 놀라운 권능의 영원한 지지자. 성스럽고 찬란한 알리, 모라드, 엘시드, 아몬, 이 신민들을 굽어보사 나의 이름으로 저들을 인도하소서. 진리가 승리할 것임을 약속하시고 또한 훈계하소서. 나의 알라(하나님) 경배케 하되, 또한 두려워하게 하소서.

이와 같은 기도의 간구를 하라고 가르치신 것이 이 땅에 오고간 성자들의 한결 같은 가르침의 기도로, 살아 있는 자의 생명이 되는 그 호흡이라는 것이었다. 이슬람의 예배와 경배는 인간이 그러한 생활을 충실하게 할 수 있도록 마음을 성찰하게 하는 의식 수단이다. 그렇기 때문에 이슬람은 흐트러짐이 없는 완벽한 생활 규범을 원하고, 하나님과 인류의 복지에 헌신하는 새로운 사회를 창출하려고 노력하는 생활 자세다.

이것이 무슬림의 문화를 태동시킨 성자 마호메트의 정신 사상으로, 그들의 삶은 유대인과 그 조상의 뿌리를 같이하고 있지만, 독특하게 다른 점이 종교에서 그 문화 이룸의 차이를 보여 준다는 사실이다.

그러나 유대 이스라엘 백성들은 같은 조상의 뿌리를 하고 있는 이슬람과는 달리, 아직까지도 유일하신 절대자 하나님으로 숭배의 대상이 "나는 이스라엘의 하나님 여호와로다." 하고 그 이름(聖號)를 높이 흔들어 나타내 보인 신계(神界)의 여호와 하나님이다.

하지만 같은 뿌리 자손인 아랍의 이슬람들은 성자 마호메트로 인한 종교 개혁으로, 진리가 요구하는 것이 무엇인가를 알게 된 것이다. 그 깨달음으로 하여 본질적인 진리의 하나님을 '알라'라고 부르게 되었고, 그로부터 여호와의 율법에서 벗어나 진정한 산 제사로 그 예배의식을 바꾸게 된 것이다. 그것이 성자들이 이 땅에 와서 해야 할 사명으로 맡겨진 일이며, 영혼 생명을 주는 본질적인 하나님을 바로 알게 깨우쳐 주어야 하는 것이 그 일이었다.

그러나 성자 마호메트 역시도 너무나 보편적인 우리 인간의 모습과 조금도 다를 바가 없었기 때문에 성자 예수나 마찬가지로 그 시대 종교지도자들로부터 '시대의 이단자'로 내몰리면서 온갖 수모와 고난을 다 겪어야 했었다.

그처럼 위대한 성자 마호메트가 보여 준 삶의 발자취를 후세의 역사학자들이나 철학자들은 신계에서 보내진 사명자의 한 사람으로서 선지자쯤으로 보고 있다. 하지만 그의 입지는 분명히 태초의 근원을 같이 한 성자로서 유대 뿌리에서 갈라진 아라비아 자손들에게 성자 예수나 마찬가지로 하나님의 실체를 바로 깨달으라는 종교혁명의 불씨, 그 사명으로 보내진 칠대 성현의 입지였다. 그렇기 때문에 그 뿌리 혈통을 같이하고 있는 이스마엘의 후손 아랍인들은 마호메트의 본질적 하나님의 실상을 깨우쳐 주는 가르침을 받아들여 유대인들과는 달리 종교개혁을 함으로써 예배의 대상이 달라진 것이다.

그러나 이처럼 달라진 이슬람 종교 문화권과는 달리, 아직도 여호와 유일신 사상에서 벗어나지 못하고 있는 이스라엘의 종교 사상은 같은 뿌리의 혈족끼리도 그처럼 다른 종교 이념의 차이로 서로를 적대시하며 오늘에 이르기까지 골육상잔을 벌리고 있는 상태다. 그것은 그 선대가 성자 예수를 하나님의 아들로 인정하지 않고 예수를 처형하는 형장에서 "그 피를 우리와 우리의 후손들에게 돌릴지어다."라고 했던 입술의 저주가 그대로 전해진 것이라고 할 수 있을 것이다. 그래서 희대의 살인마 독일의 나치 히틀러에 의한 유대인 학살로 그 후손들이 그토록 엄청난 피를 흘려야 했던 역사적인 사건을 세계 속에 보여 주었던 것인지도 모른다. 하지만 그것이 하나님의 예정된 비밀이었음을 성서는 다음과 같이 기록해 두고 있다.

형제들아, 너희가 스스로 지혜 있다 함을 면키 위하여 이 비밀을 너희가 모르기를 내가 원치 아니하노라. 이 비밀은 이방인의 충만한 수가 들어오기까지 이스라엘이 더러는 완악하게 된 것이라. 그리하여 온 이스라엘이 구원을 얻으리라.(로마서 11장 25~ 26)

바로 이것이다. 이스라엘 조상들이 그처럼 완악했던 것은 이스라엘 이

외의 이방나라 족속을 구원하기 위함이라고 했다. 유대인 조상들이 그처럼 그리스도 예수를 십자가에 처형하지 않았더라면 성부 하나님의 뜻, 곧 그 육신 안에 부활의 참생명이 있음을 세상에 나타내 보일 수가 없었을 뿐만 아니라 원수까지도 사랑하라는 성부 하나님의 우주정신을 온 땅에 전파할 수가 없었을 것이기 때문이다.

그러한 하나님 섭리의 역사를 이루기 위해서 성자 예수는 그 본 모습을 감추고 그처럼 낮고 천하게 유대 땅에 태어났으며, 그것이 그 시대 관헌들이 하나님의 비밀을 알지 못하게 하는 하나님의 지혜였다고 성서는 기록해두고 있다. 그래서 보아도 보지 못하고, 들어도 알아듣지 못하게 했음을 성서는 다음과 같이 기록하고 있다.

> 그런즉 어떠하뇨? 이스라엘이 구하는 그것을 얻지 못하고, 오직 택하심을 얻은 자가 얻었고, 그 남은 자들은 완악하여 졌느니라. 기록된 바, 하나님이 오늘날까지 저희에게 혼미한 심령과 보지 못한 눈과 듣지 못한 귀를 주셨다 함과 같으니라.(로마서 11장 7~9)

이러한 뜻에서 예수께서는 유대 땅에 출현하여 하늘나라 복음을 전파하시면서 "귀 있는 자는 들어라!"고 말씀하신 것이다. 이렇게 성경은 그리스도 인류 구원의 복음을 땅 끝까지 응해하기 위해 그 백성을 완악하게 했다는 것이며, 그 복음이 지구촌에 전파되어 하나님이 택하신 양자된 아들의 수효를 다 얻고 난 마지막 때에 이스라엘을 다시 회복시켜 주시겠다는 약속을 분명히 해 두고 있다는 사실이다.

이와 같은 하나님의 섭리 가운데서 그처럼 악역을 맡고 완악했던 유대인들의 선대였고 보면, 어찌되었거나 세계 속에서 유일한 여호와 하나님으로 특별히 선택된 민족임에는 틀림이 없다. 그것이 만민 중에 택함을 받았다는 강인한 유대민족 자긍심으로 그 민족정신이기 때문이다.

　그러한 유대민족 긍지의 자랑은 그 조상 뿌리를 세계화시키면서 그 선대가 '시대의 이단자'로 처형한 예수를 등에 업고 세계를 무대로 뛰어들었다. 그로 하여 하나님의 '머리' 도맥 '원수까지도 사랑하라'는 대법계의 스승 진리 말씀을 지구촌에 전파하는 데 크게 공헌해 준 것은 사실이다.

　그와 같이 하나님 인류 구원의 역사에서 그처럼 악역을 맡고, 그 텃밭에 흘린 성자 예수의 피의 대가를 오늘날까지도 지불하면서, 세계 속에 주목되는 골육상잔으로 성경 예언의 말씀이 그대로 응해짐을 입증시켜 주고 있는 유일한 민족이기 때문이다.

3 중국 땅에 떨어진 불씨

　독자적 인격신으로 시대와 나라를 달리하고 지구촌에 출현했던 일곱 성현들의 가르침은 천지(天地)의 도(道)는 일대사(一大事)에서 비롯된 것임을 귀결짓고 있다. 성현 장자의 사상 역시도 그 원리였다. 도(道)는 처음과 끝을 관통하고 있는 영원한 존재라고 한 것이고 보면, 분파된 도의 근원은 '하나'에서 비롯된 것임을 그 가르침에서 말해 주고 있다.

　장자는 지금으로부터 2500년 전(기원전 4세기) 중국 전국 시대(戰國時代)의 사상가로 알려져 있다. 도가사상(道家思想)의 중심 인물로, 이름은 주(周)이다. 그는 공자가 죽고 난 백 년 뒤인 춘추 시대를 지나 맹자와 같은 동시대에 태어난 인물이다. 강대국 틈에 끼인 작은 송나라에서 비천하게 태어났다. 너무나 가난했기 때문에 성장하면서 보잘 것 없는 작고 초라한 옻나무 농장 관리인 노릇을 하면서 생활을 유지했다. 그러나 보통 사람들과는 달리 자세가 더없이 고매하고 생각하는 가슴의 폭이 넓어서 옛 중국 사람으로는 드물게 보는 인물로 불리며, 그래서 초인이라고 했다.

　당시는 천하를 지배하던 주나라의 위세가 쇠퇴해 가던 시기로, 나라끼리는 서로 전쟁을 일삼고 있는 때여서 백성들은 끊임없는 갈등으로 살벌한 격동의 시대였다. 나라가 혼돈스러웠지만 식자들은 군주의 마음을 현혹케 해서 높은 벼슬을 얻고자 서로를 경쟁으로 질시하며 음모를 꾸미는 데 여념이 없었다. 뿐만 아니라 세습적인 귀족들은 더 많은 부와 권력을 얻기 위해 궁핍해져 있는 백성들의 사정은 아랑곳하지 않은 채 착취에 혈안이 되어 있었다. 그러한 사회 분위기는 민심이 날로 사나워져서 서로를 감시 경계하고 질시하는 그야말로 약자와 강자의 먹이사슬 시대로, 장자가 태어나 살았던 전국 시대의 특징이었다.

이처럼 혼돈의 시대에 빈천하게 태어나 그 시대에 깊은 환멸을 느낀 장자는 그 고독을 이렇게 말했다.

"사람이 태어나 살아가는 게 겨우 이따위란 말인가? 서로 미워하고 질투하며 또 경쟁하면서 불안과 그 수고하는 대가라는 것이 고작 이런 것이란 말인가?"

장자는 한 생의 삶에만 시선을 두는 당시의 백성들의 삶의 모습에서 인간을 피폐하게 만드는 것이 바로 인간의 이기적인 욕망 때문임을 발견하고, 또 그것을 지적했다. 그러한 시대적인 혼란 속에서 장자는 궁핍하여 비틀거리고 살아가는 가난하고 천한 자, 전쟁으로 불구가 된 자, 그들의 더러운 모든 것, 그리고 그들의 가난과 함께하면서 만들어 낸 것 등등 그처럼 많은 인물들을 등장시켜 그들의 입을 빌어 천지의 이치와 인간 삶의 정체란 과연 무엇인가 하는 이야기의 저서를 꾸며 걸출한 선각자의 모습을 보여 주기도 했다.

장자의 저서 속에 있는 한 토막의 이야기다. 도둑의 무리 중에서 한 사람이 그들의 우두머리인 도척(盜跖)에게 물었다.

"도둑에게도 도(道)가 있습니까?"

도척이 대답했다.

"세상에 도가 없는 게 어디 있겠느냐? 방 안에 소장된 물건을 불의로 넘겨다보지 않는 것은 성(聖)이고, 먼저 들어가는 것은 용(勇)이며, 맨 뒤에 나오는 것은 의(義)이고, 가부를 판단하는 것은 지(知)이며, 고루 나누어 갖는 것은 인(仁)인 것이다. 이 다섯 가지를 구비하고 있어야만이 능히 대도(大道)라 할 수 있다."

이러한 장자의 이야기 속에는 가공 인물의 입을 빌어 그토록 깨닫지 못하고 시비에 얽매여 집착과 편견에 살아가고 있는 인간 삶에 대해 많은 이야기들을 우화적으로 남겨 놓았다. 그리고 자연으로 귀의할 것을 주창하고 있다.

장자의 '재물론' 사상이 바로 그것이다. 시야를 광대하게 가지게 되면 옳고 그름도, 귀하고 천함도, 크고 작음도 없이 만물은 평등하다는 것이 장자가 주창한 제물론 사상이다. 장자의 사상은 천하를 다스림도 실상은 인생살이를 포함한 만물을 기르는 대자연의 다스림, 그 섭리에서 보면 아주 하찮은 일에 불과한 것임을 역설했다. 한갓 헛된 인간의 공적에 현혹되어 서로 경쟁하여 다투지 말고 그보다 더 큰 세계, 즉 무한한 자연의 능력 앞에서 보다 겸손하고 자연에 순응하며 하나가 될 것을 말하고 있다.

장자가 말한 도란, 자연히 그렇게 되어가는 것, 이것이 그가 말하는 자연지도(自然之道)다. 도(道)는 만물에 내재하며 온갖 형상을 만들어 내는 실재이기도 하고, 또 처음과 끝을 관통하는 영원한 존재가 천지의 도(道)라고 했다. 그 도에 대해서 장자가 한 말이다.

"도란 유정(有情) 유신(有信)이니 실재(實在)하는 감정과 심증(心證)이 있으면서 무유무형(無有無形)이라. 체득할 수는 있어도 눈으로 볼 수는 없고 손으로 잡을 수가 없는 것이다."

장자께서는 이처럼 도란 자기 자신 속에 존재의 근거를 갖고 있기 때문에 아무것에도 의존하지 않는다고 했다. 그리고 "그 자체가 근원적인 존재이며 천지개벽 이전부터 존재한 것이다.”라고 말하는 장자의 유정유신의 학설은 스스로 있는 자존자(自存者)로 기독론에서 영원 불멸하다는 존재의 신과 같은 개념이다. 장자는 모습을 드러내고 있는 만물이 도를 가르치고 있는 것이라며 또 이렇게 말했다.

“나보다 먼저 나서 도를 듣기를 진실로 나보다 먼저라면 내 너를 스승으로 쫓을 것이다. 나보다 뒤에 나서 도를 듣기를 나보다 먼저라면 내 이를 스승으로 쫓을 것이니라. 도를 스승으로 하는데 나보다 선후에 난 것을 가릴 것이 있겠는가. 이런 까닭으로 귀함도 없고 천함도 없고 아이도 없으니 도가 있는 곳이 곧 스승이 있는 곳이다.”

즉, 도가 무엇인지를 알아야 깨달을 수가 있고 깨달음이 있어야 행할 수가 있는 것으로, 깨달음이란 바로 그런 것이라는 말이었다. 세상의 크고 작은 것, 곱고 미운 것, 착하고 악한 것, 옳고 그른 것, 서로 대립되는 가치 관념에 대하여 사람들은 어느 한쪽을 좋다 하고 다른 한쪽을 나쁘다고 말하지만 장자는 그와 같은 차별 관념을 부인한다. 그리고 우주 자연의 법칙 앞에서 전혀 무가치하며 온갖 사물이 한결 같다는 만물제동(萬物制動)의 이론을 다음과 같이 전개했다.

“내 몸이 내 것이 아니라 천지의 위형이고, 생이 또한 내가 하는 것이 아니라 이것은 천지의 위화(違和)이다. 생명 또한 내 것이 아니라 천지의 위화이고, 자손 또한 내 것이 아니고 천지의 허물 벗음이라. 어디에 따로 그대의 것이 있겠는가? 그대의 삶이 하늘과 함께하는 한 그대는 다만 순리대로 그대의 삶을 운반하면 그만이다. 거스르지 말라. 그대가 참으로 인간인 한, 하늘은 결코 그대를 버리지 않는다.”

장자께서는 인간이 무지하여 천지의 이치를 알지 못한다고 다음과 같이 말했다.

“사람들은 사람이 연주하는 음악소리는 들어도 땅이 연주하는 음악은 듣지 못한다. 사실 들었다고 해도 진정 하늘이 연주하는 음악은 아마 듣지 못했을 것이다. 듣거라! 저 대지가 내뿜는 숨은 바람이라고 부르나니 지상의 모든 구멍이 함께 울부짖을 것이다. 바람을 맞는 천지 만상이 때로는 성내어 울부짖고 때로는 꾸짖듯이 화를 내고, 때로는 그윽하게, 때로는 우와 하고 정들어오며, 때로는 와! 와! 하고 얼싸안으니 이 모든 바람이 하나이로되 나타나는 형상은 희비애로(喜悲哀怒), 광기(狂氣), 순풍(順風) 등 여러 모양으로 나타나느니라. 그러니 조용히 들어보라. 바람 그 자체는 아무 소리도 없고 또 그 형체도 없느니라.”

이렇게 장자는 인간이 자연에서 벗어날 때 스스로의 파멸을 자초하는 것임을 말했다. 결국 자연으로 태어나 자연으로 돌아가야 하는 것이 인간임을 가르쳐 온 장자는 그의 아내가 죽었을 때 그 사상의 면모를 보여준다.

혜자(惠子)가 문상을 왔다. 그때 장자는 두 다리를 뻗고 앉아서 발장구를 치면서 노래를 부르고 있었다. 너무도 어처구니가 없는 모습에 혜자가 기가 막힌다는 듯이 물었다.

“그대와 부부가 되어 같이 살았고, 자식을 낳아서 길렀으며 그대와 함께 늙었는데, 자네는 그런 부인이 죽었는데 울지 않는 것이야 그럴 수도 있겠지만 발장구를 치며 노래하는 것은 너무 심하지 않은가?”

이에 장자가 대답했다.

“그렇지 않다네. 처음 아내가 죽었을 때 난들 어찌 슬프고 놀랍지 않았겠는가. 그러나 아내의 근원을 곰곰이 생각해 보니 원래는 생명이 없었다는 것을 알게 되었다네. 생명이 없었을 뿐만 아니라 육체도 없었네. 아니 단순히 육체가 없었을 뿐 아니라 육체를 형성하는 음양의 두 기운조차 없었던 것이 사실일세. 모든 것이 혼돈 속에 뒤섞여 있는 중에 변화가 일어나 기가 생겼고, 그 기가 변화하여 형체를 이루었고 다시 이 형체가 변화해서 생명이 생긴 것일세. 그런데 지금은 다시 한 번 변화가 되풀이되어서 죽음으로 돌아간 것뿐일세. 이것은 춘하추동의 사시가 순환한다는 것과 다를 바가 없네. 지금 아내는 천지라는 커다란 방 안에서 편히 잠들려 하고 있는데 내가 시끄럽게 붙들고 운다면 내 스스로가 천명을 모르고 있는 것처럼 생각되기 때문에 나는 울기를 그만둔 것이라네.”

혜자(惠子)는 혜시(惠施) 명가(名家)의 한 사람으로 장자가 말하는 무(無)라는 무형체의 형태를 바라보다가 그대로 아무 위로도 못 하고 나왔다. 그러나 얼마 후 장자를 만난 혜자가 말했다.

“그대의 말은 너무 고답적이어서 현실적으로 아무 쓸모가 없네.”

혜자는 장자의 친구로 논리학자였다. 서로가 친구가 된 동기에는 재미있는 일화가 있다. 혜자가 양(梁)나라의 재상으로 있던 어느 날이었다. 장자가 그를 만나러 갔는데, 어떤 사람이 혜자에게 이간질을 했다.

“장자가 오는 것은 당신을 몰아내고 재상이 되려 하기 때문입니다.”

혜자는 그만 겁이 나서 장자를 체포하기 위해 사흘 밤낮에 걸쳐 나라 안팎을 뒤졌다. 그러나 장자는 스스로 혜자 앞에 나타나 이렇게 말했다.

“남방에 원추라는 새가 있는데 당신도 아는지 모르겠다. 그런데 이 원추는 남해를 떠나 북해로 날아가는데 도중에 쉬더라도 오동나무가 아니면 머물지 않고, 죽실(竹實)이 아니면 먹지 않으며, 맛이 단 샘물이 아니면 마시는 일이 없다. 한번은 소리개가 썩은 쥐를 주워 먹으려는데 마침 원추가 그 곳을 지나가게 되었다. 소리개는 먹이를 빼앗길까 겁이 나서 쳐다보며 ‘깍!’ 하고 울어 위협을 주었다고 한다. 당신은 이제 양나라 재상이라는 하찮은 지위를 빼앗길까 해서 나를 향해 ‘깍!’ 하고 소리를 쳐 위협하고 있는 것인가?”

그 말을 들은 혜자는 장자의 고매한 인품에 자신이 옹졸했음을 사과하고 친구가 되었다는 이야기다. 그로부터 혜자의 논리적인 말에 언제나 상대가 되어 주고 있는 장자가 말했다.

"아무런 쓸모없는 것이 지니는 의미를 깨달아야만 비로소 무엇이 쓸모 있는가를 이야기할 수가 있다네. 땅은 넓고 크다지만 사람에게 소용되는 것은 발이 놓여 있는 이 얼마 안 되는 땅뙈기가 아닌가. 그렇다고 발의 크기만큼만 남기고 나머지는 땅 속까지 파헤쳐 버린다면 그래도 그 땅은 사람에게 과연 쓸모가 있겠는가?"

"그래서는 아무 쓸모가 없겠지."

혜자의 대답에 장자가 다시 말했다.

"그렇다면 아무런 쓸모가 없는 것 같은 것이 사실은 우리에게 긴요하다는 것을 확실하게 알 수 있지 않은가?"

바로 그것이었다. 우리 앞에 보이지 않는 영혼의 세계, 그리고 눈에 보이지 않기 때문에 버려진 양심, 그 잊고 사는 것들이 가장 소중한 것임을 말해 주고 있었으며, 또한 사람이 가장 사람다울 수 있을 때, 그 사람 속에서 신의 모습을 발견하게 된다는 것이었다.

하루는 동곽자란 사람이 장자에게 물었다.

"소위 도란 것이 어디에 있는가?"

장자가 대답했다.

"어디에든지 있네."

"좀 더 확실하게 설명해 주게."

"도로에도, 개미에게도 있네."

"어떻게 그런 천한 곳에 있단 말인가?"

"나뭇가지나 돌피에도 있다네."

"점점 더 천해지는 군!"

"기와나 벽돌에도 있네."

"더욱 심해지는 군."

"그것뿐이 아니네. 똥이나 오줌에도 있네."

동곽자는 그만 기분이 상했는지 아무런 대꾸도 하지 않았다. 그것을
본 장자가 말했다.

"자네의 질문은 처음부터 본질에서 벗어나 있네. 들어 보게나. 한번은
시장을 관할하는 벼슬아치가 시장 관리인에게 돼지를 밟아보고 그 살찐
정도를 조사하는 방법에 대해서 물었네. 그랬더니 살이 잘 찌지 않게 마련
인 하체로 내려갈수록 전체의 살찐 모양을 잘 알 수 있는 것처럼 말했다
네. 무엇이든 도에서 떠나 존재하는 것이란 없기 때문이라네."

그리고 장자는 도가 무엇인가를 말해 주었다.

"시험 삼아 무하유(無何有)의 궁궐 일체의 존재를 부정한 무의 세계에
서 만물이 일체됨을 논하면서 다함 없는 무위의 도를 즐겨 보지 않겠나.
또 시험 삼아 함께 무위의 입장에서 보지 않겠는가? 또 담담하고 고요한
마음을 가져보지 않겠는가? 그렇게 하면 마음의 작용은 고요해지고 가려
하지 않아도 저절로 무한으로 나아가 무심하게 오고가서 그칠 줄을 모르
게 될 것이네. 이리하여 마음대로 왕래하여 끝날 줄을 모르며 무한한 공허
속을 자유하게 되고 큰 예지가 생겨 막힌 일이 없게 될 것이네."

어느 날 종주국인 조(趙)나라의 위 왕이 장자의 명성을 듣고 어사에게
천금의 선물을 보내며 재상으로 초빙하겠다는 전갈을 보내 왔다. 장자가
그 사람에게 말했다.

"어사여, 제물로 끌려가는 소를 본 적이 있소? 아름답게 수놓은 옷을
입고 맛있는 풀과 콩을 먹고도 남을 만큼 주는 등 대우가 극진하겠지만
막상 끌려가서 제사상으로 올라갈 때가 되면 차라리 보통 소로 있었더라
면 이런 봉변을 당하지 않았을 것을 하고 후회한들 그때 그것이 무슨 소용
이 있겠소."

그리고 웃으면서 말했다.

 우주정신과 예수 친자 확인 소송

"천금이라면 대금이요, 재상이라면 고관중의 고관이니 갖고 싶은 사람이나 하고 싶은 사람이 어디 하나둘이겠소? 어사여, 어서 돌아기시오. 그대의 눈을 보니 내가 시궁창에서 뒹구는 것이 더 유쾌하오. 무엇 때문에 내가 속박을 당할까? 죽을 때까지 시골구석에서 한평생 살려 하오."

그야말로 남들이 눈에 불을 켜는 왕사(王師)나 입신출세를 마치 헌신짝 버리듯이 한 장자는 태반을 은둔생활만 하면서 친구인 혜자와 함께 이야기를 나무면서 위나라를 다녀오는 것이 큰 즐거움이었다고 한다.

장자는 삶과 죽음에 관한 문제의 해답을 이미 얻어 초탈의 경지에 들어가 있는 성인이었다. 이런 장자가 마침내 죽음 앞에서 신음을 하고 있을 때였다. 제자들은 그의 장례식을 성대하게 치르려고 했다. 죽음 직전의 장자가 그들을 보고 했다는 말이다.

"나는 하늘과 땅으로 나의 관을 삼고 해와 달과 한 쌍의 구슬을 삼으며 별들로 많은 치레 구슬을 삼고 만물로 제물을 삼겠다. 나를 장사 지낼 기구 중 어느 것이 모자라겠는가?"

제자들이 말했다.

"저희들은 까마귀나 독수리들이 선생님의 시신을 먹을까 그것이 두렵습니다."

장자가 다시 말했다.

"땅 위에 있으면 까마귀나 솔개의 밥이 되고, 땅 밑에 있으면 땅벌레나 개미의 밥이 될 것이다. 모처럼 까마귀와 솔개가 먹게 되어 있는 것을 빼앗아 땅벌레에게 주는 것도 불공평한 처사가 아니겠는가?"

장자는 이처럼 육신의 존재 가치에 대해 전혀 그 의미를 부여하지 않았다. 이 모습이 한결 같은 근본 원리를 바탕으로 삼은 조물주의 진성(眞性)을 내재한 성현들의 삶이었다.

그 저서에서 장자께서는 이렇게 말하고 있다.

"그대의 몸은 천지에 딸린 형체일 뿐이다. 그리고 생명도 그대의 것이 아니다. 천지에 부수해서 음양의 두 기운이 화합함으로써 생긴 것에 지나지 않는다. 또한 그대의 본성도 그대의 것이 아니라 천지에 부수해서 차례차례 생겨났다가 쓰러져 가는 껍질 같은 것이다.

그렇기 때문에 사람들은 인생을 살아가면서 자신이 어디로 가는지를 모르고 있는 것이다. 이 세상에 살면서도 언제까지 그것이 지속되는지를 모르며 음식을 먹으면서도 그 맛이 어디서 오는지를 모른다. 움직이는 것은 그대가 아니라 천지 운동의 근원이 되는 기(氣) 그 자체이다. 그런데도 무엇을 자기 것으로 소유한단 말인가."

그리고 장자는 제자들에게 말했다.

"아름다운 육체를 위해서는 쾌락이 있다. 그러나 아름다운 영혼을 위해서는 고난이 있다. 마음이 괴로운 상태에 있을 때에는 신을 제외하고는 아무에게나 그것을 말하거나 하소연하지 말라. 그렇지 않으면 고뇌는 다른 사람에게로 옮아가서 그 사람마저 괴롭게 된다. 다만 그대 자신 속에서 그 고뇌를 다 타버리게 하라. 고뇌, 그 속에서만 조금씩이라도 완성으로 향하여 가까이 갈 수 있는 기회를 잡으라. 문제를 향하여 돌진하라."

이것이 아시아의 중원에서 태어난 성인 장자의 사상으로, 세상을 아지랑이처럼 혹은 포말 같게 보라는 그의 가르침이었다.

이렇게 우리가 성인이라고 부르는 이들은 하나같이 자신의 부(富)와 영화를 위해 기복신앙에 매달리는 것을 경계시키고 자신의 마음 자리 안에 있는 하나님의 진성(眞性)을 자각하라고 하신 것이다. 그러한 하늘 섭리에 대한 지식의 눈 뜸이야말로 영원한 자신의 생명을 사랑하고 성숙시키는 일이며, 나아가서 나와 더불어 있는 이웃에게 평화와 기쁨을 주는 존재로 본자연과 내통하는 진리체로 초월적 영물(靈物)이 되어야 한다는 가르침이었다.

4 부분 지체 도맥(道脈), 노자 도교(道敎)

변화를 거듭하고 있는 물질 세상이다. 그 속에 있는 인간 생명 역시도 변화하는 허상(虛像)이기 때문에 믿을 수가 없는 불쌍한 존재들이라고 했다.

그러나 거기에 희망의 생기(生氣)를 불어넣어 주려고 변하지 않는 원천(源泉)의 자리에서 세상에 출현했다는 성현들이었으며, 그 말씀이 영원한 생명의 실상을 찾아 얻게 하는 거짓되지 않는 참진리(眞理)의 말씀이라고 한 것이었다.

그 가르침이 한결 같게도 태초의 하나님 우주신도(宇宙神道)로서 우주근원(根源)의 존재 원리와 그 섭리의 이치를 담고 있는 말씀들이다. 노자 성현의 가르침 역시도 마찬가지였다.

중앙 5, 10 토(土)에서 뻗어나간 사대(四大) 종교 유불선, 기독교 도맥의 색(色)을 동양철학의 수리(數理)로 풀어보면 다음과 같다.

노자 도교(道敎)는 1, 6 수(水)에서 나온 북방임계흑제현무(北方壬癸黑帝玄武)는 은잠성으로 죽음이며, 상징은 거북이다. 그는 중국 한족(漢

族)의 시조인 황제 헌원(4700년 전) 혈통으로 태어났다. 하지만 배달나라 신농씨 아버지 소전(小典)에서 갈라져 나온 유웅씨(웅족) 계열의 동이족(東夷族)이라고도 했다. 초(楚)나라 세도 아래 있는 진(陳)나라 상(相)에서 출생했다.

사실 지구촌 시대와 나라를 달리하고 출현했던 성인들의 혈통 계보가 그다지 중요한 것은 아니다. 그런 뜻에서 유대민족 다윗의 혈통의 계보를 타고 출현하셨던 성자 예수께서는 "육은 무익하니라." 하시고 또 "또 육은 육이요, 영은 영이니라." 하신 말씀이 바로 그 의미를 담고 있다고 할 수 있다.

성자들의 탄생에는 어느 정도 신비적인 이야기를 내포하고 있다. 성자 예수가 성령으로 잉태되었다고 하듯이 노자 성현 역시도 그랬다. 노자의 어머니가 어느 날 북두칠성이 안개처럼 변해 뱃속으로 들어오면서 노자가 잉태되었다고 했다. 마치 신화 같은 노자의 탄생 이야기는 북두칠성이 안개에 싸여 어머니의 뱃속으로 들어가고 난 지 70년으로, 그 어머니가 아이를 낳았을 때는 이미 생이백발(生而白髮)이어서 스스로가 노자(老子)라고 했다는 것이고 보면, 실재적인 존재이면서도 가히 전설적인 인물임에는 틀림이 없다.

이분이 바로 도교(道敎)를 창시한 시조이다. 주(周)나라, 지금의 낙양(落陽)땅 글방에서 사서(司書)를 지내며 학문을 닦은 중국 역사상 가장 오래된 학자로, 공자와 거의 동시대에 태어난 인물이다. 그의 사상은 인위적 기교와 지혜를 배척하여 자연무위(自然無違)의 도(道)로써 귀의 할 것을 주창했다. 도(道)라는 것은 계곡물과 시냇물이 강과 바다로 흘러가고 싶어서 그리로 흐르는 것이 아니고, 자연히 필연적으로 그렇게 흐르는 것이 도(道)이기 때문에 도를 떠난 삶은 위선을 낳고 위선적인 형식은 자만을 낳는다고 했다.

이와 같은 노자 학설은 만물은 제각기 그 주어진 본분이 있기 때문에 그 도(道)를 벗어나지 않고 제 길을 따라 걸어야 기쁨을 얻게 된다는 것이었다. 그 도(道)의 길이 무엇이라는 것을 담아 둔 것이 노자사상의 상편이고, 다음 하편은 인도(人道)를 닦아 덕(德)을 쌓아야 한다는 이것이 노자의 ≪도덕경(道德經)≫이다.

노자의 ≪도덕경≫ 81장 끝에서 이르기를, "성인은 재물을 추구하지 않으며, 모든 것을 남에게 내어주지만 더 많은 것을 소유하게 된다는 것이며, 천도(天道)는 남에게 이익을 주고 손해(損害)를 입히지 않는 것이 성인(聖人)의 도(道)"라고 말했다.

노자와 거의 동시대에 태어난 공자 역시도 노자의 사상과 그 맥을 같이하고 있다. 공자가 일찍이 노자를 만나보고 그의 설도(說道)에 감동하여 이렇게 말했다고 한다.

"새는 공중을 날아다니고 바다에 고기가 있다는 것을 아는데, 용은 어디서 왔다가 어디로 가는지 알 수 없노라. 내가 오늘 만나 본 노자는 용과 같더라."

이로써 성현들이 말한 도(道)란, 결국 '있음'의 근원에 뿌리를 두고 있는 가르침으로 대도를 말해 주고 있는 것이라고 할 것이다. 풀어 말하면 태초에 우주는 하나가 둘 낳고, 둘에서 셋이 되어 만물의 시작을 이루었다는 것이 노자의 학설이고 보면, 기독교 창세기 1장의 창조론과 다를 것이 없다.

노자 성현이 말한 도(道)란, 결국 도를 얻어 자기 본성으로 삼는 것으로 도가 자연의 만물을 낳고 기르는 것이라고 했다. 그래서 처음 시작의 도를 대도(大道)라 하고, 이 대도가 본자연이기 때문에 자연 발생적으로 만물을 기르는 덕(德)이라고 해서 그것을 현덕(賢德), 즉 신령한 대도의 정신이라고 했다.

이렇게 대도와 대덕(大德)이 항상 자연을 낳고 기르기 때문에 도덕(道德)이라 하고, 이 도덕이 바로 자연이기 때문에 세상의 온갖 것들이 자연의 도덕으로 사람이 도덕의 자연성을 상실하거나 천대하고 인위적인 도덕과 덕의 인위성을 쫓는다면 자연 세계와 인간 사회는 혼탁하게 되고 황폐하여진다는 것이 노자 성현의 가르침이다.

모든 자연 만물이 대도의 근본을 일대사(一大事)로 인연한 도덕물이기 때문에 그 존재 '있음'을 드러낸 모든 사물을 도(道)와 예(禮)로 대하라고 했다. 세상을 크게 보고 그 형식을 쫓아 살아가는 삶은 논쟁을 부르게 되고 논쟁은 시비를 불러들이며, 그 시비의 논쟁은 마침내 필연적으로 이익쟁취를 위한 무력으로 다투게 된다는 것이다.

노자 성현의 사상은 태초에 도(道)가 하나에서 시작하여 둘이 되고, 둘이 모여 셋이 되면서 만물이 시작되었다고 했다. 여기에서 처음 시작의 하나는 천지부모 성부(聖父)를 나타내며, 둘은 성모(聖母), 그리고 셋은 분자적인 태초 빛의 아들로서 성자(聖子)의 개념이고 보면, 배달나라 뿌리 조상으로부터 가르쳐 온 '한사상' 속에 삼신일체관(三神一體觀)으로 삼일철학(三一哲學)의 근본 원리와 이치가 다르지 않음을 나타내 준다.

태초의 천지부모 음양(陰陽) 이성(理性) 교합이라는 사랑의 숨결에 의해 분자적인 빛의 아들이 세 번째로 드러났고, 그 빛에 의해 만물이 형상화되었다는 이것이 삼생만물(三生萬物)이라는 노자 성현의 학설이다.

만물을 조물해 낼 수 있었던 천지부모의 능력은 세 번째로 드러낸 '빛'에 의해서 이루어질 수 있었다는 노자의 학설은 동양철학을 바탕으로 하여 하나가 둘이 되었다는 상대성 음양(陰陽) 태극(太極)이며, 여기에서 변화도를 보인 것이 바로 삼태극(三太極)이라는 우주 원리로 근본 도(道)의 원천(遠天) 자리를 나타내 주고 있는 것이다.

대도(大道)의 근본 자리에서 성인(聖人)의 도(道)라는 사상(思想)이

사방위로 그 개체적 극을 이루고 유·불·선·기독교의 도맥으로 분파되어 동(東)과 서(西)로 시대와 나라를 달리해서 기(氣) 운행을 펴나왔다는 학설이다.

천도의 기승전결에 의해 지극한 성자의 위치에서 그처럼 보편적인 인간의 모습으로 세상에 출현했던 성현들이었기 때문에 시대에 따라 목소리의 형색(形色)은 달리하고 있지만 변하지 않는 근본의 자리라고 했다. 그와 같은 이치와 섭리를 인간들에게 깨우쳐 주고자 한 근본 가르침의 요체는 오직 변하지 않는 그 '하나'로, 그것이 진리(眞理)라는 말씀이다.

노자 성현의 ≪도덕경≫ 제 14장에서 그 대도에 대해서 다음과 같이 말해 두고 있다.

처음 일신의 도는 보이지 않으나 무색(無色)이요, 들으려 해도 들리지 않으니 무성(無聲)이요, 잡으려 해도 잡히지 않으니 무형(無形)이다. 태초에 한 물건이 있었던바, 무엇이라 이름 하여 형용이 불가능하며 그것은 천지보다 먼저 생긴 것으로 빛도 소리도 형태도 없으니, 독립된 존재로 영원히 사별 없는 존재이며 도든 공간에 두루 비치어 끝 가는 곳이 없고, 항상 일체의 것을 만들어 내는 이 세계의 부모라. 나는 그 이름을 모르거니와 임시로 도라고 불러 보라 하였느니라. 굳이 이름을 짓자면 대(大)라고 할까.

이렇게 대도(大道)는 만물이 생성되고 키워 내는 본자연 '있음'의 절대자 근본 기(氣) 운행 자리임을 나타내 주고 있다.

노자 성현이 말하는 '있음'의 근본이라는 도는 만물의 근원이며 신(神)으로, 신은 눈에 보이지 않으나 무(無)와 유(有) 가운데 보이지 않는 세계가 '무'이며, 음(陰)습한 물질세계로 보이는 형체가 유(有)로써 곧 천지부모 음양(陰陽) 영혼(靈魂)이 일체를 이룬 상태가 대도(大道) 자리로 태극(太極)의 원리다.

또한 노자 사상에서 기술해 두고 있는 것이 명(名)이다. 우주 천지가 처음 생겼을 때의 명, 즉 언어가 필요 없는 혼돈으로 구별이 없는 상태, 그 혼돈 속에서 빛이 생기고, 물이 생기고, 땅이 생기면서 명이 생기고, 언어가 생기고, 차별이 생겨 만물이 생겨나고, 그 다음으로 우주의 원리를 알고자 하는 사람이 태어났다는 것이 노자 사상이다.

노자의 학설은, 아직 기독신학에서 풀지 못하고 있지만, 구약 <창세기 1장과 2장>에서 단계적 나눔의 창조 변화도와 같은 이치를 말해 주고 있다. 이것이 동서(東西)양으로 대별하고 있는 천지창조의 암호다. 그러나 그 비밀한 암호는 음양(陰陽)이 일체를 이루어 비로소 하나님의 세계를 이루어 나왔듯이 마찬가지다. 서양 성서학자들이 아직도 풀어내지 못하고 있는 창세기의 비밀이 자물통이라면, 동양철학은 그 비밀을 풀어내는 열쇠의 역할을 하게 해 준다고 할 수 있다. 그것은 태초 우주 섭리가 음양 조화를 이루었을 때 만물의 세계가 열릴 수 있었듯이 결국 동서(東西)로 갈라져 있는 양대 사상이 일치가 되었을 때만이 풀어지게 되어 있음을 느끼게 된다. 태초 음양(陰陽) 태극이 그러한 조화를 이루고 있기 때문이다. 이러한 우주 섭리가 노자의 학설로 대도의 움직임은 마침내 다시 근본 체로 돌아간다는 것이며, 이것을 원시반본(原始反本)이라고 했다.

이렇게 도(道)는 그 목적을 행하고 다시 근본 자리로 되돌아간다는 노자 성현의 학설과 맞물리고 있는 가르침이 대법계의 스승 성자 예수의 신약복음서에서 '시작과 끝'이 있다는 '알파와 오메가'와 동일한 우주 섭리다.

어느 날 도(道)에 대해서 가르치고 있는 노자에게 사성기란 사람이 찾아와서 물었다.

"저는 선생님이 성인이라는 소문을 듣고 먼 길도 마다 않고 찾아왔습니다. 주막에서 여러 날을 자고 발은 동상을 입었으나 쉬지 못하고 달려왔습니다. 그러나 막상 선생님을 뵙고 보니 과연 이분이 성인일까 하는 의문이 일어나는 것을 어쩔 수가 없군요. 부엌의 쥐구멍에는 밥찌꺼기가 그득하게 버려져 있는데도 굶주린 동생들은 돌보시지 않으니, 그래서야 어디 어질다고 할 수 있겠습니까?"

노자는 멍청한 표정으로 흘려듣고만 있을 뿐 아무런 대꾸도 하지 않았다. 다음 날 사성기는 다시 노자를 찾아와 말했다.

"어제 저는 선생님을 뵙고 버릇도 없이 선생님을 비난했습니다. 하지만 오늘은 그런 생각이 없어졌습니다. 이것은 어떤 까닭일까요?"

이에 노자가 대답했다.

"어제 그대가 나를 소라고 불렀다면 나는 정말 소라고 생각했을 것이며, 또 나를 말이라고 불렀다면 정말 나는 말이라고 생각했을 것이다. 그런 사실이 있는데도 불구하고 그것을 지적했을 경우에 내가 그 지적을 솔직하게 받아들이지 않는다면 다시 원망을 받게 될 것이다. 나는 남이 평가하는 대로 따르는 것이 습관이 되어 있다. 그대로 따르자고 해서 따르고 있는 것은 아니다."

사성기는 그 말을 남기고 떠나는 노자의 뒤를 쫓아 그의 그림자조차도 밟지 않으려고 애쓰면서 잔걸음으로 다가가 물었다.

"수신(修身)을 하려면 어떻게 해야 되겠습니까?"

노자가 대답했다.

"그대의 얼굴은 오만하기 짝이 없고 그대의 눈빛은 사물을 꿰어 볼 듯이 빛나고 있다. 그리고 이마는 높고 빼어났으며 입은 크고 육신은 사나워 보인다. 마치 사나운 말을 말뚝에 억지로 움직이지 못하게 하고 있는 것과 같다. 언제나 뛰쳐나갈 수 있도록 기다리다가 일단 뛰쳐나가면 화살같이 빠를 것이며, 형세를 살피는 데 빠트림이 없고 몹시 영리하며 자신만만한 데가 보인다. 그러나 이것들 모두가 진실한 사람의 모습이 아니다. 만약 그대 같은 사람이 변두리를 서성거렸다간 도둑으로 오해 받기가 안성맞

춤일 것이다.”

노자의 이 말씀은 마음을 비우지 않고서는 수신할 수가 없다는 말이었다. 자연은 계산을 하지 않으며 비바람, 햇볕 그대로를 이유없이 순응하는 것이 자연지도(自然之道)로써 거기에는 이유가 없다는 말이다.

그리고 노자 성현은 제자들에게 이렇게 가르치셨다.

“모든 일에 나를 뒤로 하고 남을 앞세우면 결국 남에게 추대되어 내가 앞서게 되고, 또한 나를 무시하고 남을 앞세우게 되면 결국 남들로부터 존경을 받고 내가 나서게 된다. 이것은 바로 나라는 자아를 부정하는 것이 큰 자아를 이룩할 수 있는 것이니라.”

그러자 제자 가운데 한 사람이 물었다.

“그것이 선(善)을 행하는 일입니까?”

그 물음에 노자께서 대답했다.

“천하의 사람들이 선이라고 하는 것은 참다운 선이 아니다. 참으로 선을 터득한 사람은 선을 말하지 않는다. 선을 말하는 사람은 참으로 선을 터득해서 말하고 있는 것이 아니다.”

이 말씀은 입으로 선을 말하는 사람은 이미 그 마음을 비우지 못했기 때문이며, 마음을 비워 낸다는 무심(無心)의 상태는 선과 악, 그 경계를 벗어난 무아(無我)의 경지임을 말했다. 무심(無心)의 상태가 선(善)으로, 그래서 군자의 옆모습은 얼른 보기에 바보처럼 보인다고 했다. 그 모습이 거슬리지 않는 무위자연(無爲自然)의 모습이라는 말이었다.

노자 성현의 가르침은 현자(賢者)는 그 박식함을 자랑하지 않고, 그 박식함을 자랑하는 자는 현자가 아니라고 말씀하셨다. 그리고 인성(人性)을 이룬 성인(聖人)은 무엇이건 수중에 모으려 하지 않는다고 했다. 그것이 현자의 생활로 타인을 위해 베풀어 줌이 많을수록 자기도 무언가 얻는 것이 많을 것이며, 진실된 지혜는 덕을 행하는 것이고 그래서 성인의 지혜

 우주정신과 예수 친자 확인 소송

는 그것을 행하게끔 남과 싸우지도 않고 싸우게 하지도 않는다는 것이다.

노자 성현은 이렇게 자기 자신을 먼저 알라는 것으로, 어느 날 그의 제자들에게 다음과 같이 말씀하셨다.

"남을 잘 알고 있는 사람은 똑똑한 사람이다. 그러나 자신을 알고 있는 사람은 더 총명한 사람이다. 그리고 남을 설복시킬 수 있는 사람은 강한 사람이다. 그러나 자기 자신을 이겨 내는 사람은 그 이상으로 강한 사람이다."

즉, 자기 자신의 본질을 알고 육신이 주는 생각을 다스려 이길 줄 아는 사람이 이 세상에서 가장 현명하고 강한 사람이라는 것이다.

노자께서는 제자들에게 중도(中道)에 대해서 가르쳐 말씀했다.

"발끝으로 서 있는 사람은 오랫동안 서 있을 수가 없는 것처럼 자기 자신을 자랑하는 사람은 그 빛을 발휘할 수가 없다. 또한 자기만족에 도취되어 교만하지 않으면 그 사람은 이미 중도를 아는 사람이다."

중도란, 치우치지 않는 올바른 길을 일컫는 말이다. 이것이 마음을 자제할 줄 아는 지혜라고 했다. 그러나 지혜를 아무나 듣고 생활 속에 행하게 됨이 아님을 다음과 같이 말씀하시었다.

"현자는 도를 들으면 부지런히 행한다. 범인(凡人)은 도를 들었으나 기억하는 듯 잊어버리고, 우자(愚者)는 도를 들으면 크게 웃는다."

이것이 노자 성현의 가르침이다. 즉 어떤 경우라도 자기를 아는 사람만이 자기의 주인이 될 수 있듯이 진리를 아는 사람만이 마침내 진리로 화신이 될 수 있다는 커다란 지혜를 가르쳐 주신 것이다.

그리고 만물이 생성된 근원의 이치와 함께 사람이 그 만물을 다스리는 도덕물이 되어야 함을 당부하여 이르시고 그 시대 출현의 사명을 마치셨다. 그것이 성인은 자연을 거스르지 않는다는 노자 성현의 학설이며 사상이었다.

5부분 지체 도맥, 공자 유교(儒敎)

유학(儒學)의 조종(祖宗)이신 공자(孔子) 성현 역시도 노자 성현과 비슷하게 동시대에 태어나신 분이다. 기원전 552년에 태어나 479년에 세상을 떠난 위대한 학자이며 사상가였다.

주(周)나라 때의 교육자이기도 한 공자는 이름을 구(丘)라고 했고, 자는 중니(仲尼)로 노나라 창평향에서 출생했다. 얼마 동안 재상(宰相)을 지내오기도 했던 공자는 인의예지(仁義禮智)를 가르쳐 온 유교(儒敎)의 조종(祖宗)으로, 3, 8목(木)에 나온 동방갑을 청제청룡(東方甲乙靑帝靑龍) 직진성으로 자유며, 상징은 용(龍)이다.

공자는 ≪시경(詩經)≫과 ≪서경(書經)≫, ≪춘추(春秋)≫ 등을 정리했고, 3천의 제자들에게 시(詩), 서(書), 예(禮), 악(樂)을 강론했다. 그의 제자로서는 안여, 자로, 자공, 자하, 자유, 중참 등이 유명하며, 역시 인간의 도덕정신을 가르쳤다. 맹자(孟子), 순자(荀子)가 대립하면서 그의 사상을 더욱 발전시켰다.

그러나 인륜도덕(人倫道德)을 가르쳐 온 공자의 유교사상은 태초의 건곤(乾坤) 천지부모 영혼적인 우주정신을 가르쳐 온 대법계가 아니기 때문에 노자와 장자의 사상이나 마찬가지로 대종교는 될 수가 없었다. 하지만 만물의 도(道)와 덕(德)을 가르쳐 자연의 일부인 사람이 행해야 할 도리(道理)가 무엇인가를 가르쳐 준 큰 스승으로, 공자 하면 '군자행(君子行)'이라는 머리 글에서부터 '군자미연(君子未然) 불처혐의간(不處嫌擬間)'을 떠올리게 한다. 그 뜻은 군자는 미연에 예방함이 있고, 의심을 받을 만한 곳에는 절대로 있어서는 안 된다고 하신 것이다. 또한 그 가르침 가운데 널리 알려진 말씀이 수신제가(修身齊家) 치국평천하(治國平天下)이다. 즉 몸과 마음을 닦아 정돈하고 내 가정을 잘 다스릴 줄 아는 사람만이 집 밖을 나가서 천하를 다스릴 수 있다는 가르침이다.

그것은 태초에 천지와 만물이 음양조화(陰陽造化)를 이룬 건곤(乾坤) 조화주 하나님에 의해서 창조되었고, 그로 인해 창조된 만물이 그 기운에 의해 사육(飼育)되지 않은 것이 없기 때문에 인간 역시도 소우주로 그러한 본자연의 틀에서 벗어나서 이질적으로 예외일 수가 없다는 이치다. 벗어난다는 것은 곧 파멸을 가져온다는 것이나 다름이 없다.

먼저는 최초의 원인에 대한 보은(報恩)의 효심(孝心)으로 자신의 생명을 있게 해 준 육신의 부모를 공경할 줄 알아야 복(福)을 받게 된다고 했다. 복은 아래에서 차오르는 것이 아니라 위로부터 내린다는 것을 깨달으라는 가르침이다.

부부 인연(因緣) 역시도 양성(兩性)의 조화와 결합에 의해 자식이 탄생되며, 그 자식은 부모의 사랑과 훈계로써 양육을 시켜야 하는 것이기 때문에 부부가 그 책임을 느끼지 못하고 불협화음(不協和音)하게 되면, 올바른 가정을 이룰 수가 없다는 것이 수신제가(修身齊家) 이후 치국평천하(治國平天下)라는 말씀이다. 그것이 인격(人格) 이룸의 기초적 단계로, 가정이야말로 만사(萬事)가 시작되는 모든 인류의 기초로 인간의 산실(産室)이며 인격 도야의 수련장이라는 것이다.

공자께서 충(忠)·효(孝)·열(烈)의 중요성에 대해 강력한 의미를 주고 있는 이유가 바로 거기에 있다. 충효(忠孝)가 보은의 마음에서 비롯되는 것이라면, 열(烈)은 하늘이 숙명적으로 맺어 준 인연(因緣), 즉 천연(天緣)에 의해서 만나진 부부(夫婦) 관계이기 때문에 그 의리를 지키지 못하면 가정 파탄은 물론, 사회가 그리고 더 나아가서 세상이 크게 병이 들어 혼잡해진다는 인심세태의 단면을 담고 있는 것이다.

부부 다툼의 폭발은 마침내 부자(父子)간의 가족 전쟁의 불씨로 번지게 되고, 그러한 불씨는 마침내 형제간을 비롯하여 시부모와 며느리에 이르기까지도 그 다툼의 불씨가 이어지게 된다는 것이다. 그러한 복잡성은 인간들의 싸움 중에서 가장 큰 전쟁의 상처를 남기게 된다고 할 수 있다. 동족끼리 싸우는 내전도 마찬가지이다. 더욱 어렵고 복잡 미묘하기 때문에 먼저는 가족과 혈족, 그 내전의 불씨부터 다스릴 줄 알아야 한다는 것이 공자님께서 하신 말씀이다. 그것이 바로 산 속 사원(寺院)의 진리보다 밥상 속의 진리를, 그리고 성전 안의 진리보다 가족과의 화합(和合)을 먼저 우선적으로 할 줄 알아야 한다는, 공자께서 말씀하신 '수신제가 이후 치국평천하'라고 하신 의미다.

바로 그것이다. 모든 인간들이 인격 완성과 도통(道通)을 이루고자 한다면 먼저는 가정의 화목을 이루는 수신제가(修身齊家)부터 할 줄 아는 자만이 나아가서 나라를, 그리고 세상을 평화롭게 다스리게 된다는 개념의 의미를 담고 있다.

그것이 인류의 기초 단위라는 것을 담아 두고 있는 공자 말씀이 곧 '사서삼경(四書三經)'의 기록들이다. 그러한 공자님의 가르침은 아무리 총명하더라도 배우지 않으면 만물의 이치를 깨닫지 못하고 인생을 밝힐 수가 없다고 제자들에게 하신 말씀이 또한 '정신일도하사불성(精神一到何

事不成)’이다. 그 뜻은 정신을 한 곳에 모으면 어떠한 어려운 일이라도 이루어 낼 수 있다는 가르침으로, 뜻을 오롯이 하여 날마다 쉬지 않고 정진하는 자만이 그 목표에 도달하게 된다고 했다. 그 정진(精進)은 수신제가(修身齊家)를 이룬 바른 마음을 획득한 정심(正心)으로, 그 놓인 현재의 위치가 어디에 처해 있고 또 무엇이든지 간에 수신제가 치국평천하의 이상(理想)에 도달하게 된다는 것이다.

그 한 예로 천하명장(天下名將) 장량(張良)도 한때는 시정잡배들과 어울려 놀림감이 되기도 했었던 시절이 있었다고 했다. 또한 치국평천하(治國平天下)를 이루어 후세인들에게 귀감이 된 순(舜) 임금 역시 한때는 별볼일이 없는 인물로 하찮은 농사꾼에 불과했었다고 했다. 그리고 무왕(武王)을 도와 주(周)나라를 세운 강태공(姜太公) 역시도 한때는 초야에 묻혀 10년 동안 3,600개의 낚시를 버려 가며 자신의 성정(性情)을 다스리며 때를 기다렸다고 했다.

그처럼 자신의 꿈이 아무리 크고 옳다고 하더라도 그것은 결국 성취될 수 있는, 즉 만사(萬事)는 다 ‘그때’가 있다는 것을 보여 준 본보기라고 할 수 있다. 그야말로 그때가 아니라면 물러 설 줄도 아는 마음의 여유를 가지고 참고 인내할 줄 알아야 한다는 그처럼 지긋한 자세야 말로 출세(出世) 지향적으로 너도 나도 날뛰는 어지러운 오늘의 세태에 참으로 큰 교훈을 주는 이야기다.

공자께서는 생활 속에서 군자행(君子行)을 실천해 보이셨던 분으로 그 일화 한토막이 있다.

어느 날, 공자께서 제자들을 데리고 다니다가 길을 잃고 산간 오두막집에서 쉬어가게 되었을 때였다. 오두막집의 주인은 콧물을 들이마시면서 흙냄비에 좁쌀죽을 끓여 이가 빠진 그릇에 담아 공자와 그 일행을 대접했다. 더러운 주인 손과 그릇을 본 제자들은 감히 먹을 엄두도 내지 못하고 앉아 있었다고 한다.

그런데 식성이 까다롭기로 이름난 공자께서는 그 음식을 주저없이 먹기 시작했다. 그리고 음식을 앞에 놓고 밍기적거리고 앉아 있는 제자들을 보고 하셨다는 말씀인 즉, "너희들이 이가 빠진 그릇에다 또 콧물마저 떨어지는 것을 보고 혐오감을 갖고 있겠지만 노인 성의의 친절을 받아들이지 못하니, 이 어찌 딱한 노릇이 아니겠는가? 참으로 슬픈 노릇이구나. 대접을 고맙게 받아들일 줄 알아야 베풀 줄도 알게 되는 것이니라."

이것이 공자께서 가르치신 예절에 대한 한 토막의 이야기다. 그리고 성인의 용기에 대해서 어떤 일을 통해서 보여 준 일화의 한 토막으로, 공자께서 광(廣) 땅에서 머물고 있을 때였다고 한다. 송나라 사람들이 무기를 들고 여러 겹으로 그의 거처를 에워쌌다. 그러나 공자는 거문고 타기와 노래 부르기를 멈추지 않았다. 이에 공자의 제자인 자로가 들어가 스승을 보고 물었다.

"선생님은 이 상황에 무엇을 보고 즐거워하십니까?"

그러자 공자는 아무렇지도 않은 듯이 자로를 보고 말했다.

"이리 오너라! 내 너에게 일러 주리라. 내 궁한 것을 꺼린 지 오래였으나 그것을 얻지 못한 것은 그 때가 있기 때문이니라. 요순의 때에는 궁한 사람이 없었으니 그것은 사람이 모두 지혜가 있었기 때문이 아니며, 걸주의 때에는 천하에 통한 사람이 없었다. 그러나 그것은 사람이 모두 지혜가 없기 때문이 아니었으니, 그것은 모두 그때의 형세가 그러했던 것이니라. 대개 물길을 다닐 때에 교룡(蛟龍)을 피하지 않는 것은 사냥꾼의 용기며, 그리고 흰 칼이 눈앞에 번쩍여도 죽음 보기를 삶과 같이 여기는 것은 열사의 용기다. 그러나 궁한 것도 천명이 있는 줄을 알고 통하는 것도 다 때가 있는 줄을 알아서 큰 어려움을 당해도 두려워하지 않는 것은 성인의 용기다. 자리로 돌아가거라. 내 천명은 정해져 있느니라."

가난함도 부(富)함도, 각 사람이 태어날 때부터 정해진 그 사람의 운명이라는 말에 이어 그렇듯 성인의 용기에 대해서 말해 준 것이다.

그 앞에 군사를 거느리고 있던 무사(武士)는 그 말을 듣고 공자 앞에 나와 정중하게 사과하며 말했다.

"양호(陽虎)인 줄 알고 에워쌌더니 이제 보니 아니었습니다. 사과드리며 물러가겠습니다."

그들이 말하는 양호는 노(盧)의 권신으로 광(廣) 땅에서 난폭한 짓을 많이 했기 때문에 그 지방 사람들이 미워했다. 그런데 마침 공자의 얼굴이 양호를 닮아 있는 데다가 양호의 마부였던 안극이 어쩌다 공자의 마부가 되었기 때문에 그들이 공자를 양호로 보고 에워싼 것이다. 그러나 그렇게 다급해진 상황에서도 공자께서 제자들에게 보여 준 모습은 그처럼 여유 자적한 성인의 용기를 보여 주었다는 이야기다.

이와 같은 공자의 고매한 인품에 임금이 어느 날 공자와 마주하기를 청하고 물었다.

"어떤 재능을 온전하다고 보십니까?"

이에 공자께서 대답했다.

"죽음과 삶, 가난함과 부유함, 현명함과 어리석음, 비방과 칭찬, 굶주림과 목마름, 추위와 더위들은 모두가 사물의 변화요, 천명의 움직임이라서 눈앞에서 번갈아 일어나도 아무 지혜로도 그 유래를 헤아릴 수 없습니다. 재능이 온전한 사람은 그런 것들이 마음의 평화를 어지럽히지 못하게 하되, 마음을 흔들어 놓지도 못합니다. 평화롭고 유쾌한 기운이 언제나 떠돌아서 마음의 기쁨을 잃지 않으며, 밤낮으로 쉼없이 만물과 더불어 봄기운 같은 화기 속에서 놀게 됩니다. 그런 사람은 어떤 사물과 접촉하여도 시절에 따라 마음의 보화를 산출하는 것이니, 이를 일러 재능이 온전하다고 하는 것입니다."

그러자 임금이 다시 물었다.

"어떤 것을 덕이 드러나지 않는다고 합니까?"

"천하에 가장 평평한 것은 완전히 정지해 있는 물의 상태입니다. 그러기에 그것이 모든 것의 표준이 될 수 없습니다. 안으로 본성을 잘 보존하면 밖의 경계에 의해서 요동하지 않게 됩니다. 덕이란, 조화를 완성하는 수양입니다. 덕을 밖으로 드러내지 않으면 사물이 그로부터 떠날 수가 없는 것입니다."

뒷날 임금은 공자의 제자에게 이 일을 이야기했다.

"지금까지 나는 임금의 자리에 있으면서 백성을 다스리는 법을 지키고 그들이 굶주려 죽지나 않을까 걱정해 주는 것으로 스스로 정말 잘했다고 생각했었다. 이제 공자에게서 지인(知人)의 이야기를 듣고 나니 나는 아무런 실다운 덕도 없다는 것을 알았고, 내 경솔히 행동함으로써 나라를 망칠까 두렵다. 나와 공자는 임금과 신하로서의 사이가 아니라 덕으로 맺은 유일한 벗일 따름이었느니라."

이렇게 공자 성현은 임금조차도 그 인품을 칭송했을 정도로 자연의 도리에 순응해야 하는 도덕물이 되어야 함을 가르치신 것이었다.

그것은 사람은 각자가 타고날 때부터 정해진 그 운명이 있기 때문에 남의 것을 탐하지 말라는 가르침으로, 어느 날 제자들에게 말했다.

"넉넉함과 귀함은 모든 사람이 원하지만, 부정으로 얻은 부귀를 탐해서는 안 된다. 가난은 사람마다 싫어하지만 그것이 도의적인 가난이라면 구태여 기피할 필요가 없다."

그리고 운명적으로 자기의 주어진 환경에 자족하라는 뜻으로 다음과 같이 말했다.

"거친 것을 먹고 물을 마시고 팔베개를 하고 살아도 즐거움은 또한 그 속에 있다. 의로움이 없이 돈 많고 벼슬 높은 것은 나에게는 뜬구름과도 같다.”

공자의 가르침은 대법계 고등종교의 스승 불도(佛道)의 윤회사상과도 그 맥을 같이하는 가르침으로, 제자들과의 대화에서 보여 주고 있다.

어느 날 제자 자공(子貢)이 배움에 싫증나서 공자에게 이렇게 말했다.

“휴식할 곳이 있었으면 합니다.”

이에 공자께서 말했다.

“삶에는 휴식할 곳이 없는 법이니라.”

자공이 말했다.

“그렇다면 제게는 휴식할 곳이 없다는 말씀입니까?”

“있지! 저 무덤을 바라보게. 불룩하고 우뚝하고 봉곳하고, 저 곳이 바로 휴식할 수 있는 곳이라네.”

자공이 고개를 끄덕이며 말했다.

“크구나, 죽음이여! 군자는 휴식을 하고 소인배는 굴복하는 것이군요.”

이에 공자께서 말했다.

“자공이여, 그대는 그것을 알았구나. 사람들은 모두 삶의 즐거움은 알지만 삶의 괴로움은 알지 못한다. 늙음의 피곤함은 알지만 늙음의 안일함은 알지 못하고, 죽음이 나쁜 것은 알지만 죽음의 휴식은 알지 못한다.”

죽음은 삶의 바깥쪽에 있는 것 같지만 돌이켜 보면 죽음은 삶의 한가운데 있으며, 죽음은 사람에게 있어 가장 훌륭한 휴식처로 새로운 삶의 완전한 시작이라는 윤회(輪廻)의 이치를 말씀해 준 것이다.

이처럼 천지의 도(道)를 관통하고 사람이 도덕물이 되기 위해서는 인의예지(仁義禮智)를 바로알고 생활 속에서 실천해야 한다고 가르치신 공자는 그 시대뿐 아니라 인류의 스승이었다.

그의 가르침을 따라가 보면 노자 성현이나 마찬가지로 배달나라를 세우신 환웅천제님의 ‘한얼사상’과 그 맥이 일치된다. 어느 날 공자께서는 제자들에게 '오도일이관지(五道一以貫之)'를 말씀했다. 곧 도(道)는 하나로 관통된다는 뜻이다. 이것은 근본체로부터 도(道)와 만물이 나오고 나온 뒤에도 다시 근본체로 돌아간다는 이치로, 즉 하나에서 시작하여 만 가지가 쏟아져 나와서 작용하다가 끝에는 다시 근본체로 돌아가는 만사 만물의 이치가 하나로 일관된다는 것이다.

이것이 천도(天道)의 섭리라는 그 말씀을 남기고 공자께서 밖으로 나가시자 뒤에 남아 있던 문인(文人)들이 증자에게 그 뜻을 물었다. 하지만 증자 역시 스승이 말씀하신 그 깊은 뜻을 헤아리지 못했다고 한다.

공자께서는 이처럼 우주의 자연지도(自然之道)를 제자들에게 이해시켜 주고자 노력해 온 천지의 사상가로 또 이르기를 '물유본말(物有本末) 사유종시(事有終始)'라고 했다. 그 뜻은 사물 본(本)과 말(末)이 있고, 일에는 끝과 시작이 있다는 것이다. 그것을 사유종시(事有終始)라고 했다. 즉 일은 근본체(根本體)의 '종자됨'의 업(業)의 일로, 곧 천업(天業)이 천도(天道)로서 기(氣) 운행을 말함이었다.

그 천도(天道)를 시발점으로 본(本)으로 하고, 도의 끝을 말(末)로 하여 그 '말'이 또 시발점의 본(本)이 된다는 이야기다. 결국 본체의 천도는 그 나무의 결실을 목적하고 그 목적을 향해 오늘도 생멸변화(生滅變化)하는 무궁한 조화로 그 묘술을 부리고 있다는 이것을 시종지도(始終之道)라고 했다. 이렇게 도(道)가 전개될 때 그 목적을 위해 온갖 변화를 보이지만, 그 변화에도 한계가 있어 마침내 종료를 하게 된다고 했다. 이러한 마침의 종료를 유불선 기독교의 경전(經典)들이 동일하게 담아 두고 있다.

이러한 변화의 도수는 우주 기운행의 오행(五行)에 의한 육합(六合)으로 사방과 상하의 만물이 이러한 천도의 섭리에 의해 생멸변화하게 된다는 뜻이다. 즉 도(道)가 목적하는 그 소득을 얻기 위함으로, 이것을 '체성복귀(體性復歸)'라고 한 것이다.

이 근본됨의 체성(體性)이 태초 '우주씨'의 본성으로 자성(自性)이기 때문에 그 체성을 많이 거둬들임으로써 우주가 성숙해진다는 것이다.

곧 천부(天父)는 그 농사의 도(道)를 천업(天業)으로 오늘도 그 기(氣) 운행을 하고 있다는 의미가 바로 성자 예수께서, "아버지가 일하니 나도 일한다."고 말씀하신 뜻과 일맥상통하고 있는 말이다.

이렇게 근본 시발점에서 펼쳐졌던 도(道)의 기 운행이 그 소득체를 많이 얻어 다시 근본 대도(大道)의 자리로 귀향하는 이것을 '귀일(歸一)'이라고 했으며, 그때 성숙된 인간 종자가 창조주와 만나게 된다는 이 마지막 장(場)을 공자의 학설에서는 '동일귀체(同一歸體)'라고 했다.

그래서 주역의 계사전에는 변화의 도(道)를 아는 자는 신(神)의 행하는 바를 안다고 했다. 그 가르침의 뜻은 우리 인간은 일신(종자)의 정기로 화생(化生)된 분신이라는 사실을 분명히 깨달아야 한다는 것이다. 그러한 도의 깨달음으로 세상이라는 어둠 속에서 내 본연의 자성(自性)을 그때까지 성숙시키지 못하면 조물주의 '종자씨'가 될 수 없기 때문에 쓸어 불못에 집어던진다고 하는 이때가 바로 도가(道家)에서 천지가 뒤집힌다고 말하는 '개벽' 도수다.

그래서 공자께서는 하늘이 각 사람에게 준 명(命)으로 자성을 길러 '종자씨'로 체성복귀(體性復歸)하기 위해서는 바름의 군자(君子)의 도를 행하라고 하셨고, 이것을 수행하여 닦는 것을 '교(敎)'라고 했다.

이러한 공자님의 격물치지(格物致知), 천지사상은 지금으로부터 2500년 전에 시작하여 유교의 학문으로 개척하고 공자 성인으로부터 창시되었다. 이 기록이 옛 유학의 선비들이 배우지 않으면 안 되었던 '격물치지', '성의정심(誠意正心)', '수신제가(修身齊家) 치국평천하(治國平天下)'의 팔조목이란 글이었다.

‘격물’이란, 본질을 알고 이를 지식의 바탕으로 하여야만이 성의(誠意)로 가득차지면서 수신제가를 할 수 있으며, 가정과 사회를 소홀히 하지 않고 유익한 일을 할 수 있다고 했다.

공자께서 말했다.

“높은 덕성을 갖는 것은 자유로운 정신을 갖는 것을 의미한다. 쉼없이 화를 내거나 항상 무언가를 두려워하며 끊임없이 정욕에 사로잡혀 있는 사람은 자유로운 정신을 갖지 못한다. 자기 자신에게 전념하지 못하는 사람과 무슨 일에도 골몰하지 못하는 사람은 보아도 보지 못하는 사람이며 먹어도 맛을 모르는 사람이다.”

공자께서 생활 속에서 의(義)에 대해 가르치셨다는 그 일화 한토막이다. 어느 날 섭공이라는 사람이 공자께 아주 자랑스럽게 말했다.

“우리 마을에 곧기로 소문이 나 있는 궁이라는 사람이 있습니다. 그 사람의 아버지가 양을 훔쳤는데, 아들인 그 사람이 증인이 되어 고소를 했습니다.”

이에 공자께서 하셨다는 말씀인즉,

“우리 마을의 곧은 사람은 다르다. 아버지는 그 아들을 위하여 그 죄를 숨기고, 아들은 아버지를 위하여 그 죄를 숨겨 주었다. 곧음이란 바로 그 속에 있는 것이다.”

무조건 정직하다고 의로운 사람이라고 할 수 없음을 가르쳐 주신 것이다. 이렇게 사람이 행해야 할 옳고 그름이 무엇인가를 가르쳐 준 공자께서는 모든 만물은 본(本)과 말(末)이 있고, 시작과 끝이 있다는 것을 ‘물유본말(物有本末) 사유종시(事有終始)’라고 했다.

이러한 공자님의 가르침이야말로 아직도 구약성경 <창세기 1장>의 태초의 창조론을 이해하지 못하고 편협적인 성서 해석으로 유일신(唯一神) 사상에 묶여 있는 서양 종교를 앞서가는 우주 사상으로, 동양의 철리(哲

理) 주역을 바탕에 깔아 놓고 보는 천지(天地)사상이다.

공자는 그의 만년에 역학이 주역에 심취하여 그 책을 얼마나 읽었던지 책을 맨 가죽끈이 세 번이나 끊어져 나갈 정도로 탐독했는데, 이러한 스승의 학구 탐독의 모습을 지켜본 제자 안자와 손자인 자사로 그 궁리는 이어져서 유지가 되었다고 전해지고 있다.

그래서 그 두 사람 가운데 누군가에 의해서 훗날 ≪예기(禮記)≫ 속에 기록으로 남겨져 기적처럼 동양의 천지사상에 의해 우주의 진실을 해득할 수 있는 실마리가 되었다고 한다. 그 기록이 바로 유학의 선비들이 배우지 않으면 안 되었던 팔조목의 글, '격물치지(格物致知)', '성의정심(誠意正心)', '수신제가 치국평천하(修身齊家治國平天下)'며 이 외에도 동양의 사물관인 물리사상에 막대한 기록을 남기기도 했다.

그처럼 우주의 본질을 밝혀 낸 동양철학의 우주사상이 단군 왕검 재위 67년 감성관(천문학자) 황보덕으로 하여 조선 역서의 시원인 달력을 만들게 한 데서 비롯된 것이었다. 이 역은 삼신일체, 곧 우주의 무궁조화가 기록되어 있는 ≪천부경(天符經)≫ 속의 진리를 토대로 삼은 것이라고 했다.

이 ≪천부경≫은 배달민족의 시조인 환웅 천제께서 우주의 모든 원리가 들어 있는 천부인(天符印) 원방각을 토대로 하늘 천신 월광신지로 하여 글자를 만들어 전해지게 했던 것이다. 그것이 바로 ≪천부경≫, ≪삼일신고≫, ≪참전계경≫으로, 그 내용을 바탕으로 하여 감성관 황보덕은 365일 5시간 48분 50초를 1년으로 하는 역을 만들어 내놓게 된 것이라고 했다. 이 주역은 우주가 생멸 변화하는 원리를 밝혀 볼 수 있을 뿐만 아니라 사람 개인의 생년월시를 이 주역으로 풀면 그 사람의 성정(性情)과 운명까지도 알아볼 수 있는 우주 암호의 해득서인 것이었다.

이렇게 만들어진 주역이 마침내 천지의 비밀을 밝혀 내는 동양철학서

인데, 배달민족 후손들의 거듭되는 수난의 역사로 조상 뿌리의 얼을 소중
히 간직하지 못했던 관계로 후세 사람들은 주역이 마치 중국 사람들이
만들어 낸 중국의 학문인 것처럼 착각들을 하고 있는 실태다.

6 단군 왕검의 치화(治化) 시대

천신국(天神國)의 환웅 천황께서 개천(開天)을 하시고 삼위태백에 하
강하시어 천손(天孫) 민족으로 뿌리가 세워진 배달나라였다. 그 시대가
신인합발(神人合發)하던 신불(神佛) 시대로, 환웅 천황께서 삼천의 조
화신단들을 거느리고 교화(敎化) 정부를 펴시던 선천(先天)의 시대가 드
디어 마감된 것이다. 그리고 홍익인간 이화재천세계(弘益人間理化在世
界)의 사명을 부여 받은 단군 왕검의 시대로 그 문이 열렸다.

단군 왕검은 본자연(靈界)으로 존재하시는 하나님 섭리에 의하여 신불
시대 신인합발(神人合發)로, 신성(神性)과 인성(人性)을 완전하게 겸비
한 신인(神人)이라고 했다. 그것은 구약 시대 여호와로 하여 창조된 피조
물 인간이 신과의 교합으로 고대 유명한 '용사'를 탄생시켰다고 하는 것
이나 마찬가지의 이치라고 할 수 있다. 그러한 내용을 담고 있는 구약성서
기록이다.

> 당시에 땅에 네피림이 있었고, 그 후에도 하나님의 아들들이 사람의 딸들을
> 취하여 자식을 낳았으니 그들이 고대에 유명한 사람이었더라.(창세기 6장 4~5)

이 기록이야말로 현대인으로서는 마치 신화 같은 이야기로 받아들여지기가 쉽지 않듯이 단군 왕검 출생 또한 마찬가지 기록이기 때문에 실재성이 없는 <단군신화>로 치부하는 이유가 바로 여기에 있다.

하지만 이처럼 인류 시원의 역사에서 동서(東西)가 마찬가지로 신인합발(神人合發)하던 시대가 있었던 것으로, 태초에 하나님의 말씀으로 만들어지면서 공중 권세를 축복으로 받은 하늘사람(神界)과 인간이 서로 어우러지면서 자식까지 낳았다고 했었다.

그것은 태초의 말씀 우주 에너지로 창조되어 '우주의 지성'을 보유한 신계족 '하늘사람'의 유전인자를 확실하게 심어 주는 방법일 수도 있다. 그만큼 인간 진화를 가속화시키는 데 도움을 주는 수단으로써의 방법이 될 수도 있기 때문이다.

이러한 신의 섭리로 영(靈)과 육(肉)이 완전한 인간으로 탄생하실 수 있었던 단군 왕검께서는 배달나라 대통을 이어 보위에 오르시고 도읍을 아사달 평양으로 정하시었다고 한다. 그날이 무진년 10월 3일 홍익인간 이화세계의 사명으로 천황의 자리에 오르시니, 이날이 바로 단군 왕검 조선의 건국일이다.

천지인(天地人) 삼계(三界)의 대권주(大權主)로 그 후사를 맡게 되신 단군 왕검이다. 인간 세상 재천(在天)을 여시는 아사달의 넓은 벌에는 만백성이 우러러 단군 왕검의 그 위용을 찬양하며 무릎을 꿇었고, 태백의 뭇짐승들과 산천초목이 다 함께 경배를 드렸다고 했다.

이때에 남쪽 하늘로부터 청룡이 치솟았고, 서쪽 하늘에서는 봉황새의 무리가 하늘을 가로질러 아사달로 날아들었다고 했으며, 산천의 초목들이 상서로운 기운으로 푸르고도 흰 정기(精氣)의 빛을 아사달에 뿌리는 가운데 하늘을 향해 고천(告天)하신 단군 왕검께서는 천황의 보위에 오르시어 만백성에게 개국을 선포하시었다는 말씀은 다음과 같다.

"백성들은 들으라! 오늘은 무진년 상달 상날, 선조께서 나로 개국을 하게 하셨으니 나라 이름을 조선(朝鮮)이라 하리라."

그때에 하늘에서 세 줄기의 빛이 왕검 천황의 온몸에 가득히 부어지고 있는 가운데 단군 왕검께서는 다시 백성들에게 말씀하셨다.

"오늘 무진년 상달 상날로 개국을 하게 됨은 환웅 천제께서 상원 갑자 상달 상날, 이 땅에 하늘을 열어 개천을 고천하셨기 때문이니라."

그리고 백성들에게 이르시는 말씀은 다시 힘 있게 이어지고 있었다.

"한은 걸림이 없이 변화하지만 움직임이 없는 근본이니라. 마음의 근본과 햇빛의 근본은 더없이 밝나니 사람과 하늘 가운데 있는 오직 하나의 진리로 이것을 영원 무궁한 한이라 하느니라. 그 은혜는 생의 씨요, 영원한 생기로 은혜는 응하여 삼신으로 화하나 다함 없는 근원으로 삼신은 한알, 한울, 한얼이니라. 한알은 하늘 위에 있어 조화주가 되시고 한울은 땅 위에 있어 교화주가 되시며, 한얼은 사람 위에 있어 치화주가 되느니라. 은혜는 허울도 자취도 없으나 삼신으로 화하여 싸지 않은 것이 없나니 응하지 않은 곳이 없느니라. 만법의 근원은 한이요, 만행의 근본은 은혜이니라. 한알님은 한과 은혜로 온전하시니라. 한은 한알님의 몸이니 한으로부터 너희가 났으며, 은혜는 한알님의 마음이니 그 은혜로써 너희가 사느니라. 너희는 한을 통하여 한알님의 모습을 볼 것이요, 은혜를 통하여 한알님의 마음을 알게 될 것이니라."

단군 왕검께서는 저 높이 계신 천지부모 한알님(聖父)과 한울님(聖母)의 은혜에 대해 가르치시고 다시 하늘에 대한 말씀을 자세히 펴셨다.

"저 푸른 것이 하늘이 아니며 저 까마득한 것이 하늘이 아니니라. 하늘은 허울도 바탕도 없고 시작도 끝도 없으며 위와 아래와 사방과 겉도 속도 없느니라. 하늘은 어디나 있지 않은 데가 없으며 무엇이나 싸지 않은 것이 없느니라. 한알님은 그 위에 더 없는 으뜸 자리에 계시사 큰 덕과 큰 슬기와 큰 힘을 지니시고 하늘을 내시며 수없는 누리를 주관하시느니라. 만물이 생겨남에 있어 티끌만한 것도 빠뜨림이 없나니 밝고도 신령하시어 구태여 이름지어 헤아리지 아니하느니라. 한알님은 소리나 기운으로 원하여 빌면 대할 수 없나니 스스로의 성품에서 씨앗을 구하라. 그리하면 너희 머릿속에 내려와 계실 것이니라. 한알님의 나라에는 천궁이 있어 온갖 착함으로 섬돌을 하고 온갖 덕으로 문을 삼았느니라. 천궁은 한알님이 계시는 곳으로, 뭇신령과 모든 밝은이들이 받들고 있나니 지극히 복되고 가장 빛나는 곳이니라. 오직 성품을 통하고 공적을 다 바친 사람이라야 천궁에 가서 영원한 복락을 얻을 지니라. 너희들은 총총히 널린 저 별들을 바라보라. 그 수가 다함이 없으며 크고, 작고, 밝고, 어둡고, 괴롭고 즐거워 보임이 같지 않느니라. 한알님께서 모든 누리를 생겨나게 하시고 그 중에서 해누리 맡은 시자를 시켜 칠백누리를 거느리게 하시었느니라. 너희가 살고 있는 땅이 제일 큰 것 같으나 작은 한 개의 덩어리로 된 세계이니라. 지진이 일어나고 화산이 터져 바다가 되고 육지가 되고, 육지가 바다가 되면서 마침내 모든 형상을 이루었느니라. 한알님께서 기운을 불어넣어 밑까지 싸시고 햇빛과 열을 찌시니 기어다니고 날고 탈바꿈하고 헤엄질치고 심는 온갖 동식물들이 번성하게 되었느니라."

단군 왕검께서 태초 우주 시작의 근원에 대한 말씀이 끝나자 모였던 백성들은 하늘을 향해 절하고 단군 왕검을 향해 다시 또 경배하는 가운데 말씀은 다시 참에 대한 이치(理致)의 진리로 이어졌다.

"사람과 만물이 다같이 참함을 받나니 그것은 성품과 목숨과 정기이니라. 사람은 이 세 가지를 옹글게 받으나 만물은 치우치게 받느니라. 참 성품은 착함도 악함도 없으니 가장 밝은 지혜로써 두루 통하여 막힘이 없고, 참목숨은 맑음도 흐림도 없으니 다만 밝은 지혜로써 다 알아 미혹함이 없으며, 참정기는 후함도 박함도 없으니 그 다음 밝은 지혜로써 잘 보전하여 이지러짐이 없나니 모두 참으로 돌이키면 한알님과 하나가 되느니라. 뭇사람들은 아득한 땅에 태어나면서부터 세 가지 허망한 뿌리를 내리나니, 그것은 마음과 기운과 몸이니라. 마음은 성품에 의지한 것으로써 착하고 악함이 있으니 착하면 복이 되고 악하면 화가 되며, 기운은 몸속에 의지한 것으로써 맑고 흐림이 있으니, 맑으면 오래 살고 흐리면 일찍 죽으며 몸은 정기에 의지한 것으로써 후하고 박함이 있으니, 후하면 귀하고 박하면 천하게 되느니라. 참함과 허망함이 서로 맞서 세 갈래 길을 만드나니, 그것은 느낌과 숨 쉼과 부딪침이니라. 세 갈래 길은 다시 열여덟 갈래로 갈라지나니 느낌에는 기쁨과 슬픔과 성냄과 두려움과 탐냄과 싫어함이 있고, 숨을 쉴 때에는 향기와 난기와 한기와 열기와 진기와 습기가 있으며, 부딪침에는 소리와 빛깔과 냄새와 맛과 음탕함과 살닿음이 있느니라. 뭇사람들은 착하고 악함과 맑고 흐림과 후하고 박함이 서로 얽히어 막다른 길을 쫓아가며 제 마음대로 살다가 쇠약해져서 병들고 죽는 고통을 겪게 되느니라. 맑은 사람은 느낌을 그치고 숨 쉼을 고루하며 부딪침을 금하고 오직 한 뜻만을 행함으로써 허망함을 돌이켜 참에 이르나니, 신기가 발하여 성품을 통하고 공적을 완수하게 되느니라."

그리고 다음으로 백성들에게 당부하여 이르신 말씀이다.

"너희는 이렇듯 천상의 한알님께서 사랑하시어 은혜를 베푸신 천손의 백성이니, 자각하고 그 뜻을 받들어 지켜 나갈지어다."

단군 왕검께서는 당부와 함께 참에 대한 근본의 말씀을 이처럼 가르치시매, 거기에 모인 모든 무리들도 보다 밝게 빛나는 눈빛으로 왕검 천황을 우러러 바라보며 또 하늘을 향해 경배를 하였다고 한다.

단군 왕검께서는 만백성이 우러러보는 가운데 하늘 천법(天法)의 정심(正心), 정도(正道), 정법(正法)을 가르치시니 그것이 나와 더불어 이웃을 이롭고 복(福)되게 하는 홍익대법(弘益大法)인 것이었다. 이렇게 개국(開國)과 동시에 하늘나라 삼신천법(三神天法)을 바로세우기 위하여 힘쓰시는 단군 왕검의 가르침이었다.

그로 하여 백성들은 그 용맹과 슬기와 그 덕을 더해지게 되면서 날이 갈수록 만방에서 뭇백성들이 모여들 수밖에 없었다. 지극한 '한얼' 공경과 조상 숭배와 사람을 사랑하는 근본 이치를 가르치시니, 백성들은 '단군왕검 천황', 혹은 '단군 한배검'이라고 부르기도 했다.

'한배검'이란 진리를 밝히신 어른이라는 뜻이며, '한'은 만법의 근원을 뜻함으로 곧 진리의 바탕이 되시는 '한알님'이라는 말이다. 또 '배(倍)'란 '밝다, 밝히다'라는 뜻이며, '검(檢)'이란 어른 곧 절대자를 말하는 존칭어로서 배달 겨레 단군 한배검은 백성들로부터 진리를 밝히는 절대 어른으로 높임을 받았다.

단군 왕검께서는 백성들을 교화하심에 천경신고를 치세의 대본으로 삼아 삼신(三神) 성삼 위의 원리로 도덕과 윤리를 가르치시니 이웃 백성들이 조선(朝鮮)을 우러러 동방예의지국(東方禮義之國)이라 칭송하여 불렀다고 한다. 그것은 유대인의 조상신 여호와가 그들 백성들에게 "눈에는 눈, 칼에는 칼로 대적하라."고 가르친 것과 또 십계명 율법 첫머리에 "나 이외는 다른 신을 섬기지 말라."는 것과는 하늘(天)과 땅(地)의 법으로 그 차원부터가 다른 것이었다.

배달나라 백성들은 조상 뿌리가 세워지면서부터 하늘 원천의 이치와 법도를 배워 왔고, 또 그 이치를 가르치신 단군 왕검께서는 백성들에게 이르셨다.

"너희는 첫째로 성실해서 속임이 없어야 할 것이니라. 둘째, 부지런해서 게으름이 없어야 할 것이며 셋째, 효성을 다해서 어김이 없어야 하며 넷째, 청렴해서 음탕하지 말아야 할 것이며 다섯째, 겸손해서 싸우지 말 것이니라."

이 다섯 가지가 사람이 지켜야 할 덕목의 오륜(五倫)으로, 그 교훈이었
다. 단군 왕검께서 백성들을 올바르게 가르쳐 절묘한 도리로 세상 이치를
밝게 드러내시니, 사악하고 어리석은 백성이 있을 수 없었다. 천지(天地)
를 분별하는 이성(理性)에 점차적으로 눈이 떠졌기 때문이다.

어느 날 단군 왕검께서 백성들이 사는 모습을 살피시기 위해 대궐 밖을
납시었다. 나라 안의 구석구석을 살펴보시던 단군 왕검께서는 입궐하시
어 바쁘게 대신들을 불러 모으고 그들이 해야 할 일을 다음과 같이 하명하
시었다는 말씀이다.

"짐은 오늘 백성들이 사는 모습을 살펴보고 왔느니라. 백성들이 날로
문명해져 가고는 있으나 사람이 살아가는 데에 유익한 제도와 가르침이
있어야 하겠으니 들어라! 사관신지, 그대는 여러 가지 문서를 만들도록
하라. 또한 백성들에게 오륜을 가르칠 것이며, 농관고시, 그대는 사농관
일을 맡도록 하여라. 모든 농민들에게 농사법을 가르쳐서 백곡을 추수할
수 있도록 할 것이며, 신우, 그대에게는 사악관 일을 맡길 것인 즉, 만백성
에게 음악을 가르쳐서 모든 백성이 마음과 몸을 밝고 명랑하게 가지도록
힘쓸 것이며, 그리고 해월, 그대는 사공관이 되어야 하겠도다. 모든 장인
들로 하여금 저마다의 기능을 연마토록 하고 여러 가지 기구를 만들어
모든 백성이 골고루 사용할 수 있도록 하여야 할 것이니라. 또 운목, 그대
에게는 감시관의 일을 맡길 것인즉, 춘하추동 사계절을 정하되 칠십 이후
24절기를 정하여 농업을 경영함에 그 때를 놓치지 않도록 하라. 그리고
마옥, 그대는 미술관이 되어 미술품 제작에 전력토록 할 것이며, 또 팽우,
그대는 개척관이 되어 치산치수를 다스리도록 하라. 그리고 우관 원보팽
우, 그대는 한알님을 받드는 일을 맡길 것이니, 각별히 명심해야 하느니
라. 하늘은 형체가 없고 상하사방도 없으며 허허공공하니라. 무소부재하
신 한알님께서 대덕 대혜 대력으로 무수한 세계를 주장하시며 만물을 낳

아 기르시니라. 우주는 무한한 큰 우리요, 천도(天道)는 무한한 바른 도리며, 인도(人道)는 무한한 바른 축이요, 물정은 한이 있는 횡축이라. 바른 우리에서 바른 축에 곧게 반사하는 것을 모두 사상이라고 하며, 바른 축에서 바른 우리에 반사하는 것을 진정한 힘이라고 하느니라. 판단하는 주체는 곧 나요, 생각하는 실재이니 이것이 곧 한알님의 신령한 주체이니라. 우주 자연의 바탕에서부터 서로 어울려서 신비롭게 정을 교환하는 곳이 영대이니 사람으로 하여금 종교심을 이 곳에서 움트게 하느니라. 오직 고요하고 오직 하나가 되어 그 중추를 잡아야 그 바름을 잃지 아니하리라. 기성, 그대는 의약을 개발하여 모든 백성에게 인술을 베풀도록 할 것을 명하노라.”

단군 왕검의 분부가 끝나자 대신들은 어전을 물러나와 각자 그 맡은 바 일에 몰두하기 시작하여 백성들의 삶을 도왔다. 단군 왕검께서 각 대신들을 부른 호칭은 환웅 천제님과 더불어 이 땅에 내려와 그 맡은 바 소임을 다하고 간 하늘신장들의 명칭을 그대로 각 부서의 관명으로 삼아 불렀다고 한다.

또 단군 왕검께서는 일찍이 웅나라(웅족) 임금의 딸인 하백녀를 황후로 하여 나라 안의 여인들에게 누에를 쳐서 실을 빼어 옷을 만드는 법과 길쌈하는 법을 가르쳤다고 했다.

그 또한 비서갑신모의 기(氣)를 그대로 물려받은 하늘이 점지해 놓으신 배필이었다. 황후께서는 몸소 백성들이 살아가는 모습을 직접 목도하면서 모든 백성들의 작은 불편이라도 천황께 고하여 온갖 제도를 만드시면서 옳고 그름을 판단하여 수시로 새로운 제도를 만들어 내시었다. 그처럼 자상한 가르침과 후덕하심에 만백성의 칭송이 끊이지 않은 가운데, 네 아들을 낳았으니, 맏아들 부루를 범가(虎加, 虎家)로 삼아 여러 가족들을 거느리게 하고, 둘째 부소에게는 부소철 (夫蘇鐵)과 부소돌(夫蘇

石)과 부소깃을 만들어 불을 내어서 맹수와 독을 물리치게 하였으며, 셋째 아들 부우는 의약으로써 질병을 다스리게 하였다.

단군 왕검께서는 하늘에 제사를 드려 근본에 은혜를 갚는 행사의 방법을 가르치시니, 마니산에 참성단을 쌓게 하시고 도(道)에 대해서 가르치시니 다음과 같았다.

"도의 근본 원리는 삼신으로부터 비롯되었음을 알아야 하느니라. 도라는 것은 상대가 있을 수 없으며 이름 또한 있을 수 없는 것인즉, 상대가 있거나 이름이 있는 것은 이미 도가 될 수 없느니라. 도라는 것은 변하지 않는 도가 없으며, 때에 따르는 것이 마땅할지니라. 그것이 곧 도의 귀함이니 이름 또한 불변의 이름이 없으며, 그야말로 백성을 편안하게 함이니 곧 그 이름이 참됨이니라. 그것 외에는 큰 것이 있을 수 없고, 그 안에 또한 작은 것이 없을지니 도는 곧 포함하지 않는 것이 없느니라. 하늘이 기틀이 있어 내 마음의 기틀에서 보아야 하며, 만물의 주장이 있으니 내 기운의 주장에서 보아야 하느니라. 곧 하나를 잡아서 셋을 품고 셋이 모여서 하나로 되는 것이니라. 이것이 크게는 천지인으로 곧 한알님께서 내리시는 만물의 이치이니라. 하늘은 첫번째로 물을 낳게 하는 도이며, 그것은 곧 성품을 밝게 하는 것으로 삶의 근원이 되느니라. 땅은 두 번째로 불을 낳게 하는 도이며 세상을 있게 하여 이치로서 이루려는 것인즉, 곧 마음의 현상이니라. 아울러 사람은 세 번째로 나무를 낳게 하는 도인 것을 알아야 하느니라. 태초에 조화주 삼신께서 세 누리를 내셨으니 물은 하늘을 나타냄이요, 불은 땅을, 나무는 사람을 나타냄이니라. 하여 나무는 땅에 그 뿌리를 내리고 하늘로 나왔음이며, 역시 사람처럼 땅에 서서 능히 하늘을 대신하러 나왔음이니라."

단군 왕검의 가르침이 잠시 멎자, 그때 맏 태자 부루가 총기 있는 눈을 반짝이며 물었다.

“하오면 그것은 천부인 원방각의 우주조화 원리가 아니옵니까?”

“그것이 바로 만생명의 존재 원리요, 모든 질서의 근원으로 하늘 보본의 근본이니라.”

“근본이라 하오시면?”

“너를 오늘 있게 하신 처음 조상 조화주 삼신께서 모든 것에 근본이시니라. 그러므로 하늘의 법은 오직 하나가 되는 것이니, 너희는 오로지 지성을 다한 한결 같은 마음으로만 하늘에 오를 수 있음을 알아야 하느니라. 하늘의 법이 불변하는 하나인 것처럼 사람의 마음도 같은 이치이니 몸과 마음을 바르게 하면 사람의 마음에 이르게 되고 사람의 마음이 화합하게 되면 그 또한 하늘의 법이니라.”

그리고 거기에 이어 효에 대해서 말씀하시었다.

“너희의 몸이 어버이로부터 태어났음을 알라. 어버이는 한알님께서 내려 주셨으니 오직 너희는 어버이를 공경함으로써 한알님을 공경함인 것을 알아야 하느니라. 이것이 곧 나라를 위하는 충성과 효도일진대 너희가 이 도리를 깊이 깨우치게 되면 이루지 못할 일이 없은즉, 한알님을 지성껏 경배하고 이웃과 화목하라. 그리하면 너희의 복록이 결코 끊이지 아니할 것이니라. 이것이 세상을 이치로 되게 하기 위한 한알님의 뜻으로, 곧 사람을 크게 유익케 하기 위한 홍익인간 이념이니라.”

이러한 단군 왕검의 가르치심은 백성들을 참사람 진인(眞人)을 만들기 위한 천도(天道)의 교훈으로 생활 속에 스며들었다. 그것이 이 땅에 새롭게 태어난 새싹들에게 그 육신(六身)을 있게 한 조상의 고마움과 그 이치를 알라는 뜻으로, 검지를 세워 손바닥 중앙을 찍어 대며 ‘곤지곤지 짝짜꿍’, ‘도리도리 짝짜꿍’ 하는 생활 속에서의 놀이 가락이 바로 그것이었다.

‘곤지’는 태초 음양 건곤(乾坤) 조화주 하나님의 대위(代位)가 되시는 음적(陰的) 성모 환웅 ‘한울님’께서 지상에 내려오셔서 천지인(天地人),

즉 하늘과 땅과 사람이 하나의 '틀' 속에서 조화를 이룬 도리(道理)로써 '짝짜꿍'해야 한다는 이 가르침으로, '곤지(坤地)'는 바로 배달민족 조상신으로 지구에 내려와 물질계를 열어 주신 음적(陰的)인 성모(聖母) 환웅 '한울님'을 지칭하는 것이었다.

단군 왕검께서 참성단을 쌓고 하늘 조상신께 제사를 드려 근본을 갚는 방법을 백성들에게 수시로 가르쳐 이르시니, 나라 안 곳곳에 천제단이 쌓아졌다. 그 천제단의 모양은 천일(天一) 지이(地二)를 뜻하여 두 개의 돌을 세우고 그 위에 한 개의 큰 돌을 얹어서 지삼(地三)의 천단(天壇) 모양을 만들게 하신 것이다.

개천(開天) 이래로 해마다 행해지는 제천행사는 상달이 되면 국중대회로 크게 열어 삼신 조화주께 제를 올리고 선조의 덕을 찬양하며 은혜에 감사하는 마음으로 온 백성이 남녀노소 없이 손에 손을 잡고 아사달 높은 언덕을 빙빙 돌며 부르는 노랫가락이 민속신앙에서부터 태동한 '간, 간(艮,艮) 수월래(水月來)'였다.

배달겨레 조선 사람들은 단군 왕검의 지극한 한알 공경과 조상 숭배와 또 사람 사랑의 뿌리 사상 민족신앙(민간신앙)으로 배달민족의 '얼'이 되어 삼신께 제 올리는 시월 상달의 제사 습속이 날이 갈수록 그 범위가 점차로 넓어졌다.

이때부터 씨족마다 자기의 조상들에게까지 제사를 올리는 민족습속이 그로 하여 형성되기 시작되었다고 한다. 국조이자 스승이신 단군 왕검의 그와 같은 자상하심은 봄가을이면 나라 안을 순행하시어 관리들의 선악을 살피시고 그 상벌을 신중히 하셨다고 했다. 뿐만 아니라 학관을 설치하여 학문을 부흥시키고자 하여 어느 날 삼랑을 보록을 조용하게 부르시어 중요한 임무를 맡기시었다는 말씀이다.

"짐이 오랫동안 생각해 온 것이 있느니라. 그대도 알다시피 세상풍속과 말이 서로 다르지 않느냐? 물론 뜻을 표시하는 그림 문자 같은 것이 있긴 하지만 서로 쉽게 이해되지가 않고 있느니라. 그대는 나라 글 중에서 정음을 잘 가리어 정리하여 올리도록 하라. 내 일찍부터 을보록 그대의 총명함을 눈여기어 보았느니라. 사람의 몸에는 저마다 타고난 기운이 있는 법, 내 그대를 본 즉, 문서를 만들 수 있는 사관 신지 기운을 그대로 타고 났은즉, 신불 때에 사관신지로 하여 만들어져 내려오는 독두문자를 모아 천부인의 원리를 토대로 잘 정리하여 보라. 그리하면 백성들이 알기 쉬운 문자가 나올 것이니라."

어명을 받은 삼랑 을보록은 그날부터 신불 시대로부터 내려오는 짐승 발자국 모양의 녹두문자와 숫자를 모아 천부인 원방각을 토대로 하여 속자 스물한 자와 곁자 스물넉 자의 글자를 가림토에 새겨 올렸다.

글자의 모양새를 가만히 훑어보시던 단군 왕검께서는 을보록을 칭찬하시고 물러나게 한 후, 사관신지를 불러들여 을보록이 만들어 온 글자로 배달 유기를 편찬하도록 분부하시었다.

이것이 훗날 세종 대왕으로 하여 훈민정음을 만들게 하신 근본이 되면서 우주화 시대를 열어가는 시대에 세계에서 가장 과학적인 으뜸 문자(文字)라고 인정받는 우수한 '한글'을 만들어 내게 하였던 바탕으로, 그만큼 지혜로운 배달나라 조상들이다.

이렇게 하여 '한글'의 기틀을 만드신 단군 왕검께서는 그 해 봄, 궁궐을 크게 짓고 만백성들로 하여금 새로 지은 대궐의 본을 따서 집의 제도를 가르치도록 하시니, 이것 또한 세계에서 가장 인정받는 과학적인 목조문화를 일으킨 그 비롯의 시작이었다. 뿐만 아니라 단군 왕검께서는 재위 67년에 황태자 부루를 도산에 보내어 순임금 시대 재상 우에게 오행치수법을 가르치게 하시었는데, 이때의 가르침으로 그들은 황하(黃河)의 치수에 성공하게 된 것이다.

그처럼 고조선 최초의 발상지는 중원 대륙 요서 대릉하 유역에서 황하에 이르기까지 모두가 배달나라 조상들의 땅으로 대륙의 젖줄이었다.

이때 황하에서 꽃피워 동아시아를 대표하는 문명이 황하문명이었으며, 그 중국 대륙을 지배한 모체는 고조선 조상들의 요하문명이었다. 그 요하의 홍산문화는 그 시원이 환웅신불 시대로 거슬러 올라간다.

이처럼 황하의 앙소문화는 기원전 6000년보다 앞섰던 요하문명을 창조한 동이족으로, 배달민족 조상들이 그 중심의 주역으로 있었던 것은 단군왕검께서 12제국을 홍익인간 이화세계라는 인류 평화의 정신으로 포용하고 다스려 나왔기 때문이다.

고조선 시대 중앙아시아의 주역이었던 단군 왕검께서는 이웃 백성들까지도 하나로 포용함과 동시에 너와 내가 개체가 아니라는 '한 사상'의 교(敎)를 세워 국정의 바탕으로 삼으시고, '조화경'을 널리 알려 백성들로 하여금 믿음을 갖게 하신 것이다. 또한' 교화경'을 강설하여 백성들의 지혜를 밝게 하는 한편, 또 '치화경'을 가르쳐서 인간의 삼백예순여섯 가지의 일을 주관하시므로 재세이화(在世理化) 홍익인간(弘益人間)하는 데 힘을 쓰신 것이었다.

단군 왕검의 가르치심에 현명하고 슬기로운 신하들이 많아 친히 하명하시기 전에 주청하고 실행하기를 게을리 하지 않았다고 한다. 어느 날 감성관 황보덕이 나라의 달력을 만들기 위해 단군 왕검께 아뢰기를,

"신이 그 동안 천문을 관측하온 지 10년에 천체에 대해서 대강 추측할 수 있었나이다. 천체의 중심이 되는 큰 별은 북극성 같은 형성이며 그 다음은 수성, 금성, 지구, 화성, 목성, 토성, 천왕성, 해왕성, 음명성, 신명성과 같은 행성이 있어 태양을 중추 삼아 회전하는 것을 알았사옵니다. 그리고 우리가 살고 있는 지구는 태양계의 하나의 행성이며, 태양은 땅의 온도를 조화하여 만물의 생장을 조성하고 있사옵니다. 지구의 외곽에는

붉은 막이 있어 둘러싸고 지면의 각종 기체를 보전하므로 기체가 발산하지 못하고, 그 범위 안에 있어서 태양의 뜨거운 열을 받아 바람과 눈도 되고, 비와 우박도 되고, 전뢰도 되고, 이슬과 서리도 되어 사시의 공간이 각각 달라지고 있사옵니다."

이에 단군 왕검께서는 크게 기뻐하시며 이르시었다.

"참으로 가상한 일이로고. 그대가 그것을 헤아렸다니 소신껏 달력을 만들어 보도록 하라. 지상에 살고 있는 사람은 물건과 더불어 땅을 본받고, 땅은 하늘을 본받았으며 하늘은 도를 본받고, 도는 자연을 본받는 것이니, 사람이 자연의 이치를 측량해서 알지 못하면 음양을 따라 사시를 준행하지 못할 것이니라. 만일 음양을 따라 사시를 순행하지 못하면 백성이 농사시기를 알지 못하여 수확이 없어 어려움을 당하게 되니, 먼저 역법을 정리하여 우리나라 기후에 적당하게 대처하게 하는 것이 좋을 것이니라. 그대가 수고하여 만들어 올리도록 하라!"

단군 왕검의 치하와 함께 분부를 받게 된 감성관 황보덕은 그 날부터 조선 역서의 시원인 달력을 365일 5시간 48분 50초를 1년으로 하여 우주 기(氣) 운행의 역(易)을 만들어 올렸다고 했다.

이 우주력(宇宙力)은 우주 만물의 시발점, 그 상생 원리로 우주의 무궁한 조화가 들어 있는 천부경(天符經)의 진리를 토대로 만들어진 것으로, 거기에는 우주가 생멸 변화(生滅變化)하는 속에 인간 생명의 태어남과 사라짐의 인연(因緣)의 고리를 헤아려 보게 하는 동양철학의 진수가 들어 있는 것이었다.

훗날 공자께서 말년에 이 우주 기(氣) 운행의 역학(易學), 주역에 취하여 그 책을 얼마나 열심히 읽었던지 그 책을 맨 가죽끈이 세 번이나 끊어져 나가 '위편삼절(韋編三絶)'이라는 고사가 전해질 정도였다.

단군 왕검께서는 천하가 큰 것을 생각하시고 사람의 능력으로는 이화

(理化)할 수 없으므로 인간의 삼백예순의 일들을 신하들과 나누어 하시었다고 한다.

이때 하늘이 감응하여 곳곳에서 상서로운 일들이 수없이 일어나 난데 없이 아름다운 연꽃이 솟아났고, 또 불함산에서는 누운 바위가 일어나 앉았으며, 그뿐만 아니라 강에서는 신령스러운 거북이가 나타났는데 그 등에는 윷판과 같은 그림이 새겨져 있었다고 한다. 또 발해 연안에서는 무려 열석 섬이나 되는 금덩어리라 쏟아져 나오기도 했는데, 이 모든 서기 는 삼신 조화주의 축복하심이며, 단군 왕검의 치정을 크게 상찬하는 것이 라고 백성들은 서로 입을 모아 말하기를, "우리 이 천자국은 한알님이 택 하신 나라가 분명한 것이외다." 하고 백성들이 기뻐하는 모습을 보신 단 군 왕검께서는 삼신의 은혜를 알게 하기 위하여 다음과 같이 말씀하셨다.

"성품을 밝게 하면 내 안에서 한알님과 통하여 재세이화 홍익인간 하느 니라."

이처럼 하늘 근본을 가르치신 단군 왕검께서는 몸소 행하심으로 백성 을 다스렸고, 또 윗사람은 의관을 갖추며 칼을 차고 음악을 익히게 하였으 며, 아랫사람을 범하는 일이 없도록 하여 위에서 아래를 함께 다스리시니 백성들은 편안하여 장수하였으며, 해마다 풍년이 들어 태평성대를 이루 니 그 덕화가 미치지 않는 곳이 없었다고 했다.

이때 만민의 칭송소리가 사해에 넘쳐 날이 갈수록 백성이 모여 국경이 동쪽으로 창해요, 서쪽으로는 요서, 남쪽은 남해, 그리고 북쪽은 서비노에 까지 이르렀다는 것이 고조선의 역사로, 이 무렵의 다수 민족이 아홉이었 으며 소수 민족이 열넷이었다고 한다. 이렇게 백성들이 불어남을 보고 크게 기뻐하신 단군 왕검께서는 다음과 같이 말씀하시었다.

"하늘은 가없이 잔잔하므로 그 도는 크며, 그 일은 두루 원만하니 착함 이 으뜸이요, 땅은 모아서 저장하므로 그도 또한 크며, 그 일은 공을 드림이 원만하니 부지런함이 으뜸이요, 사람은 지능이 있으므로 그 도는 크며 그 일을 가려냄이 원만하니 화합이 으뜸이니라. 그러므로 한알님께서 임하시어 성통 광명하니 재세이화 홍익인간 할 수 있을 것이니라."

단군 왕검께서는 백성들을 위하여 만국 박람회를 국도 평양에서 크게 열어 열국의 진귀한 물품을 쌓아 서로의 문물을 알리게 하였다는 기록이다. 뿐만 아니라 기계 공장을 송화강 연안에 세우고 갖가지 배와 기계를 만들어 백성들의 생활이 새로운 기계의 힘을 이용할 수 있게 하기 위하여 나라 안에 크게 알리어 모든 기계의 발명자에게 포상하도록 하시니 발명된 물품이 다음과 같았다.

만운갑이 지남차와 목행마를 발명하였고, 목아득이 우주 이론을 저술하였는가 하면, 지이숙이 태양력과 팔쾌 상중론을 저술하여 천황 폐하께 올렸으며, 그때에 개발된 발명품이 황룡선·자행선·양수기·차경기구·자발전차·천문경·색금·천리상용기·축전기·경종누기소적·발전동춘기·천리상용기·축전기·양해기·측우기·양청계·측한계·축시계·양우계·측풍계 등이었다.

이렇게 백성들의 생활과 문화를 발전시킨 단군 왕검께서는 또 큰 풍년으로 남아도는 농작물이 많아 그 곡식들을 동남쪽 먼 바닷가에 백성들에게까지 베풀게 하시었다고 한다. 또 한편 종이 공장을 만들어 설치하도록 하여 닥나무 껍질과 칡넝쿨 껍질로 많은 종이를 만들어 내도록 하였다. 이 종이가 천년을 썩지 않고 그대로 보존된다는 세계 유일의 한지(韓紙)가 이때 만들어진 것이라고 했다.

뿐만 아니라 단군 왕검께서는 나라 안의 열두 명산을 택하여 국선소도(國仙蘇塗)를 설치하게 하여 미혼의 자제들을 뽑아 모아 독서와 습사, 활쏘기, 말타기, 예절배우기, 음악배우기, 주먹치기 등 여섯 가지의 재주 육예(六藝)를 익히도록 하였는데, 이들이 나라의 자랑이 된다고 하여 '국자랑'이라고 불렀다. 이 국자랑들이 출행할 때에는 머리에 수려한 무궁화

(槿花:백단심)를 꽂고 다녔기 때문에 사람들은 일컬어 '천지화랑'이라고 불렀다고 한다. 그 뜻은 하늘과 땅 사이에서 하늘이 사람을 창조한 목적의 뜻대로 영원무궁한 인(人)꽃으로 더 없이 밝고 아름다운 천지의 향기를 피운다는 상징성을 나타내는 것이라고 했다.

이들이 훗날 신라 시대 여섯 가지 재주를 익힌 화랑도를 만들게 된 그 전신으로, 배달민족 조상들의 풍류도(風流徒)에서 비롯된 만물감통(萬物感通) 사상으로 민간신앙의 고신도(古神道)였다.

이렇듯 백성들의 문무(文武)를 함께 발전시켜 나온 단군 왕검께서는 몸소 소도단에 납시어 영특하고 용맹스러운 국자랑들에게 도(道)에 대해서 가르치셨다는 말씀이다.

"도는 그 대상이 없고, 이름이 없느니라. 억지로 이름 하여 도라고 하는 것이니, 도를 도라 하면 떳떳한 도가 될 수 없고, 이름을 이름이라 하면 떳떳한 이름이 될 수 없는 것과 같은 것이니라. 천지의 큰 것으로부터 먼지와 작은 것에 이르기까지 모두 다 도를 포함하지 아니한 것이 없느니라. 그렇기 때문에 천지는 천지의 도가 있고, 사람은 사람의 도가 있고, 만물은 만물의 도가 있어 모든 사물은 모두 그 도로 인하여 우주와 더불어 있는 것이니라. 무형(無形)하고 유실하게 도를 이루는 사람은 선인(仙人)인 사람들이 보아도 보지 못하여 들어도 듣지 못하고 물체에 가려서 감히 미치지 않느니라. 천지가 비록 크다 할지라도 도 안에서 벗어나지 못하고 먼지가 비록 작다 할지라도 능히 도를 용납하며, 세상만사 이치가 뚜렷한 것은 드러나지 않고 깊숙한 데서 형성되어 생겨나며 유형(有形)은 무형에서 생겨나고 형상의 근본은 정(情)에서 생겨나는 것이니라. 우주는 무한 광대한 것인 참 기운이 공간에 충만하여 항상 순조로이 운동하므로 영구히 차례로 돌아가는 모양을 꾸며 만들어 내는 것이니라. 그러나 일정한 시간으로 진화의 과정을 거치는데, 그 진화의 상태는 매양 그 밀도 변화로 하여 생성하고 그 밀도는 개량할 수 있는 것도 있고 없는 것도 있어 두 가지가 뚜렷하게 구별되어 각각 무한히 작은 소체를 생성한즉, 무한히 작은 소체가 무수한 응집 중심을 거쳐 이에 실체를 이루는 것이니라. 사람이 만물 중에 제일 신령한 것은 우주 생명의 돌발점이기 때문이요, 제일 고귀한 사상이 있기 때문이니라. 이것이 천지자연의 생물의 원리며 현상이니라."

그리고 이어서 그들에게 참 사람됨의 도리를 가르치셨다.

"성품을 밝게 하면 내 안에서 통하여 재세이화 홍익인간 하느니라. 어버이와 자식은 사랑으로써 맺어진 까닭에 이보다 더 크고 중한 법이 없으며, 또 스승과 제자는 도리로써 맺어진 것이므로 이보다 더 크고 귀한 도리는 없느니라."

단군 왕검의 긴 강론이 끝나자 국자랑들은 일제히 앉은 자리에서 일어나 크게 부복하여 감사의 예를 올렸다고 한다.

단군 왕검은 바로 하늘을 뜻하는 것이었으며, 그 아래 부복한 국자랑들은 만송이의 천지화(天地花)에 다름이 없었다. 이처럼 재천제세(在天濟世)의 법리, 곧 하늘과 땅과 사람이 하나라는 자연지도(自然之道)를 배워 온 천지화랑(天地花郎)들이었다.

단군 왕검의 가르침이 동방예의지국(東方禮義之國)이라는 칭송을 받게 할 수 있었던 배달 한민족의 사상이며 도(道)로써 효성과 충성과 신의(信義)와 용기와 정의 등 5가지 본길(本道) 5계율(五戒律)이었다.

천륜(天倫)과 인륜(人倫)을 백성들에게 가르치신 단군 왕검께서는 여러 부서의 각 대신들을 불러 모으고 그들이 행해야 할 도리를 지극하게 이르신 말씀은 다음과 같았다.

"그대들은 들으라! 사람은 스스로 뉘우치고 나서 다른 사람들을 뉘우치도록 하여야 하며, 나라 또한 반드시 스스로 겪은 후에 백성들을 경계함이

옳으니라. 오래된 고목에는 벌레가 생기기 마련이고, 썩은 물에는 또한 조개가 생기는 것과 같이 법이 오래 되면 폐가 생기고 도가 오래되면 마(魔)가 꾀이게 될 것이니라. 명심할 것은 이후에 백성들의 정통 정신이 흐려지면 그 틈을 타서 도(道)를 자처하고 먹지도, 보지도, 냄새도 맡지 못하는 목석 같은 신들에게 미혹되어 마침내는 자손들이 조상을 잃어버리지 않도록 항상 경계하라! 조상을 잃어버리면 사상이 혼탁하여 나라 또한 쇠하여질 것이니라. 그대들은 장차 일을 생각해서 정심 정도법으로 백성들이 마음에 중추를 잃지 않게 힘쓰라."

그리고 뒤이어 여러 제후들을 모이게 한 자리에서 신중하게 이르셨다.

"천도의 순행을 살피면 만세의 일도 능히 미리 알 수 있는 법, 그때를 당하지 않게 항상 경계하여야 할 것이니라!"

제후들은 훗날을 예견하시고 당부하시는 단군 왕검의 말씀에 여쭈어 물었다.

"바라옵건데 폐하께오서 장차 일을 헤아리시고 계시오면 대략 일러 주시옵소서."

"장차 일은 천도의 순행을 살피면 알 것이라 하지 않았느냐? 다만 한알님의 의지에 의해서 우주 생명에 놀라운 천지 대이변이 있을 것인즉, 그때에 새로운 후천의 선경문화가 도래할 것이니라. 지금 그대들이 할 일은 정사이니, 정사는 다만 백성을 다스리는 도인즉, 비록 하나의 정부에 속해 있다고 할지라도 그 지방마다의 형세와 특징에 따라 생활풍토가 다를 수밖에 없으니 또한 그 지방 백성의 지혜에 따라 문명 또한 같을 수 없으므로 일률적으로 다스리기란 무리가 따를 것인즉, 그 지방에 맞는 방편으로 정치를 베풀어야 치국평천할 것이니라. 대개 정치는 백성을 교화로 다스림이요, 먼저 가르치지 아니하고 벌을 하는 것은 그물질하는 것과 같은 것이니, 어찌 어진 사람이 위에 있어 백성을 그물질할 수 있겠느냐. 그 교화하는 방법에 있어 첫째, 평민은 배 부른 후에야 하늘을 우러르므로 의식을 풍족케 한 후에야 법도를 지도해야 옳을 것이니라. 만일 백성이 의식에 걱정이 있으면 지닌 마음마저 없게 되어 마음에 중추를 잃게 될 것인즉, 그 귀순함이 물이 아래로 흐르지 못하고 거슬러 올라 혼란을 빚게 되는 것이므로 양식을 생산하여 백성을 부유케 하므로 정치의 요령을 삼아야 할 것이니라. 인간사 도리에 진리가 하나이듯 나라와 겨레는 서로 다를 수 있어도 치국평천하의 정도는 오직 하나이니, 제후들은 명심하여 백성을 다스림에 소홀함이 없도록 하라!"

단군 왕검의 신중하신 가르침을 받은 제후들은 그 말씀을 받들어 인류 교화로 치국평천하하는 데 힘쓸 것을 모두가 다짐했다. 그러자 단군 왕검 께서는 용안에 만족한 웃음을 띠시고 다시 이르시었다.

"힘쓸지어다. 나라의 정치를 항상 새롭게 하고 나라의 부강을 증진시켜 나라의 영토를 수호하여 나라의 권세를 크게 펴심으로 나라의 세력을 튼튼히 하여 역사를 빛내는 것은 모두가 장래이니라. 이것이 충성이며, 올바름이며, 절개이며, 기운이니라. 내 그대들을 믿을 것이니라."

제후들은 단군 왕검의 가르침을 받고 각기 제나라로 돌아가 백성들을 올바름으로 가르치니, 백성들이 공평하여 이치를 쫓아 살아가므로 이때에 나라 안팎이 후덕한 인심이 넘쳤다고 했다. 이렇듯 배달 겨레 조선의 백성들은 단군 왕검의 가르침을 받아 날이 갈수록 태평성대를 구가하니, 백악산 계곡에는 흰 사슴들이 떼를 지어 천도의 행렬을 인도하였고, 푸른 하늘에는 눈같이 흰 구름송이들이 그 행렬을 축복해 주었다고 한다.

단군 왕검께서는 이처럼 사람을 크게 유익하게 하기 위한 홍익인간(弘益人間)이란 이념과 이성(理性)을 받들어 사람마다 참사랑, 한얼사상으로 세상을 재세이화(在世理化)되게 하기 위하여 이처럼 힘쓰셨다.

그것이 곧 단군 왕검께서 홍익인간(弘益人間)을 목적하신 배달 한민족의 정신 '얼'의 이념으로, 곧 내가 한얼님과 '한 틀' 속에 함께 있는 생명체로 우주의 주인공이라는 주체성의 자각 정신을 심어 주시고자 하신 것이었다. 이렇게 단군 왕검께서 삼일철학(三一哲學)의 삼신천법(三神天法)으로 나라와 백성을 다스리시니, 이때 북경(北京)의 동녘 땅은 모두 배달나라의 영토로 삼고 중국의 하남성과 산동성 지역은 단군 왕검의 제후나라로 봉하고 우나라 순으로 하여금 그 땅을 다스리게 하였다.

단군 왕검께서 그 땅을 3한으로 나누어 다스리던 단기 93년 3월 15일이었다. 왕검께서는 태자들을 불러 가까이 앉히고 조용히 이르시었다.

"태자들은 들으라. 이제 이 조선을 이어갈 사명을 너희들에게 맡길 그때가 되었느니라. 특히 황태자 부루는 이 나라 조선을 이어갈 사명이 주어졌은즉, 백성을 다스려서 삼신천법으로 한얼님이 기뻐하시는 천황이 되도록 하라!"

태자들은 천황과 헤어져야 할 것을 예감하고 서운함을 금치 못해 숙연해지고 있는 가운데, 단군 왕검께서는 태자들에게 사람의 생사의 이치와 우주변화의 원리가 들어 있는 《천부경》 속의 진리를 다시 태자들에게 소상히 이르시었다.

"덕혜력 삼종이시며 만물을 주관하시는 대자대비하고 만물을 사랑하시는 한얼님의 숨결과 말씀을 너희는 이 백성들에게 길이 심으라. 그것이 너희 태자들의 사명이니라."

그리고 덧붙여 하명하시었다.

"그때가 문 앞에 가까이 이르렀으니 어천대에 고천할 준비를 하도록 하라!"

이윽고 어천대에 고천하실 준비가 마련되고, 단군 왕검께서 어천대에 납시었을 때였다. 하늘에서 태양을 중심으로 하여 해무리가 그 넓이를 측량할 수 없게 하였고, 태백으로 이어지는 강한 빛의 줄기는 보는 사람으로 하여 눈을 뜰 수 없을 정도로 강렬한 가운데서 단군 왕검께서 하늘을 우러러보시며 말씀하셨다.

"하늘의 뜻이로다. 내 때가 다하여졌으니 백성들은 들으라! 나는 이제 한알님의 부름을 받아 갈 것이니라. 그러나 이 땅에는 불로불사의 시대가 도래할 것이니 마음을 닦아 본심에서 본성을 지켜 그때에 본 자연의 제 위치에 서 있도록 하라! 그것이 하늘 은혜 입은 천손들의 축복이니라."

그러나 거기에 엎드린 태자들과 대신들, 그리고 백성들은 미래 지향적인 단군 왕검의 말씀의 뜻을 얼른 납득하질 못했다고 한다.

그때에 갑자기 화창하던 날씨가 어두워지며 바람이 땅에 몰아치다가 다시 잠잠하며 맑아지는가 싶은 그 순간, 태백산정의 하늘에 흰 구름이 동서로 줄을 그은 듯이 길게 이어지고 있는 가운데 단군 왕검께서 하늘을 우러러 고천을 하시고 백성들을 돌아보시며 당부의 말씀을 이르시었다.

"첫째, 너희는 지극히 거룩하신 한알님의 자녀 됨을 알라. 둘째, 너희는 영원토록 자손이 계승할 때에 터럭만한 것도 사심이 없고 이지러짐이 없어라. 셋째, 너희는 한겨레로 일치가 되어 의좋고 정답게 서로 손잡고 이지러짐이 없어라. 넷째, 너희는 조심하라. 내 땀방울이 적시우고 내 피가 물들인 강토에 혹여나 더러운 때에 묻힐세라 조심하라. 다섯째, 너희는 내가 해야 할 일을 너희 손으로만 하여라. 그리하여 각기 너희 할 직분을 지켜라. 너희 할 책임을 견디어 이루어라. 여섯째, 네가 가질 것을 무조건 남이 갖게 하지 말고 네가 할 일을 남이 하게 하지 말라. 일곱째, 너희는 이 나라 빛을 한 군데에도 빠짐없이 하늘 은혜와 땅의 이익을 두루 받았음을 알라! 이것을 너희 것삼아 쓸데로 써서 너희 생활이 항상 풍족하라, 넉넉하거라. 여덟째, 너희는 내가 오늘 훈칙한 이 알림을 할 일로써 천하 만민에게 고르게 알려 주어라."

단군 왕검의 훈칙의 말씀은 천지를 진동하듯 땅을 울리다가 마침내 하늘로부터 내려 비치는 강렬한 빛 속으로 그 모습이 스며드시었다. 빛으로 화천(化天)하시어 오르시는 순간이었다.

단군 왕검이 이처럼 빛으로 생체 부활하실 수 있었던 것은, 그 신위(神位)가 본체신 조화주 한알님 '우주 에너지' 빛의 아들로서 그 존체이었음을 나타내 준 증표이기도 한 것이었다.

그 능력이 바로 하늘 삼천무리의 조화신단들을 거느리고 태백산정에 내려오시어 배달나라 조상 뿌리를 세우고 화천(化天)하신 바로 그 대황조 환웅천황과 일체(一體)로 태초의 우주지성, 그 에너지체이기 때문이다. 그 능력이 바로 태초의 빛이신 분자적(分子的)인 한얼님(聖子)의 신위(神位)로, 성자 예수가 시해선으로 죽었다가 다시 살아나 승천하는 부활의 능력을 나타내 보일 수가 있었던 것과 같은 이치인 것이다.

그렇기 때문에 그 가르치심 또한 그와 같이 하늘 대도(大道)의 근본 이치로, "네 이웃을 내 몸과 같이 사랑하라."는 말씀과 같은 맥락으로, 그것이 바로 홍익대법(弘益大法)인 것이었다. 그래서 인도 땅에 출현했던 성자 석가 부처께서 하신 말씀인즉, "내가 세상에 오기 전에도 많은 부처가 세상에 왔다 갔었느니라." 하고 말씀하신 뜻이 바로 거기에 있었던 것이다.

지극하신 한알님의 아들 단군 왕검께서는 인간 주체로서의 홍익인간 재세이화(弘益人間, 在世理化) 이념으로 인본주체사상(人本主體思想)과 인간조화사상(人間調和思想)을 백성들에게 가르쳐 주고 가신 국조(國祖)로서 스승이었다.

처음 물질계를 열었다는 동방의 아시아 땅에는 선천 시대(先天時代) 신과 인간이 함께 어우러지던 환웅 천황의 신불 시대가 존속되다가 마감되었고, 그 후사로 동방의 밝은 터에 뿌리를 세운 천손(天孫) 민족에게 그 본분을 깨달으라는 말씀을 그토록 이르시고 화천하신 개국조(開國祖)

단군 왕검이 스승으로 계셨던 것이다.

단군 왕검의 가르치심은 하늘의 법리(法理)를 깨우쳐 하늘과 땅과 사람, 곧 천지인(天地人)은 하나님의 '한 틀' 속에 있다는 것과 하늘을 우러러 섬겨 경배하고 조상을 숭상하며, 또 사람을 사랑해야 한다는 이 교훈의 말씀이 바로 경천, 숭조, 애인(敬天, 崇祖, 愛人)이었다.

이러한 가르침이 배달민족 뿌리에 심어진 '한얼' 사상으로, 그 천손(天孫)의 동맥(動脈)임을 만민에게 전하도록 고하시고 화천하신 국조 단군 왕검은, 인간 최고의 철학을 심어 준 대법계의 스승이었다.

단군 왕검 조선은 건국 이래 중국의 최고 지리지(地理志)인 ≪산해경(山海經)≫에 이르면, "동방에 있는 군자불사지국(君子不死之國)은 의관(衣冠)을 정제(整齊)하고 칼을 찼으며, 성격이 양보를 좋아하고 다투지 않으며, 아침에 피어나 저녁에 지는 꽃(根花:무궁화)이 있다고 하였으며, 2500년 전 공자도 ≪논어(論語)≫에서 중국에는 도(道)가 행(行)해지지 않기 때문에 구이(九夷)의 나라에 가서 살고 싶다고 하였으며, 배달민족 조선을 군자국(君子國) 또는 예의지국(禮儀之國)이라 하여 다른 민족, 동서북방민족(東西北方民族)과는 다르다고 말하였다.

이렇듯 지고한 배달 한민족의 '한얼' 사상은 단군 왕검의 조선 72대에 거쳐 황금 시대가 이어지면서 만주 배달나라 본토를 중심으로 하여 동양 문화권과 동양철학의 근원지로 하늘 진리의 원통맥의 빛을 발한 지구촌 시대 종교(四大宗敎)의 발상지였다.

그것은 배달민족의 스승이자, 전 인류의 스승이신 대황조 환웅천황 신불 시대 이래 그 정신이 세계사 속에 특수한 정신문화를 일궈 냈던 하늘 천손(天孫) 민족의 정기(精氣)였다. 그러한 배달 한민족 조상신 한울님(桓雄天皇)의 호흡이라는 정기(精氣)가 바로 인도의 시성(詩性) 타고르가 말한 세계사 속에 빛을 발하던 바로 그 '동방의 등불'이었다.

3장
성자 예수 친자 확인 소송

예수께서는 인간적이면서도 순수한 영적 존재로, 그가 세상에 출현한 목적은 본체신 하나님의 숨결인 진액을 공급해 주기 위해서 왔다는 것이며, 그것이 조물주 하나님의 우주신로(宇宙 神路)에 의한 것이었음을 인지(認知)시켜 주신 것이다.

1 여호와 하나님 능력의 기적

구약 성서 속에서 이스라엘의 하나님 여호와가 그 백성들에게 무수히 보여 주고 있는 신비한 기적! 그 능력의 기적이 오늘 우리에게 어떠한 혜택과 영향을 주고 있는가? 그토록 신비한 기적은 오늘 우주 시대를 열어가는 현대인들에게 외계를 탐사할 수 있는 최첨단 과학문명의 기술에 대한 정보를 제공해 준 것임에는 틀림이 없다. 구약의 기록에서 나타내고 있는 여호와의 행사의 전반적인 모습이 그것이기 때문이다.

그 내용 속에는 4차원의 최첨단 기술 정보의 진솔함 그대로를 담아 펼쳐 보이고 있는 여호와 하나님의 '능력'이라는 기적의 알맹이가 오늘 지구인에게 과학문명 기술에 눈을 뜨도록 그 정보를 제공해 준 것이라고 할 수 있다.

구약 시대에 하늘과 땅을 왕래했었다는 천상의 신들은 신무기뿐 아니라 첨단과학 승용 물체를 이용했었기 때문에 이착륙 장소를 따로 정해 두고 있었으며, 이를 여호와의 성지라고 했다. 여호와의 성지는 시내 산 혹은 호렙 산으로. 그 곳에 여호와께서 '강림'했다는 표현을 쓰고 있다.

이때 여호와는 보편적인 사람의 모습으로 그 백성들 앞에 나타날 때와는 달리 특수한 우주복 차림에 스피커를 사용하고 있었던 것으로, "그 말소리가 무리의 소리와 같더라."는 성구 묘사를 하고 있다.

> 정월 이십사 일에 내가 힛데겔이라 하는 큰 강가에 있었는데, 그 때에 내가 눈을 들어 바라본즉, 한 사람이 세마포 옷을 입었고, 허리에는 우바스 정금 띠를 띠었고, 그 몸은 황옥 같고, 그 얼굴은 번개 빛 같고, 그 눈은 횃불 같고, 그 팔과 발은 빛난 놋과 같고, 그 말소리는 무리의 소리와 같더라.(다니엘서 10장 4~6)

이 기록에서 세마포를 입고 허리에 정금 띠를 띠고 있는 사람, 그는 그 뒤 우주선에서 발산하고 있는 빛에 의해 그의 온몸이 광채를 내고 있었음을 짐작해 보게 한다. 이때에는 평소와는 달리 스피커를 사용하고 있었던 것으로, 그 말소리가 '무리의 소리'와 같았다고 묘사하고 있다. 그 다음으로 이어지는 성구에서 다니엘이 보았다는 '하나님의 이상'의 모습이다.

> 이 이상은 나 다니엘이 홀로 보았고, 나와 함께한 사람들은 이 이상은 보지 못하였어도 그들이 크게 떨며 도망하여 숨었느니라. 그러므로 나만 홀로 있어서 이 큰 이상을 볼 때에 내 몸에 힘이 빠졌고, 나의 아름다운 빛이 변하여 썩은 듯하였고, 나의 힘이 다 없어졌으나 내가 그 말소리를 들었는데, 그 말소리를 들을 때에 얼굴을 땅에 대고 깊이 잠들었느니라.(다니엘 10장 7~9)

다니엘서의 이러한 묘사는 당시 문명되지 못했던 시대 상황을 잘 표현해 주고 있다. 번쩍이는 우주선 비행 물체를 다니엘은 '하나님의 이상'으로 표현하고 있으며, 처음 보는 이 놀라운 광경에 함께 있던 사람들은 떨며 도망갔기 때문에 다니엘 혼자 보다가 그 역시도 스피커로 우렁차게 울리는 말소리에 혼비백산 졸도했음을 그는 온몸에서 힘이 다 없어지면서 얼굴을 땅에 대고 깊이 잠들었다고 표현해 두고 있다. 과거 문명 되지 못했던 사람들로서는 그럴 수밖에 없었을 것이다.

처음 보는 우주선 로켓 비행 물체를 보고 혼비백산 도망하거나 졸도해 버렸기 때문에 여호와는 제사장 모세에게 일러 그 백성들이 그가 강림할 때에 "보고 죽을까 하노라." 염려하고 그 비행 물체가 착륙하는 주위에 백성들이 올라오지 못하도록 경계시키라는 다음 기록이다.

'신칙하라'는 것은 단단히 경계를 시키라는 뜻이다. 백성들이 우주선이 이착륙할 때에 일어나는 현상으로 다칠까 우려함이다. 그리고 또 그 성구 묘사에서 '그를 보려 하다가'라는 표현을 음미해 볼 필요가 있다. 여호와는 그 백성들과 때에 따라서는 맞대면을 하고 음식도 함께 나누어 먹고, 나란히 걷기도 했었다고 했다. 그때 여호와의 모습에서는 빛난 광채도 없었고, 음성 또한 뭇사람 소리와 같이 울림이 아닌 지극히 평범하게 이야기를 주고받았음을 수없이 기록하고 있다. 그러나 때에 따라서는 그처럼 특이하게 번쩍이는 불과 회오리바람을 동반했으며, 그와 같이 추진형 로켓 비행 물체를 이용하고 그들 앞에 나타나는 여호와를 보려다가 그 백성이 다치고 죽게 될 것을 염려하여 가까이 다가옴을 경계시키라고 당부해 두고 있는 것이 그 '신칙'이다.

이처럼 문명되지 못했던 당시의 사람들은 여호와가 사용한 추진형 로켓 비행 물체뿐만 아니라, 그들이 처음 보는 것은 신비스러운 물체를 '여호와 하나님의 기적' 아니면 '하나님의 이상'으로 묘사해 두고 있다. 그와 같은 경우는 엘리야의 기록에서도 보여 주고 있다.

는데, 여호와의 앞에 크고 강한 바람이 산을 가르고 바위를 부수나 바람 가운데 여호와께서 계시지 아니하며, 바람 후에 지진이 있으나 지진 가운데도 여호와께서 계시지 아니하며, 또 지진 후에 불이 있으나 불 가운데도 여호와께서 계시지 아니하더니 불후에 세미한 소리가 있는지라 엘리야가 듣고 겉옷으로 얼굴을 가리우고 나가 굴 어귀에 서매, 소리가 있어 저에게 임하여 가라사대……(열왕기 상 19장 1~13)

이 기록에서도 보여 주는 것은 '하나님의 이상'이 나타날 때는 보통 때와는 달리 특정한 장소다. 그것은 비행 물체가 지나갈 때에 일으키는 풍압과 흡인력 작용 때문에 피해를 입지 않고 보호하기 위해서였을 것이다. 표적물이 사방이 탁 트인 바위 꼭대기나 아니면 반석 위에 서 있어야만 고공을 하는 고속 비행 물체에서 지상의 위치를 쉽게 확인할 수 있기 때문이다.

그 당시 천상을 오르내리던 신들은 여호와뿐 아니라 모두가 하늘나라 문명된 운송 수단으로 우주선 로켓을 타고 왕래했음을 유추해 볼 수 있게 하는 기록들이 무수히 많다. 에스겔이 보았다는 '하나님의 이상'이 그것이다. 그는 지금으로부터 약 2600년 전, 기원전 593년의 사람이다. 유대 족속의 제사장으로 선지자라고 했다. 그가 '하나님의 이상'을 목도했다는 장소는 지금의 이라크 지역으로, '그발'은 유프라데스 강을 본류로 삼고 있는 운하의 이름이다.

여기에서 그는 하나님의 이상을 목도하고 난 이후, 하나님을 만났다는 횟수와 날짜까지도 적어 두고 있으면서 자신이 그 승용 물체에 탑승한 체험까지를 자세하게 기록해 두고 있다.

내가 보니 북방에서부터 폭풍과 큰 구름이 오는데, 그 속에서 불이 번쩍번쩍하여 빛이 그 사면에 비취며, 그 불 가운데 단쇠 같은 것이 나타나 보이고 그 속에서 네 생물의 형상이 나타나는데, 그 모양이 이러하니 사람의 형상이라. 각각 네 얼굴과 네 날개가 있고, 그 다리는 곧고 그 발바닥은 송아지 발바닥 같고 마광한

구리 같이 빛나며 그 사면 날개 밑에는 각각 사람의 손이 있더라.(에스겔 1장 4~8)

이 장면의 기록은 아득히 먼 그 옛 날, 26세기 전으로 비행기라는 개념이나 과학문명에 대한 관련 지식이 전혀 없는 상태였다. 이때 에스겔은 하늘에서 내려오는 비행 물체를 '하나님의 이상'을 본 것이라고 묘사하고 있다.

당시 문명의 이기를 접해 보지 못했던 사람들에게 있어서는 신의 초자연적 힘, 곧 신비하게 보고 기술하고 있다. 하지만 에스겔은 그 묘사에 있어서 그 전개 상황을 구체적으로 자세하게 적어 두고 있다. 그 기록을 오늘 문명 된 현대인들의 시각에서 볼 때, 그것은 '우주아들'의 4차원 비행 물체로, 그 운송 수단이었음을 유추해 볼 수 있게 해 준다는 사실이다.

에스겔이 본 것은 오늘날 비행 물체가 하강할 때의 장면과 그 하부 구조의 모습을 자세히 묘사하고 있고, 특히 그 '하나님의 이상'이 나타날 때에 북방에서부터 폭풍과 큰 구름이 오고 있었다고 하는 묘사가 그것이다. 구름이란, 제트기가 고공을 날 때에 일어나는 현상이다. 그리고 우주선이 목적지에 이를 때에 불빛을 점멸하면서 오는 과정에서의 묘사를 그는 '번갯불'이 번쩍번쩍 사면으로 비쳤다고 했다. 그리고 불 가운데 단쇠 속에서 네 생물의 현상이 나타나는데 사람의 형상이더라고 한 것은, 오늘날 우주복을 착용한 승무원을 연상하게 해 준다. 에스겔이 그 장면을 보고 묘사하고 있는 다음 성구와 오늘날 우주선을 견주어 볼 필요가 있다.

그 네 생물의 날개가 이러하니 날개는 다 서로 연하였으며, 행할 때는 돌이키지 아니하고 일제히 앞으로 곧게 행하며, 그 얼굴들의 모양은 넷의 앞은 사람이요, 넷의 우편은 사자의 얼굴이요, 넷의 좌편은 소의 얼굴이요, 넷의 뒤는 독수리의 얼굴이니 그 얼굴은 이러하며, 그 날개는 들어 펴서 각기 둘씩 서로 연하였고, 또 둘은 몸을 가리었으며, 신이 어느 편으로 가려면 그 생물들이 그대로 가되 돌이키지 아니하고 일제히 앞으로 곧게 행하며, 또 생물의 모양은 숯불과 횃불 모양 같은데, 그 불이 그 생물 사이에서 오르락내리락하며 그 불은 광채가 있고, 그 가운데서는 번개가 나며 그 생물의 왕래가 번개와 같더라.(에스겔 1장 9~14)

여기에서 중요한 대목은 '신이 어느 편으로 가려면 가되'라는 묘사와 '행할 때에는 돌이키지 아니하고 일제히 곧게 행하며' 하는 묘사와 그 안에 사람 얼굴의 네 사람이 있고, 나머지는 생물로 묘사하고 있다는 점이다. 이것은 부분적으로 나누어서 그 역할을 맡고 있는 탑승 승무원의 모습임을 짐작해 볼 수 있게 해 준다.

에스겔이 보았다는 '하나님의 이상'과 같은 장면을 케냐의 난디라는 부족도 그와 같이 말하고 있다. 그들의 신 이름은 '토로루트'이다. 그 신 역시도 사람 같은데, 날개가 달려 있어 그 날개를 움직이면 번개가 치고 우레 같은 소리를 낸다는 것이다. 에스겔이 본 '하나님의 이상'과 다를 것이 없는 동일한 모습이다. 그것이 바로 당시 지상을 왕래하던 '천상의 사람' 신들의 운송 수단으로, 그때 4차원의 'UFO'였음을 묘사하고 있다.

이처럼 당시에 문명화되지 못했던 인간들은 우주선 로켓을 타고 번쩍번쩍 불을 내뿜으며 공중을 날아다니는 신들의 모습이 마치 두 날개가 달려 있는 것이라고 생각한 것이다.

에스겔이 본 '하나님의 이상'과 동일한 묘사를 하고 있는 케냐의 난디라는 부족들이다. 그들과의 묘사를 견주어 볼 때, 에스겔이 보았다는 장면의 기록은 하늘나라 사람 '우주아들'의 과학문명의 이기였으며, 그것을 다음 기록에서도 더욱 확실하게 해 주고 있다.

내가 그 생물을 본즉 그 생물 곁 땅 위에 바퀴가 있는데, 그 네 얼굴을 따라 하나씩 있고, 그 바퀴의 형상과 구조는 넷이 한결 같은데 황옥 같고, 그 형상과 구조는 바퀴 안에 바퀴가 있는 것 같으며, 행할 때에는 사방으로 향한 대로 돌이키지 않고 행하며, 그 둘레는 높고 무서우며, 그 네 둘레로 돌아가면서 눈이 가득하며, 생물이 행할 때에 바퀴도 그 옆에서 행하고 생물이 땅에서 들릴 때에는

이들도 그 곁에서 들리니, 이는 생물의 신이 그 바퀴 가운데 있음이더라.(에스겔
1장 15~21)

여기에서 움직이는 생물의 머리 위에 무엇이 있었다는 것인지 자세하
게 묘사하고 있는 다음 성구 기록이다.

> 그 생물의 머리 위에는 수정과 같은 궁창의 형상이 펴 있어 보기에 심히 두려
> 우며, 그 궁창 밑에 생물들의 날개가 서로 향하여 펴 있는데, 이 생물은 두 날개로
> 몸을 가리었으며, 생물이 행할 때에 내가 그 날개 소리를 들은즉, 많은 물소리도
> 같으며……(에스겔 1장 22~24)

이 묘사는 우주선 비행기가 내려와 정지하고 있는 모습이다. 이때의
비행기는 한 대가 아니라 여러 대로, 생물들의 날개가 서로 향하여 펴
있었고, 또한 불이 번쩍번쩍 점멸하고 목적지에 거의 착륙하여 정지된
모습으로, 두 날개로 몸을 가리고 있었다고 했다. 그것은 비행 물체들이
도착한 연후에 마지막 정지하려는 모습임에는 틀림이 없다. 또한 "그 생
물들이 몸을 행할 때에 그 날개 소리를 들은즉 많은 물소리와도 같으며"
라고 묘사하고 있다. 또한 이때 그것을 지휘하는 여호와가 스피커를 사용
하고 있었음을 다음 기록에서 더욱 확실하게 해 준다.

> 전능자의 음성과도 같으며 떠드는 소리, 곧 군대의 소리와도 같더니 그 생물이
> 설 때에 그 날개를 드리우더라. 그 머리 위에 있는 궁창 위에 보좌의 형상이 있는
> 데, 그 모양이 남보석 같고 그 보좌의 형상 위에 한 형상이 있어 사람 모양 같더
> 라.(에스겔 1장 24~26)

이 기록에서 주목되는 것은 에스겔은 궁창 위에 보좌의 형상 모양이
남보석 같았다는 것과 그 형상 위에 정작 사람의 모양이 있었다는 것이며,
또 궁창의 재질이 수정이라 하지 않고 수정 같은 것이라고 표현하고 있다.

이 묘사를 오늘 현대인의 시각으로 볼 때, 투명 유리창이었을 것으로, 거기에 정작 사람의 모습이 투영되어 그 모습이 남보석 같다고 표현하고 있다는 점이다.

또 그 사람의 허리에 두르고 있는 '이상'의 모양에서 '단 쇠' 같다는 묘사의 표현 역시도 마찬가지다. 그 조종사와 연결하는 초고속 성능의 무선 통신망이었을 것으로, 엘리야 선지자의 기록에서도 그와 같은 표현을 쓰고 있다. 이처럼 그 당시 천상의 사람들이 오르내리며 사용했던 비행 물체에 실재적으로 탑승했던 엘리야 선지자의 체험은 보다 확실하게 운송수단의 비행 물체라는 것을 기술하고 있는 다음 기록이다.

> 여호와께서 회오리바람으로 엘리야를 하늘에 올리고자 하실 때에 두 사람이 (엘리야와 엘리사) 행하며 말하더니 홀연히 불 수레와 불 말들이 두 사람을 격하고 엘리야가 회오리바람을 타고 승천하더라.(열왕기 하 2장 11)

이 성구에서 주목되는 것은 '올리고자' 했다는 묘사다. 어떤 운송 수단에 의해 공중으로 들려 올려지고 있었음을 나타내 주고 있는 현상으로, 바로 그때에 일어났다는 '회오리바람'이 그것이다.

엘리야는 기원전 9세기 전반에 살았던 이스라엘 선지자다. 하지만 성경은 그의 출생에 대해서 기록된 것은 없고, 다만 그가 일으킨 기적과 사역에 대해서만 기록해 두고 있다. 그래서 유대 사람들은 그 역시도 본래 하늘에서 온 사람이었다고 구전되고 있다.

당시의 사람들이 신의 능력으로 믿고 있는 '기적'은 이미 4차원의 문명된 천상의 '우주아들' 그 과학 무기였음을 더욱 짐작해 보게 하는 다음 장면의 기록이다.

> 이에 여호와의 불이 내려서 번제물과 돌과 흙을 태우고 또 도랑의 물을 핥은지

라. 모든 백성이 보고 엎드려 말하되,

　"여호와 그는 하나님이시로다." 하나니 엘리야가 저희에게 이르되,

　"바알의 선지자를 잡되, 하나도 도망하지 못하게 하라." 하매 곧 잡은지라. 엘리야가 저희를 기손 시내로 내려다가 죽이니라.(열왕기 상 18장 38~41)

이 기록에서 '여호와의 불'은 분명히 문명 된 천상 4차원의 레이저 광선 불이었음을 나타내 준다. 레이저 광선은 눈에 잘 보이면서도 폭음이나 연기 또는 진동을 일체 동반하지 않고 제한적인 작은 목표물을 정밀 조준하여 명중시킬 수 있게 한다는 것이기 때문이다.

이러한 4차원의 첨단 과학문명이 당시의 사람들 눈에는 여호와 '능력의 불'로 볼 수밖에 없었던 구약 시대의 기록이다. 이 레이저 불은 동시에 핵폭탄의 소이 효과를 방불케 하는 위력을 가지고 있다. 그런데 그처럼 문명 되지 못했던 당시의 사람들로서는 그렇게 묘사할 수밖에 없고, 그렇기 때문에 그들 기록뿐만이 아니라 고대 수메르나 인도 그리고 중남미에 산재해 있던 여러 부족들 역시도 마찬가지다.

그들의 전설 속에서 신의 '불 번개' 혹은 '광선 불' 같은 묘사를 하고 있다. 그만큼 신의 불인지, 빛인지를 구별하지 못했던 선사 시대 사람들의 기술 묘사와 마찬가지의 표현을 담고 있는 것이 구약의 내용이다. 그러나 그로부터 진보 발전되어 나온 서구 과학문명은 과거 최소한 30세기 이상 앞서 발사된 '여호와 불'의 능력이나 마찬가지로 '레이저 불'을 양자 역학을 응용하여 발명해 냈다. 그 첨단기술은 약 40만 Km가 되는 달나라에까지도 레이저 광선을 마음대로 보낼 수 있게 되면서 미국의 아폴로 16호의 우주선은 달에 착륙하여 소위 '레이저 반사경'이라는 것을 설치하기에 이른 것이다.

그 당시 하늘과 땅을 비행 물체를 타고 자유자재로 오르내리던 신들, 그 '여호와 불'은 하늘 어느 행성 일정한 구역에서 오늘날 문명 된 지구인

처럼 발사 장치를 해 두고 있었음을 짐작해 보게 한다는 것이 우주 시대를 열어가는 과학자들의 견해다.

　그 당시에 보여 준 '여호와 불'의 능력은 이방 족속들과 사이에 벌이는 능력 대결에서 단연 우세할 수밖에 없었을 것이다. 그러한 장면의 기록들은 오늘 지구촌 각 족속들 간에 벌이는 전쟁사를 실재적으로 보는 것 같은 현장감까지를 느끼게 해 준다.

> 엘리야가 저희 바알의 선지자를 조롱하여 가로되,
> "큰 소리로 부르라, 저(바알)는 묵상하고 있는지, 혹 잠깐 나갔는지, 혹 길을 행하는지, 혹 잠이 들어서 깨워야 할 것인지."(열왕기 상 18장 27)

　그 장면은 여호와신의 '불'의 능력으로 갈멜 산에서 한판 벌인 대결에 승리한 이스라엘의 선지자 엘리야가 참패한 상대방의 신 '바알'이 불로 대결하지 못함을 보고, 그 신이 거느린 보좌 신명들을 향해 조롱하고 있는 장면이다. 바로 그것이다. 사람도 개개인의 능력이 부모의 유전인자에 따라 다르듯이 '공중 권세자', 그 신들의 세계 역시도 각기 내재된 능력이 그처럼 다름을 보여 주는 것이라고 할 수 있다.

　지구촌 인류는 그러한 신들로부터 각기 그 족속이 이루어져 나왔고, 그로부터 유전된 호흡의 정기가 각색의 다른 문화를 이루어 나왔음을 이렇게 구약성서 속에서 유추해 볼 수 있게 해 준다는 사실이다.

　여호와가 이방신들과는 또 다른 능력을 지니고 있었음이 바로 그것이었다. 이미 개발된 천상의 초능력 첨단 과학무기를 개발 소유하고 있었던 것으로, 그 보좌 신명 선지자 엘리야 역시도 고속 질주를 가능케 하는 '가죽 벨트'를 착용하고 있었음을 그 기록에서 보여 준다. 그 가죽 벨트는 천상의 과학문명 이기로, 이전에 50명의 생도가 지켜보는 앞에서 겉옷을

말아 물을 이리저리 침으로 요단을 가르게 하는 기적을 그들 앞에 보여
주기도 했었다.

그와 같은 신들의 과학문명 정보에 20세기에 미국에서 개발된 것이 1
인용 로켓 벨트라고 할 수 있다. 그 가죽 벨트에 비하면 기원전 10세기의
엘리야 가죽 벨트는 초미니형이었음을 짐작해 보게 한다. 그 로켓 벨트
장비는 우주 비행사들이 외계 탐사를 할 때에 쓰려고 미국에서 개발된
장비로, 그 후 지상의 강이나 언덕 같은 장애물을 넘을 때 사용하기 위해
1인용으로 개조된 것이라고 했다. 그러한 서양 첨단과학기술 문명은 구약
성서를 바탕으로 그때 여호와를 비롯해서 천상의 신들이 보여 주고 제공
해 준 4차원의 기술 정보였던 것으로, 우리는 아폴로 우주선들의 발사
장면을 아직도 생생하게 기억하고 있다.

그 로켓 추진형의 비행 물체들은 구약성서에서 엘리야가 묘사하고 있
는 것과 조금도 다르지 않음을 보여 준다. 발사대에서 몸체를 서서히 들어
올릴 때에 그 후미의 연료 분사구에서 내뿜는 불기둥과 연기, 그리고 성서
기록에서 묘사하고 있는 '회오리바람'을 똑똑히 보게 된다.

그것이 성구 묘사에서 "크고 강한 바람이 산을 가르고 바위를 부수었
다."는 것하며, 그 일어나는 현상의 순서까지도 정확하다. 비행 물체 로켓
분사에 의해 발생되는 초고압풍 엔진이 요란한 폭음으로 산 전체를 지진
이 일어난 것처럼 진동시켰다고 하는 묘사가 바로 그런 현상이다.

여호와신은 오늘날 서양에서 발명된 우주 비행 물체 연구에 대한 정보
자료뿐 아니라 전쟁의 전략 전술까지를 일찍이 그 이스라엘 백성들에게
제공해 주고 있었음을 그들이 '진실의 서'라고 믿게 하고 있는 구약을 통
해 유추해 볼 수 있게 해 준다는 사실이다.

다만 그 기록의 묘사에서 '우주선'을 본 시대적인 상황이 그들의 눈에
는 신비적인 '하나님의 이상'으로 생각하고 또 그렇게밖에 표현할 수 없

었던 구약 시대 기록이다.

'하늘 사람'들이 우주선을 타고 승강기 계단을 오르내리는 것을 본 야곱은 마치 '꿈을 꾼 것' 같았다는 묘사를 하고 있다. 그 장면의 기록이다.

> 꿈에 본즉, 사다리가 땅 위에 섰는데 그 꼭대기가 하늘에 닿았고, 또 본즉 하나님의 사자가 그 위에서 오르락내리락 하고, 또 본즉 여호와께서 그 위에 서서 가라사대,
> "나는 너의 조부 아브라함의 하나님이요, 이삭의 하나님이라. 내가 너와 함께 있어 네가 어디로 가든지 너를 지키며……."(창세기 28장 12~15)

야곱은 도저히 믿어지지 않는 이 상황을 '꿈에 본즉'이라고 생각할 정도이긴 했으나 꿈은 아니었다는 묘사다. 이렇게 이스라엘 민족의 수호신 여호와는 그 백성들의 동태를 우주선을 타고 감시감찰하고 있었던 것으로, "네가 어디를 가든지 너를 지키리라."고 말하고 있다.

당시 하늘을 오르내리던 신들은 이처럼 우주선을 타고 그 백성들의 동태를 살피고 있었음을 다음 성구 묘사에서도 분명히 해 주고 있다.

> 여호와께서 하늘에서 감찰하사 모든 인생을 보심이여, 곧 그 거하신 곳에서 세상의 모든 거민을 하감하시도다.(시편 33장 13~14)

여기에서 '하감'이라 함은 내려다보고 관찰한다는 뜻이다. 이렇게 여호와는 그들의 모든 동태를 관찰하면서 상황에 따라 그의 보좌 신명 사자(使者)를 내려 보내어 어려움에 처한 백성을 구해 내는 기적을 보이기도 했다. 다니엘이 사자굴 속에 던져졌을 때의 일이 그것이다.

> 나의 하나님이 이미 그 천사를 보내어 입을 봉하였으므로 사자들이 나를 상해치 아니하였사오니……(다니엘 6장 22)

사자의 입을 봉했다는 천사(天使), 그는 분명히 일종의 마비광선을 쏘아서 사자를 움직이지 못하게 했음을 짐작하게 한다. 그들은 그 옛날 오늘 우리 지구인보다 앞선 4차원의 문명 이기로 지상을 오르내렸던 것으로, 천사(天使)란 각기 그 맡은 사명(使命)을 받고 하늘에서 온 '사람'이라는 뜻이다.

그들에게 주어진 권세가 바로 그 만물을 다스릴 수 있는 공중 권세자로 주어진 그 축복이었기 때문에 지구에 내려와 그들 닮은 복제 인간을 창조할 수 있었고, 또 지구인이 상상할 수 없는 4차원의 문명 된 이기(利器)로 지구를 오르내리며 그 행사(行事)를 이루어 왔음을 미루어 짐작해 보게 해 준다. 여호와신이 보여 주는 그 능력 행사(行事)에서 이스라엘 백성들에게 제공해 주고 간 첨단 과학문명의 정보가 그것이다.

그로부터 서양은 지구촌 물질 과학문명을 앞서 발전시켜 나왔고, 살상 전쟁 무기와 전략적 기술로 전쟁을 주도해 왔다고 할 수 있다. 그것은 유대민족 창조 수호신 여호와 능력의 호흡임에는 틀림이 없다. 구약의 내용에서 밝혀 주고 있는 것과 같이 구약 시대 상황 전개는 유대 이스라엘과 이웃하고 있는 이방민족 역시도 그들을 관리 수호하는 주신(主神)이 있었으며, 그 주신의 가르침이 그 민족 문화를 이루어 오게 한 기틀이 되어 준 것이다.

그렇기 때문에 구약 시대 이스라엘 민족과 이방민족과의 사이에 있었던 전쟁은 그 주신을 앞세운 신앙적인 대립으로, 그 민족 수호신들은 수하에 부리고 있는 신들까지 동원하여 강력하게 대응했음을 구약성서에 기록해 두고 있다.

그 내용 속에서 이스라엘 민족의 수호신 여호와는 그 백성들에게 전략 기술까지를 가르쳐 주고 있음을 보게 된다. 그리고 그 전쟁을 통해 이스라엘 백성들이 절대 믿어야 할 여호와 하나님임을 제시해 주고 그로 하여 더욱 믿음을 갖게 해 주고 있었다. 그것이 만군(萬軍)을 거느린 이스라엘 민족의 주신 여호와가 그 백성들에게 심어 준 전략기술로, 정복문화 유산임에는 틀림이 없다고 할 것이다. 그러한 전략 기술의 우월감이 만들어 낸 것이 바로 지구촌 전체 인류가 그들의 조상 아담과 이브로부터 비롯되었다는 교리를 기독교 십자가 위에 세우고 전파하고 있는 것은 그 조상신이 태동시킨 민족정신이라고 할 수 있다.

오늘 성서학자들의 논리 주장은 결국, 타국 백성과 이스라엘 백성을 그처럼 구별하는 여호와를 우주와 만물을 사랑으로 다스리는 유일하신 절대자 하나님으로 믿어야 한다는 것이다. 오늘 종교적인 논란의 시비를 만들어 주고 있는 그 원인으로, 그리스도 예수께서 지구촌 족속을 초월하여 전파하라고 하신 사랑의 하나님, 그 우주 평화의 정신과는 거리가 먼 것이 사실이다. 그처럼 너와 나를 이분법으로 가르는 여호와 유일신 사상은 구약 시대나 마찬가지로 전쟁의 불안을 그대로 안겨 주는 불협화음(不協和音)의 소재로 남아 있기 때문이다.

2 두 금 촛대의 비밀, 석가모니와 예수 그리스도

현대 과학에서 밝혀 낸 우주 원소 최초의 에너지는 양전자파와 음전자파이다. 이 음양(陰陽) 전자파의 마찰에 의해 튕겨져 나온 중성자가 바로 물질을 만들어 내는 '빛'이라고 했다. 이러한 서양 과학 우주 원리가 배달 한민족 천부경 속에 담아 두고 있는 수리(數理)의 암호로, 태초 우주의 시작은 아무것도 없는 공(空) 속에서 하나의 신(神:양전자)이 드러나 마침내 삼극(三極)을 이루었음을 '일시무시일(一始無始一)', '석삼극무진본(析三極無盡本)'이라고 한 것이다.

이것이 동양철학의 수리(數理)의 진수(眞數)로, 동양철학의 우주 기운 행의 삼신일체(三神一體)관이며 삼일철학(三一哲學)이고 보면, 서양 과학보다 앞서 우주 근본의 이치를 터득하게 해 준 분이 바로 배달민족 뿌리의 조상신 환웅 천황님이시다. 이 얼마나 세계 속에 축복 받은 하늘 천손(天孫) 민족인가?

그러나 그러한 우주 근본 원리를 서구 기독신학자들은 아직도 바로 혜아려 보지 못하고 애매모호한 성서 풀이를 하고 있다. 그것이 아직도 기독교 신학에서 바로 해득하여 풀어 내지 못하고 있는 성삼위(聖三位) 문제다. 그와 같은 성서 해석의 무지(無知)와 오류에 의해서 성서 속에 담아 두고 있는 비유와 상징들을 아직도 풀어 내지 못하고 있는 기독신학의 숙제는 한두 가지가 아니라 무수히 많다.

그 의문의 숙제는 인간의 머리로 해득하여 풀어 낼 수 있는 것이 아니라며 그 책임을 신(神)에게 돌려 회피하고 있는 서구 신학자들이다. 그처럼 많은 의문 속에 근본적으로 풀어 내지 못하고 있는 숙제가 '하나님의 일곱 영'이며, 또한 성서 속에 묵시적으로 기록되어 있는 '두 감람나무와 두 금 촛대'의 비밀이다. 그 두 증인에게 권세를 주었다는 문제의 성서 기록이다.

> 내가 나의 두 증인에게 권세를 주리니 저희가 굵은 베옷을 입고 일천이백육십 일을 예언하리라. 이는 이 땅의 주 앞에 섰는 두 감람나무와 두 금 촛대니, 만일 누구든지 저희를 해하고자 한즉 저희 입에서 불이 나서 그 원수를 소멸할지니 누구든지 해하려 하면 반드시 이와 같이 죽임을 당하리라. 저희가 권세를 가지고 하늘을 닫아 그 예언을 하는 날 동안 비 오지 못하게 하고, 또 권세를 가지고 물을 변하여 피 되게 하고, 아무 때든지 원하는 대로 여러 가지 재앙으로 땅을 치리로다.(요한계시록 11장 3~7)

바로 이 성구가 서구 기독신학에서 언급조차 하지 못하고 있는 그 비밀한 기록이다. 하지만 그 묵시적인 성구는 동양철학을 바탕으로 하지 않고는 결코 풀어 낼 수가 없게 되어 있다. 동양의 우주관은 태초 본자연으로 존재하는 천지부모 영(靈)과 혼(魂), 음양(陰陽)이 한 짝을 이루고 있는 대도(大道)의 근본 자리임을 성서는 묵시적으로 담아 두고 있다.

이렇게 천지부모 우주 영혼의 도맥이 개체적인 독자 인격신으로 '두 증인'이라는 진리의 성자, 바로 그 고등종교 스승들의 입지임을 성서는 기록해 두고 있다는 점이다.

그것이 바로 본자연하신 하나님의 우주 섭리에 의한 것으로, 영적(靈的)인 성부(聖父)의 우주정신 '사랑'의 도맥을 이 땅에 심은 성자 예수였다. 그래서 그 표징을 분열 팽창되는 양전자파의 본질을 부활로써 나타내어 보였던 것이며, 그러한 예수 그리스도를 성서에 하나님의 '머리'라고 했던 뜻이 바로 여기에 있었음을 나타내 준다. 그리고 음적(陰的)인 우주혼(魂), 곧 성모(聖母)의 '자비' 도맥을 이 땅에 심었던 성자 석가모니 붓다였다. 그 표징을 안으로 응고 수축되는 음전자파의 본질을 '사리'로서 나타내어 보이신 것이다. 이 두 도맥이 태초의 천지 부모 우주 영혼(靈魂)으로, 성서에 기록된 '주 앞에 서 있다'는 바로 그 '두 증인'의 존체들이다.

태초의 만사만물(萬事萬物)이 천지 부모 우주 영혼(靈魂)에 의해서 쌍립적 대비 관계로 이루어졌다는 이 원리가 동양철학의 '음양태극론(陰陽太極論)'이다.

동양철학의 우주 해득서를 바탕으로 풀어보는 석가 불교는 4, 9 금(金)으로, 서방경신백제백호(西方庚申百帝白虎) 신축성으로 윤회(輪廻)의 탄생이며 호랑이가 그 상징이다. 그 가르치심의 말씀이 생사윤회(生死輪廻)하는 사바 세계의 괴로움에서 벗어나 열반의 정토 세계에 들어가기 위해서는, 중생은 다함 없는 정진의 수행으로 공덕을 쌓으라고 하신 불교의 시조 석가모니 붓다였다.

그 출생은 지금으로부터 약 2500년 전 이티스웨루 시대, 히말라야 연봉을 구름 높이 바라보는 네팔 국경 가까이에 있는 작은 왕국, 카스트레아의 숫도데라 왕과 어머니 마하마야 왕비 사이에서 음력 4월 초 8일 날 태어났다. 태어난 그날 숫도데라 왕과 친분이 있었던 선인(仙人) 칼라데윌라가 궁으로 찾아왔다. 그리고 이제 갓 태어난 왕자를 보게 해달라고 했다.

숫도데라 왕은 선인으로부터 탄생의 축복을 바라면서 갓 태어난 왕자를 보였다. 그러자 선인은 왕자를 보자 미소를 짓다 말고 눈물을 보였다. 그렇듯 알 수 없는 행동거지를 이상히 여긴 숫도데라 왕은 그 연유를 물었다. 그러자 선인이 말했다.

"이 왕자님은 앞으로 전능하신 붓다가 되실 분입니다. 수천만 수억만 인간들을 죄악에서 구제하여 제도하실 것입니다. 그러나 결코 이 땅에 오래 머물지 않으실 것입니다."

그 말을 들은 숫도데라 왕은 다음날로 운명을 점쳐 보는데, 이름 있다는 사람들을 궁전으로 불러 초대하고 그 아이의 장래를 예언해 보라고 했다. 그런데 그들의 예언 역시도 선인(仙人)과 같았다.

"왕자님이 대를 이으시면 전 세계의 군주가 되실 분이지만, 반대로 출가를 하시면 중생을 구원하는 붓다가 되실 분입니다."

그들의 말을 가슴에 담아 둔 숫도데라 왕은 왕자를 궁 밖 출입을 삼가시켜야겠다고 마음먹기에 이른다. 그런데 불행하게도 왕자를 탄생한 마야 부인이 해산 7일 만에 세상을 떠났다. 그래서 왕자는 왕후의 동생 '마하프라자파티 고타미어' 이모가 대신 돌보며 기르게 되었다.

숫도데라 왕은 싯달타 왕자에게 특히 궁 밖의 외부 세계를 통제시키는 데 신경을 썼다. 그래서 싯달타 왕자는 열여덟 살에 같은 네팔 지역에서 태어난 그의 사촌인 야소다라 공주와 결혼할 때까지 궁궐 바깥세상에 나가보지 못했다. 숫도데라 왕의 철저한 통제 때문이었다.

싯달타 왕자가 첫 아들을 갖게 되면서 겨우 궁 밖 출입이 허용되었지만, 숫도데라 왕은 왕자가 바깥 출입으로 보고 놀랄 여러 가지 혐오스러운 일들에 대비하여 각별히 신경을 쓰도록 수행원들에게 이르고 거리를 정돈, 깨끗이 하라고 포고문을 내렸다. 그것은 왕자가 황실의 모든 안락한 사치와 백성들의 생활과 비교하여 혐오를 느끼게 되지 않을까 하는 염려 때문이었다.

그런데 그날 싯달타 왕자는 바깥 출입에서 놀라운 광경을 목도하게 되었다. 그야말로 죽지 못해 살아가는 듯한 병약한 노인의 모습과 죽음을 눈앞에 두고도 구걸을 하고 있는 일그러진 흉한 모습, 그리고 그들의 입에서 흘러나오는 신음 소리와 금방 쓰러져 죽어가는 시체, 그리고 노란색의 승의(僧衣)를 걸친 빅쿠(고행자)들, 이러한 모습들을 보게 된 싯달타 왕자는 새로운 세상에 눈뜨면서 그의 마부에게 물었다.

"나도 저렇게 죽어가나요?"

그러자 마부가 대답했다.

"그럼요. 그것이 인간의 당연한 운명인걸요."

마부의 말을 들은 싯달타 왕자는 무엇인가 깊이 생각하는 듯하다가 혼자 중얼거리듯이 말했다.

"저렇게 시들어버리는 것이 인간의 삶이라면 즐거움이 무슨 소용이 있겠느냐?"

그야말로 총명하고 남달리 감상적인 청년 싯달타 왕자는 비로소 삶의 무상함에 허무를 느끼기 시작했다. 비참한 인간의 종말을 보고 돌아온 왕자는 그때부터 고뇌가 시작되었다.

"인간 모두가 태어나서 그처럼 늙고 병들어서 마침내 죽어 썩어가는 존재라면 무엇 때문에 태어나야만 한단 말인가!"

끝없는 고뇌가 꼬리를 물면서 허공을 바라보고 있는 왕자의 눈에 그때 하늘을 자유롭게 날개 짓하는 새들의 평화스러운 모습이 눈에 들어왔다.

새들은 왕자에게 많은 생각을 안겨 주게 되면서 싯달타 왕자는 마침내 그러한 고뇌에서 벗어나 속박 없는 자유를 얻고자 했다. 그러한 마음이 드디어 그 어떤 결심을 하고 자리에서 일어나려고 할 때였다. 슛도데라 왕이 보낸 심부름꾼이 달려왔다. 아내인 야소다라 공주가 왕자 '나훌라'

를 탄생했다는 전갈이었다.

"방해꾼이 생겼군!"

왕자는 자신도 모르게 재빠르게 그 말이 튀어 나왔다. 왕자가 아이를 보기 위해 자리에서 일어나 걸음을 옮기려 할 때였다. 달려온 또 한 사람의 심부름꾼이 있었다. 이번에는 친척의 비보였다. 그야말로 생(生)과 사(死)의 소식을 동시에 접하게 된 싯달타 왕자였다. 생과 사의 문제, 이것이 그에게 있어서 커다란 계기가 된 것이다.

인간의 삶과 죽음의 문제를 깊이 생각하게 되면서 무엇보다도 먼저 그와 같은 현상의 인간 삶과 죽음, 그 문제에 대한 깨달음을 얻고 아들에게 돌아오겠다는 결심이었다. 그 날 밤, 궁전 안은 새롭게 태어난 왕자의 탄생을 축복하는 축하연이 열리고 있었다. 그러나 싯달타 왕자는 마차를 타고 궁 밖을 빠져 나와 그 길로 카필라바스에서부터 아노마 강변까지 계속 마차를 달리게 하여 마침내 강을 건넜다.

그 날이 아들 나훌라가 탄생한 6월 보름날 밤이었다. 왕자는 보석으로 꾸며진 화려한 의복을 마부에게 주어 궁으로 가져가게 했다. 그리고 그 긴 머리카락을 잘라 공중으로 날려버렸다. 마음을 새롭게 다짐하기 위해서였다. 아니 깨달음을 얻기까지 돌아오지 않겠다는 굳은 결의 같은 것이기도 했다. 그리고 왕자의 신분을 감추기 위해서 그의 모든 것을 사냥꾼의 것과 바꾸어 버렸다. 사냥꾼이 들고 다니던 때 묻은 밥그릇(바리떼)을 들고 빔비시라의 수도인 미가다 라자가의 마을까지 걸어가며 구걸로 허기를 때웠다.

이러한 붓다의 행적은 보통 인간으로서는 생각할 수조차 없는 일이다. 그야말로 모든 왕궁의 화려한 생활에서 벗어나 이처럼 구도의 길을 결심한 싯달타 왕자였다. 왕자의 그러한 모습은 아무리 본 모습을 감추려 했지만 왕실 생활에서 풍겨 나오는 귀풍은 속일 수가 없었다. 마을 사람들은 색다른 걸인의 모습에 하늘에서 내려온 신(데노카타라)이 걸인으로 분장하여 내려온 것이라고 수군거렸다.

사실 성자 석가모니가 출현하기 이전까지는 동서(東西)를 막론하고 유대 이스라엘이나 마찬가지로 하늘에서 신들이 내려와 물질 인간을 창조하고 그 속에 함께 어우러지며 신인합발(神人合發)하던 다신숭배(多神崇拜)였기 때문이다. 이 소문은 드디어 슛도데라 왕의 귀에까지 들어가게 되었고, 소문을 들은 왕은 사람을 시켜 왕자를 지켜보도록 했다. 그러나 싯달타 왕자는 깨달음의 스승을 만나기 위해 판다위 산악 지대로 떠나버린 뒤였다.

왕자가 처음 만난 스승은 '알라칼라마', 그리고 '웃다카라마 풋다' 두 사람이었다. 싯달타 왕자는 얼마 동안 그들 밑에서 수업을 했다. 그러나 왕자는 그들의 가르침에서 만족할 만한 깨달음을 도저히 얻어 낼 수가 없음을 알고 다시 고행자의 방랑길을 떠났다.

그리고 당시 유명하다고 이름난 스승들을 모조리 찾아다니며 그들의 가르침에 귀를 기울였다. 그러나 그들 역시도 왕자에게 만족할 만한 깨달음이 못되었다. 그의 고뇌를 해결해 줄 만한 스승은 아무데도 없었다. 큰 스승을 만나지 못했다고 생각한 왕자는 당시의 사상가들은 모조리 찾아다녔다. 하지만 그들은 모두가 어둠 속에서 회의론적인 사상의 가르침뿐이었다.

그렇게 한동안을 구도의 방랑으로 떠돌던 싯달타는 마침내 네에란자라 강 가까이에 우르웰라의 우거진 숲속의 한 장소를 정하고 그 보리수(뱅골) 밑에서 6년 동안이나 엄격한 금욕주의자적 고행 생활에 들어갔다. 그에게는 이제 스승이 따로 없다는 생각이 스스로의 깨달음을 증득하려고 한 것이다. 사실 당시의 회의론자들은 이러한 엄격한 금욕주의자적인 고된 생활을 하지 않으면 아무런 깨달음도 얻지 못한다는 것이 그들 믿음의 사상이었다. 말하자면 고업(苦業)에 의해서 초자연적 능력을 구하려 하였고, 혹은 요가에 의해서 우주의 최고 원리라고 생각했던 부라후만과 합일(合一)을 추구했다.

여기에서 '부라후만'이란 인간과 세계를 지배하는 절대자적인 힘의 존재로, 당시 유대인들이 여호와가 세계를 지배하는 유일신으로 믿고 숭상하듯이 이것이 토속 고대인도 원주민들의 사상이었고 신앙이었다. 하지만 '이탈바 베다'에 있어서나 '부라후마나'에 있어서는 '푸라나나 풀샤' 등이 '아트만'과 나란히 아(我)의 원리로 되어 왔다. 그것이 '우파니샤드'에 이르러서 아트만은 아(我)의 원리로서 확립됐고, '부라후만'은 신에게 제사를 올리는 집행자 바라문의 마법적인 힘을 신격화한 것인데, 그것이 우주의 통일적 원리로까지 인식하기에 이르렀던 것이다.

그 사상이 고대 인도 원주민들이 숭상해 오던 태양신의 신앙으로, 그 신의 이름이 '인드라'로 불의 여신이다. 그 신앙이 바라문의 마력과 결부되면서 '부라후만'이라는 원리가 생겨났을 것이라고 어떤 학자는 말하기도 한다. 그래서 태양신을 상징하고 있는 '만(卍)'이라는 기호는 이후 불교도에 의해서 '범(梵)'으로 불리면서 부라후만의 '범(梵)'은 대우주로, 호흡, 숨결을 뜻하는 아트만 '아(我)'는 소우주라는 관계다. 그래서 우파니샤드의 중심이 되는 교설이 바로 '범아일여(梵我一如)'다.

이렇게 부라후만과 아트만은 대우주의 임무와 소우주라는 기능과 서로 작용하고 있음을 우파니샤드 여러 곳에 나타내고 있는데, 아트만은 '부라후만'이다, 혹은 아(我)는 범(梵)이라고 하는 단안은 어쩌면 당시의 인도 사람들이 벌써 서양보다 앞서 우주의 창조 원리를 접근하여 이해하고 있었다는 증거이기도 한 것이다. 그것은 소우주 아(我)는 그들에게 호흡과 생기를 주었다는 창조신을 의미한 것이고, 부라후만은 세계를 지배하는 그 어떤 거대한 힘, 대우주로 이해하면서 이 양자가 하나의 세계관으로

‘범아일여’라는 것이고 보면, 단일적인 유일신관인 서양보다 그 우주관이 사실적이었다는 것을 알 수 있다.

고대 인도 사람들의 사상은 서양과는 달리 그 민간 신앙에서 제사와 선행을 하는 정도로 만족해 버리는 자는 사후에 달나라를 거쳐 세상으로 다시 돌아오고, 고행으로 범행과 신앙에 전념하여 ‘아트만’을 탐구하는 자가 되면 태양을 거쳐 제일 높은 범계로 들어가는 것이라고 생각했다. 사람이 죽어서 어떠한 세상에 들어가느냐 하는 것은 그 사람이 현세에 있어서 하는 행위에 따라서 이루어진다고 믿었다. 이러한 업(業)사상은 불교가 인도 땅에 심어지기 그 이전부터 다만 그 논리가 정립되지 않았을 뿐, 원주민에게 이어지고 있었던 민간신앙이었다.

이것이 태양신을 숭배하던 인도 원주민들의 신앙관으로, 침략으로 이주해 와서 원주민을 지배해 오던 알루야 족은 유대민족이나 마찬가지로 이러한 윤회사상이 없었다.

알루야 족의 신앙은 ‘불’로 ‘비데가 마티바’한 화신(火神)의 이름이었다. 그 화신의 입 속에는 끝없는 불길이 타오르고 있는데, ‘고타마, 라후가나’란 그 제관을 가리키는 명칭이다. 그래서 불은 알루야 족 문화의 상징처럼 되어 있었다. 그들은 이 불이 만물에 내재하는 활력, 보편화 ‘프르시아’이며, 뒤에 우파니샤드에 있어서 만인의 아(我)로 아트만이 된 것이다.

알루야 족의 조상은 유랑의 유목민 생활을 해왔고, 원주민 조상은 정착된 농경문화를 나왔던 것으로, 이주하여 온 뒤부터 정착 생활을 하게 되면서 자연스럽게 원주민의 사상을 받아들였다. 특히 원주민의 일 년 농작물 수확 후 알루야 족은 원주민을 대신해서 신에게 제사를 올려 주는 집행자로서, 제사장 직분의 바라문 계급을 구성하고 있었다. 그러한 관계로 원주민과 사상적인 마찰 없이 일국의 정사에서부터 작게는 개인의 운명에 이르기까지 모든 결정권을 그들의 손안에 넣었다. 거친 광야 생활을 해 오던

유목민 알루야 족은 초원에서 조용하게 농경문화 생활을 하는 원주민을
그 단련된 용맹함으로 쉽게 정복할 수 있었다.

그래서 이들로 구성된 바라문이라는 제사장 직분의 위력은 그 사회에
있어서 절대적인 권력을 행사할 수 있는 존재였다. 그들 바라문은 왕족
및 무사 계급인 크샤트리아에게 가르치는 일도 그들이 맡고 있는 책무
중에 하나로, 갠지스 강 중류 지방까지 바라문의 교권이 미치지 않은 곳이
없었고, 그들에 의해 복잡한 제사 규례의 체계가 이루어지고 있었다.

그것은 그들의 신비적인 힘을 강조해 나타내 보이기 위한 치장된 의식
이기도 했다. 그로 하여 바라문의 지배에 회의를 느낀 원주민들 중에서는
하나 둘씩 본래의 모습을 잃어버렸다고 생각하는 신앙 아트만을 찾아 순
례자의 길에 오르기도 했다. 그들의 '스캄바의 노래'에 있어서 '아트만'은
원래 '호흡', 또는 '생기'로 번역되고 있다.

이렇게 석가의 불교사상이 인도 땅에 꽃 피우기 전, 고대 인도 사람들
에게 이어져 내려온 기존의 사상은 이주해 온 유목민 알루야 족 바라문들
과는 그 숭배신이 다른 만큼 그 문화를 형성해 온 사상 또한 달랐다.

당시 바라문교의 성전(聖典), 리그베다는 기원전 1500년경 유목민이었
던 알루야 족이 서북방에서 인더스 강 유역으로 침입하여 '다사 다슈'라
부르는 검은색 낮은 코의 원주민을 정복하고 이 지방의 지배자가 되었다.
그로부터 원주민과의 혼혈은 처음 그 신관, 세계관에 있어서 차이를 보이
다가 점차 원주민 사상으로 연합된 것이다.

인도의 원주민 사상은 삼신 일체관으로, 조로아스터교에 있어서 철저
하게 이원신관(二元神觀)으로, 자연의 은혜를 상징하는 태양신 비슈누
와 재해를 상징하는 태풍의 신 '시바'와는 모두 부라후마나의 일원(一元)
으로 통일된 삼신 일체 사상이다. 그런데 이주해 온 알루야 족의 경우에는
옥야(沃野)를 상징하는 '아후라 마스다'와 사막을 상징하는 암흑의 대악

령 '앙그라 마으뉴'와는 그야말로 상용될 수 없는 관계인 상극적 대립의 이원신이다. 이처럼 고대인들의 신앙은 구약의 기록이나 마찬가지다. 그들에게 영향을 줄 수 있는 신들만이 의롭고, 재앙을 가져다주는 이방의 신들은 악마로 표현되고 있었다.

이것이 고등종교 스승 성자들 출현 이전의 다신(多神) 숭배 시대의 신앙으로 인도에 있어서도 부귀, 장수, 건강, 번영, 승리를 이끌어 주는 각층 능력의 신이 구분되어 있었다. 그들을 권청하여 소원을 빌 때는 예물을 올리고 바라문이 그 집행을 맡았었다.

그래서 전쟁을 승리로 이끌게 하는 신의 이름이 '인드라', 잘못의 죄 사함을 면하게 해 주는 법의 신 '봐르나', 또 질병을 몰아내 주는 불의 신 '아그나', 그리고 가축을 무병하게 지켜주는 '푸상' 등 많은 자연신들을 섬기던 시대로, 자연신들은 그들의 필요시에 권청한 제물을 열람하고, 유일신처럼 찬사와 영광을 받으면서 숭배의 대상이 되어 왔다. 이 시대가 자연신들이 인간의 생사화복을 주관하고 있었던 신인 합발(神人合發)의 시대로, 인간은 그들을 섬기는 노예와 마찬가지여서 그 신들에게 곡물을 바치고 빌어 델 수밖에 없었다.

이 시대는 동서가 마찬가지였다. 유대민족의 경전 구약 기록이 그것이며, 고대 인도의 경전 ≪리그베다≫에서부터 그 외 ≪사마베다≫, ≪야줄 베다≫, ≪아탈바 베다≫ 등 본집의 기록 역시도 마찬가지다. 많은 자연신들이 저마다 이름(聖號)를 가지고 있으면서 그 능력 행사로 인간 세상에 절대적인 영향력을 행사하고 있었다.

유목민으로 인더스 계곡에 살고 있던 농경민 원주민의 주신은 그 이름이 아직까지도 알려지지 않은 채 다만 '태양신'이라고만 하는데, 이 태양신을 숭배하는 습속은 고대 어느 민족에게서나 조금씩은 엿볼 수 있다. 고대 사람들은 태양은 만물을 낳고, 그 생명들을 빛으로 에워싸서 자라게 한다고 생각했다. 또한 태양이 내려 주는 빛과 열이 모든 생명의 근원이라고 생각했기 때문에 태양은 모든 생명의 창조자로서 만물을 길러 내는 지배자로 숭상되어 왔다. 그러한 태양 숭배는 고대 어느 농경민족에게나 그 사상을 조금씩 엿볼 수 있다.

특히 고대 이집트, 잉카, 인더스 등지에서는 그 습속이 신앙으로까지 숭상되면서 사람의 육체에서 일단 호흡이 끊어지면 이탈한 영혼이 태양신 곁으로 날아간다고 믿었다. 그리고 언젠가는 다시 돌아올 것으로 믿어 이집트에서는 사멸한 육체를 미라로 하여 보관하는 풍습이 만들어졌다. 말하자면 인간 영혼은 소멸되지 않고, 그 미라에 다시 되돌아와 부활할 것이라고 믿었다. 그것은 내세도 또한 현세의 연장이기를 그처럼 절실하게 바랐기 때문일 것이다.

석가 불교의 윤회사상 근본인 영혼 불멸의 존재에 대해서는 석가 불교 이전에 이처럼 인류의 대부분은 유사 이전의 어느 시점, 원시 시대를 지나 취락을 이루는 정주생활에 들어가면서 이처럼 어렴풋이나마 자기 존재의 윤곽을 의식했음을 보여 준다. 물론 종족에 따라서는 그들의 창조신들로부터 존재 확인을 위한 분별력 사고를 키우는 가르침의 도움을 받으면서 점차적으로 자기 존재의 윤곽을 확인하고 싶어 하면서 영혼에 대한 의문을 품게 되었을 것이다.

원시 미개인들이 그처럼 어렴풋이 영혼의 존재를 인식할 수 있었다는 것은 그만큼 의식이 점차적으로 진보 발전해 나가고 있었다는 증거로, 그 윤회사상이 성립되는 근거는 육체에서 이탈된 개별적인 영혼의 존재를 인식하는 전제로부터 시작된다. 고대인들이 영혼에 대한 확신은 무엇보다도 잠이 들었을 때 꿈을 구는 체험에서부터 시작되었을 것으로 보고 있다. 말하자면 꿈속에서 산이나 들을 방황하고 돌아오는 자신의 생생한 체험에 의문을 갖게 되었을 것이기 때문이다.

거기에서 얻어 낸 결말은 꿈이란, 영혼의 여행으로 간주하고 잠자는 사람을 갑자기 깨우면 먼 곳을 배회하던 영혼이 육체에 돌아오지 못하게 되는 것이라고 믿어 고대 미개인들은 잠든 사람을 갑자기 깨워서는 안 된다는 말이 그로부터 유래되었다고 한다.

고대 이집트인들은 육체를 이탈한 속사람이 언젠가는 그 긴 여행을 마치고 돌아올 것이라고 믿고, 그 시신을 미라로 만들어 보관하는 풍습이 만들어졌다는 것이다. 이러한 풍습은 고대 이집트뿐만이 아니라 어느 종족이나 마찬가지로 그와 유사한 관념을 갖고 있었던 것으로, 관 속에 담아 땅에 보관함도 그와 크게 다를 것이 없다. 이러한 관념의 사상은 인류가 영혼에 대한 지각에 눈뜨기 시작하면서부터 보여 주는 풍속도로, 인간 영혼이 잠시 혹은 장시간 육체를 빠져 나갔다가 돌아올 것으로 믿는 '윤회설'의 시작이었다. 그리고 그 뒤에 점차 다른 영혼이 그 육체에 숨어들 수도 있다고 믿었던 것은 미치광이나 혹은 급격한 인간 개변 등을 보면서 부터 그러한 관념이 만들어졌을 것으로 보고 있다.

이때에 이들은 그 악령을 몰아내고자 그들이 믿고 숭배하는 신에게 제물을 올리고 빌거나 혹은 주사(呪仕)에게 부탁해서 그 악령을 추방하는 방법으로 삼았다. 그것이 지금까지 어느 민족에게나 조금씩 보여 주고 있는 민속신앙 형태다.

거기에 비해 고대 인도 사람들이나 그리스 인들은 다른 종족에 비해 비교적 그때 벌써 형이상학적인 인간 영혼에 대한 그 나름대로의 체계를 보여 주고 있었다. 그들의 경전인 ≪베다≫ 기록에서 '호흡' 또는 '기력' 은 곧 '생기'나 다를 것이 없다.

서양 유대민족의 뿌리 역사 구약에서도 마찬가지다. 그와 유사한 기록 이 "여호와 하나님이 흙으로 사람을 지으시고 생기를 그 코에 불어넣으시 니 사람이 생령이 된지라……."로, 바로 그것이다. 그래서 그들은 생기 곧

'호흡'을 불어넣어 주었다는 창조신을 절대자 하나님으로 믿어 유일하신 신으로 숭상할 수밖에 없었을 것이다. 이렇게 창조신에 의해서 불어넣어진 호흡이나 생기가 영혼이라고 생각했던 당시의 사람들이었다. 그래서 마르케서스 군도 사람들은 영혼이 입이나 콧구멍으로 들락거린다고 생각하여 사람이 빈사 상태가 되면 달아나는 영혼을 막기 위해 입과 코를 막는 풍습이 만들어졌다고 한다. 물론 종족에 따라서는 조금씩 그 견해가 다른 만큼 풍습 또한 다르긴 하지만, 그 영혼 '있음'에 대한 이해에 있어서는 거의 비슷한 관념으로 유사했었음을 보여 주고 있다.

고대 원시적인 이러한 관념은 인도의 알루야 족도 마찬가지로 가지고 있었던 내세관으로, 그들은 죽음의 세계를 관장하는 왕 '야아머'의 심판에 의해 의로운 영혼과 악한 영혼은 그 가는 길부터가 달라서 의로운 영혼은 하늘로 승천해서 과거 죽은 조상의 영혼도 만나 놀며 산다는 것이었고, 그렇지 못한 악령은 높이 오르지 못하고 악귀로 축생도에 떨어지거나 아니면, 그 영혼이 먹을 수도 없는 구천 하늘을 끝없이 헤매는 것이라고 생각했다.

이러한 알루야 족의 내세관은 이 세상에서 선행을 쌓은 사람은 죽은 뒤에 이 세상에서 가장 존경을 받고 있는 바라문이나 계급 신분인 크리샤트리아(왕족), 혹은 평민 '바이샤'로 태어나는 반면, 악업을 쌓은 영혼은 수드라(노예)나 개·돼지 같은 금수로 태어나게 되는 것이라고 믿었다. 불교가 출현하기 전까지 제사는 물론 종교나 철학상의 문제는 이 바라문 계급이 전문으로 주관하고 있었기 때문에 왕족 크샤트리아라고 하더라도 그 문제만큼은 관여할 상황이 아니었다.

이와 같은 고대 인도 원주민의 윤회설 사상이 알루야 족인 바라문 계급에 스며들 수 있었던 것은 바라문이 정복자인 알루야 족의 피를 비교적 순수하게 유지해 오고 있었는데 비해, 크샤트리아는 지난날 인더스 문명을 걸머지고 있었던 원주민의 풍속을 계승할 수 있었고, 그로 하여 그 족속의 민간신앙을 자연스럽게 심어 줄 수 있었을 것으로 보고 있다.

그들의 '태양 숭배' 사상은 본래 원주민 인더스의 신앙이며 알루야 족의 신앙관이 아니었다. 거기에 따른 윤회설 역시도 마찬가지였다. 전생의 행위에 따라 태어난다는 '윤회설'의 경우 신로(神路)란 '태양의 길'이며 '조도'란 '달의 길'로, 신로를 우위에 둠으로써 그 이전에 왕족 크샤트라리아에게 태양 숭배의 민속신앙이 흐르고 있었다. 이러한 고대 인도 민간 신앙을 체계적인 동양사상으로 정립한 것은 석가 부처의 '깨달음'의 정각을 얻고부터였다. 그것이 인도의 독자적인 윤회사상을 마침내 새롭게 태어나게 해 준 계기가 된 것이다.

고대 인도의 윤회설이 옛 우파니샤드 시대에 크샤트리아에게서 바라문에게 전해졌다는 기술의 대표적인 것은 '찬도구야' 우파니샤드 5, 3이하에서 '푸라바하나' 왕이 바라문이 '웃다라카'에게 전한 것으로, ≪리그베다≫에는 '스리야', '미트라', '비슈누' 등 수많은 태양신이 숭상되고 있었음을 나타내 주고 있다. 하지만 그 어느 하나도 최고의 신은 아니었음을 나타내 주고 있다. 그 신들의 성격이 뚜렷함 없이 그처럼 애매모호했다.

거기에 비해 알루야 족의 성격이 그렇듯이 그들이 숭상해 온 뇌우의 신 '인드라'는 여러 신들 가운데서 가장 성격이 뚜렷하게 나타나면서 그 신들 중에서 가장 많은 숭배를 받았다. 그 이유는 유목민으로서 사막 생활을 해왔던 알루야 족에게 있어서 한낮의 태양은 기껏 뜨거운 열에 지나지 않지만, 그와는 반대로 뇌성 번개를 동반한 사막의 비는 그야말로 사막의 오아시스로 열을 식혀 주고 초목을 길러 준다고 생각할 수 있었을 것이다. 이렇게 그들의 생활과 밀접한 관계에서 받아들여지고 믿어 온 것이 자연신 숭배 사상으로, 이때에 농경문화를 이루고 있던 토착 원주민들과는 달리, 유목민 생활을 해오던 알루야 족은 인도를 침략 정복하고 그 강인한

기지로 원주민을 지배하게 되면서 사실상 그 자연신들과 인간과의 중보 역할로 세워진 제사장 제도의 직분을 그들이 맡게 된 것이었다. 바라문 (알루야 족)은 그때부터 사실상 원주민에게서 신과 대등한 존재로 대우를 받았다.

이들은 엄격한 특권 계급으로 그 지위를 확립하고, 그들의 교세를 더욱 신비롭게 만들어 나가기 위해서 제례 의식을 거창하게 하여 민심을 붙들어야 했고, 그러므로 마치 만능을 행사해 보이는 신의 능력처럼 보이기에 충분했을 것이다.

이러한 당시의 사상 분위기 속에서 종교는 당연히 카스트의 차별을 초월하는 것을 필요로 했기 때문에 백성들은 형식화된 겉치레적인 만능의 바라문교에 만족하지 못하고, 오히려 회의를 느껴 고업에 의해 초자연적인 능력을 구하려고 고행인 구도자의 길을 스스로 택해 하나 둘씩 떠나던 그 무렵, 황태자 싯달타도 그 무리의 행렬에 끼어들었다.

그 시대에는 아직 '영혼 불멸'이라든가 혹은 타계 관념다운 내세관이 뚜렷하게 세워져 있지 않은 상태에서 당연히 인간의 생과 사의 경계는 불확실할 수밖에 없었다. 그러나 ≪리그베다≫에 권선징악의 윤리나 그 응보에 대한 관념을 심어주고 있는 것은, 유대민족의 경전인 구약이나 마찬가지로 권선징악의 윤리관이었다.

그처럼 자연신들이 인간을 다스리던 이 시대에는 이름을 가진 많은 자연신들이 저마다의 사명을 가지고 이 땅에 내려와 각 족속의 인간 종자를 심고, 그들의 의식 진화를 도우면서 기본적인 인간의 도리를 권선징악으로 깨우쳐 진보 발전시키고 있었음을 보여 주고 있다.

이와 같은 신들의 행사(行事)가 동서(東西)를 막론하고 있어 왔던 신인합발(神人合發) 시대였음을 구약뿐 아니라 모든 경전들이 그와 유사한 내용의 기록을 담아 두고 있다는 사실이다.

그러나 고등종교 스승 석가가 인도 땅에 출현할 당시는 인간의 의식이 조금은 진보되어 있었던 시대로, 이성의 눈이 한 차원 높게 떠진 사람은 자연신 숭배의 제사 규례 형식에서 벗어나고 싶어 했음을 보여 주고 있다. 그래서 하나 둘씩 고행의 수도자의 길을 떠나고 있었다. 그들은 새로운 종교혁명의 기운을 희망하고 있었던 것인지도 모른다. 그 변화 기운의 불씨가 동양이라는 인도 땅에 종교혁명이라는 진리를 심기 위해 출현한 성자 석가였다. 그 지고한 성자의 위치에서도 그처럼 처음에는 그 시대 사람들이나 마찬가지로 기존의 사상이 무엇인가를 배우기 위해 어느 기간 동안 피골이 상접하도록 고행의 길을 걸었다.

기존의 사상가들 밑에서 그들이 알고 있는 지식을 배우기 위해 전전했다. 그러나 끝내 아무것도 얻어 낼 수 없었던 그는 회의를 느끼고 마침내 네에란자라 강 가까운 곳에 장소를 정하고 혼자만의 구도 정진 생활에 들어간 것이다. 그것은 아무나 할 수 있는 쉬운 일이 아니다. 애욕을 버리고 속세의 습관을 버리는 일로, 말처럼 쉬운 일이 아니다. 이는 엄청난 고행의 연속으로 진리의 길은 그만큼 평탄치 않은 좁고 가파른 길임을 붓다의 행적을 통해 나타내 준 것이라고 할 수 있다.

성자 석가는 참 진리의 실상을 깨닫기 위해 그토록 엄격한 금욕주의자적인 고된 생활을 자초했다. 그러는 동안 이전의 수려했던 왕자의 모습은 간 곳이 없고, 마치 죽음을 가까이 하는 듯한 모습으로 변해 있었다. 그러나 그가 원하는 깨달음의 정각을 그때까지도 얻지 못하고 있었다. 아니 그가 육신을 괴롭히면 괴롭힐수록 새로워야 할 의식은 암울한 어둠 속으로 묻혀 버린 채 구원은 그로부터 더 멀리 물러서 있는 것이었다.

그런 생활이 계속되던 어느 날, 마침내 싯달타 왕자는 고행의 절정에서 완전히 지쳐 탈진하게 되면서 쓰러지고 말았다. 그렇게 의식을 잃은 상태에서 왕자는 꿈을 꾸었다. 고타머 샤끼무니(석가여래)가 되는 꿈이었다.

꿈에서 깨어났을 때, 싯달타는 고행생활 그 자체가 해탈(비, 묵샤 무티무티)를 가져다주는 것이 아님을 깨달았다. 생로병사(生老病死)의 현세를 우수고뇌로 관(觀)하고, 그로 하여 해탈을 고업과 신비로운 직관(直觀)속에서 찾으려 했었지만 그 어느 것에 의해서도 깨달음에 도달할 수 없음을 알게 된 것으로, 부질없이 육체를 들볶음으로 할달자재(割達自在)하는 상념의 움직임이 가로막힌다는 사실을 비로소 깨닫게 된 것이다.

싯달타는 그것이 해탈에 이르는 길이 아니란 것을 알았고, 이런 귀중한 체험을 통해 마침내 금욕의 양극단을 피하고 독자적인 중도 중용의 길을 걷기로 결심한다.

고업(苦業)을 버리기로 작정하고 니련선하(尼連禪河)의 물로 몸을 깨끗이 씻었다. 그리고 보리수나무 아래에 앉아 있을 때였다. 마을 촌장인 세다니슈자타의 딸이 보리수 신에게 바치는 제물의식의 우유 밥 소젖 49일 분량을 황금 식기에 담아 들고 올라왔다. 그리고 보리수나무 아래 가부좌를 하고 명상 선정 삼매에 들어 있는 그를 본 것이다. 그녀는 그가 틀림없이 보리수나무의 신이라고 생각했다. 그래서 그녀는, 오늘은 보리수나무 신이 직접 나타나 제물을 열납하시려나 보다 생각하고 기뻐했다. 그런데 그녀가 가까이 가서 보니 보리수나무 신으로 생각했던 그가 고행의 수도를 하고 있다는 싯달타 보살임을 알았다. 그녀는 들고 온 제물을 그에게 바쳤다. 그 마을 촌장의 딸은 보리수나무 신과는 비교도 할 수 없는 사실상 본자리 부처님의 아들 성자에게 그 정성의 제물을 바치게 되는 행운을 얻은 것이다.

그때까지는 보살행 수도자였던 싯달타는 그 소녀가 제물로 바친 우유죽을 마시고 체력을 회복한 후에 네헤란자라 강가로 나가서 다시 목욕을 했다. 그리고 그 흐르는 물에 자신의 밥그릇 바리떼를 띄우고 그의 결심을 말했다.

"깨달음을 얻어 낼 때까지 나는 내가 앉아 있는 이 자리에서 움직이지 않겠다."

이것이 그 결심이었다. 싯달타 왕자는 다시 보리수나무 아래에서 선정에 들어갔다. 배불리 먹고 목욕까지 한 그의 의식은 맑을 수밖에 없었다. 이 순간, 초자연적인 고요한 무아의 정신 상태로의 흐름은 모든 집착이 근절된 상태였다. 부좌(跗坐)를 하고 앉아 있는 싯달타는 자신의 깊은 곳에서 스며 나오는 어떤 슬기와 그 어떤 느낌을 만나고 있었다.

"이 세상은 고(苦)로 가득 차 있다. 먼저 태어나는 고통, 또 신체의 기능이 쇠퇴해져서 늙어지는 고통, 육체가 질병으로 시달리는 고통, 또 죽음이라는 두려움의 고통이 있다. 어디 그것뿐인가. 사랑하는 사람과 이별해야 하는 고통, 원망하고 미워할 수밖에 없는 사람들과 함께 살아야 하는 고통, 또 모든 것이 자기를 배반하고 자기의 기대에 어긋나는 고통, 이것들이 애별리고(愛別離苦) 원증회고(怨憎會苦) 구부득고(求不得苦) 오음성고(五陰盛苦)이다. 그렇다면 이러한 고통이 인간에게 따르는 것은 무엇이란 말인가?"

싯달타 왕자는 계속해서 추구해 나갔다. 그리고 12단계를 거쳐 도달하게 된 것이 무명(無名)이라는 관념이었다. 노(老), 병(病), 사(死)는 무엇에 의해 일어나는가? 그것은 생명에 의해서이다. 생명은 집착심과 그 근본인 욕망에서 일어나고 욕망은 감수에 의해서 일어나며, 감수는 대상과의 접촉에서 일어나고 접촉은 감수 기능에 의한 것으로, 감수 기능은 접촉에 개체에 존재한다. 개체를 개체로 생각하게 하는 것은 개체의 의식이며, 의식은 의지에 따라 일어난다. 그리고 그 의지는 본래 맹목적인 충동이며 무명(無明)에서 기인됨을 알았다.

이것은 연기(緣起)의 이법(理法)을 반대로 바라다본 계열이었다. 여기 무명에서 노사(老死) 쪽으로 순서를 따라가면 무명을 연(緣)으로 해서

 우주정신과 예수 친자 확인 소송

행(行)이 있고, 행은 연으로 해서 식(識)이 있고, 식은 연으로 해서 명색이 있고, 명색은 연으로 해서 6소(六所)가 있고, 6소는 연으로 해서 촉(觸)이 있고, 촉은 연으로 해서 취(取)를, 취는 연으로 해서 유(有)를, 유는 연으로 해서 생(生)을, 생은 연으로 해서 노사로 연쇄된다는 사실을 깨달은 것이다. 여기에서 얻어 낸 깨달음의 연이란, 단순한 인과의 관계를 말하는 것이 아니라 '있음'을 연으로 해서 내가 있다고 하는 것이었다. 즉 '있음'을 근원으로 해서 내가 생긴다는 원인, 그 결과를 뜻하는 것이 아니라 내가 존재하기 위해서는 있음의 근원이 필요하다는 그 조건에 지나지 않는 것이라고 한 것이다.

이것이 연(緣)을 알면 도(道)를 통한다는 붓다의 가르침으로, 어쩔 수 없이 필요조건에 의한 연이며, 그래서 모든 유위법은 여러 가지 원인에 의해서 생기고 변화한다는 것은 모든 연(緣)에 의존한다는 것이다. 이는 불교의 독자적인 세계관으로, 고대 인도의 민간신앙으로 흐르고 있던 불투명한 '윤회사상'을 이때에 비로소 바르게 체계화시켜 정립할 수 있었던 것이다. 이러한 붓다의 연기(緣起)를 이법을 규명함으로써 도달했다는 '무명'이란, 마음의 혼미(昏迷)에 따라서 인간의 여러 가지 의지(意志)가 작용하는데 그것이 바로 '행업(行業)'이라고 했다. 그래서 무명은 모든 번뇌의 근본으로 무명의 결박을 단절하는 것은 결코 쉬운 일이 아니기 때문에 참고 인내하는 정진의 수행을 필요로 하는 것이며, 그래서 붓다는 마음을 청정하게 닦아 밝게 하는 법을 가까이 하라고 후세인들에게 그 법을 경전으로 남기게 하신 것이다.

이러한 깨달음을 얻기 위해 호화로운 황태자의 권좌까지도 스스로 버리고 구도자의 고행의 길을 택했던 싯달타 왕자는 마침내 그 모든 정신적인 장애물을 극복함으로써 깨달음의 경지에 이르러서 하셨다는 그 첫 마디가 바로 "내가 본자리 진리체였구나."라는 그 유명한 '천상천하유아독존(天上天下唯我獨尊)'이다. 그 말씀인 즉, 비로소 자신이 우주의 근본 자리 성자로 '부처'라는 그 깨달음이었다. 이처럼 자신의 실체를 알아낸 싯달타의 그때 나이는 35세였다.

이렇게 정각을 이루어 거룩한 붓다가 된 성자의 성불(成佛)에 천상의 신들이 내려와 경의를 표하더라고 했다. 바로 그 부분이다. 그때까지 카스트 계급사회의 전통적 사상으로 전해 오던 창조신 범천(데웨노카)데웨의 마왕(神界)들이 하늘에서 내려와 붓다 앞에 무릎을 끓고 담마 교리법에 귀의하더라고 했다. 그것은 본자연의 당연한 위계질서로, 영계(靈界)와 신계(神界)의 구별을 확실하게 나타내 주고 있다. 여기에서 창조신 범천이 오히려 붓다께 경배를 드렸다는 것은 대단히 주목할 만한 부분으로, 그들(신계)이 내려와 간청을 드리는 모습을 불경에 다음과 같이 담아 두고 있다.

고타머 샤끼무니(세존) 부처님께서 담마 교리법을 설하시지 않으신다면, 이 세상은 망하고 말 것입니다. 원하옵건대, 고타머 샤끼무니 부처님이시여, 근기에 맞게 담마 교리법을 설하여 주시옵소서. 그리하여 중생들이 삼악도에 떨어지지 않게 제도하여 주시옵소서.

이것을 불교에서는 범천(데웨노카)의 마왕, 신의 범천 권청이라고 한다. 정각을 이루고 '대붓다'가 되신 싯달타 왕자는 마침내 삼신사대(三身四大)와 팔해탈(八解脫)과 육신통(六身通)을 갖추게 된 것이다.

신통력을 갖추게 된 붓다께서는 제일 먼저 얼굴도 본 적이 없는 생모 마야 부인이 보고 싶어졌다. 그러자 천상의 신들이 내려와 성불된 붓다를 인도하여 그 육신의 어머니 마야 부인이 있는 곳으로 인도했다는 기록이다. 그 때 마야 부인은 삼천세계 천상의 신들과 함께 있었다는 것인데, 붓다께서는 이 곳 천상에서 어머니 마야 부인과 천상의 신들에게 담마 교리법 십이연기설(十二緣起設)을 설법 교시하여 천도해 주고 내려오셨다는 이것이 사성제(四聖諸)와 팔정도(八正道)이다.

붓다의 이러한 천상의 여행기는 구약성서 내용이나 다를 것이 없다. 에녹과 엘리야가 천상을 다녀왔다는 기록으로, 내용상 다른 것이 있다면 붓다께서 천상의 보좌 신명들은 물론, 창조신들까지도 천도를 교시해 주고 왔다는 기록이다. 그것은 그들 신계들과는 엄연히 격이 다른 본체신 분자적인 성자로 진리체 영계(靈界)의 위치이기 때문이다. 고행으로 정각을 이루신 붓다께서는 최고의 존체신 그 성자였음을 불경은 그 상황 전개를 통해 나타내 보여 주고 있는 것이다.

정각을 이루신 붓다께서는 그로부터 범천 마왕의 권청을 받으면서 본격적인 중생 제도의 진리 말씀으로 그 문을 열기 시작했다. 깨달음을 증득하신 붓다께서 하셨다는 말씀이다.

"오탁악세에 인간의 삼대 악에서 살고 있는 중생들은 탐욕, 분노, 무지, 어리석음과 사견, 아첨과 교만 등으로 마음이 덮쳐 있어 지혜가 없고 복력이 적다. 어떻게 하면 내가 깨달은 법을 전해 줄 수가 있을까?"

그로부터 붓다의 고뇌와 번민은 오로지 자신에게 극한된 생과 사의 문제를 떠나 중생을 구제해야 된다는 열린 생각은 마침내 혼자일 수 없게 했다. 그것은 이미 중생들을 구제하기 위해 이 땅에 출현한 진리체로 그 성자였기 때문이다.

드디어 인도 땅에 기존의 사상을 뒤집어엎는 종교 대혁명의 불씨가 당겨지기 시작했다. 그것은 천기 변화에 의한 시대 변화인 것이었다. 그때까지 어느 민족이나 그렇듯이 그들 창조신에 의해 다스림을 받아오던 시대였다. 그러나 인도 땅에 우주의 본체이신 성자의 진리가 불을 켜기 시작하면서 자연신들이 영광을 받아오던 그 시대가 마감된 것이다.

그러나 그 시대 변화를 도무지 헤아려 보지 못한 기존의 사상가들이었고, 또 그 관념의 틀에서 벗어나지 못한 백성들이었다. 그러한 사회 분위기 속에서 붓다의 새로운 진리의 말씀과 부딪쳐야 했던 대결의 마찰을 불경은 수없이 담아 두고 있다. 그러한 고뇌를 붓다는 이렇게 말했다.

"이제 내가 깨달은 법을 전한다 해도 무지한 백성들이 어리석어 받아들이지 못할 뿐 아니라 오히려 헐뜯고 비방하여 삼악도에 떨어져 많은 고통을 받게 될 것이다."

붓다께서는 한동안 그가 증득한 깨달음의 진리에 대해서 상대적으로 주고받을 만한 사람이 없었던 고독을 술회했다. 그것은 많은 바라문들이 몇 세기에 걸쳐 사변(思弁)에 사변을 거듭해서 믿게 하고 있었던 유일 절대의 원리, 즉 부라후만과 상즉되는 아트만 아(我)의 존재를 붓다는 부정하고 나섰기 때문이다. 그 부정은 유아(有我)와 대립되는 무아(無我)를 대치한 것이 아니며, 오히려 아트만을 비아(非我)라고 했다고 할 수 있다.

붓다의 교리에 따르면 일체의 유위법은 인연생(因緣生)이기 때문에 색·수·상·행·식의 오온(五蘊)에서 생기고, 찰나에 집멸(集滅)을 되풀이하고 있는 것은 내 생각대로 되는 것이 아니기 때문에 아(我)가 아니다 라고 했다. 여기에서 붓다는 '아'의 초월적인 존재가 가능한가 아닌가 따위는 별로 관심 밖의 일로, 오직 일체 중생으로 하여금 현세고(現世苦)에서 해탈시키는 것에만 집중 몰두했음을 보여 준다.

붓다는 고(苦)가 따라오는 것을 더듬어 나가면 아집이라는 무명에 도달하게 되므로 그 미망(迷妄)을 밀어내기 위해서 '제법무아'를 제창한 것이었다고 한다. 하지만 후대의 불도 인들이 '무아'를 고집하는 나머지 도리어 '유아'를 고지(固持)하지 않을 수 없게 된 것으로, 그것은 본래 붓다의 지론과는 그 개념이 다르다고 어떤 학자는 말하기도 한다.

그 당시 붓다께서 그 깨달음의 법을 전하려 해도 기존의 사상에 묶여 있는 대중들이나 구도자들에게 그 법을 전하기가 사실상 얼마나 어려웠던 것인가를 경전 곳곳에 나타내 보여 주고 있다.

붓다께서 정각(正覺)을 이루신 뒤 설법을 위해 베나스카시 지방으로 가시다가 이교도인 우바카를 만났는데, 그가 한 말이다.

"존자여, 당신의 얼굴은 참으로 광명에 넘쳐 있습니다. 당신은 누구에 의해 출가하셨고, 누구를 스승으로 모셔 가르침을 받았습니까?"

이에 붓다께서 말씀하셨다.

"나는 모든 것을 이긴 자요, 일체를 아는 사람. 나는 모든 번뇌로부터 자유롭고 모든 굴레에서 벗어났노라. 스스로 욕망을 파괴하여 자유를 얻었고 위 없는 지혜를 성취하였거늘 누구를 스승으로 삼으랴. 나에게는 스승이 없고 천상에서나 지상에서나 견줄 자가 없다. 나는 이 세상의 성자요, 가장 높은 스승이며, 진리를 깨달은 붓다이니라. 모든 감정으로부터 고요함을 얻었고, 홀로 열반을 증득하였다. 이제 법을 설하러 카시로 가거니 어둠의 세상에 불사(不死)의 북을 울리리라."

엄청난 말씀에 우바카는 깜짝 놀라 마침내 도망치듯 붓다 곁을 떠났다. 이렇게 기존의 관념에서 벗어나지 못했던 백성들과 시대 종교혁명을 외치는 붓다의 교리와 그 대립을 보여 주면서 처음에는 백성들로부터 외면을 당해야 했다.

깨달음을 얻어 각이 열린 붓다께서는 제일 먼저 이 새로운 법을 전해 주고 싶은 사람이 있었다. 전날 출가하여 처음 만났던 부라먼(바라문도)의 철인 '알라 칼라마' 그리고 '라마풋타', 이 두 사람이었다. 그들을 첫 번째 교화의 대상으로 떠올렸다. 그들이라면 지혜(판나 바라밀티)를 쉽게 알아들을 수 있을 것이라는 생각이었다. 또한 그들과 헤어질 때, 누구든지 도(道)를 이루면 서로 연락하자는 약속이 있었기 때문이다. 그러나 불행하게도 붓다가 그들을 찾아 나섰을 때는 '알라칼라마'는 7일 전에 세상을 떠났고, '웃다카라마 풋다'는 그 전날 세상을 떠났다.

그래서 붓다는 다음으로 교화의 대상으로 떠 올린 사람이 고행을 함께 했던 동료, 카피라성의 청년 수행자인 안야 곤단녀 등 다섯 사람을 떠올렸다. 하지만 이들 역시도 붓다 곁에서 멀리 바라시나로 떠난 뒤였다.

여러 날이 걸려 그들이 머물고 있다는 사라낫스 녹야원에 도착했을 때였다. 붓다의 소식을 듣고 있었던 그들은 정작 붓다를 반가워하질 않았다. 그 이유는 바로 기존의 사상, 그 틀에 묶여 있었기 때문이다. 예전에 금욕주의자 생활을 함께했던 한때의 동료가 깨달음을 얻었다고 하여 이전의 수행법을 버리고 편안한 구도자 생활을 한다는 소문에 이질감을 느낀 것이다. 그들은 멀리서 찾아오는 붓다를 서로 냉대하여 돌려보내자고 약속들을 했었다.

"사문 고타머는 이미 신성한 고행(티파스)을 버리고 공양의 즐거움을 누리고 타락한 자가 되었으니, 이제 그에게는 도를 닦으려는 마음이 없는 것이다. 여기에 온다 해도 우리들이 일어나서 맞이할 필요도 없고, 그에게 기도하고 공경할 필요도 없다. 앉고 싶으면 자기가 자리를 펴고 앉게 내버려 두자."

그들의 결의는 붓다께서 오더라도 못 본 체하여 스스로 돌아가게 하자는 것이었다. 그러나 붓다께서 자기들에게 가까이 모습을 나타내자 그들은 자신도 모르게 일어나 옛날과 같이 맞이하여 인사를 여쭙고 있는 것이었다. 그만큼 그들은 이전과는 다르게 위엄으로 갖추어져 있는 붓다의 도력을 감당하지 못하고 약속을 같이하고서도 인사의 예를 올린 것이다.

"어서 오십시오, 장로 고타머시여. 먼 길 오시느라고 수고가 많으셨습니다."

그러나 이미 그들의 심중을 꿰뚫어 보고 계시는 붓다께서는 그들이 깔아 놓은 자리에 앉으시며 말씀하시었다. 아니 힐책하시는 것이었다.

"너희들은 어찌하여 위없이 교만한 마음으로 함부로 성을 부르느냐?"

그들은 이전에 보지 못한 붓다의 이 같은 위신력에 말문조차 막혀 버린 채였다. 그들에게 다시 붓다의 힐책이 떨어졌다.

"내 마음은 허공처럼 텅 비어 옛날의 명예 등에 분별하지 않는다. 너희들이 교만하여 스스로 악한 과보를 짓고 있느니라. 자신이 부모의 이름을 부르는 것은 세속의 법에서도 옳지 못하거늘, 하물며 나는 깨달아 보리의 정각을 얻어 일체 모든 중생의 부모가 되었으니 이름을 부르거나 세속의 지위로 부르지 말라!"

붓다께서 하신 이 말씀은 천지 창조의 비밀을 담고 있는 것으로, 깨달음의 순간에 그는 모든 만물과 우주를 창조해 낸 세계의 부모, 그 본체신 구성원으로 칠 성자였음을 나타내 주고 있는 말씀이다. 붓다의 힐책은 물론 피조물인 인간이 무지하기 때문에 그럴 수밖에 없는 것이겠지만, 그들의 교만에 지엄하신 위력으로 쐐기를 박아 그 정신을 깨우쳐 주고자 한 것이다.

더없이 영존하신 위치에서 세상에 출현하여 보편적인 중생의 모습으로 한때는 그들과 함께 수도자의 고행의 길을 걸었던 붓다였다. 그렇기 때문에 그들은 지엄하신 위치의 성자를 보편적인 인간으로 대하고 지난날 동료 대하듯이 말하고 있었다.

"사문 고타머여, 그대는 출가하여 고행을 하다가 성인의 법도 얻지 못하고 타락하여 공양이나 받고 그 게으름을 피우고 있지 않습니까?"

이에 붓다께서 말했다.

"무슨 소리들을 하고 있느냐? 나는 타락도 하지 않았고, 선정을 잃지도 않았다. 나는 아뇩다라 삼마하삼(보리)의 큰 깨달음을 얻었고, 이미 불사의 길을 성취하였느니라. 너희들은 일찍이 내가 거짓말을 하거나 같은 말을 반복하는 것을 보았느냐? 나는 이제 내가 얻은 법을 가르치려는 것이다. 나는 이미 감로의 담마 교리법을 깨달아 죽음이 없는 길 반열반(盤涅盤) 깨달음의 법계를 얻었느니라. 이제 너희들은 내 말을 따라 가르침에 의지하여 청정히 정진해야 할 것이다.”

그야말로 그들 중생을 구제하기 위해 단호한 붓다의 자세에 압도된 그들 다섯 사람의 빅쿠들은 어쩔 수 없이 붓다의 말씀에 귀를 기울이고 들을 수밖에 없었다.

“빅쿠 출가자들이여, 두 개의 극단을 가까이 하지 말라. 그것은 쾌락에 빠지는 것이고, 스스로 지나친 고행을 하는 것이다.”

붓다께서는 그가 몸소 겪으신 고행을 통해서 체득하신 것을 말씀하시고, 이어 수행에 있어서 그 중도를 가르치셨다.

“이러한 극단은 지혜롭고 성스러운 것이 아니다. 그것은 몸과 마음을 피로하게 하여 스스로 판단하지 못하게 하느니라. 빅쿠들이여, 이 두 개의 극단을 떠나야 눈을 밝게 하고 번뇌를 끊어 선정에 들 수 있는 것이며, 정각을 이루어 미묘한 경지에 들어갈 수 있는 것이니라.”

이것이 유명한 붓다의 사성제로, 붓다께서 깨달음을 얻고 처음 제자들에게 가르치신 말씀이라 하여 ‘초전법륜(初傳法輪)’이라고 했다. 이러한 붓다의 가르침에 그들은 비로소 법안(法眼)을 얻게 되었고, 붓다의 첫 제자가 되었다. 그러나 이 다섯 제자 중에서 정각을 이룬 제자는 ‘안야 곤단녀’ 한 사람뿐이었다.

제자들은 점차적으로 깨달음을 얻어 나갔는데, 먼저 깨달은 제자가 성안으로 들어가 구걸을 해 오는 동안 나머지 제자들은 붓다의 진리에 대한 가르침을 받고, 마침내 시간이 지나는 동안 다섯 빅쿠 모두가 같은 경지에 오를 수가 있었다.

불교에서 ‘보리’라고 하는 것은 모든 물질적 존재인 ‘나’는 ‘나’라고 할 것도 없다는 것이다. 붓다께서 이 다섯 빅쿠들과 녹야원에 계실 때였다.

이 지방의 거부의 외아들 야사를 교화하시게 되었다. 그는 쾌락적인 생활을 해오다가 그러한 생활에 회의를 느끼고 있을 즈음에 붓다를 만난 것이다. 마침내 법안을 얻게 된 야사는 출가를 결심했다. 그러나 붓다께서는 그가 외아들이어서 만류했다.

"비록 집에 돌아가 화려한 장신구와 비단 옷을 입고 생활하더라도 모든 욕망의 근원을 잘 다스려 오욕에서 떠나 생활하는 것이 진정한 출가라 할 수 있느니라. 몸이 설사 산속에서 구걸을 하고 누더기를 입고 살더라도 마음이 오욕의 욕망에서 벗어나지 못하면 진정한 출가라고 말할 수 없느니라. 일체 모든 선과 악을 짓는 것은 모두 마음속 생각에 따라 생기느니라."

진정한 출가는 그 마음에 있다는 말씀이다. 곧 진흙 속에 있으면서도 아름다움을 피워 내는 연꽃처럼 깨달음이란, 우리들의 삶 그 생활 속에 있다는 가르침이었다.

이렇게 하여 야사의 아버지는 재가 불제자가 되고, 야사의 어머니도 삼보(三寶)에 귀의하게 되면서 최초의 재가 여신도가 되었다. 그러한 야사의 이야기는 장안의 커다란 화제가 되어 야사의 절친했던 친구 4명을 비롯하여 54명의 성 안 청년들이 붓다의 제자가 되었다.

붓다께서는 그들을 불러 모아 놓고 드디어 그들로 하여 전도를 선포하기에 이르렀다.

"그대들은 이미 해탈을 얻었느니라. 이제 많은 중생들이 구하는 미래의 이익과 행복을 위해서 법을 전하러 나가자. 처음도 좋고, 중간도 좋고, 끝도 좋으니 이치에 맞게 잘 알아듣도록 전하라. 중생들 중에는 번뇌가 적은 사람도 있고, 많은 사람도 있느니라. 그들이 이 법을 듣지 못하면 악도에 떨어질 것이나 이 법을 들으므로 성숙해질 것이니라. 나도 이제 이 법을 전하기 위해 우루벨라의 병장촌으로 가서 설법하리라."

드디어 붓다의 전도의 외침이 시작되었다. 붓다께서는 옛날에 수행을 하던 왕사성으로 되돌아가 설법하겠다는 굳은 의지를 보이셨다. 이것은 기존의 사상의 틀, 그 가치관을 완전히 바꾸어 놓겠다는 시대 변혁으로서의 선포였다. 이 말씀을 하시고 붓다께서는 단신으로 미가다야의 수도인 왕사성 근처 우루벨라를 향해 떠났다.

그리고 가는 길에서 일어난 일이다. 붓다께서 나무 그늘 아래 잠시 휴식을 하고 있을 때였다. 그 때 마을 청년들이 아내들을 동반하고 놀러 나왔다. 그 중에 아내가 없는 한 청년이 음녀를 데리고 동반했었는데, 그 음녀가 사내의 재물을 들고 도망쳐서 동네 젊은이들이 합세하여 그 음녀를 찾고 있다고 했다. 그 사정을 알게 된 붓다께서는 그 젊은이들을 불러 앉히고 물으셨다.

"그대 젊은이들이여, 자기 자신을 찾는 것과 그 여자를 찾는 일과 어떤 것이 더 중요한가?"

붓다께서는 그들에게 먼저 자신을 깨닫게 하는 법을 말씀해 주셨다. 즉, 재물 등의 소유물을 찾아나서는 것보다 참된 나, 그 실체를 찾는 일이 더욱 중요하다는 가르침의 말씀에 그들은 모두 출가하여 빅쿠가 되었다.

붓다께서는 그 곳을 떠나 찾아간 곳이 미가다야 이씨바트나였다. 그 곳에는 붓다의 수제자가 될 '가섭' 삼형제가 살고 있었다. 그들은 그 고장에서 가장 존경받고 있는 사상가로, 그때 불을 섬기는 배화교도(쟈이나)였다. 가섭 삼형제를 존경하는 것은 그 고장 사람들뿐 아니라 왕 '빈비사라'까지도 깊이 신임하고 받들어 공양을 올리고 있었다. 그 삼형제 중에서 맏형인 '우루빈나 가섭'을 붓다께서 교화시키는 데는 많은 능력 대결을 겨룬 끝에 이루어졌다. 당시 가섭은 백성들로부터 존경을 받고 있는 사상가로, 그 자만심 때문이었다.

가섭이 살고 있는 우루빈나를 찾아가신 붓다께서는 그에게 하룻밤을

묵어 갈 수 있도록 해달라고 청했다.

"가섭이여, 만약 그대에게 방해가 되지 않는다면 당신의 제각에서라도 하룻밤 자고 갈 수 있겠소?"

그러자 가섭이 대답했다.

"저에게는 지장이 없습니다만, 제각 안에는 사나운 코부라 뱀이 있어서 당신을 해칠까 그것이 걱정됩니다."

이에 붓다께서 말씀했다.

"그런 염려는 하지 마시고 허락만 해 주십시오. 독룡이라도 나를 해치지는 못할 것이요."

마지못한 가섭은 이제 승낙을 할 수밖에 없었다.

"제각은 넓으니 쉬고자 하시면 뜻대로 하시오."

승낙을 받아 낸 붓다께서는 제각으로 들어가 자리를 깔고 가부좌를 하여 곧바로 선정 삼매에 들어갔다. 이때 코부라가 나와 붓다께 연기를 뿜어 내기 시작했다. 붓다께서도 신통력으로 코부라를 향해 연기를 뿜어냈다. 그러자 코부라는 심한 불을 뿜어냈다. 붓다께서도 이에 대응하여 불을 또 뿜어 막아냈다. 이것을 '화광삼매(火光三枚)'라고 한다.

한편 제각 안에서 연기와 불빛이 피어오르는 것을 밖에서 보게 된 가섭과 그의 제자들은 사문이 불쌍하게도 변을 당하는 것이라고 생각했다. 그런데 다음날 아침, 붓다께서 그들 앞에 모습을 나타내자 놀랠 수밖에 없었다. 그러나 그들을 더욱 놀라게 한 것은 붓다께서 코부라를 해치지 않고 신통력으로 코부라 몸을 작게 하여 바루 안에 담아 나온 것을 본 것이다.

가섭은 사문 고타머가 큰 신통력을 구사하는구나 하고 생각했지만, 그것은 그 당시 술객, 술사들도 할 수 있는 신통력으로 참된 신통력이 아닐 것이라고 생각했다. 그만큼 가섭의 사상은 견고했기 때문에 쉽사리 붓다께 굴복하지 않았다.

그러한 가섭의 심중을 이미 헤아리고 있는 붓다께서는 그가 스스로 굴복 귀의할 때까지 여러 차례의 신통력을 보였다. 그 신통력에 가섭은 감탄하고 있었지만, 역시 그 마음은 흔들림이 없었다.

이것을 아신 붓다께서 가섭에게 말씀했다.

"가섭이여, 그대는 말하기를 사문 고타머가 비록 아핫트를 얻었지만, 자신이 얻은 아핫트에는 아직 미치지 못한다고 말하고 있소. 그렇지 않소? 그러나 내가 지금 그대를 보니 아핫트가 아니라 또한 아핫트로서 도를 실천하는 사람이 아닐 뿐더러 아핫트가 될 수 있는 수행을 하는 사람도 아니란 것을 알았소."

그의 속마음을 들여다보고 있는 붓다 앞에서 가섭의 교만은 그제서야 그만 무릎을 꿇었다. 그리고 붓다 앞에서 제자가 될 것을 간청했다. 그러나 붓다께서는 가섭에게 500명이 넘는 제자가 있음을 이미 아시고 그들 문제부터 정리할 것을 말씀했다.

그처럼 가섭이 대단하지 않게 보던 사문 고타머에게 그들의 스승이 머리를 숙이고 무릎을 꿇었다는 것은 보통 큰 사건이 아니었다. 그래서 붓다께서는 가섭에게 그 일을 정리하도록 조용하게 타이르시었다.

"먼저 그들에게 그대가 내 제자가 되고자 한다는 것을 알리고, 그들의 의사에 맡겨 좋을 대로 수행을 하시오."

가섭은 붓다의 지시에 따라 그의 제자들에게 그 뜻을 밝혔다.

"너희들은 이미 알고 있지 않느냐? 나는 이제 사문 고타머를 따라서 담마의 범행을 닦고자 한다. 너희들은 각자가 원하는 대로 하라."

스승 가섭의 이 말에 제자들이 말했다.

"우리들도 저 사문에 대하여 믿는 마음을 가지고 있습니다. 스승의 뒤를 따를 것입니다."

이렇게 하여 우루빈나 가섭을 비롯하여 그의 제자 배화교도들은 머리를 깎고 빅쿠 수계를 받는 절차를 밟았다. 그리고 그 동안 '불신'을 섬길 때 사용하던 제사의 용기와 도구들을 몽땅 네란자라 강물에 던져 버렸다.

그로부터 가섭의 제자들뿐만 아니라 밑으로 두 형제 모두가 붓다의 제자가 되었다. 이렇게 교화된 가섭의 삼형제와 제자들이 승가의 수도원 구성원으로 1,000여 명이 넘게 되면서 대집단을 이루게 되었다.

그로부터 붓다를 추종하는 제자들이 늘어나면서 기존의 사상을 뒤집어 엎는 불도(佛道)의 불씨가 인도 땅에 불붙기 시작했다. 붓다께서 사위성 기원정사에 계실 때였다. 어느 날 한 바라문이 붓다께 문안을 드리면서 여쭈었다.

"고터마시여, 어떤 사람을 붓다라고 합니까? 부모가 붙여 준 이름입니까, 바라문이 붙여 준 이름입니까?"

붓다께서 게송으로 말씀하시었다.

"붓다는 지나간 과거 생을 보시고, 그처럼 미래 생도 보며, 또한 현세에서 사라지는 모든 것을 다 보며, 밝은 지혜로 모든 것을 훤히 알아 닦아야 할 것을 빠짐없이 닦고 끊어야 할 것을 남김없이 끊었기 때문에 붓다라고 부른다. 억겁의 세월 동안 살펴보아도 즐거움은 잠시며, 괴로움만 남으니 한 번 태어난 것은 반드시 죽어야 하기 때문이다. 그러므로 번뇌 망상을 뿌리째 뽑아버려 세상을 바르게 깨달은 이를 붓다라고 부른다."

당시는 원시신앙 상태에서 자연신에게 그 소원을 빌고 성취되기만을 간절히 빌어 왔던 시대였다. 그러한 분위기에서 깨달음의 정각(正覺)을 이루어 우주 본자연과 일체라는 붓다의 개념이 애매모호할 수밖에 없었기 때문에 게송으로 그와 같이 가르쳐 주신 것이다.

붓다께서 숫도데라 왕이 돌아가시고 부친을 화장시키는 화장터에서 많은 사람들에게 하셨다는 말씀이다.

"보아라. 이 세상은 허무하고 무상하여 고통이 가득하고 텅 비어 타오르는 불꽃과 같으며, 물속의 달그림자와 같이 잠시 그렇게 보이는 것뿐이니라. 여기 있는 모든 사람들은 타오르는 불길을 연기로 보지 말고 욕심의 불길로 보아라. 욕심의 불길은 이 불보다 더욱 뜨거운 것이니라. 그러므로 무상으로 한 몸으로 잠시 살다 가는 우리들은 게으르지 말고 부지런히 수행하여 길이 생사의 고통을 벗어나 해탈의 즐거움을 얻어야 하느니라."

세속적인 왕의 자리를 그처럼 중시하고 인연에 집착했던 아버지 숫도데라 왕의 육신을 불태우는 화장터에서 그와 같은 붓다의 말씀은 많은 사람들의 가슴속에 스며들기 충분했다.

그 당시 기존의 사상가로 총명할 뿐만 아니라 재주란 모조리 통달하여 그 어떤 사람도 재주로써 감히 맞설 수 없다는 소문을 들은 붓다께서 그 바라문을 교화시키기 위해 평범한 중의 차림으로 찾아갔다. 바라문이 보통 사람을 대하듯이 물어왔다.

"그대는 어떤 사람인데 행색이 보통 사람과 다르군요."

이에 붓다께서 대답하셨다.

"나는 자기 자신을 다루는 사람이다."

그러자 바라문은 곧 몸을 땅에 던져 예배하고 자기를 다루는 법을 물었다. 이는 곧 자기를 아는 사람만이 자기의 주인이 될 수 있다는 붓다의 말씀에 굴복한 것이다. 붓다께서 말씀하셨다.

"수행하는 사람은 두 가지 인연을 가지고 있어야 바른 생각을 가질 수가 있다. 하나는 나의 가르침을 받아들이는 것이요, 또 하나는 마음이 흔들리지 않게 하고 사물을 밝게 살피는 것이다."

조금 아는 지식과 재주를 자랑하지 말라는 가르침이셨다. 붓다께서 아비사의 갠지스 강가에 계실 때였다. 한 제자가 여쭈었다.

"세존이시여, 제 스스로 수행할 수 있는 법을 말씀해 주십시오."

이에 붓다께서는 갠지스 강에 흘러 내려가는 큰 나무토막을 보시며 말씀하셨다.

"저 나무가 이쪽 언덕에도 닿지 않고, 저쪽 언덕에도 닿지 않고 물 밑에 잠기지도 않고, 물기슭에 걸리지도 않고, 소용돌이에 들어가지도 않고, 사람이 건져 가지도 않고, 사람 아닌 것이 건져 가지도 않고, 또 썩지도 않으면 물길을 따라 잘 흘러가서 큰 바다에 도달하겠느냐?"

"그렇습니다, 세존이시여."

"수행하는 것도 저 나무가 흘러 내려가는 것과 같으니라."

"세존이시여, 흘러가는 나무의 뜻을 말씀해 주십시오."

"이쪽 언덕이란 안(內)의 여섯 가지 감각기관(六根)이며, 저쪽 언덕이란 밖(外)의 여섯 가지 대상(六境)이니라. 사람이 건져 간다는 것은 수행하는 사람이 희노애락의 감정에 빠져 벗어나지 못하는 것이다. 사람 아닌 것이 가져간다는 것은 잘못된 수행을 통해서 좋은 결과를 얻으려 함이다. 소용돌이란 수행하는 사람이 다시 세속으로 들어가 계율을 파하는 것이다. 물에 썩는다는 것은 사문이 아니면서 사문인 체하고 악행을 일삼는 것이다."

여기에서 붓다께서 말씀하신 악행이란, 이처럼 입으로는 계율을 말하면서도 방탕한 사람은 그 방탕함 속에, 탐욕한 사람은 그 탐욕 속에, 음란한 사람은 그 음란함 속에 자신을 감추고 사육하고 있음을 경계하라는 뜻이었다. 그리고 이어서 다시 말씀하셨다.

"수행하는 사람이 한 곳에 머물러 살면 다섯 가지 법답지 못한 일이 일어난다. 사는 집에 집착이 생겨남에게 빼앗길까 두려움이 생기고, 재물에 집착이 생겨 잃어버릴까 걱정이 된다. 세속 사람이 재물에 매달리듯 재물 모으기에 힘쓰게 되느니라. 자기와 친한 사람에게 신경을 써서 남들이 그와 친한 것을 싫어하게 되고, 부질없이 세상 사람들과 바쁘게 왕래한다. 출가한 사람이 한 곳에 오래 살면 이러한 허물이 생기게 되느니라.”

그 말씀은 사람들은 모두가 자기의 죽음을 간직하고 있는데도 그러한 탐욕의 괴로움을 벗어나지 못하고 있다는 것이었다. 말하자면 중생들의 괴로움은 바로 그러한 삶과 죽음의 한가운데를 차지하고 있는 데서 비롯되기 때문에 법을 듣고 행하여 생(生)과 사(死) 모두를 버리는 무아(無我)의 경지로 들어갈, 비로소 삶을 괴로워하고 죽음을 괴로워하는 그 본질적 집착에서 비로소 벗어나 고뇌의 끝을 만날 수 있다는 가르침이다.

붓다께서는 당시 브라만 사제를 빙자하여 일신의 안위만을 추구하는 그들을 빗대어 말씀하셨다.

“까마귀 같은 사람이 있고, 돼지 같은 사람이 있다. 까마귀는 배고픔에 쫓기다가 문득 더러운 것을 먹고서는 곧 주둥이를 닦는다. 다른 새들이 더러운 것을 먹었다고 비난할까 두려워서이다. 이처럼 어떤 사람은 한적한 곳에서 욕심으로 악행을 하다가 문득 부끄러워하고, 스스로 뉘우쳐 제가 한 일을 남에게 말한다. 마치 까마귀가 더러운 것을 먹고 주둥이를 씻는 것처럼 말이다. 그러나 어떤 사람은 한적한 곳에서 스스로 악행을 하고서도 부끄러워할 줄을 모르고 뉘우치지도 않을 뿐더러 오히려 뽐내고 자랑하는 것이 마치 돼지가 항상 더러운 것을 먹고 더러운 곳에 누워 있으면서 다른 돼지 앞에 뽐내는 것과 같으니라. 그 죄가 감춰지는 것도 아닌데도 말이다. 숨겨진 죄에는 신(神)이 증인이니라.”

그리고 제자들을 향해 말씀하셨다.

“세상에는 묘한 향기가 셋이 있다. 그 첫째가 계(戒)의 향기고, 둘째가 들음의 향기며, 셋째가 보시의 향기다. 이 세 가지 향기는 바람을 거슬러서도 풍기고, 바람을 따라서도 풍기며, 바람을 거슬러서나 바람을 따라서나 언제나 풍긴다. 이 세상의 모든 향기 중에 이 세 가지 향기가 가장 훌륭하며, 그 어떤 향기와도 비교할 수가 없는 것이니라.”

붓다의 법, 곧 계율을 듣고 지닌다는 것은 진리 안에서 스스로를 다듬는다는 말이다. 그 향기는 막을 수도 없고, 어떤 경우에도 넘치지도, 또 모자라지도 않으며, 날아오르지도 않으며, 가라앉지도 않고, 언제나 변함없이 한결 같은 것은 그것이 변하지 않는 오직 그 진리의 향기이기 때문에 중생의 바른 삶은 그 깨달음 속에 있다는 말씀이었다.

붓다께서 마구라 산에 계실 때였다. 라다라는 제자가 붓다께 여쭈었다.

"세존이시여, 중생이란 어떤 것을 말합니까?"

"육신에 집착하고 얽매이는 것을 중생이라 한다. 또한 보고 듣는 느낌, 생각, 의지, 의식에 집착하고 얽매이는 것을 중생이라 부른다. 라다여, 육신에 집착하고 얽매이는 것을 벗어나야 한다."

육신의 애착 고를 끊고 벗어나게 할 자는 반야지혜를 얻은 자신만이 끊어 낼 수 있다는 말씀으로, 결국 육신의 행업에 따라 언젠가는 그 보응을 받게 된다는 것이었다.

독실한 우바새 한 사람이 있었다. 그는 매월 초하루와 보름날이면 빠짐없이 수도원에 가서 밤새워 붓다와 비구들의 설법을 듣곤 했다. 설법을 듣던 어느 날 밤, 한 떼의 도둑들이 어느 부잣집을 침범하여 물건을 챙긴 다음 사방으로 흩어져 도망쳤다. 집주인은 잠시 갈팡질팡하다가 한 사람의 도둑을 뒤쫓았다. 때마침 수도원에서 밤 법회를 끝낸 신자들이 집으로 돌아가고 있었다. 그 중에는 독실한 우바새도 끼어 있었는데, 도망치던 도둑들이 그를 보고는 그와 동행인 척하다가 훔친 물건을 그의 앞에 내려 놓고 사라져 버렸다. 뒤따라 달려 온 집주인은 우바새가 도둑과 한패라고 생각하고 사정없이 두들겨 팼다. 그러자 우바새는 어이없게도 죽고 말았다. 아침 일찍 물을 긷기 위해 수도원을 나선 비구들은 그제서야 우바새의 시신을 발견하고 바삐 붓다께 달려가 여쭈었다.

"부처님이시여, 그토록 신심이 독실하던 우바새가 어젯밤 설법을 듣고

귀가하던 중 도둑으로 몰려 죽음을 당했습니다. 이 사람이야말로 억울한 죽음을 당한 것이 아니겠습니까?"

그러자 붓다께서 말씀하셨다.

"비구들이여, 금생(今生)의 착한 행동만 가지고 판단한다면 그는 그런 죽음을 당하지 않았어야 마땅할 것이다. 그러나 그의 죽음은 그가 과거 생에서 지은 악행에 대한 응보였다. 그는 과거 생에서 왕실에 내시로 있었는데, 다른 사람의 아내와 불륜에 빠져 사람을 시켜 그 여자의 남편을 때려죽이게 했었다. 이런 악행 때문에 그는 금생에서 그 같은 죽음을 당한 것이며, 지난 생에서도 네 군데의 악도(惡道), 즉 지옥과 아귀와 축생과 아수라에 여러 번 태어나는 과보를 받았었느니라."

붓다께서 말씀하신 인과응보(因果應報)란 바로 그런 것으로, '형왕영곡(形枉影曲)'이라 했다. 즉 물체가 구부러지면 그림자도 구부러진다는 뜻이다. 이렇게 원인과 결과는 반드시 일치하기 때문에 어떠한 운명에도 우연은 없다는 말씀이었다.

붓다께서는 중생이 다음 생의 공덕을 쌓기 위해서는 어떠한 마음가짐을 가져야 하는가를 몸소 행해 보이셨다. 어떤 비구가 너무나 오랫동안 앓아 더러운 몸으로 병석에 누워 있었다. 사람들은 한결 처럼 그 더러운 냄새를 꺼려 아예 바라보려고도 하지 않았다. 그러던 어느 날이었다. 붓다께서는 몸소 나아가 더운 물로 그 비구의 병든 몸을 씻어 주었다. 그러자 나라의 임금과 백성들은 한 목소리로 여쭈었다.

"붓다께서는 세상에 높으신 분이시며 삼계에 뛰어나신 분이신데, 어찌하여 이 병들고 더러운 비구의 몸을 씻어 주십니까?"

이에 붓다께서 말씀하셨다.

"내가 이 세상에 나타난 것은 바로 이처럼 궁하고 외로운 사람을 위한 것뿐이다. 병들어 말라빠진 사문이나, 도사, 또 모든 가난하고 고독한 노인을 도와 공양하면 그 복은 끝이 없을 것이다. 그 공덕이 차츰 쌓이면 반드시 도를 얻게 되느니라.”

이것이 자연에 순응하며 조화를 이루는 자비의 정신이며, 결코 강물을 떼밀지 않고 강물과 함께 흘러가는 아름다움으로, 가장 으뜸으로 꼽을 수 있는 미덕(美德)임을 보여 주신 것이다.

붓다께서 사위성에 계실 때였다. ‘반특’이라는 비구가 있었는데 원래부터 재주가 없는 사람이었다. 오백 명의 아라한이 매일같이 그를 가르치기에 삼 년이나 흘렀지만 그는 단 한 게송도 외우지를 못해 널리 소문이 나 있을 정도였다. 붓다께서는 그를 가엾게 여겨 ‘입을 지키고, 뜻을 거두고, 몸을 범하지 말라.’는 한 게송을 일러 주고 그 뜻까지 자세하게 설명해 주었다. 반특은 그 가르침에 크게 깨우쳐 아라한이 되었다.

어느 날 파사익 왕은 붓다와 그의 제자들을 초청했다. 붓다께서는 반특에게 발우를 들리시고 붓다의 뒤를 따라 그의 위신(威神)을 나타나게 했다. 왕이 놀라서 묻자 붓다께서 대답하셨다.

“반드시 많이 배우는 것을 필요로 하지 않는다. 이것을 행하는 것이 제일이다. 아무리 많이 배우고 많이 알더라도 그것을 행하지 않으면 무슨 이익이 있겠는가?”

이러한 붓다의 가르침은 사상적으로 대전환을 가져오는 획기적인 계기가 되었다. 뿐만 아니라 붓다의 불교사상 교리는 당시 신분제도를 고집하고 정통성을 주장하고 있던 특히 브라만(바라문)들에게 큰 파문의 충격을 던져 주게 되었다. 붓다께서는 전통적인 관습과 권위를 주장하는 브라만들을 향해 그러한 기존의 의식에 혁명을 가져와야 한다고 말씀했다.

“태어나는 가문에 따라 귀천이 있는 것이 아니다. 자기의 행위를 맑고 청정하게 하는 것이 브라만이요, 악행이나 악업을 일삼는 자가 천민인 것이니라.”

붓다께서는 가문에 의하여 그 사람이 천하다거나 귀하다고 할 수 없다는 것으로, 당시 신분은 낮으나 많은 재물을 가지고 있던 사람들로부터 지지를 받았을 뿐만 아니라, 불평등한 대우를 받아 오던 천민들로부터 더욱 지지를 받을 수 있었다.

당시는 국왕이라 할지라도 그 실권이 브라만들에게 의하여 움직여지고 있었다. 그렇기 때문에 하층민 대접을 받아오던 평민들에게는 기존의 사상을 뒤엎은 종교혁명을 떠나서라도 절대 환영을 받을 수밖에 없었다.

그러한 시대 혁명의 불씨를 던지 사람이 그것도 다른 사람도 아닌 그처럼 존엄한 신분인 싯달타 황태자였고 보면, 전통 가문의 권위를 내세우던 브라만들로서는 달리 할 말이 없어진 것이다.

그들의 교만을 꺾기 위해 붓다께서 하신 말씀이다.

"진실로 지혜로운 사람은 태양이 온 세상을 밝히듯 한다. 조금 아는 것이 있다고 해서 남을 업신여기는 것은 장님이 등불을 든 것과 같이 남의 앞은 밝혀 주나 정작 제 갈 길은 모르는 사람이다."

그야말로 물이 깊으면 깊을수록 물결이 잔잔하다는 것과 같다는 붓다의 이와 같은 말씀에 학문의 박식함을 자랑하던 그들로서는 더 이상 할 말이 없어진 것이다.

붓다께서는 분노와 어리석음은 언제나 내 육신과 함께 나란히 다닌다는 것으로, 그 마음을 늘 경계시키라고 다시 말씀하셨다.

"수행자여, 중생심을 따르지 말아야 할 것이니라. 탐욕과 분노, 어리석음에서 시작되는 마음의 욕구를 따라 순종하지 말고 항상 경계하라. 같이 배우는 사람을 공경하되, 형제처럼 생각하고 겉으로는 몸과 입의 허물을 단정히 하고, 안으로는 자신의 마음에 허물이 없도록 단속하라."

법을 듣는다는 것은 마음의 때를 씻어내기 위함이라고 했다. 마음을 육신의 생각에 빼앗기면 지혜는 사라지고 육신의 영악함만 남기 때문에 바른 삶이란, 법을 듣고 깨달음 속에 있다는 것이었다.

'법장(法藏)'이란, 불교의 스승 붓다의 교법, 또는 그 공덕을 일컫는 말이다. 붓다께서 기원정사에 계실 때였다. 어느 날 아란존자가 여쭈었다.

"세존이시여, 계를 지킨다는 것은 무엇을 의미하는 것입니까?"

"아란아, 계를 지키게 하는 것은 사람들로 하여금 후회스럽지 않게 하기 위해서니라. 만약 계를 잘 지키면 후회할 일이 없느니라."

"세존이시여 후회할 일이 없다는 것은 무엇을 의미하는 것입니까?"

"아란아, 후회함이 없다는 것은 마음을 기쁘게 하는 일이니라."

붓다께서 말씀하신 계율(戒律)이란, 사람이 마땅히 행해야 할 바른 도리인 도덕률(道德律)로, 그것은 이성(理性)을 배우며 심의와 양심과 내적인 자비와 사랑을 숙련시켜 쌓게 한다는 것으로, 그 계율을 지키는 자는 후회 없는 완전한 기쁨의 삶을 누릴 수 있게 된다는 것이었다.

이렇게 생활 속에서 불도(佛道)의 섭리와 계율을 가르쳐 주신 붓다께서는 그의 법이 지극히 미묘해서 사람마다 느끼며 깨우치는 정도가 차별적으로 다른 것은 전생에서 쌓은 공덕에 따라 다르고, 혹은 현생에서 수행하며 쌓은 공덕에 따라 각기 다르다고 말씀했다.

그래서 세상은 진여(眞如)의 이법(理法)이 만상(萬象)의 물심(物心)으로 펼쳐져 있는 세계로, 선과 악이 공존하면서 그 차별 일체가 서로 그 고리를 맞물고 돌아가기 때문에 중생들이 물심의 미혹한 속성을 쉽게 떠나지 못하는 것이라고 말씀하시고, 그러한 고통의 사바세계를 벗어나기 위해서는 모든 중생은 반야(般若)의 지혜를 그에게 와서 배우라고 하시었다.

붓다께서 말씀하신 '반야'는 천지 자연 만물의 기본 원리며, '진여(眞如)'는 만물을 있게 한 근본 씨알이다. 그 쓰임의 기틀은 삼극(三極)으로, 진성(眞性)·진명(盡命)·진정(眞情)을 삼진(三眞)이라고 했다. 이러한 붓다의 가르침은 그 원리가 동양철학의 삼신 일체관(三神一體觀)으로, 거기에서 비롯된 인간은 그 자성의 삼진을 물려받았기 때문에 그 진여로 화(化)하기 위해서 그 영혼 씨알을 키워 나가야 하는 것이 사람 몸을 받고 태어난 인간 중생들의 숙명이라고 한 것이다.

그래서 이 삼진의 씨알이 성숙하여 진여로 화했을 때, 우주 만법이 사람과 하나라고 하여 '인중천지일(人中天地一)'이라고 했다. 즉 사람의 업신이 천지 부모 건곤(乾坤) 음양(陰陽)의 기(氣)가 모여 일신을 이루는 것이기 때문에 인중천지일이라고 하는 것이지만, 그 체성(體性)이 아직 영글지 못한 씨알은 그 기운만큼의 인연을 맺고 다시 태어난다는 것이 결국 내 몫으로 주어진 숙명의 과보(果報)로 내가 닦아야 할 업장이라고 했다.

이렇게 미완된 영혼을 익혀야 할 세상이라는 업장에서 깨달음을 얻고 영혼이 성숙되어졌을 때에 비로소 일신의 '종자씨'로 진여화(眞如化)된 모습을 '인중무극(人中無極)'이라고 하며, 그 진여의 성(性)을 반야의 지혜라고 한 것이다.

그 반야의 지혜는 텅 비어 있는 것 같으나 충만되어 있어 조금도 부족함을 모르는 참마음, 즉 이것이 불성(佛性)으로 선하고, 악하고, 아름답고, 추하고, 높고 낮음의 차별적 속성이 사라진 무분별의 상태지만, 이러한 무분별이면서도 상대적 차별들을 관조해 중생을 교화하라는 것이 반야지혜로, 부처님의 법력이라는 것이었다. 그 법력은 세상의 모든 악도 물리칠 수 있는 지혜를 얻게 하는 것으로, 온갖 독소를 없애는 것과 같고, 간교한 뱀이 허물을 벗는 것과 같은 이치라고 했다.

부처님의 반야지혜는 인간 본능의 동물적 속성을 벗어나게 하여 무궁한 아름다움으로 조물주가 목적한 천지화(天地花)라는 인(人)꽃으로 피어나게 하는 생명수가 된다는 것으로, 진리체 성자 붓타께서 이 세상에 와서 뿌린 그 생명의 수기(水氣)를 '감로수(영생수)'라고 했다.

그렇기 때문에 그 지혜의 감로수는 인간 중생의 근기에 따라서 알맞게 뿌려져야 하기 때문에 붓다께서는 여러 가지 방편과 비유의 말씀으로 제자들을 가르치셨다고 한다.

그처럼 새로운 시대 혁명의 불씨를 인도 땅에 던지신 붓다께서는 그 법의 말씀을 스승으로 삼아 정진에 게으르지 말 것을 제자들에게 당부하셨다.

앞으로 석 달 안으로 대열반(大涅槃)을 이루시겠다고 대중에게 선언하시자 많은 사람들이 크게 걱정하여 어쩔 줄을 몰라 했다. 그들은 한결같이 붓다 곁에 가까이 있어야 좋을 것이라고 생각하여 잠시도 그 곁에서 떠나려 하지 않았다. 그런데 이름을 알 수 없는 한 비구만이 붓다께서 계신 곳엔 얼씬도 않고 구석방에 들어앉아 수행에만 몰두했다. 그는 붓다께서 세상에 머물러 계실 때에 아라한이 되어야겠다고 결심한 사람이었다. 다른 비구들은 그의 진정한 마음을 헤아리지 못하고 그를 붓다께 데리고 가서 이렇게 여쭈었다.

"세존이시여, 이 비구는 부처님을 존경하지도 사랑하지도 않습니다. 그는 자기만을 아끼고 사랑할 뿐입니다."

그러자 그 비구는, 자기는 붓다께서 세상에 머물러 계실 때 아라한을 성취하겠다고 굳게 결심했기 때문에 열심히 좌선 수행에만 몰두하고 있는 중이라고 말해 올렸다. 그러자 붓다께서는 여러 비구들에게 말씀했다.

"비구들이여, 누구든지 진실로 여래를 존경하고 사랑한다면 마땅히 저 비구처럼 행동해야 할 것이다. 비구들이여, 여래에게 존경을 표시하기 위해 꽃이나 향수를 바치고 향을 사르면서 하루 종일 여래의 곁에 앉아 여래만 바라보고 있는 것은 옳지 않으니라. 너희는 여래가 너희에게 가르친 법과 계율을 열심히 수행하여 마침내 세간을 뛰어넘는 도를 성취해야 하느니, 그때에 이르러서야 참으로 여래를 존경하고 예배하였다고 할 수 있을 것이다.”

그리고 덧붙여 말씀하시었다.

“자기 자신을 위해서 열심히 수행에 매진하라. 자기 마음을 스승으로 하고 남을 쫓아 스승을 삼지 말라. 그 길만이 자기도 이롭고 남까지 이롭게 하는 길이다. 남을 이롭게 하지 못하는 것은 어떠한 경우라도 진리가 될 수 없느니, 그것은 껍질뿐이다. 단순하기만 한 껍질로는 자기 자신도 이롭게 할 수 없느니라.”

붓다께서는 이처럼 보배와 같은 말씀을 제자들에게 하시고 때가 이르면 이 세상을 진리의 불국토(용화세계)를 이루실 미륵불 시대가 도래할 것이라는 예언의 말씀을 〈화엄경〉, 〈미륵 상생경〉, 〈미륵 하생경〉을 후세에 전하게 하시었다. 그리고 마침내 대열반에 드시어 음적(陰的) 도맥의 정기(精氣)를 눈부신 빛의 사리(舍利)로 나타내시고 그 사명을 마감하시었다.

이렇게 붓다의 출현으로 사람들은 빛과 어둠의 경계를 깨우칠 수가 있었고, 선과 악의 뒤섞임에서 그것을 추출하고 분리할 수 있음을 배웠다. 바로 그것이었다. 천지가 음양 건곤(乾坤)이라는 일월성신의 자성(自性)으로 하여 우주와 만물이 생성된 것이 그 이치이기 때문에 대법계의 진리의 도맥 역시도 마찬가지였다. 대별적으로 음양(陰陽)의 이치를 이루어 음적(陰的)인 물질 모태의 동방 땅에는 성모(聖母)의 자비 정신으로 그 진리의 촛대를 세상에 나타내 밝혀 주고자 하신 것이었다.

3 성자 예수 동방 여행기

인도에 출현한 대법계의 스승은 고타머 석가모니였다. 성자는 그 시대 원주민 전통사상 정화를 위해 기존의 사상가들과 허위와 진실에 대해 논의하다가 그들과의 사이에 수없이 많은 마찰을 빚어 왔다. 그러한 논쟁의 마찰은 동서(東西)를 막론하고 출현했던 성자들이 한결 같게도 겪어야 했던 고난으로, 그 행적이었다.

성자 출현 이전은 어느 족속이나 마찬가지로 그들 뿌리의 창조 수호신으로부터 가르침을 받아 오면서 순종과 불순종에 따라서 복과 저주가 따랐기 때문에 '절대자'로 믿고 섬겨야 할 숭배의 대상이었다. 그것이 어느 민족에게나 있어 왔던 기초 신앙 형태로, 신인합발(神人合發)하던 시대였다.

유대민족 역시도 그처럼 신과 인간이 어우러지던 시대가 바로 구약 시대로, 그들의 생사화복(生死禍福)을 주관하는 여호와신의 계율(戒律)을 절대자 하나님의 지상, 명령으로 믿고 엄히 준수해야 했다. 구약은 유대민족 뿌리를 세운 여호와가 그 백성들로부터 절대 능력의 하나님으로 섬김을 받으면서 유대민족 번성과 함께 의식 진화를 도와가며 간섭해 온 모든 행사(行事) 제반을 진솔하게 담아 두고 있는 민족 뿌리 역사 기록물이다.

그 속에 등장하는 '하늘사람' 신들은 지구를 왕래하면서 하늘나라 문명된 지식 정보를 제공해 주었을 뿐만 아니라, 때가 이르면 구원의 메시야가 출현하게 될 것이라는 것을 선지자들의 입을 통해서 예언해 두고 있었다. 그 예언이 유대 땅에 이루어진 것은 여호와가 그의 영광을 위해 창조했다는 유대민족 뿌리 조상 아담으로부터 예수까지 48대였다. 당시의 사람들 수명은 보통 몇 백 년씩 장수했었다는 것으로, 그 4000년 만에 이루어진 것이다.

드디어 성자 예수 출현으로 본체신 하나님의 종복(從僕)인 여호와가 물질 인간을 창조하고 그 신분을 나타내는 종의 율법으로 그 백성을 치리(治理)해 나오던 구약 시대가 마감됨을 보여 준다. 그리고 인류 구원이라는 '그리스도 세계', 신약복음이 성자 예수 탄생 기원으로부터 시작된다. 그러한 시대 변화가 본체신 하나님의 예정 가운데 있게 될 것을 유대민족의 창조 수호신 여호와는 그 족속 뿌리 세움의 시작에서부터 그 상징성을 나타내 보여 주고 있었다.

그것이 카인과 아벨의 표징적 비유로, 여호와는 이유 없이 아담으로부터 먼저 태어난 아들 카인이 농사를 지어 올린 소산의 제물은 '열납'하지 않았다. 그리고 두 번째 태어난 아들 아벨은 들에서 양을 치는 목자로, 그 첫 소산의 제물만 받아 흠향하므로 먼저 난 형 카인이 질투를 느껴 동생 아벨을 죽이는 사건이 여호와의 편애로 인해 만들어졌음을 보여 준다. 그 비유는 본체신 하나님의 종(신계)들에 의해서 세상이라는 밭에 씨 뿌려진 인간 종자들에게는 영생하는 하늘나라 영혼 생명이 없으므로 하늘나라 상속권을 받을 수가 없음을 나타내 주고 있는 그 표징이다. 바로 그것이다. 여호와가 유대민족 뿌리 세움의 시작에서 이유 없이 두 번째로 태어난 아벨의 제사만 기쁘게 흠향한다는 것은, 이후 두 번째로 나타날 예수 그리스도에게만 하늘나라 유업의 상속권이 있음을 나타내 주고 있는 것이다.

그처럼 계집종에게서 먼저 태어난 자손으로 비유하고 있는 여호와의 자손이 뒤에 출현하는 본체신 하나님의 아들 예수 그리스도를 질투하여 죽이고 결국은 하나님의 진노를 입고 쫓겨나 그 자손들이 흩어져 살게 될 것을 그때 벌써 여호와는 묵시적으로 나타내 주고 있는 표상이었다. 그와 같은 상징적 비유는 유대 족속 혈류 계보의 시작인 카인과 아벨의 사건에서부터 그 표징을 보여 주었고, 그 이후에도 그러한 표징을 계속 나타내 보여 주고 있다.

성서적으로 믿음의 조상이라는 아브라함의 두 아들을 통해 보여 주는 사건 역시도 마찬가지다. 아브라함의 본처 사래는 늦게까지 그 몸에서 자손을 얻지 못했다. 그래서 생각해 낸 것이 몸종인 이방 애굽(에집트) 여인 '하갈'을 아브라함에게 붙여서라도 자손을 얻게 해 주고자 하여 아브라함에게 그 몸종을 취하게 권면하고, 또 그 조처를 취해 준다. 그로 하여 아브라함은 본처가 이삭을 낳기 전, 그 계집종으로부터 아들 이스마엘을 먼저 얻게 된다. 그리고 이후 본처 사라가 이미 노경에 이르렀을 때에 천사가 나타나 아브라함의 대를 이을 자손이 태어날 것이라는 말을 했을 때에 사라는 믿지 않고 웃었다. 자신도 그렇지만 아브라함 역시도 이미 늙어 그 천사의 말을 믿기가 어려웠기 때문이다.

이렇게 여호와는 본체신 하나님의 섭리 역사를 상징적 비유로 그 역사를 이루어 나타내 보여 주고 있는 것으로, 먼저는 계집종에게서 주인의 상속권이 없는 이스마엘이 태어나게 했고, 그 뒤에 상속권이 있는 본처 소생의 이삭이 태어나게 하는 역사를 나타내 보인다. 그 표징에서 주인의 기업을 이어 받을 본처의 아들 이삭을 먼저 태어난 이스마엘이 희롱함으로써 계집종과 함께 쫓겨난다는 이것이 그 상징적 표상으로 그 비유였다.

그와 같은 여호와 뿌리 이룸의 묵시적인 예언의 암시는 하나님의 종(여호와)의 몸에서 먼저 태어난 아들 이스마엘은 유대인의 표상이었고, 뒤에 태어난 본처 소생의 아들 이삭은 주인의 상속권이 있는 하나님의 아들 성자 예수의 표상이었다. 그래서 먼저 태어난 계집종의 아들이 주인의 기업을 상속받을 성자 예수를 희롱하게 될 것이라는 암시적인 비유를 그처럼 여호와는 유대민족 이룸의 계보를 통해서 보여 주고 있었다.

그러한 비유에서 야곱의 형 '에서'가 장자의 명분을 팥죽 한 그릇에 동생한테 팔아넘긴 것도 또한 그 표징을 나타내 준 것이라고 할 수 있다.

이렇게 유대민족 조상신 여호와가 그 민족 뿌리를 세우고 본자연 하신 하나님의 섭리를 그러한 비유로 나타내 보이며 그 역사를 이루는 동안 그 땅에 오고간 많은 선지자들 역시도 그와 같이 때가 이르면 유대 땅에 '만왕의 왕' 그리스도 구세주가 태어날 것이라는 그 예언이 마침내 이루어지는 때가 당도했다.

그것이 성서 요한계시록 속에 인봉해 놓은 하나님의 비밀로, "내가 나의 두 증인에게 권세를 주리니 저희가 굵은 베옷을 입고 일천이백육십 일을 예언하리라." 그리고 "이는 이 땅의 주 앞에 섰는 두 감람나무와 두 촛대니……." 하신 고등종교의 스승, 성자들 진리의 말씀이 천기 변화에 의해 기존의 사상을 뒤엎는 시대 혁명의 불(佛)씨였다.

성자 예수는 2000년 전, 인도 땅에 진리의 금 촛대, 그 불씨가 던져진 500년 후에 유대 땅에 출현했다. 그것이 본자연으로 존재하시는 조화주 하나님께서 미완된 천지인(天地人), 곧 삼천대세계(三天大世界)를 완성시키려는 기(氣) 운행으로, 우주신도(宇宙神道)에 의한 섭리 변화였다.

그러한 본자연의 기(氣) 운행을 동양철학 오행(五行)의 수리(數理)로 풀어보면, 서방세계(西方世界)에 출현한 대법계 성자 예수로 세워진 고등종교 기독교는 성부(聖父) '한알님'의 우주정신 '사랑'의 도맥(道脈)으로, 2, 7 화(火)에서 나온 남방병정 적색주작(南方丙丁赤色朱雀)의 발양성으로, 상징은 까치다.

이렇게 무형체(無形體)적인 성부의 도맥임을 나타내는 예수의 탄생은, 우주 만물의 모태(母胎)이신 성모(聖母) '한울님'의 자비정신 도맥으로, 동방세계에 출현했던 석가(싯탈타)의 탄생과는 그 출생 분위기부터가 대조적이었다.

석가는 인도 카빌라국의 황태자로 물질적인 풍요로움 속에 박수를 받고 태어났다. 하지만 성부(聖父)의 도맥으로 세상에 출현한 예수는 그와는 전혀 다르게 물질적으로 더없이 빈곤한 분위기였다. 그런데다가 유대땅 조그만 고을 나자렛에서 태어나면서 불명예스럽게도 '사생아'라는 꼬리표까지를 붙이고 태어났다. 의부인 요셉과 어머니 마리아는 정혼한 사이였다. 그런데 뜻밖에도 남자를 모르는 처녀 동정녀 마리아의 몸을 빌어서 성령으로 수태되었다는 성자 예수고 보면, 고조선의 개국조 단군 왕검 출생에 대해서 <단군신화>라고 하듯이 이 또한 역사적, 그리고 사실적인 설명을 일거에 부서뜨리는 '그리스도의 신화' 같은 이야기라고 불신자들로서는 웃어넘길 수밖에 없는 일이다.

그리스도 예수의 탄생은 그 출생부터가 사실적인 설명을 하기가 그만큼 쉽지 않은 것만은 사실이다. 마리아와 정혼한 요셉은 가난했지만 의롭고 진실한 사람으로, 뜻밖에 마리아의 임신을 알게 되자, 그 사실을 세상에 드러내지 않고 조용하게 파혼할 것을 생각하고 있었다고 했다. 그 때, 천사가 요셉의 꿈에 나타나 현몽해 주었다는 성구다.

다윗의 자손 요셉아, 두려워하지 말고 마리아를 아내로 맞아들이어라. 그의 태중에 있는 아기는 성령으로 말미암았느니라. 마리아가 아들을 낳으리니 그 이름을 예수라 하라. 예수는 자기 백성을 죄에서 구원할 자니라.

꿈에서 깨어난 요셉은 파혼하려고 생각했던 마음을 바꾸어 마리아를 아내로 맞아들이기로 결심한다. 그것은 이미 그 땅에 왔다 간 많은 선지자들이 이스라엘 백성들에게 처녀가 잉태하여 아들을 낳을 것이라고 예언해 두고 있었기 때문이다. 그 예언에 대한 성구다.

그러므로 주께서 친히 징조로 너희에게 주실 것이라. 보라 처녀가 잉태하여 아들을 낳을 것이요, 그 이름을 임마누엘이라 하리라.(이사야 6장 14~15)

'임마누엘'이란, '하나님이 우리와 함께 계시다.'라는 뜻이다. 그 하나님의 아들이 때가 이르면 하나님의 선물로 보내진다는 것이 선지자들의 예언이었다. 거기에 붙여진 여러 가지의 칭호가 임마누엘, 메시아, 기묘자, 그리고 만왕의 왕, 그리스도 등이다. '메시아'란 '구세주'라는 뜻이며, 그리스도 역시 '구원'이라는 뜻이다.

이처럼 지구촌 모든 종교는 마치 신화 같은 기록 속에서 인간 삶의 목표에 그 의미를 부여해 주면서 각각의 관점과 세계관을 표현해 주고 있다.

바로 그것이다. 인류 구원이라는 그리스도 성자 예수는 본자연으로 존재하시는 조화주 하나님께서 때가 이르면 인간 세상에 보내 주시겠다고 선자들의 입을 통해 약속하신 그 '선물'임에는 틀림이 없었다.

그 존체는 태초라는 시간 이전의 영역에 존재한 '대원인'으로, 모든 사물을 초월할 수 있는 영적(靈的) 성령체이기 때문에 그러한 성령으로 수태가 가능할 수 있었을 것이다.

그처럼 성부 하나님의 약속된 선물, 구세주 성령체의 출현이 유대 땅에 조용히 준비되고 있었다. 그 당시 로마 황제는 아우구스트였다. 그 때 나라 안에는 호구 조사령이 내려졌다. 그래서 사람들은 저마다 서둘러 등록

하기 위해 본고장을 향해 길을 떠났다. 요셉 역시도 갈릴레아 지방의 나자 렛 동네를 떠나 고향 베들레헴으로 향했다.

그 곳 베들레헴은 양치는 목동이 이스라엘의 다윗 왕이 된 그 출생 고 을이며, 요셉은 그 후손이다. 요셉이 자기와 정혼한 마리아와 함께 등록을 하기 위해 고향을 찾아갔을 때 마리아는 만삭의 몸이었다.

여관은 등록하러 모여든 사람들로 방을 구할 수가 없었고, 겨우 바람을 피할 수 있는 곳이라곤 마구간뿐이었기 때문에 어쩔 수 없이 마리아는 그 곳에서 몸을 풀게 되었다.

선지자들의 입을 통해서 하나님께서 보내 주시겠다고 약속한 하나님 의 선물, 성자 예수는 그처럼 빈곤한 환경 속에서 모습을 드러냈다. 그것 은 어쩌면 그리스도 출생에서부터 보여 주고자 하는 '인류 구원'의 상징 성이라고 할 수 있다. 그 당시 사람들은 모습만 사람일 뿐 영혼 생명의 불씨가 없는 동물적 속성으로 본능만을 쫓는 한낱 짐승이나 크게 다를 것이 없었다. 그와 같은 인간들에게 하나님께서 영혼 생명의 양식으로 보낸다는 선물의 표징은 말구유 짐승의 밥통에 뉘인 모습을 하고 세상에 출현하신 성자 예수였다.

요셉과 마리아는 해산의 아무 준비 없이 태어난 아기 예수를 마구간으 로 기어드는 바람과 젖은 자리를 피하기 위해 말구유 빈 여물통 안에 뉘일 수밖에 없었다. 그것이 하나님께서 인간 세상에 선물로 내려 보낸 바로 그 영혼 생명의 양식이라는 표징을 나타내 준 것이라고 할 수 있다. 그것 은 큰 천지공사(天地工事)의 역사적인 순간이었다.

하늘은 아기 예수의 울음을 신호탄으로 신계가 세상을 다스리던 구약 시대가 마감되고, 진리의 성자 시대로 그 문이 열린다는 것을 세상에 선포 하는 징조를 나타내 보였다. 이때 하늘로부터 큰 징조가 나타나는 것을 보고 유대 이스라엘에 찾아온 사람들이 동방박사 세 사람이었다. 그들은 동방에서 천체의 정세를 살피던 중에 이상하게 큰 별 하나가 움직이는 기이한 현상을 본 것이다.

　동방박사는 하늘 천체의 정세를 살피는 것이 그들의 임무로, 그만큼 예지력이 뛰어나게 발달되어 있는 사람들이다. 고대 천문학 박사들은 성자 예수 탄생뿐 아니라 그에 앞서 인도 카빌라국에 출현했던 성자 석가의 탄생 역시도 예견한 바 있었다. 그들은 우주 천체와 소우주라는 인간을 연결 파악함으로써 공간적 시간적 관찰을 통해 과거, 현재, 미래까지도 유추해 보는 예지력을 갖추고 있었다. 이것이 태초에 정해진 본자연의 법칙임을 성서는 다음과 같이 기록해 두고 있다.

　　하나님이 하늘의 궁창에 광명이 있어 주야를 나뉘게 하시리라 하시고, 그 또한 광명으로 하여 징조와 사시와 연한이 이루라.(창세기 1장 14~15)

　바로 그것이다. 그 광명으로 하여 징조와 사시와 연한이 이루어지면서 우주 천체가 이 자연법칙에 의해 한 치의 오차도 없이 해와 달, 그리고 별들이 제 궤도를 이탈함 없이 운행하고 있는 이 원리가 본자연의 근원에서부터 비롯된 우주력이라고 했다.

　고대 천문학 박사들은 우주와 만물이 이러한 본자연의 법칙, 그 궤도를 벗어나 홀로 존재할 수 없다는 이치를 그때 벌써 터득했던 것이며, 이것이 동양철학이며 과학으로, 서양에서 발달된 별점과 동양에서 발달된 사주학이 그것이다.

　이러한 자연의 조화는 본자연에서 대자연, 그리고 자연으로 고리를 잇고 해와 달, 그리고 별들에 의해 운행되고 있기 때문에 달의 인력에 의한 조수간만의 영향을 볼 수가 있고, 식물 또한 계절에 따라 변화를 가져오게 된다는 것을 고대 천문학자들은 자연을 통해 터득했던 것이다.

　이처럼 고대 천문학자들은 자연의 변화와 하늘의 징조를 보고 지구의 크고 작은 이변을 예견하기도 하고, 또 사람에 있어서도 하늘의 징조를 보고 어떤 인물이 태어나게 될 것이라는 것까지도 예견했었다.

이것이 자연 변화의 섭리를 바탕에 두고 작게는 인간의 성격과 운명까지도 점쳐 본다는 서양의 별점이 그로부터 발달된 것이기도 했다. 그만큼 고대인들은 대자연과 교감하는 예지력이 발달되어 있어서 우주 천체의 변모나 별들의 운행 궤도 그 출몰을 관찰하며 하늘과 땅, 그 이변을 헤아려 보았던 것이다.

그런데 하물며 그토록 큰 대법계의 스승 성자 탄생에 천상의 신계 족들의 축전이 오고갔을 것이고, 그로 하여 큰 별이 움직여지고 있었기 때문에 동방박사들은 그러한 하늘의 큰 징조로 유대 땅에 큰 임금이 태어날 것이라고 예견했을 것이다. 그래서 동방으로부터 그 큰 별이 머물러 있는 곳까지 찾아오게 된 박사들의 물음인즉,

"유대인의 왕으로 태어나신 아기가 어디 계시뇨? 우리가 동방에서 그 별을 보고 그에게 경배를 하러 왔노라."

그들이 물어 온 이 말은 온 예루살렘에 퍼져 일대 소동이 일어났다. 분명히 '유대인의 왕'이 태어나신 곳이 어디냐고 물었기 때문이다. 소문을 전해 들은 헤롯왕은 마음이 편할 리가 없었다. 유대인의 왕이라니, 헤롯왕은 걱정이 되어 긴급히 대제사장들과 서기관들을 소집하고 그들에게 물었다.

"그리스도가 어디에서 태어날 것 같으냐?"

대제사장과 서기관들은 선지자들의 예언의 말을 상기시키며 대답했다.

"선지자들 예언에 따르면 유대 땅 베들레헴이라고 했습니다."

이에 헤롯왕은 조용히 동방박사들을 불러 별이 나타난 때를 묻고 그들을 베들레헴으로 보내며 말했다.

"가서 아기에 대하여 자세히 알아보고 찾거든 내게 고하여 나도 가서

그에게 경배하게 하라."

헤롯왕은 장자 유대 임금이 될 것이라는 그 아기를 찾아 죽이고자 마음을 먹은 것이다. 그는 만왕의 왕이 태어날 것이라는 선지자들의 예언이 마음에 걸려 마음이 편치 않았던 것으로, 예수 그리스도를 세상 나라를 다스리는 한낱 정치적인 권세자, 그 임금쯤으로 생각했기 때문이다.

헤롯왕의 그러한 심중을 헤아리지 못한 동방박사들이었다. 박사들은 그 아이를 찾으면 왕에게 고하겠다는 인사를 하고 베들레헴으로 향했다. 이때 다시 동방에서 보던 그 기이한 별이 그들 앞을 인도하다가 문득 멈추었다. 그 곳은 마구간이었다. 이들은 마구간 말 여물통에 뉘어 있는 아기 예수와 그리고 모친 마리아와 요셉을 보고 크게 기뻐하며 장차 이 아이가 유대의 큰 왕이 될 것이라는 말을 하고 엎드려 경배를 드린 후에 준비해 가지고 온 황금과 유황과 몰약을 예물로 올렸다.

그날 밤이었다. 동방박사들 꿈에 천사가 나타나 헤롯왕에게 돌아가지 말 것을 당부했다. 이에 그들은 천사의 지시대로 딴 길로 돌아서 유대 땅을 떠났다.

또한 요셉에게도 천사가 나타나 헤롯왕이 아기를 찾아 죽이려고 하므로 아기와 마리아를 데리고 이집트로 피신하여 다시 일러 줄 그때까지 그 곳에 머물러 있으라고 지시해 준다.

요셉은 길을 떠나기에 앞서 아이에게 할례를 받게 해야 한다고 생각했다. 그것은 여호와가 이스라엘 백성들에게 엄히 정해 놓은 계율이었기 때문이다. 그 당시 이스라엘 백성들은 무조건 첫 아이를 낳으면 그들이 절대자 하나님으로 믿어 온 여호와께 바친다는 율법적 봉헌 의식인 할례를 치르는 것이 관례로 되어 있었다.

그 봉헌 의식을 치르기 위해 마리아와 요셉이 아기와 준비한 제물을 가지고 예루살렘으로 올라갔을 때였다. 그 곳에 시몬이라는 선인(仙人)

이 살고 있었다. 그는 선지자들을 통해 하나님이 보내 주겠다고 약속한 구세주 메시야를 그의 생전에 한 번 보고 죽는 것이 소원이라고 했던 사람이었다. 그런 그에게 전 날 밤 천사가 나타나 하나님께서 약속으로 보내 주시겠다는 구세주 그리스도를 죽기 전에 보게 될 것이라고 현몽해 준 것이다. 그래서 시몬은 그 날 성령의 감동을 받아 예루살렘 성전에 올라와서 전날 밤 꿈의 계시를 떠올리며 기다리고 있었다. 이때 마리아와 요셉이 아이를 안고 들어오는 것을 보게 된 그는 그 아이가 구세주 메시아임을 즉시 알아보고 뛰어가 반갑게 맞이했다. 이에 마리아가 선인 시몬의 두 팔에 아기를 안겨 주었다. 그러자 그는 감격해 하며 말했다.

"이 아이는 수많은 이스라엘 백성을 넘어뜨리기도 하고, 일으키기도 할 분입니다. 또한 이 아기는 많은 사람들의 반대를 받는 표적이 되어 당신의 마음은 예리한 칼에 찔린 듯 아플 것입니다. 그러나 그는 반대자들의 숨은 생각을 드러나게 할 것입니다."

요셉과 마리아는 시몬이 한 말을 마음속에 담고 그 길로 예루살렘을 떠나 헤롯왕을 피해 애굽(이집트)으로 향했다. 그 후에 헤롯왕은 동방박사들이 왔다 간 때를 전후해서 베들레헴과 그 일대에 사는 두 살 아래의 사내아이는 모조리 죽이라는 명령을 내렸다.

이렇게 당시의 백성들이나 헤롯왕 역시도 '만왕의 왕'이 태어나게 될 것이라는 선지자들의 예언을 세상 나라를 다스리게 될 큰 임금쯤으로 생각했고, 그래서 죄 없는 어린아이들만 무참하게 참변을 당하게 된 것이다.

성자 예수는 그처럼 태어나면서부터 그와 같은 운명적인 시련을 겪어야만 했다. 그 얼마 후, 헤롯왕이 죽자 요셉의 꿈에 다시 그 천사가 나타나 현몽해 준다.

"아기의 목숨을 노리던 자가 이미 죽었으니 일어나 아기를 데리고 이스라엘 땅으로 돌아가라."

그러나 요셉은 돌아가기를 망설였다. 그것은 헤롯왕의 아들 아르겔라오가 그 뒤를 이어 왕위에 올랐기 때문이다. 그러자 천사가 다시 나타나 현몽해 준다. 요셉은 천사가 일러 준 지시에 따라 갈릴레아 지방 작은 나자렛 동네에 이르러 정착했다.

선지자들은 그 아기 예수가 그 곳 나자렛에서 살게 될 것까지를 예언해 두고 있었던 것으로, "그를 나자렛 사람이라고 부르리라." 한 그 예언의 성구가 그렇게 이루어진 것이다.

예수는 나자렛 동네에서 의부인 요셉의 목수 일을 도우면서 세상 학문의 정규 수업은 받아 보지도 못하고 자랐지만, 성장하면서 그의 지혜는 보통의 아이들과는 다를 수밖에 없었다.

유대인의 규례적인 모임의 회당에서였다. 열두 살 어린 나이의 예수는 학자들 틈에 끼어 앉아 그들이 주고받는 이야기를 듣기도 하고 묻기도 했었는데, 어린아이의 질문과 대답이 어른의 생각을 능가하여 주위 학자들이나 어른들을 놀라게 하므로 주목을 받을 만큼 지혜가 남다르게 총명했었다는 기록이다.

그렇게 가난한 환경 속에서 어린 성장기를 보낸 예수의 나이 13세가 되었을 때였다. 그 당시 이스라엘에서는 남자 나이 13세가 되면 그 관습에 따라 정혼하여 아내를 맞는 것으로 되어 있었다. 그 해 예수는 예루살렘 회당에서 규례적인 모임의 행사가 끝나고 나자렛으로 돌아가는 가족들의 대열을 은밀하게 빠져 나와 상인들의 무리 속에 섞여 인드(Ind)로 향했다고 한다.

그러한 예수의 동방 여행기의 행적으로, 성서 기록에는 예수의 생애에 대한 기록이 13세에서부터 29세까지 분명히 빠져 있다. 그리고 성서적으로 다시 등장하게 되는 것은 예수가 십자가에 못 박히기까지 그 3년간 사역(使役)해 나오신 행적뿐이다.

　그처럼 13세에서 29세까지 단절되어 있는 예수의 생애, 그 삶의 흔적의 기록이 인도 히미스 사원에서 양피지에 쓰인 <이사전>으로 잘 보관되어 있다는 것이다. 뿐만 아니라 티베트 등 이스라엘 이방의 여러 나라 등지에서도 예수에 관한 행적의 자료가 보관되어 있다는 쇼킹한 뉴스가 한때 크게 화제가 되기도 했었다.

　이러한 고문서 기록들이 마침내 책자로 만들어져 나와 기독교인들에게 크게 충격을 던져 주게 된 것인데, <<예수의 잃어버린 세월>>, <<예수의 동방 여행기>> 등이 그것이다. 그 책 속에는 1500년 전에 쓰인 무명의 고문서로부터 로에리치 교수가 출간한 <<예수의 동방 여행기>>에 쓰인 예수의 행적이 대체적으로 많은 부분이 노토비치의 <이사전>과 유사하다고 한다.

　그 자료의 진실성 여부를 놓고 '그 기록들이 어디에서 발견되었는가?' 하고 그 의문을 제기하고, 조작된 것이라고 말하는 사람들은 물론 기독교인들이다. 하지만 문제는 이스라엘이 아닌 이방 나라에서 발견된 예수의 행적에 대한 기록들이 날조된 것이라고 보기에는 그 행적의 내용이 더없이 진실하다는 사실에 주목하게 된다.

　그 행적의 기록에서 기독교 스승인 예수가 청년 시절 인도와 티베트 등지에서 불교의 승려들과 함께 지내며 특히 법명 '이사'까지 받았다는 기록이고 보면, 타 종교는 우상이며 진리가 아닌 삿된 것이라고 매도해 오고 있는 기독교계에서는 큰 충격이 아닐 수가 없는 일이다. 그래서 더욱이 종교적인 우위를 앞세우기 위해서 조작된 것이라고 반박하고 나선 것이다.

　그처럼 기독교인들이 조작된 것이라고 흥분하고 있는 부분은 기독교의 스승 예수가 석가의 사문에서 승려들과 함께 어울려 지내며 '이사'라는 법명까지 받았다는 그 부분 때문에 더욱 그러했다. 그 자료가 얼마나 진실성이 있는가를 참고해 보면 다음과 같다.

<blockquote>이사가 은밀히 아버지 곁을 떠나 예루살렘 상인들과 함께 인도로 갔으니 이는 하나님 안에서 완전함을 얻기 위해서요, 대붓다의 법을 연구하기 위해서라.</blockquote>

여기에서 나타내고 있는 '대붓다'라는 말이 편협한 유일신관(唯一神觀) 사고에 묶여 있는 기독교인들로서는 민감한 반응을 보일 수밖에 없다. 기독교 스승에 대한 불명예라고 생각하기 때문이다.

그것은 '대붓다'라는 말의 정의를 바로알지 못한 일반인들 역시도 입질의 홍밋거리가 되고 있는 것이 사실이다. 하지만 '대붓다'란 정각을 이룬 진리체라는 뜻이다.

이렇게 표현상의 말은 다르지만, 같은 뜻을 담고 있음을 모르기 때문에 예수가 대붓다를 꿈꾸었다는 고문서 자료의 기록에 기독교인들은 조작된 것이라고 흥분하며 반박을 하는 한편, 타 종교인들은 그것을 대단한 홍밋거리로 입질을 삼고 있다.

하지만 성자들의 행적을 살펴보면 동서(東西)를 막론하고 세상에 출현했던 성자들은 성부께서 정해 놓은 어느 시간까지 진리 탐구를 위해서 유명하다는 기존의 사상가들을 찾아다니며 그 밑에서 공부했었음이 공통적인 행적이었으며, 또한 거기에서 만족하지 못했음도 마찬가지로 보여주고 있다.

스스로가 고행의 길을 자초했고, 그로 하여 독자적인 깨달음을 얻었으며, 그 진리를 그의 제자들에게 가르쳐 전하게 했었다. 그것이 기존의 사상을 뒤엎은 성자들 진리의 말씀으로, 태초 하나님과 함께 있었다는 동질성으로 성령의 불(佛)이었다.

그것이 천도(天道)의 변화에 의한 것으로, 그리스도 예수로 시작된 신약복음 성서에는 그 이치를 다음과 같이 기록해 두고 있다.

> 내가 또 말하노니 유업을 이을 자가 모든 것의 주인이나 어렸을 동안에는 종과 다름이 없어서 그 아버지 정한 때까지 후견인과 청지기 아래 있나니, 이와 같이 우리도 어렸을 때에 이 세상 초등학문 아래 있어서 종 노릇 하였더니……(갈라디아서 4장 1)

바로 이 성구의 뜻이 그것이다. 하늘나라 본체신의 아들, 성자들이 이 땅에 출현하여 보여 준 행적은 우주 만물을 창조한 주인 하나님의 아들이지만, 성육신으로 세상에 출현하여 그 어렸을 동안은 종과 다름이 없이 청지기 밑에서 세상의 초등학문을 배우며, 그 아버지가 정한 때를 기다렸다는 이야기다.

이것이 본자연 하신 하나님의 섭리로, 성서가 기록한 '하나님의 일곱 영', 그 일곱 성현들 모두가 한결 같은 모습이다. 그야말로 어느 날 갑자기 도통했다고 나타난 성현들은 한 분도 없다. 그러한 천도 변화에 의한 '아버지의 정한 때'를 성서처럼 많이 기록해 두고 있는 경전이 없다. 거기에 대한 기록의 성구다.

> 때가 차매 하나님이 그 아들을 보내사 여자에게 나게 하시고 율법 아래 나게 하신 것은, 율법 아래 있는 자들을 속량하시고 우리로 아들의 명분을 얻게 하려 하심이라.(갈라디아서 4장 4~6)

바로 이것이다. 이 땅에 출현한 성자들은 시대와 나라를 달리하고 그 때와 시기에 맞추어 보내진 인간 진화를 위한 크고 작은 법계의 스승들이었다는 사실이다.

그래서 그 일을 펴야 하는 정해진 시간까지 세상의 학문과 기존의 사상을 배운다는 것은, 시대를 달리하고 오고간 성현들이 그렇듯이 편협적인 사상의 틀 속에 묶여 있는 인간들을 구원해 내기 위함이라고 했다.

이처럼 성현들의 삶의 행적을 반추해 볼 때, 청년 예수가 본집 이스라엘을 떠나 동방을 여행하고 티베트 등 여러 나라 등지를 떠돌며 기존의 사상가들 밑에서 무엇을 배우고 공부했다고 하더라도 그것이 기독교인들의 자존심에 관한 문제도 아니며, 따라서 그처럼 흥분할 일도 아니다. 그것은 신학자들의 성서 해석의 무지(無知) 때문인 것으로, 오히려 지극히 인간적인 성자들의 행적을 통해서 인간 영혼이 성숙하면 마침내 신과 인간이 하나가 된다는 성자들 가르침의 공동체적인 진리를 보다 더 진실하게 이해하게 한다는 사실이다. 지극한 하나님의 아들, 성자 예수 행적의 모습을 성서가 아닌 이방 나라에 보관되어 있는 다음 기록에서 다시 더듬어 볼 수 있게 해 준다.

> 이사께서 죄에 빠진 자이네 숭배자를 버리고 오릿사 나라에 있는 주거나웃에 가시니, 그곳에는 비앗사크 리슈나의 시신이 안치된 곳이더라. 이사께서 그곳 백인 브라마 사제들에게 극진한 환대를 받으셨더라. 그들이 이사께서 베다를 읽고 이해하는 방법과 기도의 힘으로 병을 치유하는 방법, 경전을 사람에게 가르치고 설명하는 방법과 사람의 몸에서 악령을 몰아내어 온전함을 되찾을 수 있는 방법을 가르치시니라. 이사께서 주거나웃 란자그리하 베나레스 그리고 다른 성지에서 6년을 지내셨더라. 그가 바이샤와 수드라에게 가르치고……(이사전 5장 3~)

예수께서는 이스라엘 본집을 떠나 처음에는 인도의 브라마 사제들에게 '베다 성전'에서 <마니법전>을 읽고 이해하는 방법을 배우고, 또 가르치셨다고 했다.

<마니법전>은 성자 석가 출현 이전에 기존의 사상가들에 의해서 기술된 유대 이스라엘 민족의 구약성서나 마찬가지 성격의 경전이다.

청년 예수가 인도로 건너갔을 때는 그렇게 본체신의 진리, 그 불(佛)씨를 석가모니 붓다께서 새로운 법시 사상으로 심어 두고 가신 지 500년이

지난 후였다. 그런데도 그들 사제들은 여전히 기존의 사상을 붙들고 있었기 때문에 처음 인도로 건너간 예수는 석가(싯탈타 왕자)나 마찬가지로 처음에는 그들의 <마니법전>을 배우는 것으로부터 시작했다.

그 공부를 6년을 마친 후, 예수는 그들이 믿는 기존의 사상을 뒤집어 엎고 그 잘못됨을 지적하며, 그들 기존의 사상에 대항하다가 번번이 배척을 당하는 행적은 석가 성자와 조금도 다를 것이 없었다. 그것이 발견된 고문서 속에 예수의 행적을 담아 두고 있는 다음과 같은 내용의 기록이다.

> 그가 드자게르나스, 라자그리하, 베나레에서 살면서 바이샤와 수드라를 가르치시고 그들과 함께 평안히 거하시니 모든 이가 그를 사랑했더라. 그러나 브라만과 크샤트리아가 그들에게(바이샤와 수드라) 접근하지 못하도록 하셨더라.

다음은 좀 더 구체적인 행적의 기록이다.

> 바이샤는 휴일에나 베다를 들을 수 있었으며, 수드라는 베다를 읽는 자리에 있지도 못하고 바라볼 수 없었더라. 수드라는 영원히 브라만과 크샤트리아의 노예가 되도록 운명지워졌더라. 그러나 이사께서 브라만의 말을 듣지 않으시고 수드라에게 가셔서 브라만과 크샤트리아에 대항하여 설교하셨더라.
> 그는 동료 인간의 존엄성을 짓밟을 권리를 가졌노라고 자칭하는 사람들의 인권을 완강히 부인하셨더라.
> 이사께서 설교하시기를 사람들이 성전을 가증한 것들로 채우고 있다고 하시니라. 쇠와 돌을 숭배하기 위해 지고한 영혼의 일점이 거하시는 동료 인간을 제물로 바치느니라.

이렇게 기존의 사상가들의 제사의식을 완강하게 부정하고 나선 예수였다. 그 당시 유대민족은 양을 잡아 숭배 대상의 신, 여호와에게 제물로 올렸지만, 인도는 제사장 브라만과 크리샤트리아에 의해 지적된 사람이 신의 제물로 바쳐지고 있었던 것으로, 이것이 성자 출현 이전의 기존 정통

제사의식 행위였다.

예수는 500년 전, 식가나 마찬가지로 그와 같은 제사의식을 버리라고 지적하다가 그들로부터 배척을 당했음을 기록하고 있다. 그들의 기존의 사상은 태양신을 숭배하고 있었던 것으로, 그 사제들이 인간이 태양신의 자궁과 발가락서 창조되었다고 가르쳐 왔기 때문에 원주민들은 그렇게 믿고 있었다.

그러한 인도 기존의 사상은 당시 이스라엘 백성들이 여호와 하나님이 손가락으로 흙을 주물러서 그들의 조상 아담을 만들고 그 코에 여호와의 호흡을 불어넣음으로써 생령이 되게 했다는 것이나 크게 다르지 않은 관념이었다. 이러한 그들의 원시적 사상을 성자들이 출현하여 우주와 만물을 창조하신 하나님은 그런 하나님이 아니기 때문에 예배의 대상을 바로 깨달으라는 가르침이었다.

하지만 석가세존께서 인도 땅에 출현하여 그러한 기존의 사상을 뒤집어엎고 떠난 지가 500년이 지났을 때였다. 그런데도 그들은 여전히 그 정통성을 주장하고 있었으며, 그러한 사상의 기존 틀에 묶여 그때까지도 구습적인 제사의식을 공공연하게 행하고 있었던 것이다. 그래서 예수는 그들 특권층을 향해 다음과 같이 맹렬히 꾸짖었다는 기록이다.

호사한 의자에 앉은 게으름뱅이들이 그들 비위를 맞추기 위해 이마에 땀을 흘리며 노동하는 자들을 능멸하니라. 그러나 형제로부터 평범한 축복을 앗아가는 자들은 그들 자신의 축복도 빼앗아갈 것이라. 그리하여 브라만과 크샤트리아는 깜짝 놀라 그들이 무엇을 행해야 할지 물었더라.

이사께서 그들에게 명하시니라. 우상을 숭배하지 말라. 너 자신을 먼저 생각하지 말라. 네 이웃을 능멸하지 말라. 빈자를 도와라. 유약한 자를 부양하라. 아무에게도 악을 행치 말라. 네 것이 아닌 남의 것을 탐내지 말라. 이사께서 수드라에게 했던 말을 전해 듣고 브라만과 전사들이 이사를 죽이기로 결심하였더라. 그러나 이사께서 수드라로부터 이 소식을 먼저 전해 듣고 밤을 틈타 그곳을 떠났더라. 후에 이사께서 두루마리를 다 익히시고 네팔과 히말라야 산속으로 가시니라.

이 얼마나 숭고한 진리의 성자 그 가르침인가! 이것이 13세에 이스라엘을 떠나 이방 나라 고문서에서 발견된 청년 예수의 행적이다. 이처럼 성자들로 하여 진리의 시대 그 문(門)이 동서(東西)로 열렸지만, 기존의 사상을 여전히 버리지 못한 사람들이 그 특권층에 있는 제사장들이었다.

진리의 성자들은 다신숭배 시대를 종결하는 시대의 변혁기에서 기존의 사상을 뒤집어엎는 교화의 전도에 열심하고 있었지만, 그들은 쉽게 교화되지 않았고, 오히려 배척하고 예수를 잡아 죽이려고까지 계획을 세웠었다고 했다. 그러나 그 위기를 모면할 수 있었던 것은, 평소에 예수의 설교에 교화를 받은 수드라가 그들의 계획을 사전에 알려 줌으로써 그 위기를 모면할 수 있었다고 했다.

이렇게 시대와 나라를 달리하고 출현한 성자들의 가르침은 근원적인 진리의 말씀으로, 원시적 관념의 틀에 묶여 있는 그들에게 쫓기면서 사상적인 마찰을 빚고 있었다는 점이다. 다음 자료의 기록에서 그 진실을 더욱 밝혀 볼 수 있게 해 준다.

이사의 말씀이 그가 지났던 나라의 이교도들에게 전파되매, 그들이 우상을 버리니라. 이를 본 사제들이 참 하나님의 이름을 찬미했던 이사를 다그쳐 그가 자기를 견책했던 것과 마찬가지로 그가 말하는 우상도 쓸모없다는 주장을 사람들 앞에서 설득하도록 하시니라.

그러자 이사께서 그들에게 이르시기를,

"우상과 짐승이 권능이 있고, 진실로 초자연적인 힘을 가졌다면 그들로 하여금 나를 쳐서 땅에 쓰러지게 해보라!"

이에 사제들이 대답했다.

"만일 우리 신들이 당신의 하느님에게 경멸을 품는다면 기적을 행하게 하고, 그가 우리 신들을 깨뜨리도록 해보시오."

이사께서 그들의 교만스러운 말에 이르시기를,

"우리 하느님의 기적은 우주가 창조되던 첫쌔 날부터 행해졌고, 이 기적들은 매일 매순간 일어나느니라. 이것들을 보지 못하는 자들은 가장 아름다운 선물을 빼앗기는 것이니라."

그리고 다시 이어서 말씀하셨다.

"사람들이 불멸의 영혼을 눈으로 보려고 노력할 게 아니라 마음으로 느껴야 하고 스스로 깨끗하고 가치 있는 영혼이 되려고 노력해야 할 것이니라. 너희는 인간을 제물로 바쳐서는 안 될 것이요, 동물을 함부로 살육하지도 말지니, 이는 만물이 인간에게 유용하도록 주어졌기 때문이니라. 남의 물건을 훔치지 말 것이니, 이는 네 이웃을 강탈하는 것이기 때문이라. 이리하여 너희도 남에게 부당한 대접을 받지 않으리라. 태양을 숭배하지 말라. 이는 우주의 한 부분일 뿐이라. 사제가 없는 민족이 있다면 그들은 자연 법칙의 지배 아래 그들 영혼의 깨끗함을 보존하리라."

이 기록에서 예수께서는 분명히 사제가 없는 민족이 있음을 말해 주고 있다. 사제(司祭)란 자연신과 인간과의 사이를 중보 역할을 하는 제사장 제도다. 그런 제사장 제도가 인류 고대사에서 세워지지 않았던 민족이 유일하게도 중앙아시아 배달 한민족뿐이었다. 그런데 예수께서는 그 사제가 없는 민족이 있음을, 그리고 그들이야말로 자연법칙의 지배 아래 영혼의 순수성이 지켜질 것이라고 말씀해 두고 있다는 사실이다. 예수께서 말씀하신 자연법칙이란, 곧 천지인(天地人), 삼천대세계(三天大世界)가 본자연(靈界), 대자연(신계(神界) 그리고 자연(人界)이 하나로 고리를 잇고 있다는 동양사상의 우주관으로, 그것이 배달민족 조상신 환웅으로부터 배워 온 '한사상'이었다.

그처럼 지고한 근본 이치의 사상을 배달 한민족 뿌리 세움의 시작에서부터 배울 수 있었던 것은 조상신 환웅(桓雄)께서 '있음'의 근원이신 태극(太極)의 존체로 동서(東西)가 다신 숭배 시대가 있었던 신인합발(神人合發)하던 시대에 유독 그 제사장 제도가 세워지지 않은 이유였다.

그래서 고대로부터 배달 한민족을 다른 민족과는 달리 동방예의지국(東方禮義之國)이라고 칭송했으며, 하늘 제사권 민족이라고 했었다는 이유가 바로 여기에 있었던 것이다.

그런데 청년 예수는 그처럼 이방 나라를 떠돌면서 그와 같은 근원적인 가르침으로 기존의 사상가들과 마찰을 일으키고 있었다는 자료를 볼 때, 예수가 석가의 사문 '베다 성전'에서 <마니법전>을 배우며 대붓다를 꿈꾸어왔다는 것은 조금도 이상할 것이 없다.

특히 예수가 승려 라마스와 둘이서 깊은 우정을 나누며 쟈간나스의 광장을 거닐면서 주고받았다는 진리에 대한 이야기를 참고해 보면, 오히려 예수 실체에 대한 깊이를 더욱 새롭게 인식하게 된다는 사실이다. 승려 라마스와 주고받았다는 그 대화의 일부분이다.

"유다 선생이시여, 선생은 진리란 무엇이라 생각하시오?"

이에 예수께서 대답하셨다.

"진리란 변화하지 않는 오직 하나의 것이지요. 이 세상에는 진리와 허위 두 가지가 있습니다. 진리란 있는 그대로의 것이고 허위란 있는 것처럼 보이는 것이지요. 진리는 유(有)로 원인은 없지만 일체의 것이 원인이 됩니다. 허위는 무(無)이면서 유로 표현합니다. 모든 만들어진 것은 파괴되고 시작된 것은 끝나야 합니다. 모든 눈에 보이는 것은 유의 표현이지만, 본래는 무(無)이므로 사라지는 것입니다. 눈에 보이는 에테르가 진동하는 동안만 반영의 표현을 하고, 사정이 변하면 소멸합니다. 성스러운 기(氣)는 진리입니다. 과거, 현재, 미래에도 영원하여 소멸할 수 없습니다."

라마스가 다시 물었다.

"그럼 인간이란 무엇입니까?"

"인간이란 진리와 허위의 이상한 혼합입니다. 이 양자가 싸웁니다."

"과연 그렇겠군요."

"그럼 힘에 대해 어떻게 생각하시오?"

"힘, 그것은 무에 지나지 않는 환영이지요. 힘은 변하지 않지만 힘은 에테르가 변하면 변합니다. 절대적 힘은 신의 의지로 전능한 것, 여기에서의 힘은 성기에 이끌려 나타낸 신의 뜻이지요, 바람에도 힘이 있고 파도, 인간의 눈에도 힘이 있습니다. 에테르는 이와 같은 힘을 일으키고 히로에스 천사, 인간 그 밖에 사고하는 것의 사상을 힘이 지배합니다."

이에 라마스가 다시 물었다.

"예지에 대해서는 어떻게 생각하시오?"

"그것은 인간이 그것을 토대로 그 위에 자기를 세우는 바위입니다. 그것은 유(有)나 무(無), 진리와 허위를 구별하는 영지(靈知)입니다."

라마스는 다시 인간의 신앙에 대해서 물었다.

"그렇다면 신앙이란 무엇이오?"

"그것은 인간이 신이 되는 생활에 이르기를 확인하는 일입니다. 구원이란 인간의 마음에서 신의 마음에 이르는 사다리로, 구원에는 삼 단계가 있습니다. 첫째는 신념이요, 이것은 그것이 진리일 것이라고 생각하는 것, 둘째는 신앙으로, 그것은 인간이 진리를 아는 것, 셋째는 완성, 즉 인간이 자신이 진리가 되는 것입니다. 신념은 신앙 속에서 사라지고, 신앙은 완성 속에서 사라지며, 그럼으로써 자기와 신이 하나가 될 때 인간은 구원을 받습니다."

이 얼마나 총체적인 진리에 대한 가르침인가. 신앙은 인간이 근본 진리체로 완성되었을 때 사라지며 자신과 신이 하나가 될 때, 이 현상이 바로 만물을 사랑으로 기르신다는 하나님께서 바라시는 생명의 '구원'이라는 것이었다. 이처럼 분명한 가르침이 《예수의 동방 여행기》에서 조작된 자료라고 말할 수 있을까?

어떤 특정 종교를 떠나서라도 다시 한 번 깊이 생각해 볼 일이다. 인간이 신이 될 수 있다는 것은 가상이 아니라 기필코 신의 경지에 도달해야 된다는 것이다.

그와 같은 가르침이 이 땅에 출현한 성자들께서 가르치신 진리로 그 뜻을 담아 두고 있는 기록이 바로 성경이며, 그 이외의 모든 성현들이 남기신 경전(經典)의 말씀들이다.

물론 이 개념은 지금까지도 기독교관에서 분명한 확신을 심어 주지 못한 채, 감히 피조물 인간이 어떻게 신의 경지에 오를 수 있단 말인가? 그리고 은연중에 인간은 어디까지나 신(神)이 될 수 없는 불완전한 피조물로 조상 뿌리에서부터 '죄인'이라는 굴레를 씌워 회의적인 믿음의 신앙관을 심어 주고 있는 것이 특히 유대교에 바탕을 둔 기독론이다.

이러한 신앙관이 바로 성자 출현 이전, 자연신 숭배 시대에 있었던 기존의 사상이다. 그래서 신과 인간은 어디까지나 동떨어진 개체적인 별개로 주종(主從)의 관계였다.

그것이 인류 시원에서부터 자연신들이 심어 준 신앙관이었기 때문에 그 관념을 버리라는 것이 성자들의 진리라는 말씀으로, 듣고 깨달음을 얻어 영혼이 성숙하면 인간 역시도 진리체로 '탈겁'되어 '거듭남'을 입게 됨으로써 신의 경지에 올라 하나님과 동일체로 하나님의 자녀가 되는 능력과 그 권세를 얻게 된다는 가르침이었다.

그것이 고등종교 스승이신 붓다께서 가르친 인간 수행의 최종 목적으로 브라만(Brahman) 또는 나르바나(Nirvarna)로 열반이며, 그것이 신과의 연합으로 성불(成佛)이라는 개념이다.

이렇게 '인류 구원'이라는 성자들의 진리의 말씀은 하나님이 목적하신 우주신도(宇宙神道)의 결실이기 때문에 그 일을 이루기 위해서 세상에 보내심을 입었다는 성자들이었다. 이러한 성자들의 가르침은 기존의 틀에 묶여 주종(主從)의 관계만을 주장하는 사상가들과 그 가르침의 본질이 다르기 때문에 그처럼 마찰을 일으켰었던 것이다.

그러나 성육신(聖肉身)으로 이 세상에 출현한 진리의 성자들은 그러한 기존의 사상에서 해방되라는 것이었으며, 그 가르침이 일곱 성현들 모두가 그처럼 공통적으로 같이하고 있는 말씀을 오직 변하지 않는 그 하나로 '진리'라고 한 것이었다.

이렇게 볼 때 성서 속에 기록되어 있지 않은 《예수의 잃어버린 세월》 그 시간 속에서 13세 때 이스라엘을 떠났던 성자 예수의 지극한 참모습을 발견하게 되면서, 이 땅에 출현했던 성자들이 구현하고자 했던 근본의 뜻을 좀 더 구체적으로 파악해 볼 수 있게 해 준다.

결국 그러한 고문서 자료를 통해 동서(東西)의 양대 사상인 불교와 기독교가 씨줄과 날줄로 천지 부모 우주 영혼의 도맥(道脈)이었음을 새롭게 인식시켜 주고 있다고 할 수 있다.

따라서 그러한 우주 원리에 의해 자연계에 속한 인간 역시도 그와 같이 음양의 조화를 이루고 있으며, 종족과 사상 역시도 동양과 서양으로 음양 대별적인 상대성 도맥을 나타내 주고 있다는 사실이다.

그것은 태초 우주 천지 만물이 상대성 음양(陰陽) 두 원기(元氣)에 의해서 자연지도(自然之道)를 이루고 있기 때문이라는 것을 재인식하게 해 준다.

그러나 이러한 본자연 하신 하나님 섭리의 뜻을 바로알지 못하고 편협한 사고의 틀에 묶여 있는 종교인들은 기독교 스승인 예수의 잃어버린 세월이 기록된 《예수의 동방 여행기》 속에 담긴 예수의 행적에 대해서 비방하고 폄하할 뿐만 아니라 기독교인들 역시도 그 행적이 그처럼 수치스럽게 조작된 것이라고 흥분할 일이 못 된다.

더욱이 이스라엘을 떠났던 청년 예수가 당시 인도의 최고의 의원이던 우도라카의 제자로 입문한 것이 사실 자료라고 하더라도 그와 같이 민감한 반응을 보일 문제가 아니다. 그 자료에 의해 혹자는 예수가 석가의 성문에서 법문을 익혀 기독교의 스승이 된 만큼 석가 스승보다 한 수 아래임은 물론이고, 예수가 행한 능력 또한 그때에 배워서 앉은뱅이를 일어나게 하고 장님을 눈뜨게 했으며, 죽은 자를 살려 내고, 물로 포도주를 만들어 내는 등 물 위를 여유자적하게 걸을 수 있었던 것이라면 최고의 의원이라는 우도라카는 예수보다도 더한 능력자로 그 이름을 세계사 속에 빛을 냈어야 할 것이다. 그러한 억측의 비방이야말로 총체적인 진리의 실상을 바로보지 못한 때문이라고 할 수 있다.

이 세상에 출현했던 진리의 성자들은 그처럼 지극한 본체신의 성자의 위치에서도 보편적인 인간의 모습으로 세상에 출현했다. 그리고 인간에게 근원의 진리를 가르쳐 주기에 앞서 처음에는 기존의 사상가들 밑에서 그들이 가르치는 초등학문을 배웠으며 또한 그토록 험난한 고행의 길을 자초했음을 그 기록의 행적에서 보여 주고 있다.

그것이 진리를 추구하는 구도자로서 오래 참음, 곧 인내와 사랑과 자비를 이룬 참된 사람의 모습이라는 것을 보여 줌과 동시에 인간이 선을 바탕으로 하여 가장 인간다울 때, 그 속에서 신의 모습을 발견하게 된다는 교훈적인 삶이었다고 할 수 있을 것이다.

4 종의 시대에서 성자의 시대로

어느 시대나 진리의 실상을 바로알지 못하면 자기 이익을 쟁취하기 위한 기복적인 신앙관에서 벗어나지 못하게 마련이다. 그러한 믿음의 신앙관이 인류 시원의 뿌리 역사에서부터 성호(聖號)를 붙인 신(神)들이 심어주었던 초기 원시 신앙이었다. 그와 같은 사상 분위기 속에서 시대와 나라를 달리하고 출현했던 성자들의 가르침은 그러한 원시 신앙의 믿음과 행위로는 '나'라는 생명체의 본질을 깨달을 수가 없다는 말씀이었다. 그것이 인도 원주민들의 기존 사상을 뒤엎고 새로운 내세관의 영혼(靈魂)법으로 정화시키려고 의도했던 석가 붓다의 가르침이었으며, 성자 예수 역시도 마찬가지였다.

유대민족이 전통적으로 붙들고 있는 기존의 율법신앙을 빗대어 '초등학문'이라고 지적하시고 그들 조상 대대로 물려받아 지켜오던 약하고 천한 율법신앙을 이제는 내려놓고 그리스도인 그에게 와서 하늘나라 '새 계명'을 배우라고 하시며 "나는 길이요, 진리요, 생명이라."고 선포하시었다.

진리를 안다는 것은 '나'라는 생명체와 본질적인 하나님과의 올바른 관계를 인식하고 그 안으로 들어가는 것을 의미한다. 그렇기 때문에 고등종교의 스승 성자들의 삶의 행적을 따라가 보면, 거의 같은 유형으로 그 시대 제도권 안에 있는 사상가들과 수없이 많은 논쟁으로 마찰을 일으켜 나왔음을 보여 주고 있다. 성자들의 그와 같은 진리의 말씀을 당시의 사람들이 수긍하고 받아들이게 된다면 그 시대 특권층에 서 있는 제사장 제도가 해체되어야 하는 것이었다.

그만큼 성자 출현은 그들에게 위협적인 존재였기 때문에 그 시대 제도권에서는 민감한 반응을 보이며 대응했었다. 이렇게 시대와 나라를 달리하고 출현했던 성자들의 선포는 한결같이 그 동안 그들이 숭배 대상으로 삼아 오던 수호신으로부터 해방되라는 것과 동시에 본질상의 하나님과 내 생명의 실체를 바로 깨달으라는 말씀이었다. 그 가르침의 목적은 인간 영혼을 성숙시켜 하나님의 '종자씨'로 그 열매를 거두기 위함이라는 것이었으며, 그러한 성자들의 말씀이 거짓되지 않고 영원히 변하지 않는 하늘나라 참된 진리의 말씀이라고 한 것이다. 그것이 여호와가 그 백성을 종의 율법으로 다스려 오던 구약 시대 하나님의 아들 성자 예수가 그 텃밭에 출현하신 목적이었다고 신약복음은 기록하고 있다.

사실적으로 구약 시대 여호와의 율법은 신(神)과 인간(人間)을 주종(主從)의 관계로 묶고 있는 기복신앙으로, 제사장은 그 사이에서 중개 역할을 맡고 있는 신의 대행자로서 그 시대 특권층에 속해 있었다. 그러한 시대 분위기 속에서 예수께서 "진리가 너희를 자유하게 하리라." 하시고 "다시는 무거운 종의 멍에를 짊어지지 말라."고 하신 말씀은 그 시대 혁명의 불씨였다.

그렇기 때문에 기존의 제도권에서는 그 불씨가 번지는 것을 막기 위해 그처럼 필사직으로 대응을 하고 나섰다. 그들의 생존권을 박탈하려는 위협적인 존재가 바로 기존 사상을 정화하려는 성자들의 '진리'라는 말씀이었기 때문이다. 그래서 거기에 신경을 예민하게 곤두세운 제도권에서는 생존을 위한 방어책으로 최대한의 과격한 방식을 취해가면서까지 거기에 대응했다. 그것이 성자 예수가 십자가에 매달려야 했던 그 이유였으며, 그에 앞서 동방을 여행하는 동안 인도에서도 그처럼 기존의 제도권 안에 있던 사상가들과 논쟁을 벌이고 암살을 당할 뻔했었던 이유도 바로 거기에 있었다.

예수가 동방을 여행하는 동안 그와 같은 위협을 받아 가면서 석가 사문의 제자들과 진리에 대해 서로 논의하고 13세에 떠났던 이스라엘로 다시 돌아온 것은 29세였다. 사실 예수가 이방 나라를 순례자로 떠돌며 이교도들과 진지하게 진리에 대해서 대화를 나누고 돌아온 행적은 이스라엘 백성들을 교화했던 시간보다도 훨씬 더 많은 시간을 이교도들과 함께했었음을 보여 준다.

그때에 예수가 이스라엘로 다시 돌아온 것은 아버지 하나님께서 정하신 시간이 가까이 이르렀기 때문에 운명적으로 짊어져야 했던 사명을 완수하기 위해서였다고 기록하고 있다.

예수가 다시 이스라엘로 돌아온 그때에 유대 광야에서는 '천국이 가까웠다!'고 외치는 사람이 있었다. 그가 바로 세례 요한으로, 그가 "천국이 가까웠다." 함은 영혼 생명이 없는 불쌍한 물질 인간들에게 영원한 하늘나라 생명의 불씨를 불어넣어 줌으로써 이 땅에 전쟁이 없는 평화로운 천국을 이루게 해 줄 것이라는 의미였다.

세례 요한은 구약 시대 그 텃밭에 오고간 선지자들이 예언하고 있는 하나님의 아들 구세주 메시아를 증거하기 위해 예수보다 6개월 먼저 세상에 보내졌다는 선지자다. 그의 탄생 역시도 예수나 마찬가지로 초자연적 힘에 의해 잉태된 것임을 기록하고 있다. 그 또한 다분히 신화적이다.

그의 아버지 샤가라는 유대 왕 헤롯 때에 아비야 반열의 제사장이었고 그의 모친 엘리사벳은 모세의 다음 가는 제사장 아론의 자손으로, 모친 엘리사벳이 수태하지 못한 채 늙어 생산을 기대할 수 없을 때였다. 부친 샤가라가 제사장의 전례에 따라 성소에 들어가 분향을 하고 있을 때에 주의 사자(使者)가 나타나서 그에게 아들이 태어날 것과 그 이름을 ‘요한’이라고 할 것까지를 일러 준다.

그처럼 예수를 하나님의 아들로 증거해야 할 사명을 받고 그 길잡이로 보내졌다는 세례 요한의 영(靈)은 구약의 출애굽기에서 병거를 타고 하늘로 들림을 받아 올라갔다는 선지자 엘리아의 심령(心靈)이라고 기록하고 있다. 말하자면 육신의 몸만 바꾸어 이름을 요한이라고 했을 뿐, 선지자들이 이 세상에 다시 올 것이라고 예언했던 엘리야의 영이라고 했다. 이처럼 세상에 다시 왔다는 세례 요한의 탄생은 불교에서 말하는 몸을 바꾸어 다시 환생되어 온다는 윤회(輪廻)의 이치와 다를 것이 없다.

하나님의 아들 성자 예수의 길잡이로 보내진 세례 요한이나 예수는 인간의 정욕에 따라 태어난 사람이 아니라 초자연적인 능력의 힘에 의해 잉태되었음을 그 기록에서 나타내 주고 있다. 성자 예수의 출생은 우주와 만물을 창조하신 무형체(無形體)의 영적(靈的)인 하나님 말씀(LOGOS)의 숨결로, 그 성령이 마리아의 몸을 빌어 잉태된 것이라고 했으며, 신계에 속한 세례 요한 역시도 그처럼 초자연적 힘에 의해서 그가 해야 할 사명을 받고 다시 세상에 왔다는 하늘 사람으로, 선지자라고 했다.

예수가 성부(聖父) 하나님의 정한 때가 되어 다시 고향으로 돌아왔을 때는, 예루살렘과 온 유다와 요단강 사방에서 그 선지자 요한에게 죄를 사함 받는 정결의식의 물세례를 받고 있었다. 그때에 많은 바리새인들과 사두개인들 역시도 요한에게 물세례 받기를 청하고 요단강으로 모여들었다. 민심이 그쪽으로 쏠리는 것을 본 유대 서기관원들이 그대로 가만히 있지를 않았다. 정통성을 주장하는 유대교 관례에서 그 정결의식의 세례는 여호와 하나님으로부터 기름 부음을 입었다는 제사장들만이 행하는 정결의식이었기 때문이다. 제사장들이 레위 인들을 요단강으로 보내어 요한에게 물었다.

"네가 누구냐?"

이에 세례 요한의 대답이다.

"나는 그리스도가 아니다."

당시 유대 이스라엘 백성들은 선지자들을 통해 하나님이 보내 주시겠다고 약속한 구세주 메시아가 나타날 것이라고 믿고 있었다. 그런데 요한이 뜻밖에 나타나 그처럼 물세례로 정결의식을 하고 있는 것을 보고 물어 온 것이다. 요한은 단호하게 자신은 그리스도가 아니라는 대답이었다. 그러자 그들이 다시 물었다.

"그럼 무엇이냐? 네가 엘리야냐?"

그들은 선지자들의 예언에 엘리야가 다시 올 것이라고 했었기 때문에 그렇게 묻고 있었다. 세례 요한 역시도 다시 올 것이라는 '엘리야'에 대해서는 이미 들어 알고 있었지만 그 자신일 것이라고는 생각하지 못했다. 그래서 자신은 그리스도가 아니며 또한 엘리야도 아니라고 부인했다. 이에 그들이 다시 물었다.

"그럼 선지자냐?"

이에 요한은 그도 아니라고 말하자 그들이 다시 물었다.

"그럼 누구냐? 우리를 보낸 이들에게 대답하게 하라! 너는 네게 대하여 무엇이라 하느냐?"

"나는 선지자 이사야의 말과 같이 주의 길을 곧게 하라고 광야에서 외치는 소리일 뿐이다.”

그러자 그들이 다시 물었다.

“네가 만일 그리스도도 아니요, 엘리야도 아니요, 선지자도 아닐진대 어찌하여 세례를 주느냐?”

이에 요한이 말했다.

“나는 물로 세례를 주거니와 너희 가운데 너희가 알지 못하는 한 사람이 섰으니 곧 내 뒤에 오시는 그이라. 나는 그의 신들메 풀기도 감당치 못하겠노라.”

세례 요한은 그 뒤에 모습을 나타내실 예수는 영적인 하나님의 본성임을 증언함과 동시에 인간의 모습을 취한 하나님의 현존임을 증거하고 있었다.

여기에서 요한이 말하는 ‘그이’라는 예수는 아직은 그들의 표적이 아니었다. 그런데 그때에 예수께서 물세례 받기를 청하며 그 앞에 걸어 나오시는 것을 보고 성령의 감동을 받은 세례 요한이 말했다.

“보라! 세상 죄를 지고 가는 하나님의 어린양이로다. 내가 전에 말하기를 내 뒤에 오는 사람이 있는데 나보다 앞선 것은 먼저 계심이라 한 것이 이 사람을 가리킴이라. 나도 그를 알지 못하였으나 내가 와서 물로 세례를 주는 것은 그를 이스라엘에 나타내려 함이라.”

여기에서 세례 요한은 예수를 ‘세상 죄를 지고 가는 하나님의 어린양’이라고 표현했다. 그 뜻은 여호와의 율법 시대 죄 사함의 속제의식으로 어린양을 그 속죄물로 잡아 올렸기 때문에 구약 시대 율법적인 제사의식에서 해방시켜 주기 위해 보내신 ‘희생양’이라는 의미였다. 그 말을 하고 요한은 물세례 받기를 간청하고 그의 앞으로 나오는 예수를 만류하며 말했다.

“내가 당신에게 세례를 받아야 할 터인데 당신이 내게로 오시나이까?”

세례 요한은 그처럼 영계와 신계, 하늘 원천의 근본(根本) 신분의 높낮음이 엄연히 다름을 말하고 있었다.

이에 예수께서 말씀하셨다.

"이제 허락하라. 우리가 이와 같이 하여 의를 이루는 것이 합당하니라."

성자 출현 이전, 구약 시대의 물세례는 세상적인 물질 개념이다. 그 의식은 육신을 정결하게 하고 그 행위에 대한 허물의 죄를 씻는다는 의미다.

그런데 여기에서 예수께서는 "우리가 이와 같이 하여 의를 이루는 것이 합당하니라."고 말씀하시고 있다는 점이다. 그 말씀의 뜻은 구약 시대는 공중 권세자들인 하나님의 종복(從僕) 신계가 물질 인간을 생성시킨 창조주로서 그 책임과 의무에 따르는 행사를 해오던 시대였다.

어느 족속이나 마찬가지로 그 뿌리의 조상신으로부터 도덕적 바른 삶의 존재 방식을 배워 오면서 손으로 지은 성소에서 속죄의식으로 올리는 물질 제사는 초기 신앙을 낳게 한 매개로써 그 역할을 해왔었다.

구약 시대 그러한 율법적인 제사와 규례를 예수께서는 '초등학문'이라고 지적하시고 이어서 "나는 율법의 완성이니라." 하고 말씀하신 것으로, 구약 시대 종의 율법과 성자 예수의 신약복음의 '사랑'의 계명은 땅의 법과 하늘나라 법으로, 인간 영육을 온전하게 하는 두 사상의 성취를 이룸이다.

인간 육신의 도리를 배워 오던 율법의 구약 시대가 성자 출현으로 마감되어짐과 동시에 인간 영혼을 성숙시키는 하늘나라 대도(大道)의 법, 곧 '새 계명'을 배워야 하는 고등학문으로 진리의 성자 시대가 문이 열리게 됨을 의미해 주신 것으로, 우리가 합동하여 선(善)을 이루게 된다고 하신 것이다.

그러한 하나님의 섭리를 나타내 보이기 위해서 예수께서는 아무리 주인의 아들이라 하더라도 어렸을 동안에는 종과 다름이 없이 그 시대 기존의 율법 규례 따라 그 질서를 모범적으로 밟아나가는 모습을 보여 주고 있다.

예수께서는 태어난 지 7일 만에 율법의 규례에 따라 할례를 받았고, 또 선지자 요한에게 스스로 물세례 받기를 청하신 것이다. 성자 예수가 요단강에서 물세례를 받고 올라오실 때였다. 흐렸던 하늘이 갑자기 활짝 열리면서 성령이 비둘기같이 그에게 임하는 것을 본 세례 요한은 그를 시험하여 묻는 바리새인들과 사두개인 그리고 세리들을 향해 단호하게 말했다.

"독사의 자식들아! 누가 너희를 가르쳐 임박한 진노를 피하라 하더냐? 그러므로 회개에 합당한 열매를 맺고 속으로 아브라함이 우리 조상이라고 생각지 말라. 내가 이르노니 하나님이 능히 이 돌로 아브라함의 자손이 되게 하시리라. 이미 도끼가 나무뿌리에 놓였으니 좋은 열매 맺지 아니한 나무마다 찍어 불에 던져질 것이니라. 나는 너희로 하여금 회개하게 하기 위하여 물로 세례를 주거니와 내 뒤에 오시는 이는 나보다 능력이 많으시니, 나는 그의 신들메 들기도 감당치 못하겠노라. 그는 성령과 불로 너희에게 세례를 주실 것이요, 손에 키를 들고 자기의 타작마당을 정하게 하사, 알곡은 모아 곡간에 들게 하고 쭉정이는 꺼지지 않는 불에 태우시리라."

세례 요한은 그들을 향해 그리스도 예수가 하나님과 함께 우주와 만물을 지으신 태초의 빛으로 '성령의 불'이며 그에게 주어진 심판의 권세가 어떠한 것이라는 것을 말해 주고 있었다. 하지만 그 시대 백성들은 그 말의 깊은 뜻을 알지 못했다. 세례 요한은 본질적인 하나님의 아들에 대해서 다시 말했다.

"아버지께서 아들을 사랑하셔서 만물을 그의 손에 주셨으니, 아들을 믿는 자는 영생을 얻지만, 아들에게 순종하지 않는 자는 생명을 보지 못하고 오히려 하나님의 진노가 그 위에 머물러 있느니라.”

보는 것과 듣는 것은 신앙의 필수 조건이다. 요한이 증거하여 말하는 하나님의 아들 예수는 그처럼 이방민족과 경계를 짓고 특수한 전술 전략의 기술로 유대민족만을 수호하여 그들에게 절대 능력자로 인정을 받고 있는 여호와 하나님의 아들이 아니라 시간과 공간을 초월한 태초의 ‘빛’으로 만물을 창조하셨다는 영적(靈的) 하나님의 아들임을 강조했다. 그 존재가 인류 구원이라는 그리스도의 기능 역할로, 태초의 하나님과 그 종속성을 나타내 주면서 그를 하나님의 아들로 믿는 자는 영원한 생명을 얻게 된다고 말했다. 이와 같은 세례 요한의 증거는 예수의 영적 본성을 증언함과 동시에 예수 그리스도가 인간의 모습을 취한 하나님의 현존임을 그들에게 분명히 밝혀 주고 있었다.

이처럼 구약 시대 하늘에서 사명을 받고 왔다는 천사나 선지자는 태초의 하나님이신 영계의 종복(從僕:신계)들로, 물질 인간들이 세상을 살아가는 여러 가지 방편의 지혜를 가르쳐 주기도 했지만 장래에 일어날 크고 작은 사건들을 대언(代言)해 주는 예언의 사명을 맡고 출현하기도 했었다. 그들이 <창세기 1장>에서 태초 빛의 말씀으로 하나님 형상을 따라 만들어졌다는 우주의 지성체들로서 창조와 동시에 다스림의 권세를 축복으로 주었다고 기록한 ‘하늘사람’이다.

이러한 존재 근원을 바탕으로 하여 하늘사람, 신계(神界)에 속한 선지자 세례 요한은 하나님의 아들 그리스도는 자기보다 능력이 많은 분이라고 증거했다. 그 뜻은 물질세상 속에 인자(人子)의 모습을 하고 나타나신 예수지만 태초에 하나님과 함께 우주와 만물을 창조하신 빛의 존체라는 동시성의 상호 연관 속에서 만물의 주재자로서 그 주체를 의미하는 말이었다.

그렇기 때문에 세상이라는 밭에 심어 놓은 인간 ‘종자씨’를 알곡과 쭉정이로 골라 불에 태우는 심판의 권세가 그리스도 예수에게 있음을 분명히 말해 주고 있었을 뿐만 아니라, 율법적인 형식의 겉치레로 마음이 부패되어 있는 그들 바리새인들을 향해서 단호하게 "독사의 자식들!"이라고 지적한 데에 이어서 그들이 아브라함의 자손이라고 흔드는 자랑에 "하나님은 능히 이 돌로도 아브라함의 자손이 되게 하시느니라." 하고 예수의 행색과 외모를 보고 폄하하는 그들의 교만에 쐐기를 박아 준 것이다. 이처럼 세례 요한은 성자 예수가 태초에 우주와 만물을 창조하신 빛의 성령체로서 구약 시대 선자들을 통해 하나님이 보내주시겠다고 약속하신 하나님의 아들임을 분명히 밝혀 주고 있었다.

하지만 그들은 세례 요한의 증거를 도무지 이해하지 못했고, 그렇기 때문에 그리스도 예수를 하나님의 아들로 믿지 못하고 오히려 비웃으며 배척했다. 그들을 향해 세례 요한은 영계의 성자 출현으로 신계(神界)의 여호와가 율법적인 제사의식을 행해 오던 구약 시대가 마감됨을 다음과 같이 다시 말했다.

"우리가 다 그의 충만한 데서 받으니 은혜 위의 은혜로다. 율법은 모세로 말미암아 주신 것이요, 진리는 예수 그리스도로 말미암아 온 것이라."

바로 그것이다. 여호와가 뽑아 세운 제사장 모세를 통해 이스라엘 백성들에게 지상 명령으로 세운 율법(律法) 십계명은 인간 육신의 바른 도리를 깨우쳐 주고자 한 것이기 때문에 그 역시도 선(善)에 속한 것이지만, 인간 참생명의 실상인 영혼을 성숙시키는 은혜로운 하늘 대법의 진리가 아님을 증거해 주고 있었다. 그처럼 은혜 위에 은혜가 된다는 진리란, 성자 예수 출현에 의해 시작된 신약복음 안에 담고 있는 그리스도 사랑의 계명에 의한다는 것이다.

그러한 하늘의 섭리 변화에 의해 비로소 '하늘에는 영광이며, 땅에는 평화'라는 진리의 성자 시대가 그 문이 열리게 됨을 증거하고 있는 세례 요한이었다. 그리고 요한은 하나님의 약속의 아들 그리스도 예수가 어떤 존체라는 것을 다음과 같이 거듭 강조하여 말했다.

"본래 하나님을 본 사람이 없으나 아버지 품속에 있는 독생하신 하나님이 나타나셨느니라."

여기에서 '독생'하신 하나님이라는 것 때문에 성서학자들은 하나님의 아들은 '독생자'로 오직 그리스도 예수 한 분으로 타 종교는 진리가 아닌 삿된 것으로 폄하하고 있다. 그러나 하나님의 아들 '독생자'는 그 누구에 의해서가 아니라 스스로 존재하신다는 태초의 하나님, 그 빛의 아들이라는 개념이다. 그 빛의 존재에 대해서 세례 요한은 <창세기 1장>의 논리 그대로 사두개인과 바리새인들을 향해 설명해 주고 있다.

> 태초에 말씀이 계시니라. 그가 태초에 하나님과 함께 계셨으니 이 말씀은 곧 하나님이시라. 그가 태초에 하나님과 함께 계셨고 만물이 그로 말미암아 지은바 되었으니, 지은 것이 하나도 그가 없이는 된 것이 없느니라. 그 안에 생명이 있었으니, 이 생명은 사람들의 빛이라. 빛이 어둠에 비취되 어두움이 깨닫지 못하더라.(요한복음 1장 1~6)

이 성구가 성자 예수의 길잡이로 보냄을 입었다는 세례 요한의 그리스도에 대한 확실한 증거였다. 세례 요한이 말하는 태초의 하나님은 분명히 성호(聖號)가 없는 무형체(無形體)로써 '빛'의 하나님이다. 그러나 유대인들이 믿고 숭배하는 절대자 하나님은 그처럼 성호를 달고 지구에 내려와 구획적인 에덴동산을 창설하고 물질이라는 흙으로 그들의 조상 아담과 이브를 만들고 각종 날짐승 그리고 동물을 만들었다는 <창세기 2장>에서부터 등장하는 여호와 하나님이었다. 하지만 세례 요한이 증거하는 하나님은 분명히 태초의 말씀(logos)이라는 '참빛'이며, 그 모든 만물이 그로 하여 창조되었다는 대우주적인 하나님이다.

그 존체가 <창세기 1장>에서 스스로 존재하신 본자연(本自然) 하신

영계(靈界)의 성부 하나님으로 우주 만물의 원천임을 다음 성구에서 더
욱 세분하여 강조시켜 주고 있다.

> 참빛, 곧 세상에 와서 각 사람에게 비추는 빛이 있었나니 그가 세상에 계셨으
> 며 세상은 그로 말미암아 지은바 되었으되 세상이 그를 알지 못하였고, 자기 땅에
> 오시매 자기 백성이 영접하지 아니 하였으나, 영접하는 자, 곧 그 이름을 믿는
> 자들에게는 하나님의 자녀가 되는 권세를 주셨으니, 이는 혈통으로나 육정으로나
> 사람의 뜻으로 나지 아니하고 오직 하나님께로써 난 자들이니라.(요한복음 9장
> 15~)

여기에서 세례 요한이 증거하고 있는 참빛은 만물이 존재하기 이전에
존재한 성령체로, 그를 하나님의 아들로 영접하여 믿는 자는 그 영성(靈
性)의 호흡으로, 그리스도 예수와 같은 동일체의 관계 속으로 들어가게
된다는 것을 말해 주고 있는 것이었다. 그러한 축복의 예언이 바로 선지자
들을 통해 때가 이르면 하나님께서 보내 주실 것이라고 약속한 '구세주'
메시아 출현으로, 참다운 인간 실존의 본질로써 영생하는 생명을 얻게
해 준다고 한 것이다.

그와 같은 그리스도의 증거에서 세례 요한은 그러나 "세상은 그로 말미
암아 지은바 되었으되, 세상이 그를 알아보지 못한다."고 그 안타까움을
토로했다. 세례 요한이 증거해 주고 있는 하나님은 그처럼 이스라엘 백성
과 이방 나라 백성과의 사이를 구분 짓고, 맞수 대결의 능력을 나타내
보이기 위해 전쟁이나 붙이면서 그 백성이 다른 이방의 신들을 섬겼을
때 '나는 질투하는 하나님'이라고 선포하는 그런 편협적인 하나님이 아님
을 분명하게 설명해 주고 있다.

하나님과 기능적 동등성을 말하는 그리스도 예수의 모습은 곧 하나님
의 현존으로 예수께서 '내 아버지'라고 지칭하신 하나님은 <창세기 1장>
에서 태초에 우주와 만물을 빛의 말씀으로 창조하시었다는 사랑의 하나

님이다. 그렇기 때문에 피부색이 다른 족속과 인종(人種) 모두를 포용하는 대우주적인 성부(聖父) 하나님으로, 그 말씀 안에는 영혼 생명이 들어 있다는 것이며, 그 영혼 생명을 피조물에게 불어넣어 많은 열매를 맺게 하려는 것은 하나님을 영화롭게 하는 일이기 때문이라고 했다.

그것이 성부 하나님께서 세상에 그의 아들을 보내신 목적으로, 그처럼 대우주적인 하나님께서 파송하신 대리자 예수를 하나님의 아들로 믿고 영접하는 자는 어느 족속이나 그 혈통에 관계없이 성부 하나님의 분자적인 자녀로 인정을 받게 된다고 하는 것이 세례 요한의 증거였다. 거기에 대해 좀 더 분명하게 밝혀 주고 있다.

하나님은 홀로 유대인의 하나님뿐이뇨? 또 이방인의 하나님은 아니시뇨? 진실로 이방인의 하나님도 되시느니라.

여기에서 말하고 있는 하나님은 그처럼 이방민족과 경계를 짓고 그 백성이 이방의 신을 쫓았을 때 질투하는 이스라엘의 하나님 여호와가 아니라, 분명히 족속과 인종을 초월하는 사랑의 하나님으로 그 본질이 다름을 보다 분명하게 설명해 주고 있다.

구약 시대 이스라엘 백성들은 그 조상으로부터 여호와는 그들의 생명의 주인 하나님으로, 우주와 만물이 그 지배권 아래 있다고 믿어 왔다. 그래서 성부 하나님의 종, 여호와의 율법 시대가 진리의 성자 천국 복음 시대로 바뀐 그 천기(天氣) 변화를 도무지 헤아려 보지 못했던 이유가 바로 거기에 있었음을 보여 준다.

그런 그들을 향해 예수께서는 하나님께서 보내신 그를 하나님의 아들로 믿고 영접하는 자는 이후부터 죄인이 아니라, 그 믿음을 의롭다 여기고 예수와 같이 하나님의 아들로 인정을 하고 영생하는 아들의 권세를 얻게 된다고 하신 것이다. 그것이 그리스도 인류 구원이라는 신약복음의 말씀으로, 선지자들의 입을 통해 성부 하나님께서 세상에 보내 주시겠다는 하늘나라 복되고 기쁜 소식으로, 하나님 약속의 선물이라고 했다.

그처럼 본체신 하나님의 언약이 이루어지는 시대적 변화가 있을 것을 여호와는 이스라엘 민족 그 '씨 밭'을 일구어 나오는 처음 그 시작에서부터 그러한 상징적 비유를 그 계보를 통해 거듭 나타내 보여 주고 있었다. 그러한 섭리 변화의 뜻을 성서 속에서 보다 분명하게 설명해 주고 있다.

> 아브라함에게 두 아들이 있으니 하나는 계집종에게서, 하나는 자유 하는 여자에게서 났다 하였으나 계집종에게서는 육체를 따라 났고, 자유 하는 여자에게서는 약속으로 말미암았느니라. 이것은 비유니 이 여자들은 두 언약이라.(갈라디아서 4장 22~27)

이처럼 성서가 기록한 두 언약의 비유는 성부 하나님의 섭리에 의한 시대 변화로, 종의 율법 시대 구약과 진리의 성자 신약복음 시대로, 유대 족속이 세워진 뿌리로부터 그 연대성을 기록하고 있는 것이었다. 그래서 먼저는 주인 하나님의 종복(從僕)인 여호와가 이스라엘 민족 뿌리를 심고, 그들의 생사화복(生死禍福)을 주관했던 구약 시대는 그 백성들이 여호와를 믿고 의지해야 하는 주신(主神)으로 숭배의 대상이었다.

그러나 인간의 육체는 허상에 불과한 참생명의 실체가 아니기 때문에 계집종의 몸을 빌어서 먼저 태어난 자손으로 비유하고 있는 그들에게는 영생하는 하늘나라 상속의 기업을 받지 못한다고 했다. 그것이 그 첫번째 언약의 상징성이었다.

두 번째의 언약은 종들이 심어 놓은 그 '씨종자'들이 어느 정도 그 싹이 무성하게 자라게 되었을 때쯤, 하늘나라 유업의 상속권이 있는 자유하는 주인의 아들이 출현하게 될 것이라고 한 것이다. 구약 시대 유대 땅에 오고간 선지자들을 통해 예언한 하나님 약속의 아들이 세상에 출현했음을 증거해야 하는 사명을 받고 다시 세상에 왔다는 세례 요한이었다.

그는 모든 사람들 앞에서 예수를 지극히 높으신 참빛, 곧 태초의 말씀 (LOGOS)으로 하나님과 함께 우주만물 창조에 동참했던 진리의 성령체임을 거듭 강조했다.

"말씀이 육신이 되어 우리 가운데 거하시매 우리가 그의 영광을 보니 아버지 독생자의 영광이요, 은혜와 진리가 충만하더라."

세례 요한의 증거는 이처럼 시간을 초월하는 태초의 말씀이 육신화(肉身化)하여 피조물 인간들 속에 출현한 것은 하나님의 선물로 그 은혜인 것이라고 했다. 하지만 유대인들은 세례 요한이 증거하는 그리스도 구원의 은혜가 무엇인지를 이해하지 못했다. 아니 가늠조차도 해볼 수 없었던 당시의 사람들이었다. 그들이 믿어 온 신앙관은 인간의 생사화복을 주관하고 있는 절대자는 오직 여호와 하나님 한 분으로, 세상은 그 지배권 아래 있다고 믿고 있었기 때문이다.

이스라엘 백성들은 선지자들이 오리라고 예언한 하나님 약속의 아들이라는 칭호를 그들이 믿고 숭배하는 여호와 하나님이 파송할 그의 대리자로서 세상적인 왕이 출현하게 될 것이라고 믿고 있었다. 그들은 선지자들의 예언대로 구세주 메시아가 출현하게 되면 먼저는 전쟁으로 만국을 쳐서 이기고 경제적으로나 정치적 억압에서 그 백성들을 구해줄 존재로, 다시는 전쟁이 없는 평화로운 세상이 올 것이라고 믿고 기대하고 있었다. 그것이 선지자들의 입을 통한 '만왕의 왕' 구세주 출현에 대한 예언이었기 때문이다. 그 기록이다.

어지러이 싸우는 군인의 갑옷과 피 묻은 복장이 불에 섶같이 사라지리니, 이는 한 아기가 우리에게 낳고, 한 아들을 우리에게 주신 바 되었는데, 그 어깨에 정사를 메었고, 그 이름은 기묘자라, 모사라, 전능하신 하나님이라, 영존하시는 아버지라, 평강의 왕이라고 할 것임이라.(이사야 9장 5~6)

바로 이 성구의 예언이 말해 주듯이 여호와가 그의 영광을 위해 창조했다는 이스라엘 백성들만을 치리(治理)하던 구약 시대는 그들과 이웃하고 있던 이방 나라들과 어지러이 싸우는 전쟁의 연속이었다. 군인의 갑옷과 피 흘림의 복장을 벗을 수 있게 하는 성부 하나님의 아들 평강의 왕이 그 정사를 메고 유대 땅에 출현하게 된다는 것이 선지자들의 예언이다. 그것은 진노하는 여호와의 율법 시대가 끝나게 됨을 의미해 주는 것이었지만, 그러나 그들은 그 뜻을 바로 이해하지 못했다. 그것을 뒷받침해 주고 있는 성구다.

그런 즉 율법이 무엇이냐. 범법함을 인하여 더한 것이라. 천사(神界)들로 말미암아 중보의 손을 베푸신 것인데, 약속한 자손이 오시기까지 있을 것이라. 중보는 한 편만 위한 자가 아니니 오직 하나님은 하나이시니라. 그러면 율법이 하나님을 거스르는 것이냐? 결코 그럴 수 없느니라. 만일 능히 살게 하는 율법을 주셨다면 의(義)가 반드시 율법으로 말미암았으리라. 그러나 성경(구약)이 모든 것을 죄 아래 가두었으니, 이는 예수 그리스도를 믿음으로 말미암은 약속을 믿는 자들에게 주려 함이라.

예수의 말씀을 듣고 믿는다는 것은 하나님 존재의 현존을 인식하게 하는 것으로, 이것이 선지자들의 입을 통해 하나님께서 약속하신 그 두 번째 '언약'이라는 것이었다.

그것이 본체신 하나님께서 섭리하신 시대 변화임을 세례 요한이 증거해 주고 있었다. 하지만 기존의 틀에 묶여 있는 유대인들에게는 생소한 말이기 때문에 도무지 믿으려 하지를 않았다.

이처럼 구약은 성부 하나님의 종들이 주인의 뜻에 따라 이른 봄, 지구에 내려와 각기 그 종자 씨 밭을 일구어 나오던 시대 역사 기록물이 구약이며, 신약은 주인의 아들 성자 예수가 세상이라는 밭에 종들이 뿌려 놓은 그 종자 씨알들을 알곡으로 익히기 위해 태초 빛의 말씀이신 생명수를 뿌리는 진리의 복음 시대로, 하나님의 두 언약임을 선지자들의 입을 통해 분명히 예언해 두고 있었다.

그런데 그처럼 선지자들의 입을 통해 예언해 준 하나님 약속의 아들 예수가 더 없이 비천한 환경에 볼품없는 모습을 하고 유대 땅에 출현한 것이다.

그러나 예수는 하늘나라 복음을 전파하기 전에 먼저는 세상이 주는 물질 유혹을 말씀으로 물리쳐 보이는 모습부터 보여 주시었다. 그것은 육신 본능의 유혹을 과연 무엇으로 조율하며, 또 어떻게 다스릴 것인가? 그 모델이 되어 보여 주고자 하신 것이다. 그것이 육체를 가진 인간이라면 누구나 넘어야 할 장애물로, 그 시험을 물리칠 수 있는 것은 오직 그 나라와 그 의(義)를 구하는 깨어 있는 의식이었을 때만이 이겨 낼 수 있다는 그 표본 같은 것이었다. 그처럼 모범적인 표본은 인도에 출현했던 석가 성자 역시도 마찬가지였다. 세상적인 욕구를 다스리는 구도자의 생활을 거친 후에 정각(正覺)을 이루는 완성된 성자로서의 표본을 보여줌과 같은 행적이다.

예수께서 그 물질적 시험을 광야에서 말씀으로 물리쳐 보이는 성서적인 교훈의 기록이다.

그 때에 예수께서 성령에 이끌리어 마귀에게 시험을 받으러 광야로 가시어 사십 일을 밤낮으로 금식하시면서 주리신지라. 시험하는 자가 예수께 나아와 말하되, "네가 만일 하나님의 아들이어든 명하여 이 돌들이 떡덩이가 되게 하라."
이에 예수께서 대답했다.
"사람이 떡으로만 살 것이 아니요, 하나님 입으로 나오는 모든 말씀으로 살 것이라 하셨느니라."(마태복음 4장 1~ 12)

그 첫번째 시험은 물질이라는 인간 육신 본능은 먼저 식욕에 있기 때문에 40일을 굶주리게 한 뒤, 그 시험을 치르게 한 것이다. 이미 우주 본체신의 영혼으로 정각을 이루고 있는 성자 예수였다. 그의 신통력은 돌멩이를 들어 떡뿐만이 아니라 아브라함의 자손까지도 만들 수 있는 능력자이시면서도 그 신통력을 행사하지 않으셨음을 보여 준다.

그 첫번째 유혹을 뿌리친 예수는 두 번째 시험을 치른다. 이번에는 그 시험자가 예수를 거룩한 성으로 데리고 가서 그 성전 꼭대기에 세우고 말했다.

"네가 만일 하나님 아들이어든 뛰어 내리라. 주가 너를 위하여 그 사자들을 명하시리니 저희가 손으로 받들어 발이 돌에 부딪치지 않게 할 것이라."

이에 예수께서 하신 대답이다.

"주 너의 하나님을 시험치 말라 하였느니라."

하나님의 능력을 아무데서나 쓰는 것이 아니라는 교훈적인 말씀으로 그 시험을 물리치셨다. 그러한 성자 예수의 행적은 이 후 십자가 위에서 물과 피를 쏟는 고통과 수모를 당하시면서까지도 날아오를 수 있는 그 능력 행사를 행하지 않고 아버지의 뜻에 묵묵히 따르는 순종하는 아들의 모습을 교훈으로 남겨 주신 것이다.

그 세 번째 시험을 치를 때였다. 이번에는 그 악역을 맡은 마귀가 예수를 더 높은 산으로 데리고 가서 천하만국과 그 영광을 보여 주며 말했다.

"만일 내게 엎드려 경배하면 이 모든 것을 네게 주리라."

이에 예수께서 그 시험을 물리치는 말씀이다.

"사단아 물러가라! 주 너의 하나님을 경배하고 다만 그를 섬기라 하였느니라."

바로 이것이다. 예수께서 그 시험을 통해 보여 주신 것은 세상적인 허망한 부(富)나 명예를 위해 저급한 신 앞에 꿇어 엎드려서는 안 된다는 것과 또 자신의 이익을 위해 하나님의 능력을 구하는 자가 되어서는 안 된다는 것을 그 유혹을 뿌리치는 모습을 통해 보여 주고자 하신 것이라고 할 수 있다. 이처럼 예수께서는 더 없이 가난한 환경 속에서도 세상 부귀와 영화에도 흔들리지 않는 반석 같은 정신의 영적 완성 상태를 보여 주심으로써 예수를 시험하던 사단의 무리는 떠나고, 천사들이 내려와서 정각을 이룬 성자 예수에게 수종을 들더라는 기록이다.

이러한 성서 기록은 카빌라국의 황태자 싯달타가 고행 끝에 정각(正覺)을 성취했을 때 하늘의 많은 신들이 내려와 감축하고 수종을 들었다는 기록과 같이하고 있다.

이렇게 동서(東西)로 오고간 하나님의 아들 성자들이 인간 세상에 출현하여 보여 주고자 하신 것이 바로 그것이다. 그래서 성자 예수보다 500년 앞서 출현했던 성자 석가는 그에게 운명적으로 주어진 부귀와 영화에도 마음을 빼앗기지 않고 스스로 고행의 길을 자초하였으며, 그것이 진정한 구도자로서의 참 모습임을 그 삶의 행적에서 보여 주고 떠나셨다.

그리고 성자 예수는 그처럼 빈곤하고 궁핍한 가운데서도 부귀와 영화를 안겨 주겠다는 유혹에도 흔들리지 않는 완성된 진리체의 모습으로, 그 모델의 표본이 되어 보이신 것이다. 육신을 가진 인간이라면 누구나 그러한 원초적 본능으로 흔들릴 수 있는 시험의 유혹이 무엇이라는 것과 또 그러한 유혹을 물리치기 위해서는 오직 그 나라와 그 의(義)만을 구할 때, 비로소 그 시험을 이겨 낼 수 있음을 그 행적을 통해서 보여 주고자 하신 교훈이라고 할 수 있다.

그처럼 세상적인 육신의 본능과 욕망을 초월할 수 있는 하나님 아들의 모습을 나타내시고, 인류 구원의 천국복음을 전파하기 시작한 성자 예수였다. 천국복음이란 하늘나라 복된 소식이라는 뜻이다. 당시의 인간들은 영생할 수 없는 무지(無知)한 생명체들로, 사망의 권세가 왕 노릇 하고 있었다는 것이 예수님의 말씀이다.

예수께서는 영혼 생명의 불씨가 꺼져 있는 그 시대 이스라엘 백성들을 향해서, "너희는 살아 있으나 죽은 자들이니라." 하신 것으로, 그들을 걸어다니고 있는 송장에 비유하시고, 이어서 그 죽어 있는 송장에서는 썩어 냄새나는 악취밖에 풍길 것이 없다는 직설적인 표현을 하시었다.

영혼 생명이 없는 불쌍한 인간들을 태초의 하나님 빛의 말씀으로, 그 영혼 생명을 재창조(탈겁)시켜 주겠다는 것이 '그리스도의 세계'로, 영생하는 하늘나라 영혼 생명의 실상을 깨닫게 해 준다는 복(福)되고 기쁜 소식이라는 뜻이 바로 신약복음(福音)이다.

그러나 당시 이스라엘 백성들은 예수 그 자체를 하나님의 아들로 인정해 주지 않았다. 그만큼 그 시대 분위기는 외모를 중시했다. 백성들로부터 존경을 받는 신의 대행권자 제사장이 되려면, 먼저는 그 가문도 훌륭해야 했고, 또 외모적으로도 부족한 구석이 없어야 했다. 그런 시대 상황에서 선지자들이 예언한 '만왕의 왕'이라는 하나님의 아들은 보다 훌륭한 가문에서 보편적인 인간보다 더 근사한 모습으로 태어날 것이라고 그들은 기대하고 있었다. 그런 그들 앞에 하나님의 아들이라고 모습을 나타낸 예수는 출생부터가 그렇지를 못했다. 가문은 둘째 치고라도 사람들이 입질하기 좋은 '사생아'라는 꼬리표를 붙이고 태어나 의부인 요셉의 문짝 심부름이나 해 주면서 학교 문전은 가본 일이 없었다고 했다. 그처럼 빈천한 환경에다가 타고난 용모도 볼품이 없었음을 성서에 기록해 두고 있다.

그는 고운 모양도 없고, 풍채도 없는, 즉 멸시를 당하고 우리도 그를 귀히 여기지 아니 하였도다.

이렇게 성자 예수는 그 시대 백성들로부터 조롱과 비웃음을 당할 수밖에 없는 조건들은 모두 갖추고 태어났었다고 했다. 그 육신 가계 혈류의 계보를 거슬러 올라가 보면 이방 여인 기생 '라합'의 자손으로 이어진다.

그처럼 비천한 출신 성분을 가진 예수가 한동안 고향을 떠났다가 총각으로 돌아와서 "나는 길이요, 진리요, 생명이라." 그리고 이어서 "나를 믿는 자는 영생을 얻으리라." 하고 외쳤을 때, 당연히 그를 아는 사람들로부터 비웃음거리가 될 수밖에 없는 일이었다.

초기에는 예수 그리스도를 하나님의 아들로 인정하며 믿고 따르는 자가 없었다. 그러나 이후 예수께서 하나님의 능력이 함께하고 있음을 나타내 보이는 크고 작은 기적을 보이는 행사에 긍정적인 반응을 보이고 추종하는 제자들이 차례로 만들어졌다. 대부분의 제자들 신분 역시도 사회적으로 거의 하층 계급에 속한 신분이 낮은 자들이었다. 수제자 베드로는 고기를 잡던 어부였다. 어느 날 예수께서 갈릴리 해변 가에서 두 형제 곧 베드로라 하는 시몬과 그 형제 안드레아가 바다에 그물을 던지는 것을 보고 그들에게 말씀하시었다.

"나를 따라 오너라. 내가 너희로 사람을 낚는 어부가 되게 하리라."

예수의 소문을 듣고 있었던 그들은 그가 예수인 것을 알고 그물을 버려두고 그대로 예수를 쫓았다. 그리고 거기서 더 가다가 다른 두 형제 세배대의 아들 야고보와 그 형제 요한이 그 부친 세베대와 배에서 그물 깁는 것을 보고 역시 그들을 불러 그같이 말하고 따르라고 했다.

그들 역시도 예수의 소문을 듣고 있었기 때문에 이유 없이 따랐다. 그들은 대체적으로 신분이 낮은 천민들이었기 때문에 자기라는 교만이 없는 순수한 사람들로, 제자들 거의가 그렇게 만나졌다. 예수께서 갈릴리로 가시는 길에서였다. 빌립을 보신 예수께서 그에게 말씀했다.

"나를 따르라!"

빌립은 안드레아와 베드로와 한 동네 벳새다 사람이었다. 그는 그 말에 이유 없이 따랐다. 그렇게 예수의 제자가 된 빌립이 나다니엘에게 가서 이 소식을 전했다.

"여러 선지자가 기록한 그이를 우리가 만났는데 요셉의 아들 예수라."

이에 나다니엘이 부정하며 말했다.

"나자렛에서 무슨 선한 것이 나겠느냐?"

예수가 자란 나자렛 동네는 그만큼 천민들이 모여 사는 동네였다. 그곳에서 어떻게 그처럼 지체 높으신 구세주가 태어나겠느냐는 반문이었다.

그러자 빌립은 나다니엘을 보고 직접 가서 그 사람을 보라고 하며 예수 앞으로 데리고 왔다. 그를 보신 예수께서는 이미 그의 심안을 들여다보시고 말씀했다.

"이는 참 이스라엘 사람이라. 그 속에 간사한 것이 없도다."

이에 그가 깜짝 놀라서 물었다.

"어떻게 나를 아시나이까?"

"빌립이 너를 부르기 전에 네가 무화과나무 아래 있을 때에 보았노라."

놀란 나다니엘이었다. 정중하게 다시 말했다.

"선생님이시여, 당신은 하나님의 아들이시오, 당신은 이스라엘의 임금이로소이다."

그의 말에 예수께서 다시 말씀했다.

"내가 너를 무화과나무 아래에서 보았다 함으로 믿느냐? 이보다 더 큰 일을 보리라."

예수께서 말씀하신 '이보다 더 큰 일', 그것은 십자가 위에서 죽었다가 사흘 만에 다시 살아나는 부활의 기적을 그때 벌써 암시해 주고 있는 것이었다. 이어 그 뜻을 더욱 분명하게 그들에게 나타내어 말씀했다.

"진실로 진실로 너희에게 이르노니, 하늘이 열리고 하나님의 사자들이 인자 위에 오르락내리락하는 것을 보리라."

하지만 그들은 예수께서 하신 말씀이 무슨 뜻인지 알아듣지 못했고, 이 후 예수께서 십자가에 못 박혀 장사한 지 사흘 만에 부활 승천하는 모습을 보고 그때서야 비로소 깨닫게 된다.

그처럼 빈곤한 환경 속에서 겨우 가난한 제자들을 얻게 된 예수는 유대 땅으로 가서 제자들과 함께 유하시며 백성들에게 세례를 주라고 하시었다. 제자들이 세례를 주고 있을 때였다. 이것을 본 유대인과 세례 요한의 제자들이 요한에게 가서 이르는 말인 즉,

"선생님이여, 선생과 함께 요단강 저편에 있던 자, 곧 선생님이 증거하시던 자가 세례를 줌으로 사람이 다 그에게로 가더이다."

이것이 바로 인간들의 간사함이다. 그 사이를 갈라놓기 위해 시샘의 질투를 불러일으켜 보자는 속셈이었다. 이에 세례 요한이 한 말이다.

"만일 하늘에서 주신 바 아니면 사람이 아무도 받을 수 없는 것이니라. 나는 말한 바 그대로 그리스도가 아니다. 그의 앞에 보내심을 받은 자라고 한 것을 증거할 자는 너희니라. 신부를 취하는 자는 신랑이랑 서서 신랑의 음성을 듣는 친구가 기뻐하는 것이니라. 나는 이러한 기쁨이 충만하였노라. 그는 흥하여야겠고, 나는 쇠하여야 하리라."

그리고 다시 예수가 하나님의 아들임을 증거했다.

"위로부터 오시는 이는 만물 위에 계시고, 땅에서 난 이는 땅에 속하여 땅에 속한 것을 말하느니라. 하늘로써 오시는 이는 만물 위에 계시니 그가 그 보고 들은 것을 증거하되, 그의 증거를 받는 이가 없도다. 그의 증거를 받는 이는 하나님을 참되시다 하여 인정했느니라. 하나님이 보내신 이는 하나님의 말씀을 아나니, 이는 하나님이 성령을 한량없이 주심이라. 아버지께서 아들을 사랑하사 만물을 그 손에 주셨으니 아들을 믿는 자는 영생이 있고, 아들을 순종치 않는 자는 영생을 보지도 못하고 도리어 하나님의 진노가 그 위에 머물렀느니라."

이렇게 그에게 맡겨진 사명을 그들에게 분명히 밝혀 말해 주고 그리스도의 존재를 거듭 강조했었던 세례 요한이었다.

그러나 그런 그가 어느 순간 시험에 들어 영안의 눈이 어두워지면서 스스로 화를 자초하게 된다. 그것은 세례 요한이 많은 사람들로부터 선지자로 존경을 받게 되면서 그 우월감에 도취되어 있었기 때문임을 성서적인 본보기의 사건으로 교훈을 주고 있다.

그는 다만 그리스도 예수의 길잡이로 그 증거만을 위해 보내진 것이 그의 본분으로 사명이라고 했다. 그런 그가 이후 많은 사람들로부터 존경을 받게 되면서 자신도 모르게 어느 순간부터 그 본분을 망각하고 본분 왕 헤롯이 그의 동생 빌립의 아내 헤로디아를 아내로 취한 일은 매우 잘못된 일이라고 정죄하다가 옥에 갇히고 말았다.

이때 세례 요한을 원수처럼 여겨 죽이고 싶은 마음을 품고 있던 헤로디아가 왕에게 요한을 죽일 것을 간청했다. 하지만 헤롯왕은 세례 요한이 보편적인 일반 사람이 아니라 의롭고 거룩한 사람임을 알고 옥에 가두기만 했을 뿐 죽이기를 두려워했다. 그런데 마침 헤로디아에게 요한을 죽일 기회가 찾아왔다. 헤롯왕의 생일날 그 잔치를 베푸는 연회석상에서였다. 헤로디아의 딸이 친히 나와 춤을 추어 헤롯왕과 함께 있는 모든 사람들을 기쁘게 해줌으로써 왕이 그에게 한 가지 소원을 들어 주겠다고 약속한다. 그 어미 헤로디아가 세례 요한의 머리를 달라고 딸에게 시킴으로써 왕은 번민을 하면서도 많은 사람들 앞에서 했던 약속이 있었기 때문에 어쩔 수 없이 옥에 갇힌 요한의 목을 베어 소반에 담아 올리게 했다.

이처럼 참담한 사건은 사명자 세례 요한으로 하여 성경의 교훈을 삼고자 한 것임에 틀림이 없다. 그리스도 새 계명의 '사랑'은 율법적인 정죄법을 쓰지 말라는 것이었기 때문이다. 그리스도 예수의 '사랑'의 계명은 형제의 허물을 들추어 내지 말며, 사랑으로 권면하고, 또 그 모든 것을 용서하는 중에 거듭 용서를 하라는 관용의 법이다.

그러한 '사랑의 법'이 하늘나라 성부 하나님의 우주정신이라고 했다.

그런데 성자 예수 길잡이가 되어 그 증거만을 사명으로 알아야 하는 세례 요한이 율법신 여호와의 징죄 법을 쓰다가 그만 스스로가 그 올무에 걸리게 되었다는 성서적인 교훈이 되어 준 셈이다. 그것은 그리스도의 '새 계명'이라는 사랑 법에 걸린 최초의 모델로, 어쩌면 그것이 성서 교훈이 되게 하기 위한 운명적인 세례 요한의 모습인지도 모른다.

세례 요한의 그 일에 대해서 예수께서는 다음과 같이 말씀해 두고 있다.

"각 사람은 위에 있는 권세사들에게 굴복하라. 권세는 하나님께로 나지 않음이 없나니, 모든 권세는 다 하나님이 정하신 바라. 그러므로 권세를 거스르는 자는 하나님의 명을 거스름이니, 거스르는 자들은 심판을 자초하리라."

세례 요한의 일을 통해서 보여 주는 신약성서의 교훈이 바로 그것이다. 하나님이 그에게 주어진 본분을 넘어서 왕의 개인적인 사생활까지 월권 행사로 간섭 정죄함으로써 그와 함께 하던 성령의 은사가 거두어지고 말았음을 그를 모델로 세워 보여 준 성서적인 교훈이라고 할 수 있다.

세례 요한은 예수를 증거하기 위해 보내진 선지자였다. 그런 그가 본분을 떠나 월권행사를 하므로 심안의 영적인 눈이 닫혀 버린 것이다.

그가 그처럼 하나님의 아들로 증거했던 예수를 옥중에서 새삼 의심하여 그의 제자를 예수께 보내어 묻는 말이다.

"세례 요한이 우리를 보내어 당신께 말하기를 오신다는 그분이 당신이 오니까? 우리가 또 다른 이를 기다리이까? 하더이다."

이에 예수께서 그의 제자들에게 하신 말씀이다.

"너희가 가서 보고 들은 것을 고하되, 소경이 보며, 앉은뱅이가 걸으며, 문둥이가 깨끗함을 받으며, 귀머거리가 들으며, 죽은 자가 살아나며 복음이 전파된다 하라. 누구든지 나로 인하여 실족하지 아니하는 자는 복이 있도다."

그리고 예수께서는 요한에 대해서 말씀했다.

"너희가 무엇을 보려고 광야에 나갔더냐? 바람에 흔들리는 갈대냐? 그러면 무엇을 보러 나갔더냐? 부드러운 옷 입은 사람이냐? 보라! 화려한 옷 입고 사치하게 지내는 자는 왕궁에 있느니라. 그러면 너희가 무엇을 보러 나갔더냐? 옳다. 너희에게 이르노니 선지자보다 나은 자니라. 성서에 기록하기를 '보라. 내가 내 사자를 네 앞에 보내노니 그가 내 앞에서 네 길을 예비하리라.'고 한 것이 이 사람에 대한 말씀이라. 여자가 낳은 자 중에 요한보다 큰 이가 없도다. 그러나 하나님의 나라에서는 극히 작은 자라도 저보다 크니라."

이 말씀에는 엄청난 의미가 담겨져 있다. 즉 그리스도 예수를 하나님의 아들로 믿는 자는 그 믿음이 의(義)가 되어 성부 하나님의 양자(養子)로 입적된다는 것이었다. 즉, 영계의 성부 하나님의 아들 그리스도 예수의 말씀을 영접하여 영혼이 성숙되면 성인의 반열에 들어가게 되며, 그렇게 익은 열매가 하나님께서 원하시는 '종자씨'로 신계 위에 있는 영계에 속하게 된다는 뜻이다.

이처럼 피조물 세계는 하나님 사랑의 대상으로 초월적 존재계에서 물질적 영역으로 성자들을 대리자로 파송하여 익히게 한다는 하나님의 말씀이 "내가 주는 이 물을 먹는 자마다 목마르지 아니하고, 그 속에서 영원한 샘물이 솟아나리라."고 하신 그 샘물을 '영생수'라고 했으며, 석가 붓다가 이 세상에 출현하여 그를 추종하는 제자들의 영혼을 성숙시키기 위해 먹고 마시게 한 말씀을 '감로수'라고 했다.

이렇게 예수께서 인간 세상에 출현하여 뿌리신 진리의 말씀이라는 '영생수'이며, 속사람의 영성(靈性)을 성숙시키기 위해 하나님의 대리자로 하게 되면, 만물의 영장(靈長)으로 신계에 속한 세례 요한보다 격이 높은 큰 자가 된다는 말씀이다.

그 뜻을 신약복음에 다음과 같이 분명히 기록해 두고 있다.

> 내가 또 말하노니, 유업을 이을 자가 모든 것의 주인이나, 어렸을 동안에는 종과 다름이 없어서 그 아버지의 정한 때까지 후견인과 청지기 아래 있나니, 이와 같이 우리도 어렸을 때에 이 세상 초등학문 아래 있어서 종 노릇 하였더니, 때가 차서 하나님이 그 아들을 보내시어 여자에게서 나게 하시고 율법 아래 나게 하신 것은, 율법 아래 있는 자들을 속량하시고 우리로 아들의 명분을 얻게 하려 하심이라. 너희가 아들인고로 하나님이 그 아들의 영을 우리 마음 가운데 보내사, 아버지라고 부르게 하셨느니라. 그러므로 이후로는 종이 아니요 아들이니, 아들이면 하나님으로 말미암아 유업을 얻을 자니라.(갈라디아서 4장 1~8)

이 성구에서 하나님의 섭리하심의 시대 변화를 보다 분명하게 밝혀 주고 있다. 말하자면 여호와 하나님이 그 백성을 율법으로 다스리던 구약 시대는 사람이 살아 있을 동안에만 필요한 기초적인 육신 도리의 법으로, 그 율법을 하나님의 종복 여호와로부터 배워 나오던 구약 시대였다.

그것을 예수께서는 '초등학문'이라고 했다. 인간 육체의 생명은 하나님의 종들에 의해서 뿌려졌고, 또 종들에 의해서 세상을 살아가는 도리와 그 방편의 지혜를 배우는 초보적인 시대였기 때문이다.

그러한 하나님의 종(從), 여호와의 율법 시대가 속사람 영혼을 성숙시켜 주는 고등종교 스승, 성자 예수께서 말씀하신 "진리가 너희를 자유하게 하리라."고 하신 것으로, 구약 여호와의 율법 시대가 그리스도로 하여 마감됨을 선포하신 것이다.

그로부터 성자 예수께서 인류 구원을 위해서 천국복음을 전파하기 시작한 진리의 말씀 시대가 그 문이 열리면서 예수께서는 그 백성들을 향해 "다시는 무거운 종의 멍에를 짊어지지 말라."고 하시었다.

그것이 예수께서 '너희가 시대 구별을 하라.'고 하신 천기(天氣)에 의한 시대 변화로, 성자 출현 이전 이스라엘 백성과 여호와 율법신(律法神)

과의 사이는 어디까지나 주종(主從)의 관계였기 때문이다. 그러한 주종 관계에서 해방시켜 주러 왔다는 하늘나라 복된 소식이 인류 구원이라는 그리스도 성자 예수의 말씀으로, "무겁게 짐 진 자들아, 다 내게로 오라. 진리가 너희를 자유하게 하리라."고 하신 말씀의 뜻이다.

그리고 그를 성부 하나님의 보내심을 받은 그리스도로 믿는 자는 율법 신의 여호와로부터 해방되어 본체신 성부 하나님을 그와 마찬가지로 '내 아버지 하나님'이라고 부를 수 있게 된다는 것이며, 그것이 하늘나라 복된 소식으로 신약복음(福音) 안에 담아 둔 전반적인 내용의 말씀이다.

이처럼 그리스도의 세계라는 신약복음은 땅의 법과 하늘의 법, 곧 빛과 어둠이라는 죽음과 생명, 그 허위와 진실이 무엇인가를 밝혀 주고 있는 이동 수단으로써 그 이치를 보다 선명하게 밝혀 주고 있다. 그 기록의 성구다.

> 믿음이 오기 전에 우리가 율법 아래 매인 바 되고, 계시될 믿음의 때까지 갇혔 느니라. 이같이 율법이 우리를 그리스도에게로 인도하는 몽학 선생이 되어 우리 로 하여금 믿음으로 말미암아 의롭다 함을 얻게 하려 함이라. 믿음이 온 후로는 우리가 몽학 선생 아래 있지 아니하도다. 너희가 다 믿음으로 말미암아 그리스도 예수 안에서 하나님의 아들이 되었으니, 누구든지 그리스도와 합하여 세례를 받 은 자는 그리스도로 옷 입혔느니라.(갈라디아서 3장 23~29)

여기에서 예수께서 이르신 '몽학 선생'은 구약 시대 이스라엘 백성을 십계명 율법으로 다스리고 수호해 온 여호와를 지칭하신 것이다.

성자 예수가 유대 땅에 출현하기 전까지 그 백성들은 사실상 본질상 하나님이 아닌 몽학 선생이 가르쳐 주는 초등학문 아래서 배운 것이 곧 육신이 지키고 행해야 계율(戒律)로, 그 율법 아래 갇혀 있었다는 그 직설 적인 표현의 말씀이었다.

그러나 고등종교 스승 성자 출현으로 그 몽학 선생이 초등학문을 가르치던 구약 시대는 마감되기 때문에 다시는 그 종의 율법에 매여 본질상 하나님이 아닌 몽학 선생의 노예가 되지 말라는 말씀이있다.

성자 예수 출현 이후 그 사명을 다한 몽학 선생 여호와의 행사 모습은 신약복음 그 어디에서도 등장하지 않게 된 이유가 바로 거기에 있는 것이다. 시대적인 섭리 변화를 보다 자세하게 밝혀 주고 있는 성구 기록이다.

그러나 너희가 그 때에는 하나님을 알지 못하여 본질상 하나님이 아닌 자들에게 종 노릇 하였더니, 이제는 너희가 하나님을 알뿐더러 하나님의 아신바 되었거늘, 어찌하여 다시 약하고 천한 초등학문으로 돌아가서 다시 저희에게 종 노릇 하려 하느냐? 너희가 날과 달과 절기와 해를 삼가 지키니 내가 너희를 위하여 수고한 것이 헛될까 하노라.(갈라디아서 4장 8~12)

이처럼 예수께서는 그 시대 구별을 하라는 것으로, 그와 같은 시대 분별을 하지 못하고 본질상 하나님이 아닌 여호와에게 다시 돌아가면 하나님의 실상을 바로 알지 못하기 때문에 예수께서 이 땅에 와서 수고 하신 사역(使役)이 헛될까 염려가 된다고 분명히 그 뜻을 밝혀 두고 있다.

여기에서 예수께서 지적하신 본질상 하나님이 아닌 자들이 바로 인류 시원에서 각 족속의 '씨종자'를 뿌린 신계(神界)로, 여호와는 태초에 우주와 만물을 창조하신 근본적인 하나님이 아니기 때문에 처음 물질인간 창조에서부터 영원한 하늘나라 호흡의 생기를 불어 줄 수 없었던 몽학 선생이라고 지적하신 것이다.

그리고 이어서 하신 말씀은 예수 자신은 하나님과 동일한 존재로서 그가 인간 세상에 온 목적은 태초의 하나님 우주 생명을 불어넣어 주기 위해 출현했다는 것이며, 그런 하나님의 아들을 믿지 못하고 초등학문을 가르쳐온 몽학 선생에게 다시 돌아가 그 율법에 따라 날과 절기를 지키며 종 노릇 하려느냐고 힐책하신 것이다.

이러한 가르침의 성자 예수의 말씀이 구약 시대 기존의 정통성을 주장하며 그 제사의식의 관례에 묶여 있는 이스라엘 백성들을 향해 본질적인 하나님의 실상을 바로 깨달으라고 외치신 말씀이다. 하지만 그 시대 여호와 유일신(唯一神) 사상에 묶여 있던 그들은 예수께서 "내가 너희를 위해 한 수고가 헛될까 염려가 된다."고 하신 그 말씀을 뜻을 도무지 이해하지 못했던 것이다.

그와 같은 모순은 과거 인도 역시도 마찬가지였다. 그처럼 기존의 사상을 버리라고 외쳤던 석가 성자께서 그 시대 혁명의 불(佛)씨를 던져 주고 떠난 500년이 지난 후에도 그 사제들이 그러한 기존의 관습에서 벗어나지 못하고 성자 예수 《예수의 동방 여행기》에서 그처럼 마찰을 일으켰던 것이나 다를 것이 없었기 때문이다.

유대 땅에 종의 율법 시대를 마감하러 오신 구원의 성자 예수는 그 시대 혁명의 불씨로, 이제는 그 초등학문의 '몽학 선생 밑에서 종 노릇 하지 말고 자유함을 얻으라.'고 외치시다가 정통성을 주장하는 유대교 지도자들로부터 사회를 어지럽히고 물의를 일으키는 시대의 이단자로 내몰려 그처럼 배척당하신 것이었다.

그러나 예수께서 그들에게 쫓김을 받으면서도 끝까지 외치신 것은, 하나님은 그처럼 유대민족만을 수호하고 지키며 질투하는 여호와 하나님이 아니라, 만물을 사랑하시는 하나님이기 때문에 "네 이웃을 네 몸과 같이 사랑하라. 이것이 하늘에 계신 내 아버지 뜻이니라."고 하신 것이다.

그와 같은 그리스도 인류 구원이라는 '사랑'의 말씀이 하늘나라 '새 계명'으로, 종의 율법 시대에서 진리의 성자 예수 복음 시대로 바뀌는 시대 혁명의 불씨였다.

5 시대 혁명의 불씨

그리스도 예수의 영적(靈的)본성을 증언함과 동시에 인간의 모습을 취한 하나님의 현존임을 증거해 주던 세례 요한이었다. 그가 자신의 본분을 망각하고 월권행사를 하다가 목 베임을 당한 후, 예수께서는 유대를 떠나 갈릴리로 향했다. 가는 길에서 제자들이 먹을 것을 구하러 동네로 내려간 사이 목이 마른 예수께서는 우물로 물을 길러 나온 한 여인에게 다가가 물을 청했다.

"물을 좀 마실 수 있겠소?"

"당신은 유대인으로 어찌하여 사마리아 여자인 나에게 물을 달라 하십니까?"

당시 유대인과 사마리아 사람은 서로 상종을 하지 않고 지냈기 때문에 여인이 하는 말이었다. 이에 예수께서 그 여인에게 말씀했다.

"네가 만일 하나님의 선물과 또 네게 물 좀 달라고 하는 이가 누구인 줄 알았더라면 네가 그에게 구하였을 것이요, 그가 네게 생수를 주었을 것이라."

그때서야 여자는 그가 예사로운 사람이 아님을 알고 조심하여 가만히 여쭈었다.

"이 물은 깊은데 어디서 이 생수를 얻겠습니까? 우리 조상 야곱이 이 우물을 주었고, 또 여기서 자기와 자기 아들들과 짐승이 다 먹었으니 당신이 야곱보다 크니이까?"

"이 물을 먹는 자마다 다시 목마르려니와 내가 주는 물을 먹는 자는 영원히 목마르지 아니하리니, 내가 주는 물은 그 속에서 영생하도록 솟아나는 샘물이 되리라."

예수께서는 그가 이 세상에 보내진 하나님의 선물로 인간 종자들에게 영생하는 생명수를 주러 온 주인의 아들임을 그 여인에게 귀띔해 주고 있었다. 그러나 그처럼 높은 영계적인 말을 알아들을 수 없는 여인이었다. 그 수준으로 예수께 말했다.

"그런 물을 내게 주사 목마르지도 않고, 또 여기 물을 길러 오지도 않게 하소서."

이에 예수께서 그 여인에게 남편을 불러오라고 했다. 그러자 여인은 남편이 없다고 했다. 그러자 예수께서 말씀했다.

"네가 남편이 없다는 말이 옳도다. 네가 남편이 다섯이나 있었으나 지금 있는 자는 네 남편이 아니니, 네 말이 참되도다."

여인은 예수께서 자신의 처지를 신통하게 꿰뚫어 보고 있는 데에 놀라고 다시 말했다.

"주여! 내가 보니 당신은 선지자로소이다. 우리 조상들은 이 산에서 예배하였는데, 당신들의 말은 예배할 곳이 예루살렘에 있다 하더이다."

이에 예수께서는 여호와 규례에 따른 율법 제사의식의 시대가 끝났음을 이르시었다.

"이 산에서도 말고, 예루살렘에서도 말고, 너희가 아버지께 예배할 때가 이르리라. 너희는 알지 못하는 것을 예배하고 우리는 아는 것을 예배하노니, 이는 구원이 유대인에게서 남이라.”

그리스도라는 ‘구원’이 유대인에게서 나타나게 되어 있는 것이 선지자들의 예언이었다. 그러나 그 예언이 이루어지게 되면 여호와 율법의 규례에 따라 죄 씻음의 제사의식을 행하던 손으로 지은 성전의 예배는 끝나게 된다는 의미가 이 산에서도 아니고 예루살렘에서도 아니라는 말씀이다.

이렇게 그 때가 이르면 태초에 우주와 만물을 지으신 하나님의 아들이 바로 신령과 진정으로 예배를 드리는 그 성전이 된다는 것으로, 그 성전에서 들려주는 은혜로운 진리의 말씀을 듣는 자는 영혼이 거듭나게 된다는 것이며, 그것이 진정한 산 제사의 예배라는 말씀이었다.

그처럼 새로운 이스라엘의 성전이 그리스도 예수 자신으로 하여 유대 땅에 그 기둥으로 세워진다는 의미다.

이렇게 새 예루살렘 성전의 기둥이 유대 땅에 세워지는 이유는 그처럼 이웃 민족과 경계를 두고 피 흘림의 전쟁사를 이루어 나온 사망이 왕 노릇하는 어둠의 텃밭이었기 때문에 태초에 우주와 만물을 창조하신 사랑의 빛을 비추어 생명의 본질을 깨닫게 해 주시려는 것이었다.

그처럼 서로 용서하고 사랑하라는 말씀이 그 시대 너와 나를 이분법(二分法)으로 가르고 아무런 죄의식 없이 전쟁을 일으켜 온 그 백성들을 향해 하신 말씀으로, 그것이 태초에 우주와 만물을 ‘사랑’으로 창조하신 하나님의 우주정신임을 선포하신 것이다.

그것이 하나님께서 그 종자씨 밭을 택하신 이유로, 은혜 위에 은혜가 된다는 것이었으며, 그것이 죽을 수밖에 없는 그 텃밭 인간 종자씨들을 불쌍히 여기신 하나님께서 태초 우주와 만물을 창조하신 빛의 말씀으로 속사람 영혼을 거듭나게 해 주겠다는 약속으로, 하나님 약속의 선물이라는 구세주 메시아 출현이었다.

그래서 피 흘림의 그 '종자씨' 텃밭을 택해 대우주적인 창조주 하나님의 우주정신 '사랑'으로 태초의 말씀이 성육신(聖肉身)이 되어 출현한 성자 예수였으며, 그러한 섭리 가운데서 지구촌 많은 민족 중에 유일하게도 그 백성이 선택을 받은 바로 그 이유였음을 그리스도의 세계라는 신약복음에 담아 두고 있다.

그것이 성부 하나님께서 택하신 약속의 땅에 출현하신 성자 예수의 사역(使役)으로, 그 백성들을 향해 하신 말씀은 그들이 그 동안 개체적으로 너와 나를 가르는 이분법적인 사상에서 새롭고도 혁신적인 관념들로 "네 이웃을 네 몸과 같이 사랑하라. 이것이 내 아버지의 뜻이니라."고 말씀하신 것이다.

이처럼 예수께서는 인류 평화의 정신과 대우주적인 성부 하나님의 본질이 무엇인가를 그 유대민족에게 가르쳐 주시면서 "죄 많은 곳에 하나님의 은혜가 풍성하다."고 말씀하시었다. 그리고 성자 예수께서 이 세상에 온 목적은 태초에 우주와 만물을 '사랑'으로 지으셨다는 하나님, 그 빛과 어둠의 실체를 그 민족을 택하여 세상에 나타내기 위함이라고 그 뜻을 밝히시면서 "나는 영이니, 나를 믿는 자는 죽어도 살리라." 하고 자신이 하나님과의 동일체임을 말씀했다.

예수 자신이 우주와 만물을 지으신 하나님 능력 행사를 함께하셨던 태초의 우주 원소로, 하나님 말씀(LOGOS)이라는 '빛'의 존재이시기 때문에 그 의미를 담아 사마리아 여인에게   말씀했다.

"아버지께 참으로 예배하는 자들은 신령과 진정으로 예배할 때가 오나니, 곧 이 때라. 아버지께서는 이렇게 자기에게 예배하는 자들을 찾으시느니라. 하나님은 영이시니 예배하는 자가 신령과 진정으로 예배할지니라."

예수께서 말씀하신 '아버지'는 그처럼 손으로 지은 전에서 짐승을 잡아 올린 제물을 흠향하시는 그런 여호와 하나님이 아닌, 신령과 진정으로 드리는 마음의 제사를 원하시는 분이라는 것과 그 시대적인 구별을 하라는 말씀이었다. 이에 그 여인이 말했다.

"메시아, 곧 그리스도라 하는 이가 오실 줄을 내가 압니다. 그가 오시면 모든 것을 우리에게 고하시리이다."

"네가 말하는 그가 바로 나로다."

그리스도를 앞에 두고 그 말을 했던 여인은 놀라 물동이를 그 자리에 버려두고 동네로 뛰어 내려가 사람들에게 외쳐 말했다.

"나의 행한 일을 내게 말한 사람을 와 보라. 이는 그리스도가 아니냐?"

여인은 자기의 삶을 마치 옆에서 본 듯이 알고 말해 주고 있는 데에 신기하게 여겨 말하고, 그들과 함께 다시 올라오고 있는 사이 제자들이 동네에서 먹을 것을 구해 가지고 올라와 예수 앞에 펼쳐 놓으며 잡수시라고 했다. 이에 예수께서는 그들이 언뜻 알아들을 수 없는 말씀으로 그들을 어리둥절하게 만들었다.

"내게는 너희들이 알지 못하는 먹을 양식이 있느니라."

"누가 잡수실 것을 갖다가 드렸는가?"

그들은 사마리아 여인처럼 동문서답으로 서로를 쳐다보며 말했다. 이에 예수께서 다시 말씀하셨다.

"나의 양식은 나를 보내신 이의 뜻을 행하며 그의 일을 온전히 이루는 것이니라. 너희가 넉 달이 되어야 추수할 때가 이르겠다 하지 않았느냐? 내가 너희에게 말하노니 눈을 들어 밭을 보라. 희어져 추수하게 되었도다. 거두는 자가 이미 삯도 받고 영생에 이르는 열매를 모으나니, 이는 뿌리는 자와 거두는 자가 함께 즐거워하게 하려 함이라."

예수께서는 그 밭에 씨를 뿌린 여호와는 그가 뿌린 종자씨들로부터 그 삶으로 영광을 받아왔고, 또 그 열매를 익히기 위해 영생수를 가지고 그 인간 '종자씨' 밭에 출현한 아들과는 각기 주어진 사명이 다르지만, 그 또한 주인이 섭리하신 뜻 가운데서 이루어진 일이기 때문에 모두가 함께 즐거워하는 일이라고 했다. 그것이 예수께서 주인의 농사짓는 비유를 들어 하신 말씀으로, 그 시대 구별을 보다 더 확실하게 나누어 말씀하셨다.

"그런즉, 심는 이나 물 주는 이는 아무것도 아니로되, 오직 자라나게 하시는 이는 하나님뿐이니라."

바로 그것이었다. 구약 시대 여호와는 성부 하나님의 종복(從僕)으로 종의 신분이기 때문에 유대민족 종자씨를 뿌리고 가꾸면서 '열심히 이루리라.'고 한 뜻이 바로 거기에 있었다. 이렇게 하늘나라 성부 하나님 섭리에 의한 시대 변화를 사마리아 여인과 함께 올라온 동네 사람들에게 귀띔해 줌으로 그들이 수긍하여 말했다.

"이제 우리가 믿는 것은 여자의 말을 인함이 아니요, 이는 우리가 친히 듣고 그가 참으로 구주이신 줄을 알게 됨이라."

그로 하여 성자 예수의 천국 복음은 사마리아 사람들에게 더 많이 전파되기 시작했다. 그리고 예수께서 고향으로 돌아오시며 제자들에게 하신 말씀이다.

"선지자가 고향에서는 높임을 받지 못하느니라."

예수께서는 자신이 고향에서는 인정을 받지 못할 것을 이미 알고 하신 말씀이다. 하지만 아버지의 뜻을 이루기 위해서는 멸시하는 입질의 냉대 속으로 스스로 걸어 들어가야만 했다. 그것이 어쩌면 성자의 고독한 독백 같은 것이기도 했다.

고향으로 돌아온 예수는 그의 출생을 그들이 알기 때문에 쉽게 그 전도를 받아들이지 않을 것을 미리 알고 신통력의 기적을 혼인집에서부터 나타내 보이셨다. 예수께서 청함을 받고 제자들과 함께 그 곳에 갔을 때였다. 거기에는 어머니 마리아도 와서 있었다. 그런데 혼인집에 손님이 많아 포도주가 바닥이 난 것을 보고 어머니 마리아가 예수께 와서 말했다.

"포도주가 바닥이 났다고 하는구나."

이에 예수께서 하신 말씀이다.

"여자여, 나와 무슨 상관이 있나이까? 내 때가 아직 이르지 못하였나이다."

예수께서는 육신의 모친 마리아의 배를 빌어 태어났지만 그것은 혈류와는 별개로 하나님 뜻에 의해 세상을 초월한 경지에서 성령체임을 나타내시어 육신의 어머니 마리아를 애제자의 어머니라고 하기도 했으며, 애제자를 자신의 어머니 아들이라고도 칭하여 말씀하신 것이다.

어머니 마리아 역시도 그러한 아들의 경지를 이미 헤아리고 있었기 때문에 가만하게 하인을 불러 말했다.

"너희에게 무슨 말을 하든지 그대로 하라."

육신의 모친 마리아의 믿음을 본 예수께서 그 하인을 불러 이르시었다.

"항아리에 물을 채우라!"

이에 하인들이 물이 세 통이나 들어가는 돌항아리 여섯에다가 물을 가득 채웠다. 그들의 믿음을 보신 예수께서 말씀했다.

"이제는 떠서 연회장에 갖다가 주라!"

하인들은 예수가 시키는 대로 했다. 이러한 사정을 모르는 연회장에서는 물로 된 포도주 맛을 보고 신랑을 불러 하신 말씀이다.

"사람마다 먼저 좋은 포도주를 내고 취한 후에 질 낮은 포도주를 내거늘, 그대는 뒤에 좋은 포도주를 주었도다."

연회장은 그 포도주의 사연을 알지 못했고, 다만 물을 떠온 하인들과 그 제자들만이 이 사실을 알고 있었다. 그처럼 예수께서 혼인집에서 나타내신 기적은 기존의 유대인들 전통의 신앙인들에게 그가 누구인가를 깨닫게 하기 위한 표징이었다. 그로 하여 제자들이 더욱 예수를 하나님 아들로 믿게 되었다.

그로부터 예수께서는 본격적인 전도 활동을 펴시며 백성들 중에서 각색 병든 자들, 귀신들린 자, 간질하는 자, 중풍병자 등을 데리고 나옴으로 그들을 고쳐 주는 기적을 보였다. 이 소문은 빠르게 퍼져 나가 많은 무리가 예수의 뒤를 따랐다. 그러나 그들은 그에게 와서 육신의 병을 고치기 위한 사람들이었다. 예수께서 그러한 기적을 행해 보이신 것은, 자신이 신비한 초월적 존재로 물질세계의 현실과 합해진 성령체로 하나님의 능력이 함께하고 있음을 믿게 하려는 것이었다. 그래서 병든 자들을 고쳐 주며 말씀했다.

"나는 길이요, 진리요, 생명이라. 나를 믿으면 영생하리라."

그러나 그들은 그 말씀의 뜻을 도무지 알지 못했다. 더구나 그를 하나님의 아들로 믿으라니, 그의 빈천한 신분하며 거기에다가 입질하기 좋은 사생아라는 꼬리표까지 태어난 예수였고 보면, 특히 가계 혈통과 신분을 중요시하던 당시의 지체 높은 대제사장들이나 바리새인들에게 비웃음과 함께 배척당할 수밖에 없었다.

그래서 그들은 예수의 이적 행위에 대해 그리스도가 아닌 귀신이 들렸다고 수군거리며 그 반응을 나타냈다. 말하자면 하나님의 능력이 아니라 마귀로부터 그 능력을 덧입은 것이라고 믿으려 하지를 않았다.

물론 그들은 조상들로부터 선지자들의 입을 통해 오리라고 한 구세주 메시아 예언을 믿고 기다리고 있었다. 하지만 예수의 출생 신분하며, 거기에다가 풍채 역시도 너무나 볼품이 없이 태어난 예수였기 때문에 그 능력을 인정해 주려하지 않았다.

그러나 이사야 선지자는 하나님께서 보내 주시겠다고 약속한 아들, 그 모습의 풍모까지도 다음과 같이 예언해 두고 있었다.

그는 주 앞에서 자라기를 연한 순 같고, 마른 땅에서 나온 줄기 같아서 고운 모양도 없고, 풍채도 없는 즉, 우리의 보기에 흠모할 만한 아름다운 것이 없도다.

그는 멸시를 받아서 사람에게 싫어버린 바 되었으며, 간고를 많이 겪었으며, 질고를 아는 자라. 마치 사람들에게 얼굴을 가리우고 보지 않음을 받는 자 같아서 멸시를 당하였고, 우리도 그를 귀히 여기지 아니 하였도다.

이 모습이 유대 땅에 태어난 성부 하나님의 아들 성자 예수의 풍모였다는 기록이다. 그 모습이 외모를 중시하는 이스라엘 백성들에게 보내진 하나님의 베일 속에 감춘 비밀한 약속의 선물이었다.

그처럼 어느 것 하나 귀한 모습이 없는 예수였고 보면, 그들이 선지자들의 예언을 통해 오리라는 기대 속에 상상하던 '만왕의 왕'으로 믿어지기가 쉽지 않았을 것이다. 그런 그들을 향해 예수께서는 의연하게 자기를 증거하여 말씀했다.

"너희가 성경에서 영생을 얻는 줄 알고 상고하거니와 이 성경이 내게 대하여 증거하는 것이로다."

그 말씀에 더욱 기 막혀 하는 사람들은 제사장과 바리새인들이었다. 특히 혈통과 가문을 중요시하는 그들은 제사장이 되는 데 있어서도 학식도 많아야 했지만 외모 또한 준수하게 잘 갖추어져 있어야 했기 때문이다. 그런 그들의 교만이 쉽게 굴복하고 그 앞에 엎드려 경배할 수 있기에는 성자 예수의 모습은 그 어느 것 하나도 갖추어져 있지를 않았다. 그러나 그것이 하나님의 비밀이었음을 도무지 알지 못한 그들은 오히려 예수를 비웃고 배척했다. 그들의 속내를 이미 다 읽고 계시는 예수께서 그들에게 하신 말씀이다.

"살리는 것은 영이니, 육은 무익하니라. 내가 너희에게 이른 말이 영이요, 생명이라."

그러나 하늘의 지식에는 도무지 무지했던 당시의 그들로서는 예수께서 "하늘을 아는 것이 지식의 근본이니라."고 하신 말씀의 뜻을 도무지 알아듣지 못했다. 그런 그들을 향해 예수께서 다시 이르시었다.

"누구든지 나를 영접하면 나를 영접함이 아니요, 나를 보내신 이를 영접함이라."

이 말씀은 기존의 사상가들인 대제사장과 바리새인들에게 반발의 빌미가 되면서 발끈해졌다. 하나님을 모시듯 영접하라니, 그들의 교만은 예수를 비난하며 귀신이 들렸다고 몰아세우고 배척했다. 그런 그들에게 내어쫓음을 당하면서 예수께서 하신 말씀이다.

"화가 있을 것이다. 외식하는 서기관들과 바리새인들이여, 회칠한 무덤 같으니, 겉으로는 아름답게 보이나 그 안에 죽은 사람의 뼈와 모든 더러운 것이 가득하도다. 이와 같이 너희도 겉으로는 옳게 보이나 안으로는 외식과 불법이 가득하도다."

사실 당시의 사람들은 영혼 생명의 불씨가 없는 생명체로, 생각하는 것이 썩은 송장이나 마찬가지로 더러운 악취만 품어 내고 있다는 지적이었다. 그러한 썩은 송장들을 살려 내는 능력이 그리스도 그에게 있음을 다시 말씀했다.

"아버지께서 죽은 자들을 일으켜 살리심 같이 아들도 자기의 원하는 자들을 살려 내느니라. 아버지께서 아무도 심판하지 아니 하시고 심판을 다 아들에게 맡기셨으니, 이는 모든 사람이 아버지를 공경한 것 같이 아들을 공경하게 하려 하심이라. 아들을 공경치 아니하는 자는 그를 보내신 아버지를 공경치 아니하느니라. 내가 진실로 말하노니, 내 말을 듣고 또 나를 보내신 이를 믿는 자는 영생을 얻고, 심판에 이르지 않을 것이다. 생명으로 옮겼기 때문이다. 진실로 너희에게 말하노니, 죽은 자들이 하나님의 음성을 들을 때가 오나니. 이 때라. 듣는 자는 살아나리라."

여기에서 예수께서 하신 말씀은 자신이 성부 하나님의 대행권자로 죽은 자를 살리는 능력과 그 심판의 권세가 주어졌다는 것이다. 그리고 자신이 성부 하나님과 일체임을 다시 증언하여 말씀했다.

"내가 진실로 너희에게 말하노니, 아들이 아버지의 하시는 일을 보지 않고는 아무것도 스스로 할 수가 없느니라. 아버지께서 행하시는 그것을 아들도 그와 같이 행하느니라. 아버지께서 아들을 사랑하사 자기의 행하시는 것을 다 아들에게 보이시고, 또 그보다 더 큰 일을 보이셔 너희로 기이히 여기게 하시리라."

그 보다 더 큰 일의 기적, 그것은 이후 그리스도가 성부 하나님이 정해준 운명에 따라 십자가 위에서 못 박혀 죽었다가 사흘 만에 다시 살아 부활 승천하는 모습을 보일 것이라는 암시적인 말씀이었다. 이후 예수께서는 그들에게 믿음을 주기 위해 많은 기적을 행해 보이셨다. 하지만 그들의 교만은 끝내 굴복하지 않았다. 유대교 제일의 제사장 역시도 술객들과 그 능력 대결에서 지팡이를 던져 뱀이 되게 하는 기적의 능력을 나타내 보였었다. 그랬기 때문에 그들은 예수의 그러한 능력의 기적을 마치 자연신의 힘을 빌은 술사나 박수들의 능력쯤으로 폄하했다.

그래서 예수의 뒤를 쫓는 무리들은 그 기적이나 바라는 사람들과 그처럼 내세울 것 없는 하층 계급에 속한 빈천한 신분의 사람들뿐이었다. 그것이 성자 예수의 고독으로, 그 절규는 언제나 병들고 가난한 자들과 함께하면서 그들의 위로가 되어 주고 있었다.

어느 날 예수께서 갈릴리 호숫가에 이르러 산에 올라가 앉아 있을 때였다. 그에게 병 고침을 받기 위해 절름발이, 소경, 벙어리 등 많은 불구자들이 예수의 발 앞에 엎드려 고쳐 주기를 간청했다. 이에 예수께서 그들을 불쌍히 여기시고 그들의 소원을 들어주시었다. 이렇게 예수께서 이적을 행하신 근본 뜻은 참되고 진실한 믿음의 신앙을 촉발시키기 위함이었다. 그 이적 행위를 직접 구경한 무리 중에 한 사람이 말했다.

"저 사람의 저러한 능력이 어디서 나오는 것이냐?"

그러자 그 틈에 끼어 있던 바리새인들이 그 능력을 폄하해서 말했다.

"바알세불의 힘을 빌린 것이다."

그만큼 바리새인들은 예수를 하나님의 아들로 믿으려 하지 않았다. 그런 그들은 어느 날 예수를 찾아와 하늘에서 내려왔다는 표적을 보여 달라고 했다. 이에 예수께서 그들에게 하신 말씀이다.

"너희가 저녁 하늘이 붉으면 날이 좋겠다 하고, 아침에 하늘이 붉고 흐리면 오늘은 날이 궂겠다 하지 않느냐? 너희가 천기는 분별할 줄 알면서 시대의 표적을 분별할 수 없느냐? 악하고 음란한 세대가 표적을 구하나 요나의 표적밖에는 보여 줄 표적이 없느니라."

요나의 표적, 그것은 예수께서 이후 그가 십자가 위에서 죽었다가 장사한 지 사흘 만에 다시 살아나 부활 승천하는 큰 기적을 보여 줄 것이라는 암시적인 비유였다.

어느 날 예수께서 가이샤라 빌립보 지방에 이르렀을 때였다. 조용히 제자들에게 물으셨다.

"사람들이 인자를 누구라 하느냐?"

제자들이 대답했다.

"더러는 세례 요한, 더러는 엘리야, 어떤 이는 예레미야나 선지자 중의 하나라 하더이다."

"그럼 너희들은 나를 누구라 하느냐?"

"주는 그리스도요, 살아 계신 하나님의 아들이나이다."

"바요나 시몬아, 네가 복이 있도다. 이를 네게 알게 하신 이는 혈육이 아니요, 하늘에 계신 내 아버지이시라. 또 내가 네게 이르노니 너는 베드로라. 내가 천국 열쇠를 네게 주리니 네가 땅에서 무엇이든지 매면 하늘에서 매일 것이요, 네가 땅에서 풀면 하늘에서도 풀리라."

진리를 알아보는 자는 이렇게 커다란 하늘의 은혜를 입게 된다는 말씀이다. 즉 하나님의 은혜 입은 자의 마음에 따라 생사화복(生死禍福)이

주어지게 된다는 이것이 성령이 함께하는 능력자로 그에게 심판의 권세가 주어진다는 축복의 말씀이었다.

유대인의 명절날이었다. 예수께서 예루살렘에 올라가셨을 때 그 안에 많은 병자, 소경, 절름발이, 혈기 마른 자들이 병 고침을 받기 위해 누워 있었다. 그 이유는 예루살렘 양문 곁에 베다스라는 연못이 있는데 천사가 가끔 내려와 못에 물을 동하게 하는데 제일 먼저 들어가는 자가 어떤 병에 걸렸든지 나음을 입게 된다는 것 때문이었다. 거기에 38년 된 병자가 있었다. 그 누운 것을 보신 예수께서는 가엾게 보시고 그에게 물었다.

"낫고자 하느냐?"

그가 대답했다.

"물이 동할 때에 나를 못에 넣어 줄 사람이 없어 내가 가는 동안에 다른 사람이 먼저 내려가나이다."

이에 예수께서 그에게 말씀했다.

"일어나 네 자리를 들고 걸어가라."

그 말씀을 하시자마자 병자는 곧 나음을 입고 일어나 자리를 들고 걸을 수 있게 되었는데, 이 날이 마침 안식일이었다. 유대인들은 안식일에 아무 일도 하지 않는 것이 그 관례였다. 이것을 본 유대인들이 그대로 보아 넘기지 않았다. 병 고침을 받은 사람을 보고 오히려 시비를 걸어왔다.

"안식일인데 네가 자리를 들고 일어나 가는 것이 옳지 아니하다."

이에 그가 말했다.

"나를 낫게 한 그이가 자리를 들고 걸어가라 하더이다."

그러자 그들이 다시 물었다.

"너더러 자리를 들고 가라 한 사람이 누구냐?"

"그가 누구인지 알지 못하나이다."

그 일이 있고 얼마 후 예수께서 그 사람을 성전에서 다시 만나게 되었다. 그때 예수께서 그에게 말씀했다.

"보라. 네가 나았으니 더 심한 것이 생기지 않게 다시는 죄를 범치 말라."

이 말씀이 바로 예수께서 "너희가 심는 그대로 거두리라." 하신 인과(因果)에 의한 과보라는 것으로, "오늘에 네 모습을 보면 너의 전생을 알고, 오늘 네 생각을 보면, 다음 생의 네 모습이 보인다."는 고등종교의 스승 석가 부처의 삼세인과(三世因果) 법이나 같은 이치의 말씀인 것이었다.

이렇게 병 고침을 받은 그는 그때야 비로소 그가 소문으로 들어온 예수인 것을 알고 유대인들에게 가서 그가 바로 선지자들이 오리라고 예언한 구세주 메시아가 틀림이 없다고 말했다. 그러나 여호와의 율법에 따라 안식일을 철저하게 준수해 온 제도권의 제사장들이었다. 그 일을 문제로 삼아 예수가 안식일에 그와 같은 일을 행하였다는 것은 여호와 하나님의 율법에 어긋난 불법을 행한 행동이라는 유언비어를 퍼뜨리며 핍박해 왔다. 이에 예수께서 그들에게 말씀하시었다.

"내 아버지께서 이제까지 일하니 나도 일한다."

그 말에 유대인들은 더욱 분개했다. 안식일에 그같이 행하는 것이 곧 하나님 아버지 일이라고 했기 때문이다. 그들은 감히 하나님을 자기의 친아버지처럼 동등하게 삼아 말하는 예수를 잡아 죽여야 한다고 더욱 흥분하기 시작했다. 그런 그들을 향해 예수께서 말씀하셨다.

"내가 진실로 이르노니, 내 말을 듣고 또 나 보내신 이를 믿는 자는 영생을 얻고 심판에 이르지 아니하나니, 사망에서 생명으로 옮겼느니라. 진실로 너희에게 이르노니, 죽은 자들이 하나님의 음성을 들을 때가 오나니, 곧 이때라. 듣는 자는 살아나리라. 아버지께서 자기 속에 생명이 있음 같이 아들에게도 생명을 주어 그 속에 있게 하셨고, 또 인자됨을 인하여 심판하는 권세를 주셨느니라. 이를 기이히 여기지 말라. 무덤 속에 있는 자도 다 그의 음성을 들을 때가 오나니, 선한 일을 행하는 자는 생명의 부활로 악한 일을 행하는 자는 심판의 부활로 나오리라. 내가 아무것도 스스로 할 수 없노라. 듣는 대로 심판하노니 나는 나의 원대로 하지 않고 나를 보내신 이의 원대로 하는 고로 내 심판은 의로우니라. 내가 만일 나를 위하여 증거한다면 내 증거는 참되지 아니하되, 나를 위하여 증거 하시는 이가 따로 있으니, 나를 위하여 하시는 그 증거가 참인 줄 아노라. 너희가 요한에게 사람을 보내어 요한이 진리에 대하여 증거하였느니라. 그러나 나는 사람에게 증거를 취하지 아니하노라. 다만 이 말을 하는 것은 너희로 구원을 얻게 하려 함이라. 요한은 등불이라. 너희가 일시 그 빛에 있기를 즐거워하였거니와 내게는 요한의 증거보다 더 큰 증거가 있으니 아버지께서 내게 주사 이루게 하시는 역사, 곧 나의 하는 그 역사가 아버 지께서 나를 보내신 것을 나를 위해서 증거하는 것이요, 또한 나를 보내신 아버지께서 친히 나를 위하여 증거하였느니라. 너희는 아무 때에도 그 음성을 듣지 못하였고, 그 형용을 보지 못하였으며, 그 말씀이 너희 속에 거하지 아니하니, 이는 그의 보내신 자를 믿지 아니함이니라. 그러나 너희 가 영생을 얻기 위하여 내게 오기를 원하지 아니하는 도다. 나는 사람에게 영광을 취하지 아니하노라. 다만 하나님을 사랑하는 것이 너희 속에 없음 을 알았노라."

여기에서 그들에게 하신 말씀이 인류 구원이라는 그리스도 예수가 이 세상에 온 목적을 분명하게 밝혀 두고 있는 것이었다. 예수께서는 그를 믿어 주지 않으려는 그들을 향해 그 말씀 끝에 다시 덧붙이시었다.

"내가 너희를 고소할까 생각지 말라. 고소하는 이가 있으니 곧 너희의 바라는 모세니라. 모세를 믿었다면 또 나를 믿었으리니 이는 그가 네게 대하여 기록하였음이라. 그러나 그의 글도 믿지 아니하거든 어찌 내 말을 믿겠느냐?”

모세는 여호와가 이스라엘 백성 중에서 제일로 크게 세운 대제사장이기도 하지만, 하나님의 섭리 가운데 유대 이스라엘 민족의 뿌리 역사를 이루는 데 없어서는 안 될 기둥으로, 이미 예정 가운데 세워진 사명자임을 그의 출생에서부터 보여 준다.

모세의 출생은 이스라엘 백성이 애굽에서 노예 생활을 할 때 태어났다. 그 당시 이집트 왕 바로는 이스라엘 백성들이 번성하는 것을 두려워하여 번성치 못하도록 잔인한 방법으로 압박을 가했다. 그러나 갈수록 그들의 자손이 번성했다. 거기에 두려움을 느낀 바로 왕은 새로 태어난 이스라엘의 사내아이는 모조리 나일 강에 던져 버리라고 명령했다. 이때 모세가 태어났다. 그런데 그 아이 모습이 보통 아이와는 달리 매우 아름답게 태어났기 때문에 그 부모들은 그를 석 달 동안 숨겨 길렀다.

그러나 끝내 더는 숨 길수 없음을 알고 그를 갈대 상자 안에 넣어 바로의 딸들이 종종 목욕하러 나온다는 나일 강의 한 곳 갈대숲 사이에 띄워 놓았다. 그때 바로의 딸 공주가 목욕을 하러 시녀들과 나왔다가 그 갈대 상자 안에 있는 잘생긴 사내아이를 발견하고 데려다가 키울 것을 결심하게 된다.

그러한 섭리 가운데 살아 남게 된 모세는 공주의 아들로 귀여움을 받고 자라면서 대학자들로부터 여러 가지 많은 학문을 섭렵하게 되었다. 그리고 이후 이스라엘의 하나님 여호와가 모세로 하여 애굽에서 종살이 하던 그 백성을 구해내게 되었고, 또 여호와의 십계명 율법을 모세를 통해 그 백성들에게 전하게 했으며, <창세기 1장과 2장>과 출애굽기 등 전반적인 이스라엘 뿌리 역사를 모세 5경으로 기록하게 한 것이었다.

그렇기 때문에 모세는 그 진실을 알고 있다는 말씀으로 그들과 대응하셨지만 이미 마음의 문이 닫혀져 있는 완악한 그들이었다. 더욱 예수를 잡아 죽이고자 혈안이 되었다. 그만큼 성자 예수 출현은 기존의 전통 사상을 주장하는 유대교 회당의 위협적인 존재였다. 그러한 상황 속에서 더는 논쟁할 수 없는 예수께서는 제자들을 데리고 가버나움으로 떠나시었다.

그 곳에서 있는 동안 보리 떡 다섯 개와 물고기 두 마리로 5000명이나 되는 많은 무리를 배불리 먹이게 하는 기적을 보이셨다. 그러자 그들은 예수를 임금으로 삼아야 한다고 입을 모았다. 이에 예수께서는 혼자 산으로 빠져나가 다시는 거기에 나타나지 않으셨다. 그러나 선생을 기다리던 제자들은 날이 저물자 어쩔 수 없이 가버나움으로 돌아가고 있었다. 그 뱃길에서였다. 큰 바람이 불고 파도가 일어났다. 제자들은 당황했다.

그때 예수께서 물 위로 걸어오셨다. 이것을 본 제자들은 모두 두려워할 수밖에 없었다. 이때 예수께서 말씀하셨다.

"나니, 두려워 말라."

그리스도 신성의 능력이 물 위를 걸을 수 있음을 그 제자들에게 나타내 보이신 예수께서는 배에 오르시지 않으시고 제자들보다 먼저 도착해 계셨다. 제자들이 신기하여 예수께 여쭈었다.

"선생님이여, 어느 때에 여기 오셨나이까?"

이에 예수께서 말씀했다.

"내가 진실로 말하노니, 너희가 나를 찾은 것은 표적을 본 까닭이 아니요, 떡을 먹고 배부른 까닭이로다. 썩는 양식을 위하여 일하지 말고 영생하도록 있는 양식을 위하여 하라. 이 양식은 인자가 너희에게 주리니, 인자는 아버지 하나님께서 인정하신 자니라."

이에 제자들이 다시 물었다.

"우리가 어떻게 하여야 하나님 일을 하오리까?"

"보내신 자를 믿는 것이 하나님 일이니라."

이에 제자들이 다시 물었다.

"그러면 우리가 당신을 믿게 행하시는 표적이 무엇이니까? 하시는 일이 무엇이니까? 기록되어 있기를 하늘에서 저희에게 떡을 주어 먹었다 함과 같이 우리 조상들은 광야에서 만나를 먹었나이다."

이렇게 예수의 제자들은 하층 계급에 속해 있었던 사람들로 먹는 것이 보다 더 우선적이었다. 예수께서 그들 물음에 말씀하시었다.

"하늘에서 내린 떡은 모세가 준 것이 아니라 오직 내 아버지가 하늘에서 내린 참떡을 주나니, 하나님의 떡은 하늘에서 내려 세상에게 생명을 주는 것이니라."

여기에서 말씀하신 하늘에서 내려온 참떡이 그리스도였고, 그 안에 생명이 있다는 것은 그의 말을 듣고 믿는 자는 육신 안에 내재되어 있는 생명의 실상인 영혼이 깨어나서 영생을 얻게 된다는 것이었다.

그 참떡의 상징성을 예수께서는 마구간 여물통에 뉘여 있던 그 출생에서부터 그 표징으로 나타내 보여 주고 있었던 것이다. 하지만 그들은 그와 같은 하늘나라 영계적인 말씀을 쉽게 이해할 수가 없었다. 그들이 생각하는 떡은 당장 눈앞에 육신의 허기를 메우는 일이 우선적이었기 때문이다.

그들 기준의 생각으로 다시 예수께 말했다.

"주여! 그 떡을 항상 우리에게 주소서."

이에 예수께서 말씀하시었다.

"내가 곧 생명의 떡이니, 내게 오는 자는 결코 주리지 아니할 터이요, 나를 믿는 자는 영원히 목마르지 아니하리라. 그러나 내가 너희에게 말하노니, 너희는 나를 보고도 믿지 아니하는도다 하였느니라. 아버지께서 내게 주시는 자는 내가 결코 내어 쫓지 아니하리라. 내가 하늘로써 내려온 것은 내 뜻을 행하려 함이 아니요, 나를 보내신 이의 뜻을 행하려 함이라. 나를 보내신 이의 뜻은 내게 주신 자 중에서 내가 하나라도 잃어버리지 아니하고 마지막 날에 다시 살리는 것이니라. 내 아버지의 뜻은 아들을 보고 믿는 자마다 영생을 얻는 것이니, 마지막 날에 내가 이를 다시 살리리라."

이 말씀 속에는 '알파와 오메가' 그 처음과 끝이라고 하는 하나님의 섭리하심의 뜻이 담겨져 있는 것이었다. 즉 우주와 만물을 창조하신 성부 하나님의 종자됨의 뿌리 성자가 본체신의 진액 '영생수'를 그 전체 나무에 공급시켜서 열매를 맺게 한다는 그 이치를 말씀해 주신 것이다.

그래서 그 진리의 영생수를 부정하는 사람은 그 영혼이 자연히 메말라 죽을 수밖에 없고, 그것이 심판을 받을 수밖에 없는 익지 못한 쭉정이라는 것으로, 자신의 정체성과 태초(太初)라는 그 기원에 대해서 말씀해 주시었다.

이렇게 예수께서는 인간적이면서도 순수한 영적 존재로, 그가 세상에 출현한 목적은 본체신 하나님의 숨결인 진액을 공급해 주기 위해서 왔다는 것이며, 그것이 조물주 하나님의 우주신도(宇宙神道)에 의한 것이었음을 인지(認知)시켜 주신 것이다.

정신문명 세계를 이끌고 나아갈 천손 민족

이 글을 엮으면서 나는 언젠가 읽은 적이 있는 붓다의 한 말씀이 문득 떠올랐다. 붓다께서 사위성에 계실 때였다. 반특이라는 비구가 있었는데 원래부터 재주가 없는 사람이었다고 한다. 500명의 아라한이 매일같이 그를 가르치기에 3년이나 흘렀지만 그는 단 한 게송도 깨닫지 못했다. 붓다께서는 그를 가엾게 여기고 '입을 지키고, 뜻을 거두고, 몸을 범하지 말라.'는 한 게송을 일러 주고 그 뜻까지 설명해 주었다. 반특은 문득 크게 깨우쳐 아라한이 되었다고 한다.

어느 날 파사익 왕이 붓다와 그의 제자들을 초청했다. 붓다께서는 반특에게 발우를 들리시고 뒤를 따라 그 위신(威神)을 나타나게 했다. 왕이 놀라서 묻자 붓다께서는 이렇게 대답하셨다.

"반드시 많이 배우는 것을 필요로 하지 않는다. 이것을 행하는 것이 제일이다. 아무리 많이 배우고 많이 알더라도 그것을 행하지 않으면 무슨 이익이 있겠는가?"

바로 이것이었다. 천도(天道)란 안다고 거들먹거리는 세상의 지식이 오히려 인격도야(人格陶冶)를 이루기 위한 도(道)의 길에서는 겸손을 모르는 걸림의 장애물이 된다고 했을 때 식자우환(識字憂患)이라는 말이 해당되는 것일 게다.

오늘 세상에는 조금 아는 것을 가지고 스스로 많이 안다하여 교만함의 꼬리를 흔들어 대는 사람이 얼마나 많은가. 그것은 마치 쇠뿔에 앉은 개미가 소의 머리가 흔들리는 것이 자기 탓이라고 생각하는 것과 다를 것이 없을 것이다. 그런 사람들을 위해 해주는 말이 있다.

"눈 먼 까마귀가 천리를 보고, 다리 없는 사자가 만리를 뛰며, 머리 없는 승(僧)이 명상도(冥想道)를 닦더라."

나는 오늘 우리들이 짚고 넘어가야 할 천리(天理)의 지혜가 우리들의 삶 속에서 반딧불처럼 반짝이며 빛을 내어 주기를 바라면서 문득 장자(壯子)가 제자들에게 한 말을 떠올려 보게 했다.

"나보다 먼저 나서 도(道) 듣기를 진실로 나보다 먼저라면 내 너를 스승으로 쫓을 것이다. 나보다 뒤에 나서 도를 듣기를 나보다 먼저라면 내 이를 스승으로 쫓을 것이다. 도를 스승으로 하는데 어찌 그 아이가 나보다 선후(先後)에 난 것을 가릴 것인가. 이런 까닭으로 귀함도 없고 천함도 없고, 어른도 없고 아이도 없으니, 도가 있는 곳이 스승이 있는 곳이다."

바로 그런 표상이 2000년 전 유대 땅에 태어난 성자 예수였다. 그는 세상에서 말하는 먹물의 학식과는 상관이 없이 성장하여, 학식을 자랑하는 그 백성들을 향해 "하늘을 아는 것이 지식의 근본이다."라고, 하였고, 그 실상의 표징이 자신임을 예수 그리스도의 사역에서 나타내 보이셨다.

물론 신의 세계도 그 높낮음이 있어서 그 신격(神格)이 사람들이 살아가는 인간 세상의 인격(人格)의 차이만큼이나 격이 다른 것은 사실이다.

그러니까 고급 신(神)에서부터 저급 신에 이르기까지 그 신격(神格)이 천차만별함을 일러 무속(巫俗)에서 세상은 만신(萬神) 부림을 받는다고 하는 말을 다시 되새겨 볼 필요가 있을 것 같다.

기독교에서는 최고의 신을 거룩한 영(靈)이라고 하여 성령(聖靈)이라고 칭한다. 하지만 아직 사람의 인격을 갖추지 못한 인간종자, 즉 동물적인 성정(性情) 그대로 도덕물이 되지 못한 인간들이 물리적인 죽음 사후

(死後)에 그 사람의 코에서 빠져나가는 넋의 에너지의 빛, 그 기운은 오늘 현대 과학에서도 밝혀 주듯이 탁한 만큼 높이 오를 수 없다고 했다.

그렇게 높이 오르지 못한 탁한 귀기(鬼氣)의 악령(惡靈)들은 살아서나 마찬가지로 사람 몸에 들어가 괴롭히고 장난질을 하는 것으로, 이런 상태를 '빙의(fuddled with drink)'라고 한다.

그런가 하면, 그런 귀기보다 성정(性情)의 품질이 한 차원 높은 영가(靈歌)들은 같은 파장 에너지 육신을 마치 제집처럼 차지하고 앉아 오고 가는 사람들의 길흉화복이나 점쳐 주며 음사(淫辭)나 즐기기도 한다는 것이다.

성서 속에서도 수없는 귀신들이 여러 모양 형태로 사람 몸속을 들락거리고 있음을 기록해 두고 있다. 이렇게 귀신이란 존재는 사령(死靈)으로 떠도는 영가(靈歌)를 뜻하는 것이지만, 그 형태가 살아서나 마찬가지로 품성을 이룬 인격의 차이만큼이나 천태만상으로, 생전에 간사한 뱀처럼 간교하게 혀를 내두르고 살다가 세상을 떠난 사람은 그 영기(靈氣)가 탁하여 높이 오를 수 없기 때문에 구천을 떠돌다가 파장이 같은 뱀의 몸에 빌붙기도 하고, 밤낮 뼈다귀 꿈만을 꾸는 개나, 먹을 것이나 취하는 돼지 등 여러 짐승들의 몸에 빌붙어 다니는 영가 또한 그 기운의 짐승과 파장이 같기 때문이라는 것이다.

말하자면 생전에 자신의 마음 밭을 개나 돼지같이 만들어 놓은 사람, 혹은 살쾡이나 독사처럼 그렇게 살아 온 사람들은 죽어서도 그 짐승의 노예처럼 그 기운에 끌려 다니는 것이 자연법칙이라고 했다.

오늘날 기독교 성서를 제대로 이해하지 못한 신도들 중에서는 귀신이라는 존재를 전적으로 무시해 버리려는 성향도 있지만, 성서 기록은 분명히 귀신이라는 존재를 수없이 기록해 두고 있다.

예수께서 제자들과 함께 무덤 옆을 지나가고 있을 때였다. 무덤에서

나온 귀신이 예수를 알아보며 "당신은 하나님의 아들이시다." 했고 예수
는 그 귀신을 사람 속에서 나오라고 명하자, 귀신은 "당신이 우리와 무슨
상관이 있기에 괴롭히십니까? 차라리 저 돼지 속으로 들어가게 해 주십시
오." 하고 간청을 한다. 그 귀신의 간청에 예수는 "그리하라." 한 것이고
보면 귀신이라는 존재의 형태는 여러 모양으로 더욱 분명해진다는 사실
이다.

이러한 기록 등으로 미루어 볼 때 우리가 살아가는 세상은 짐승뿐 아니
라 산이나 나무, 물, 바위, 심지어는 초근목피에서 작은 돌멩이 하나에
이르기까지 귀기(鬼氣)가 붙어 있지 않은 곳이 없다는 것이다.

그래서 신성한 장소를 찾아 제를 올리고, 또한 어떤 일을 당할 때에
귀신의 방해를 받지 않으려고 길(吉)한 시간과 공간을 찾는 이유가 여기
에 있다고 했다.

이렇게 우리 인간은 신적인 환경 속에 살고 있다. 그렇기 때문에 붓다
께서는 항상 깨어 진리의 말씀, 경전(經典)을 가까이 하라고 당부하셨던
것이며, 예수 성현 또한 마찬가지로 "천국이 여기 있다 저기 있다 하지
말라. 너희 마음속에 있느니라." 그리고 네 마음을 성전 삼아 진리로 불을
밝히라고 하신 것은, 각 사람 마음 안에 들어가 주관하는 신의 성품에
따라 지옥도 되고 천국도 되며, 사람답게 살아가는 사람, 또는 짐승 같은
동물적 본능만을 쫓아 살아가는 사람 등으로 그 분류가 다른 것은 그 마음
을 운영하는 주관 신의 기운이 이처럼 각기 다르기 때문이라는 것이다.

예수께서는 "무릇 지킬 만한 것보다 네 마음을 지키라."는 말씀을 하셨
던 것이며, 불교의 교리 자아견성(自我見性)의 깊은 의미가 여기에 있다
고 할 것이다.

우리가 신(神)을 알고 신이라는 단어를 사용한다면 그 말은 다이아몬
드처럼 광채를 낼 것이다. 그러나 그 뜻을 모른다면 그것은 아무것도 아닌

것이다. 뜻을 알아야 깨달음을 얻을 수 있고, 깨달음이 있어야 행할 수 있을 것이 아닌가!

파스칼은 "신앙과 미신은 다르다. 신앙심이 견고한 나머지 미신을 믿게 된다면 그것은 신앙을 파괴하는 결과가 된다."라고 했다.

미신(迷信)과 종교의 차이는 원숭이와 사람의 차이만큼이나 다른 것으로, 미신이란 존재 막연한 신들에 대한 무의식적인 공포에서 이루어지고, 종교는 신들에 대한 경건한 숭배에서 이루어진다는 키케로의 말은 진실이다. 미신일수록 연약하지 않은 것이 없고, 저속하지 않은 것이 없다. 그것들은 존재 희미한 어둠으로 휘감겨 있으며 자비와 사랑이 아닌, 엄청난 두려움의 대상으로 스스로 그 존재를 인정받으려고 하기 때문이다.

이렇게 우리 인간 세상은 만신(萬神)들의 부림을 받는 것으로, 그 사람의 언행(言行)과 얼굴의 기색(氣色)을 살펴보게 되면 어떤 성질의 신기(神氣)를 접하고 있는지 가늠해 볼 수 있는 것이라고 했다. 사람의 얼굴은 그 마음에 담고 있는 기운을 그대로 나타내 주고 있기 때문이며, 그래서 사고(思考)하는 정신, 즉 그 '얼'을 담고 있는 '상판대기' 얼굴을 보게 되면 그 사람 마음을 주관하고 운영하는 신(神)의 기운을 느낄 수 있는 것이라고 했다.

그 한 예(例)로 재미있는 이야기가 있다. 레오나르도 다 빈치가 그린 '최후의 만찬'은 세계에서 가장 유명한 그림 중의 하나다. 그는 예수의 모델을 찾기 위해 무척 애를 쓰다가 피에트로 반디네이라는 어느 교회의 성가 대원을 발견했다. 이 피에트로는 그 후 얼마 되지 않아 로마로 가서 음악 공부를 하게 되었는데, 나쁜 친구와 어울려 아주 방탕한 생활에 빠져들고 말았다. 그리하여 한때는 그처럼 고상하던 그의 얼굴에 죄의 자취가 확연하게 드러나고 있었다.

다빈치는 그 동안 최후의 만찬을 거의 완성하기에 이르렀는데, 다만 가롯 유다 한 사람만을 그리지 못하고 있었다. 그는 이중적으로 타락한 모습의 모델을 찾지 못하고 있었기 때문이었다. 그러다가 다빈치는 드디어 자기가 찾고 있던 모델의 얼굴을 만나 그림을 완성할 수가 있었다. 그런데 그림을 완성하고 난 후, 알고 보니 가롯 유다의 모델을 한 사람은 다름 아닌 예수의 모델이었던 바로 그 피에트로였다는 것이다. 그는 영혼이 타락해서 뒷골목 생활을 하는 동안 그 마음을 나타내 주는 얼굴이 그처럼 이중적으로 변해 있었다는 이야기다.

이렇게 사람의 얼굴은 그 마음을 운영하는 주관 신에 의해 그 사람의 정신, 곧 '얼'이 담긴 상(像)이 바뀐다는 것으로, 관상보다 심상(心想)을 중요시한 것이다.

사실 어떤 것을 믿는다는 말처럼 아름다운 것은 흔치 않다. 믿는다는 것은 대상을 확실하게 인지하는 것이며, 가감(加減)없이 사랑하는 것이며, 완벽하게 신뢰하는 것이기 때문이다.

믿음이라는 말 속에는 종교적 차원의 신앙에서부터 사랑과 우정, 자기 자신과 타인, 양심과 비양심, 현재와 미래, 선과 악 등의 갖가지 연상 작용을 불러일으킬 수 있는 요소들이 무수히 잠재되어 있다.

종교란 바로 그러한 믿음의 시작이며 끝이다. 종교가 무한과 절대의 초인간적인 신불(神佛)을 숭배하고 신앙하여 이것으로 선악을 경계하고 행복을 얻고자 하는 것도 바로 믿음을 바탕으로 한 것이기 때문이다.

그처럼 믿음과 계율을 지혜로운 마음으로 실천해 나간다면, 어떤 사람이라도 스스로의 성정(性情)을 자제하고 조절하여 악의 구렁텅이를 벗어날 수 있을 것이다. 그것은 다만 자기 자신의 마음을 조종하고 있는 신이 어떤 존재의 신이냐에 따라 인품이라는 각 사람의 인격이 형성되기 때문이다.

오늘 우리가 살아가는 세상은 신에 대한 오류는 무수히 많지만 만고불변의 진리는 결국 하나뿐이다.

인간은 한시적인 삶을 살아가고 있다. 그런 한 생(生)에서 값진 삶이란, 목숨만으로 영위하는 것이 삶의 목적이 아니라고 했다.

오늘 존재하는 내 영혼이 보다 진화 성숙하여 값진 인생을 살기 위해서는 천리(天理)의 이치를 먼저 깨닫는 일이며, 그러기 위해서는 고귀하고 정갈한 높은 신(神)의 지혜를 얻어야 할 일이다. 예수께서는 하늘의 섭리를 아는 것이 최고의 지식이라고 말씀해 두고 있다.

그런데 오늘 우리는 어떠한가? 우리는 흔히 '제 정신 나간 사람' 혹은 '얼빠진 사람'이라는 말들을 쉽게 쓴다. 그 말은 곧 육신이라는 목숨은 살아 있지만 속사람인 영혼의 불씨가 꺼져 있으므로 움직이는 시체라는 말이나 마찬가지다. 그래서 예수께서는 진리의 말씀을 받아들이지 않는 그 시대 백성들을 향해 "회칠한 무덤들아! 너희는 살아 있으나 죽은 자들이다!"라고 하신 것으로, 바로 이 뜻을 담고 있는 것이다. 영혼이 떠난 무덤은 귀신들이 들락거리는 집으로, 그 썩은 시체에서는 부패한 송장의 악취밖에 나올 것이 없다.

사람이 '얼'이 빠지면 귀신들이 제집처럼 들락거리는 무덤이 되듯이 민족이나 국가도 마찬가지다. 내가 나의 주인공이라는 주체성, 곧 '얼'을 잃어버리면 외부로부터 지배를 당하는 노예로 전락될 수밖에 없다.

개개인에게 사고(思考)하게 하는 정신(精神)의 '얼'이 있듯이 인간집단이나 국가와 민족에게도 그 나름대로의 국민정신, 민족정신이 있다. 이러한 정신은 일정한 방향을 갖고 살아 움직일 때 비로소 자립·자주·자조하는 확고한 주체성 확립으로 그 존재 가치를 인정을 받게 되는 것이다.

주체성이란 곧 내가 나의 주인공이란 마음의 상태로, 국가나 개인이 주체성을 회복하는 데에는 지금 존재하고 있는 나의 근본 정신의 실체를 찾는 일일 것이다.

올바른 가치관을 세우고 긍지를 가지므로 내가 누구라는 것을 알게 되며, 그러한 자부심은 곧 개인이나 국가나 주체적 존재인 존재의식으로 비로소 주체성이 회복되는 것이다.

그것은 특히 민족정신을 잃고 오늘을 살아가는 우리국민들에게 굴욕적인 역사의식을 바로보고 애국(愛國)·애족(愛族)하는 새로운 인식의 지혜가 될 수만 있다면… 하는 마음이 내 의식이 어디쯤에 머물러 있는가를 다시 가늠해 보게 했고, 그래서 이 글을 쓰는 동안 한 번 더 내 자신을 돌아보며 점검할 수 있는 유익한 시간이기도 했다. 거창한 수식어가 필요없는 소박한 천리(天理)의 근본(根本) 속에는 흙처럼 진솔한 울림이 들어 있기 때문이다. 그래서 이 땅에 오고간 성현들의 삶의 그림자를 쫓아가며 천손 민족인 우리 한민족이 해야 할 일을 되새겨 보기로 한 것이다.

오늘 우리는 물질만능 위주의 세상에서 삶의 기준과 목적을 과연 영원성에다가 뿌리 내리고 있는가?

오늘날 지구촌 물질문명을 주도해 가는 것은 서양이다. 그들은 조상신(야훼)로부터 정복문화를 배워 온 민족임을 구약성서가 보다 분명하게 기록해 두고 있다.

바로 이것이다. 민족정신의 사상이란 이처럼 그 뿌리 조상신 호흡의 정기로부터 심어져 내려온 것임을 유대족의 뿌리 역사가 입증시켜 주고 있는 것이다.

지난 역사 속에서 서양에 앞서 세계 속에 으뜸 문화민족으로 찬란한 동방의 정신문화를 꽃피웠다는 배달 한민족, 그 후손인 오늘 우리 국민들의 모습은 어떠한가. 언제부터인가 서양의 뿌리 사상을 여과 없이 그대로 받아들여 믿게 되면서 배달민족이라는 우리 조상의 뿌리 역사는 말할 것도 없고, 그야말로 우리 조상들의 '얼' 경천(敬天) 숭조(崇祖) 애인(愛人)이라는 천지인(天地人) 삼일철학(三一哲學)의 '한얼사상'은 마치 구시대 유물의 고전(古傳)쯤으로 치부함과 동시에 조상 뿌리 역사를 신화(神話) 운운하면서 표류시키고 있다.

오늘날 세상은 물질문명이 최고의 가치로 여겼던 지난날의 과오를 반성하고 정신문명의 드높은 가치를 인정하고 그 진실에 목말라하고 있다.

이제 여호와의 자손 유대민족과는 달리 한 차원 높은 천손 민족인 우리 한민족의 세상이 온 것이다. 세상은 한민족의 정신문명이 세계를 하나로 모으는 큰 역할을 할 것으로 믿고 있다.

세계는 한민족을 새롭게 바라보고 있다. 그 어느 나라보다도 유구한 역사와 전통을 자랑하고 있는 천손 민족! 홍익인간 정신과 이화세계를 펼치려는 주인공으로 그 동안 숱한 외침과 아픔을 주고는 비로소 세상을 교화시킬 때가 왔음을 예시하고 있다.

세상에서 가장 쉬운 '한글'을 세계 공통어로 사용한다면 '문맹'이 퇴치될 것이라고 세계의 언어학자들은 연구를 거듭하고 있다. 또한 요즘 세계를 열광시키고 있는 한류 열풍은 티끌에 가까울 뿐이다. 앞으로 한민족이 내는 목소리, 움직임 하나하나에 세계가 열광할 것이며, 그 가운데서 조금이나마 타는 목마름을 해소하여 잃어버린 소중한 그 무엇을 되찾게 될 것이다.

앞으로 천손 민족인 한민족은 세상을 향해 큰 목소리를 내며 '홍익인간 정신'을 펼치고 '이화세계'를 이룩하기 위해 세상의 큰 주역이 될 것임을 알아야 한다.

이처럼 세계가 한민족을 주시하고 있지만 우리는 경축일로 제정해 놓은 10월 3일 개천절 행사 때면, '개천(開天)'이라는 그 뜻도 모른 채 노래 부른다. 더구나 우리 민족의 시조 '단군'이 우상이라며 일부 종교인들은 단군정신을 폄훼하고 돌팔매를 하고 있는 안타까운 현실이다.

앞으로 천손 민족이라는 자긍심과 더불어 우주정신의 비밀을 깨달아 예수 그리스도나 석가모니를 비롯한 성자들이 이 세상에 왜 왔다가 갔는 지 깨닫는 것은 순전히 독자들의 몫이 될 것이다.

빛깔있는 책들

민속(분류번호 : 101)

고미술(분류번호 : 102)

불교 문화(분류번호 : 103)

음식 일반(분류번호 : 201)